百年戦争期フランス国制史研究

王権・諸侯国・高等法院

佐藤　猛・著

北海道大学出版会

北海道大学は、学術的価値が高く、かつ、独創的な著作物の刊行を促進し、学術研究成果の社会への還元及び学術の国際交流の推進に資するため、ここに「北海道大学刊行助成」による著作物を刊行することとした。

二〇〇九年九月

関連地図：14 世紀末～15 世紀初頭のフランス王国

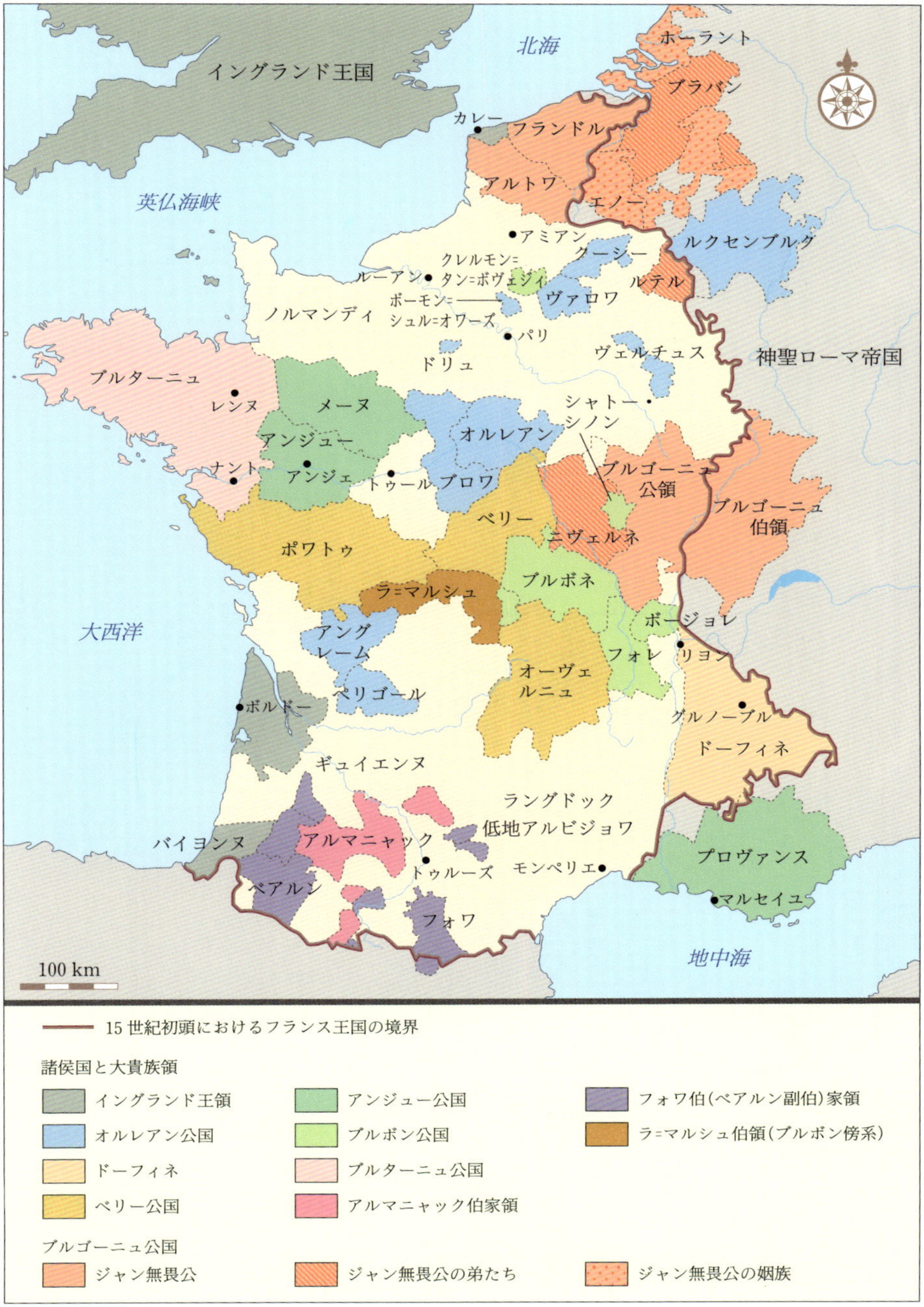

出典）B. Bove, *1328–1453: Le temps de la guerre de cent ans*, Paris, 2009, p. 238 をもとに作成。

王家系図

・①～④は出生順
・二重線(═)は婚姻関係

出典）M.-Th. Caron, *Noblesse et pouvoir royal en France: XIIIe-XVIe siècle*, Paris, 1994, genealogie をもとに作成し，在位年およびタイトルについては，M. Ornato, *Répertoire prosopographique de personages apparentés à la couronne de France au XIVe et XVe siècles*, Paris, 2001 を参照。

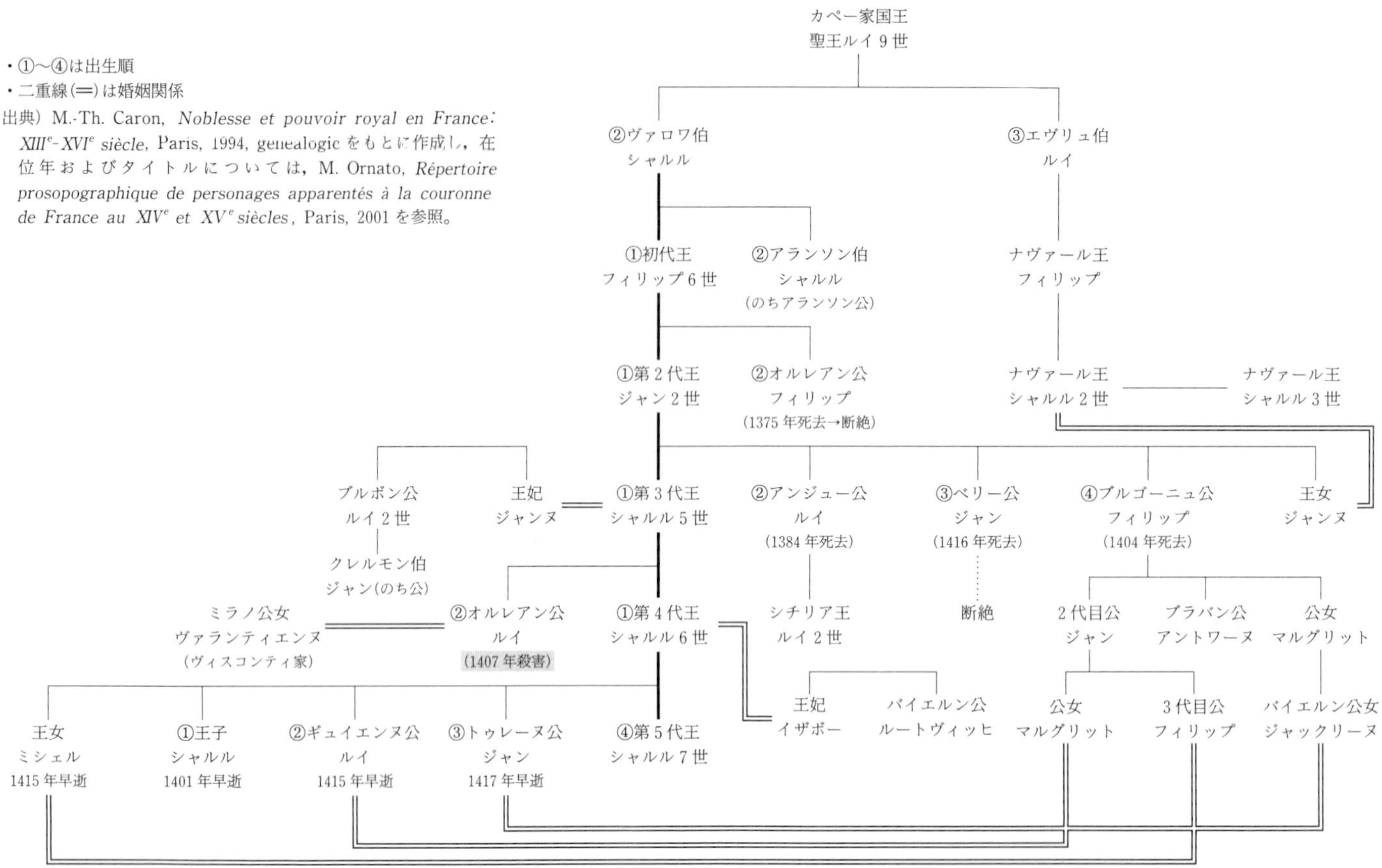

はしがき

中世から近世にかけてのフランス王国において、王は多様な地域をどのように支配し、王国はいかにして統合されていったのか。本書はこの問いに対して、一般に「中世末期」と区分される百年戦争の時代について、王族を中心とした諸侯層およびかれらの治めた諸侯国が、王国統治のなかで果たした役割とその国制上の意義を明らかにするものである。

近年のフランス歴史学界では、当時の国家と社会さらに政治文化に関する新研究が続々と発表され、百年戦争下の混乱ないしは王権のいわゆる絶対化を重視した歴史像は大幅に見直されている。そこでは、当時の王国を諸侯国や都市といった「大小さまざまな地域の集合体」と捉える多元的王国像が描かれる一方で、戦争への人々の動員を可能とする制度的・文化的な仕組みや民の一体感が強化されたとする近代国家生成論が示され、それぞれ理論的には受け入れられている。だがそのなかにあって、このふたつの現象の連関、すなわち「国家」が胎動する只中において、なぜ諸侯国などの地域的な枠組が活性化したのかという問題は、正面から論じられていないように思われる。しかし、そのメカニズムを解明しなければ、百年戦争という転換期における国家体制のあり方を理解するにとどまらず、そのことが後世のフランス国制にいかなる影響を及ぼしたのかという問題についても、展望をもつことはできないだろう。

一方、我が国のフランス史研究に目をむけてみると、ルネサンス期以来の伝統的な時代区分が根強く残るためか、国制史研究の蓄積は「中世末期」をはさんで、その前後の時代に集中してきた。百年戦争期に関する国制史のまとまった成果としては、全国・地方三部会に関する高橋清徳氏の一連の研究や、英仏関係の観点から百年戦争の歴史的意義を捉え直した城戸毅氏の研究が知られるのみである。近年、両氏の長年の成果が一書として刊行されるとともに、故ベルナール・グネの大著のひとつが邦訳、公刊されたほか、王国諸地域の政治構造を扱った個別研究も現れ、研究の偏りがなくなりつつあることはたしかである。しかしながら、「中世末期」とその前後の時代に関する研究成果とのあいだには、王国の国家体制をどのような視点から理解するか、あるいはそこに地域的多様性の問題をいかに位置づけるか、とくに高等法院がパリとともにそれ以外の諸都市にも設立されたことの国制史的意義をどう考えていくかなど、問題関心に相当の隔たりがあり、百年戦争期を境にフランス国制史研究の分断が生じていることは否めない。本書が微力ながらも、前近代フランス王国史の生命線といえる王権と地方諸権力の関係という問題を背景に、百年戦争期の国制理解を、諸侯国の動向を軸として提示することで、王国の統合過程に関して時代区分をこえて議論していく、その一助となればと考えている。

このような国内外の研究状況を考慮するならば、本書ではまず、この時代における「国家」という概念の理解の仕方やそこでの地方諸権力の位置づけ、そして百年戦争が王国に及ぼしたインパクトなどの基本的な問題について、研究動向をやや詳しく考察しておく必要があり、そこから本書の課題を設定することとしたい。その課題とは、王国を構成したもっとも広い地域的枠組である諸侯国およびこれを治めた王族諸侯が、王国統治においていかなる役割を果たしたかを明らかにすることである。第一章では百年戦争期の諸侯国の大半を占め、王国国制に独特な展開をもたらした親王領の特質変化を明らかにすることで、王国統治の展開を検討するうえでの前提とする。第二章以下では、第一章において析出した王国統治観に関して、その実態を検証するかたちで考察を進める。具体的には、王国統治を互いに重なり合う三つの側面から捉えたうえで、第二章では大小さまざまな「国・

国ぐに」、第三章では王国統治の結節点である「パリ」、第四章では「諸侯国」という側面から、それらにおける諸侯権と王権の絡み合いとその意義を検討する。以上の検討を通じて、百年戦争期王国の国家体制を明らかにし、そこから、以後のフランス王国の統合プロセスに関しての展望を得ること、これが本書の目的である。

目次

凡　例

（1）人名・地名に関しては、教皇名のみラテン語読みとし、そのほかは原則として現地での呼び方にしたがった。ただし、日本において慣用的な表現が定着しているものに関しては、それを尊重した。

（2）本文で引用した史料の原文は章末の註に示した。また引用文中の〔　〕は、理解を助けるために筆者が挿入した補足説明である。

（3）史料用語や研究史上の概念を原語を用いて説明する際には、その原語に〈　〉を付した。

序章　百年戦争期王国の多元的構造と国家生成

——研究動向と課題——

中世から近世にかけてのフランス王国において、王は多様な地域をどのように治め、王国はいかなるかたちで統合されつつあったのか。この問題を究明する場合、いわゆる百年戦争が行われた一四・一五世紀は「過渡期」ないし「移行期」として、きわめて曖昧に位置づけられてきた。我が国においても、この時代に関する研究蓄積の少なさとも関連して、当時の王国統治や国家といった問題については、「混乱と再生」というイメージ以上に明確な歴史像を描くことは難しいのが現状である。このような伝統的な理解に対して、そこで長く絶対視されてきた王のもとへの中央集権化という歴史観そのものの問い直しを提唱したのは、ベルナール・グネであった(1)。その代表的研究のひとつで、一九九二年公刊の『殺害、社会——一四〇七年一一月二三日オルレアン公の暗殺』が、二〇一〇年に『オルレアン大公暗殺——中世フランスの政治文化』(佐藤彰一・畑奈保美訳、岩波書店)として邦訳され、ようやく我が国でもその研究の一端が知られつつある(2)。しかし、そこで論じられた当時の王国の政治構造や、邦訳の副題としてかかげられた「政治文化」論の背景となったグネの国家史論は、我が国の研究状況のなかで十分に消化されているとは言い難い(3)。それゆえ、序章においては、今日における百年戦争期の王国史研究の起点として、グネの一四・一五世紀国家論を把握することからはじめる必要がある。そのうえで、冒頭の問いに深く関わる基本的な論点に絞って、近年の動向を考察することとする。

第一節　地域的多様性と精神的一体性の交錯

そもそも、一九世紀中葉の政治風土のなかで育まれた国民史学においては[4]、一七八九年のフランス革命を「ブルジョワ革命」とみなしたうえで、それ以前の王政時代を「王権とブルジョワジーの同盟」の進展過程とみなす歴史観が大きな影響力をもった[5]。すなわち、王国発展の礎は中世都市の自治権を拡大したカペー王朝後期におかれるとともに、ブルボン王朝期において重商主義政策のもと集権国家が完成したことが重視された。このなかで両王朝にはさまれたヴァロワ王朝期は「過渡期」と位置づけられ、「過渡期」特有の不安定性ゆえに、王権と都市は百年戦争によって大きな打撃を被ったと考えられた[6]。このような歴史観が、二〇世紀前半のアナール学派によって、実証主義の手法とともに根本的な批判にさらされたことは周知の通りである。しかし、ここで重要なことは、王権と都市の結合をフランス王国発展の機軸と捉え、そのなかで百年戦争期を「過渡期」の時代とみなす理解が、長く歴史認識の底流に生きつづけたことである。とりわけ、第二次世界大戦後に発展した我が国の西洋中世史研究においては、「封建制の最盛期」をめぐり、また王国国制との関連では「封建王政」という概念の捉え方に関して、激しい論争が行われたことはよく知られている[7]。しかし、その論争においても、カペー王権が一二世紀末以来、都市との関係強化に踏み切ったことは、当時の王権の性格を「封建的」とするか否かが論争の重大な焦点となったとしても、共通して王国国制史の一大画期とみなされていた。そして、その後の一四・一五世紀を絶対主義への前段階あるいは傾斜期と考え、これを過渡的な国制と理解する点で、論者の理解はほぼ一致し

ていたといえるのである。(8)

以上のような歴史理解に対して、王の地方裁判所の実証研究から出発したグネは、一九六四年に「中世末期フランス国家史――一〇〇年来の歴史家の視点」と題する論文を発表し、聖王ルイ九世期(位一二二六～七〇年)からフランソワ一世期(位一五一五～四七年)までの王国史を「中世と近世にはさまれた窒息状態」から救出し、この時期を独特の個性をもった時代として叙述すべきことを唱えた。(9) このような壮大な構想を見すえつつ、多様な方向性をもったグネの国家史論を検討するうえで、これを大きくふたつの視点から把握してみることとする。第一は王国社会の多元性への視点である。これは王国を構成した大小さまざまな社会的・政治的な枠組としての「地域」に注目し、フランス王国を多様な歴史と文化をもった「地域」の結合体として、捉え直そうとするものである。第二は王国の一体性への視点である。ただし、この視点は「領土」、「主権」、「法律」を指標とする近代的な「国民国家」観とは一線を画し、民の一体感や王朝への帰属意識を支えた心性やそれを促した王国統治観に注目したものである。以後、グネは王国の多元性と一体性に関する議論を絶妙に交差させながら、現在にも受け継がれる国家史論を展開してきた。ここでは、「多元性」と「一体性」からひとつずつ具体的な成果を検討したい。

第一の多様な地域からなる王国という視点に関しては、一九六八年『アナール』誌上に発表された「中世後期フランスにおける空間と国家」と題する先駆的な論文が、王国統治の特質解明の観点から注目に値する。(10) なぜなら、そこでは従来の政治・国家史研究において絶対視されてきた「中央集権」という概念の柔軟化が提唱されているからである。何よりもまず、「中央集権化する」(centraliser)というフランス語の単語は、革命期の一七九〇年にはじめて生まれたものである。(11) のちに、この語は一九世紀の政治状況のなかで現在の語義を帯び、すべての支配権を中央政府に集中・一元化する過程と理解されるようになった。このため、「中世」とよばれる時代に関しては、王権のさまざまな活動や措置を「中央集権」という用語を使って理解し、叙述することには慎重を要し、グネはこれを念頭に王権拡大のあり方を三つの局面に分類する。第一は「人的集中」(centralisation personnelle)である。王は家臣や隣接領主の所領を相続あるいは征服することを通じて獲得し、もろもろの権利を手中に収める。第二は「制度的集中」(centralisation institutionnelle)である。ここにおいて、王は「人的集中」によって獲得した諸権利を効果的に行使するため、裁判や租税徴収のための統治組織を整える。第三は「地理的集中」(centralisation géographique)とよばれる局面である。ここで、王は「制度的集中」によって整備した各地の統治組織を支配下のひとつの地点に集め、そこから各地の国王役人を指揮しようと試みる。具体的には、それまで王国各地を巡幸してきた国王宮廷をパリに固定するほか、パリに高等法院や会計院を設置したことが想定されている。現在のパリの中心性は、このような王権の活動の積み重ねの結果といえる。(12) しかし、グネは一三世紀以降における王権拡大の諸局面のうち、全国三部会が王国北部の複数の都市で開催されたことや、王の最高法廷である高等法院がパリ以外の地にも設立されたことを根拠に、王権が「地理的」なレヴェルに関しては、「集中」よりも「分散」(décentralisation)を進めたと論じることで、一三世紀末以降の王権の活動をその多様性のなかで解明するための枠組を打ち出した。ただし、王が諸権力を集め、これを分配する現象を指し示す用語として、グネが近現代の「中央集権」(地方分権)を指す〈centralisation〉〈décentralisation〉を用いたことは、その的確な議論の意義を半減させていると思われる。

しかし、この議論において、王が「人的集中」を重ねていくひとつひとつの単位、また王による「地理的分散」の受け皿となるような政治・社会的な枠組として、大小さまざまな「地域」の位置づけが改めて評価されたことを見逃すことはできない。グネにしたがって、これらを小規模なものから示すと、世俗においては「城主支配圏」(châtellenie)、「国・国ぐに」(pays)(13)、「諸侯国」(principauté)(訳語については、次節(一)冒頭を参照)、教会組織において「主席司祭管区」(paroisse)、「司教管区」(évêché)、「大司教管区」(archevêché)であり、両者の空間編成は相互に重なり合っていた。[14] これらの地域的枠組は、それぞれ独自の習俗や慣習法を有し、時には人々の生活圏として、また時には国王統治の枠組として一定のまとまりを帯びていた。王権中心史観においては、これらの王国諸地域がもった多様な起源やそのさまざまな個性は見過ごされ、むしろそうした個性は王権の拡大とともに消滅していくと考えられてきた。しかし、一三世紀後半以降、王を頂点とする政治体制が形成の緒につきつつも、一定の自律性をもつ多様な「地域」が「フランス王国」という空間を構成したのであり、グネは明言していないものの、そうした「地域」の地理的・文化的なまとまりは長く国王支配のあり方を規定しつづけたと考えられる。[15] こうしてグネは「中央集権化」を最重要視する王国史観を退けると同時に、王権以外のさまざまな地域的権力、そしてこれらが織りなす王国社会の多元性に目をむけることで、一四・一五世紀に固有な王国統合の特質解明を目指したのである。[16]

このように、グネは王国の成り立ちの多元性に注目しながらも、そこに第二の視点である王国の「一体性」への問題関心を交差させながら、一四・一五世紀における「国家」の結晶化現象を論じてきた。すなわち、王国社会の政治的・社会的な多様性をこえて、そこに一定の秩序やまとまりを与えた要素の探求である。そのキーワードは、民の精神的な一体感である。当時のフランス王が有した統治手段は近現代の国家統治に比べるならば、移動や通信、空間の把握、言語運用能力や文書管理などの点で、さまざまな制約下にあったことはいうまでもない。[17] このため、王は支配域の統治にあたり、物理的な力によってではなく、王国住民のもろもろの「信条」(convictions)にうったえかけ、民の心をつかみ、かれらを王の側に引きつけることに力点をおかざるをえなかった。こうした関心から、グネは早くより一四世紀中葉以降の国王信仰、民意ないし世論(opinions publiques)、王国統治観などの問題にも注目してきた。[18] このうち、グネがもっとも精力的に取り組んできた問題として、王権による「フランス史」の叙述と編纂という問題がある。[19] そこでは、サン=ドゥニ大修道院を拠点とする『フランス大年代記』の誕生、修正、加筆の検討を通じて、王家の歴史から醸し出され、また喚起される「共通の過去」の記憶の醸成過程が考察され、グネはそこに物理的暴力に依拠しないかたちでの国王支配の特質を見出している[20]。これらの成果の一端は、我が国では鈴木道也氏によって、ナショナル・アイデンティティとの関連で紹介されている[21]。しかしここでは、このような王国の「一体性」に重点をおいた研究のうち、王国の権力構造に深く関わる議論として、王族諸侯に関する王国統治観の変容過程の問題を取り上げる。この議論は一九八八年にイタリアの中世史雑誌上に論文「一四世紀フランスにおける王、親族、王国」として発表されたのち[22]、邦訳された『殺害、社会』においても、オルレアン公殺害を生み出した王国権力構造の解明のなかで重要な位置を占めている[23]。

一四世紀後半においては、前述の史書編纂の試みを支えた王家観とも密接に関連しながら、フランス王家の血統とりわけ聖王ルイの血筋の高貴さが強調され、王とともに王族こそが王国を導く存在であるという王国統治観が生まれつつあった。このなかで、王族の治めた親王領(apanage)とよばれる支配域は、一三世紀以来消滅しつつあった公領(duché)のタイトルを授与されていった。このような王国統治観が定着しつつあった一三九〇年代、シャルル六世王(位一三八〇〜一四二二年)が精神疾患に陥った結果、そもそも王がその年齢や病ゆえに、みずから統治することができない場合、王国の最終的な政策決定権は誰に、どのようなかたちで帰属するかという重大な問題をめぐって、王族諸侯の対立が避けられない状況となった。しかし、当時の王国においては、こうした国王代行権をめぐる諸侯の紛争を解決する権力ないし機関が欠如したため、単独統治を推し進めたオルレアン公が「暴君」として殺害され、最終的には内戦のかたちで武力抗争にいたったのである[24]。しかし一方で、このように混乱をもたらした諸侯層の対立は、グネによれば、王国政治に対する王族諸侯の多大な関与を改めて問題化するプロセスでもあった。このなかで、かれら諸侯は王権から自律的な「封臣」(vassal)ではなく、王に服従する「臣民」(sujet)として、王への宣誓義務を有する存在として位置づけられるようになり、王族諸侯に特権的な地位と責務を与えてきた王国統治観そのものの変容がはじまったのである。このようなグネの議論においては、オルレアン公殺害前後における王権理論の精密化に関して、そのプロセスが各地に領域支配を拡げた諸侯権の動向との関連のなかから析出されており、ここに我々は、王国の「多元性」と「一体性」というふたつの視点が交錯していることを指摘することができる。

以上、近年の一四・一五世紀フランス国制史研究の礎として、グネの多様な研究成果の一端を王国の多元性から一体性へという順で検討してきた。このうち、王国史の編纂とくに「シャルル六世伝」に関する一連の研究が、一九九九年に『王と歴史家――シャルル六世と「サン＝ドゥニ修道士年代記」』と題する論文集としてまとめられている。(25)グネはその序文で次のように述べる。「この時代〔一四・一五世紀〕の諸国家は限定された強制手段しか有していない。それらの国家の発展と結合はその多くの部分を、統治される民のもろもろの信条に依拠していた。わたしはこうして、政治心性(mentalités politiques)の歴史に駆り立てられたのである(26)」。この文章には、アナール学派の台頭によって瀕死の状態にあった「政治」や「国家」といった研究領域を、グネがどのように究明してきたかの軌跡の一端が示されている。すなわち、当時のフランス王国を構成した諸地域に関して、法や広い意味での文化という観点で統一性を見出しえないならば、王国はいかにしてひとつの「国家」へと束ねられたのか。これに関して、中央集権史観を問い直したうえで、心性史や文化史といった方法を導入してきた軌跡である。このように「国家」という歴史事象をいわゆる社会史の方法によって解明しようとする姿勢は、グネの門下生らに継承され、現在にいたるまで一四・一五世紀王国史研究の基調でありつづけている(27)。

このような近年の方向性をふまえるならば、当時の国家体制に関わる研究動向といっても、内容的には制度史、社会史、心性史など多様な領域に及び、また量的にも膨大であり、そこでは我が国でいまだ本格的に議論されていない論点が多々ふくまれていると考えられる。それゆえ以下では、一四・一五世紀の王国の政治体制の特質を解明するには、そもそも「国家」という概念をどのように用いていけばよいか、またそこでの地方諸権力の位置づけをどのような角度から検討すべきか、そして百年戦争が王国に及ぼしたインパクトなど、ごく基本的な問題関心の変化に焦点を絞り、そこから本書の課題を導いていくこととしたい。

第二節　諸侯国、百年戦争、王権

（一）　諸侯国と諸侯勢力

フランス中世史学においては、特定の農村や都市あるいは公領や伯領など、領域的枠組で区切った地域史の伝統が一九世紀以来、脈々と受け継がれてきた。このことをふまえるならば、王国の多元的構造に関するグネの問題提起は、そうした地域史の伝統と研究蓄積に対して、国家史の視点から新たな光をあてるものであった。こうした地域史の蓄積をともないながら、王国の国制理解にもきわめて密接に関わる分野として、「諸侯国」の再評価とよぶことのできる動向を指摘することができる。王権を不動の中心においてきた旧来の政治史研究において、諸侯国は一三世紀以降の王権拡大によって衰退し、以後一六世紀初頭までは王権に対する反動勢力と理解されてきた。しかし、諸侯国が王国を構成するもっとも広域的な枠組であったことにくわえ、それが貴族の最上層の者たちによって治められていたことを考えるならば、その再評価は王国の政治体制を理解するうえで軽視することはできないだろう。

本書において、「諸侯国」の訳語のもとに論じる対象は、フランス史学において〈principauté territoriale〉あるいは〈Les États princiers〉などの概念によって理解されているものであり、その権力や規模、王権との距離感は時期的にも地域的にも多様である。[28] これらは通常、「諸侯領」と訳されることが多いと思われるが、時に「領邦」という訳がなされることもある。ただし、我が国の西洋中世・近世史研究において、「領邦」といえば、ドイツ史(神聖ローマ帝国史)における「領邦国家」を連想しがちである。このため、「領邦」の訳語は独仏国制を比較する場合には有益と思われるものの、本書では、以下で明らかにするような百年戦争期の〈principauté〉の特質をふまえて、「諸侯国」の訳語を用いることとする。

一三世紀以降の諸侯国に関する旧来の理解に対して、第二次世界大戦中、エドゥワール・ペロワが百年戦争期のいくつかの諸侯家門が、王国の統治機関をモデルに統治制度を整備していたことに注目したのち、[29] この学説をより厳密なものとしたのは、その門下生のアンドレ・ルゲであった。ルゲは一九六七年、論文「中世末期フランスにおける諸侯〈国家〉(〈États princiers〉)」において、まずは当時の諸侯国を王権との距離感を重視して、ふたつのタイプに分類した。[30] 第一は、「家産諸侯国」(principauté patrimoniale)である。これはカロリング時代の伯管区に起源を有しながらも、これをいくつも集積するかたちで発展してきたものである。第二は、「親王諸侯国」(principauté apanagée)である。親王領とは第一章において詳述するように、王位継承者以外の王子に分与された特殊な封土であり、このフランス王家特有の慣行によって、王領からいわば生み出された諸侯国が親王諸侯国である。このふたつのタイプの諸侯国のうち、時代とともに親王国の比重が高まっていく点にフランス諸侯権の何よりの特徴を指摘することができる。[31] ルゲはこうした経緯をふまえて、フランス諸侯のなかには「聖別された王」に取って代わろうとする者が現れなかったことを重視し、このことを同時期のイングランドにおいて、国王リチャード二世がランカスター系王族と議会によって、また神聖ローマ帝国において国王ヴェンツェルがライン選帝侯を中心とする諸侯勢力によって、廃位された展開との相違に注目している。[32] このように王権に服しながら領域支配を拡大強化した点に、ルゲは百年戦争期フランスにおける諸侯権の特質を見出した。論文名にある「諸侯〈国家〉」とは、これらの留意点を前提に生まれた概念であり、それは決して近代的な「独立国家」、あるいは我が国のドイツ国制史における「領邦国家」概念がイメージさせるような支配圏ではない。これをふまえて、ルゲは雑誌『中世』において、ペロワ以来、一九九五年にいたる諸侯国研究を整理した研究ノートを公表し、「諸侯国家」の内部構造の特徴として、①婚姻政策や征服による領地集積、②王国をモデルとする統治組織の整備、③これらを可能とする諸侯家門の連続性の三点をあげ、諸侯国の特質と限界を論じた。[33]

このようなペロワおよびルゲの議論には、諸侯国の発展を王権の弱体化や不振と結びつける傾向がみられ、その意味で、百年戦争期の王国に集権国家像を投影している観は否めない。しかし、かれらの「諸侯国家」論の一端は王国の多元・重層性に関するグネの提言のなかにも受け継がれており、[34]以来、近年にいたるまで特定の諸侯国ないし諸侯個人に関する数多くの個別研究が発表され、とくに以下に述べる三つの諸侯国に関して、研究の深まりを指摘することができる。

第一は、王国中部一帯に拡がったブルボン公国である。[35]ブルボン公領、フォレ伯領、一五世紀初頭にはオーヴェルニュ公領をくわえた公国統治組織に関しては、グネの門下生オリヴィエ・マテオニが一九九九年、大著『君主に奉仕する――中世末期ブルボン公の職保有者(一三五六～一五二三年)』を発表し、一七世紀に転写された任命状の目録を基本史料として、公の役職者に関する徹底した人物史研究を行った。[36]当地では一四世紀後半を画期として、統治業務の専門化とともに、学識と経験を重視した人材登用が進み、地元ブルジョワが財務行政に進出しつつも、貴族家門に有利な縁故主義も存続した。このような役職取得を通しての平民の貴族化と貴族の役人化は、諸侯国のみならず王国レヴェルの役人組織に関しても近年指摘されている点であり、一三世紀末以降、法学修得者の進出をあまりに強調してきた旧来の理解は修正されつつある。[37]第二は、独仏にまたがって拡大したブルゴーニュ公国である。この公国は一三六三年に親王領に設定された同公・伯領にくわえ、世紀末には低地地方および神聖ローマ帝国方面へと領地を拡大したことはよく知られている。[38]このためブルゴーニュ公国に関しては、公国諸制度研究[39]や歴代公の伝記研究[40]など重厚な研究史が蓄積されてきた。近年、こうしたブルゴーニュ公国の諸侯政治や国制に関して、もっとも精力的に成果を発表している研究者のひとりとして、ベルトラン・シュネルプをあげることができる。シュネルプは二〇〇二年に大著『ジャン無畏公――暗殺者となった諸侯』を発表し、オルレアン公暗殺の首謀者として膨大な伝記研究の蓄積があるジャンのプロソポグラフィを、新たに会計簿史料をくわえて再構成した。[41]またシュネルプは、これに先立つ一九九九年にも公国の制度・領域的発展に関して総合的に叙述するなかで、歴代ブルゴーニュ公があくまで王の家臣であったことを強調したルゲの見方を若干修正して、百年戦争末期に公国がフランス王国から離脱する様相を示したこととの意味にも目配りしている。[42]こうして、ブルゴーニュ公国に特徴的に示されるように、フランス王国内に位置する本領からはじまった諸侯国が、王権に服さない王国外にも領地を拡げていったことを、王国国制との関連でどのように考えていくかは、今後の重要な課題である。[43]第三は、王国最西端に位置したブルターニュ公国である。この公国の構造と展開は、領民のなかにケルト系の出自をもつ民が多くいた点、ならびに英仏海峡に面していたためイングランド王権と密接な関係を有した点から、ほかの諸侯国の様相とはずいぶんと異なる。[44]なかでも、王国国制との関連で重要な成果として、二〇〇二年までノッティンガム大学教授であったマイケル・ジョーンズは一九七〇年、著作『ブルターニュ公国――ジャン四世期における英仏との諸関係、一三六四～一三九九年』(一九九八年に仏訳)を発表し、百年戦争下の同公国をイングランド王権かフランス王権かではなく、また独立した一地域としてでもなく、それら複雑な地政状況のなかに位置づけて捉えている。[45]ブルターニュ継承戦争(一三四一～六五年)によって、フランス王が擁するブロワ家を撃破し、公国を継承したのは親英家門のモンフォール家であった。公に即位したジャン・ド・モンフォール(四世)はイングランド王エドワード三世の家臣であり、継承戦争中はその援助を受けたものの、戦争終結を宣言した一三六五年と一三八一年の二次にわたるゲランド和約を通じて、公国継承の条件としてフランス王へのオマージュ呈示を義務づけられた。この結果、ブルターニュ公家は、一方ではブリテン島にリッシュモン伯領を保有するイングランド王の有力家臣として、他方フランスでは、王国最高貴族たるフランス同輩のタイトルを有する家臣として、英仏王権に両属することとなった。このような「英仏間での曖昧な半独立状態」はほかの諸侯国、とりわけ親王諸侯国とは大きく異なり、公国の自律的な発展を促す背景となったのである。(46)

このような諸侯国ごとの研究蓄積を改めて王国国制の問題として考察するならば、一四世紀以降のフランスにおける諸侯勢力については、その支配域の伸縮や制度的拡充といった領国形成の側面をふまえたうえで、それが王国統治制度のなかで占めた位置や役割、そして、君主である諸侯層が王国政治レヴェルでどのような活動を行ったかを明らかにしていく必要がある。そうすることで、多様な「地域」の集合体としての王国像について、その最重要部分の歴史像に迫ることができると思われる。それでは、こうした王国レヴェルでの諸侯権の展開をどのような切り口から明らかにしていけばいいのか。

(二) 王国レヴェルにおける諸侯国の展開

近年、個々の諸侯や諸侯国に関する研究成果を、王国史のレヴェルでまとめあげようとする動きが徐々に生まれつつあることはたしかである。(47) その代表例としては、一九九五年に行われたフランス経済・財政史協会のコロークをあげることができる。先のマテオニがオーガナイザーのひとりとなったこのコロークは、王国レヴェルとならんで各諸侯国に設置された会計院(chambre des comptes)を取り上げ、その比較検討を試みたものである。(48)

結語を執筆したジャン＝フィリップ・ジュネは、イングランド大陸領、フランス諸侯国、一部領主領に関する個別報告を、パリの会計院との差異や業務の合理化そして役職者などの観点から整理しつつ、しばしば同じ人間が王と諸侯の会計院に重複して仕えていた事例にも言及する。いわゆる絶対王政期にも受け継がれた諸侯の統治組織は、表面的には競合した王国と諸侯国におけるヒトや学識の相互作用のなかで発達したという展望が示されている。(49) そこで完成した論文集の表題は『諸侯国のフランス』(*La France des principautés*)であり、王国の多元的構成において、諸侯国がもっとも重要な要素であることが改めて確認されている。また、前述したオルレアン公殺害についてのグネの諸研究や、近年では独仏のブルゴーニュ公国史研究者による二〇〇七年公刊の論文集『パリ――ブルゴーニュ諸公の都』など、(50) 王国の統治機関が集まるパリにおける諸侯の活動にも関心がむけられており、これらの研究も広い意味で諸侯勢力の国制上の位置づけを問う研究として注目することができる。

ただし、諸侯個人やその家門、あるいは諸侯国の展開を扱った近年の諸研究が、依然として本節(一)で述べた三つの公国に集中する傾向が強いことは否めない。その原因としては、ルゲが慎重に規定した意味での「諸侯国家」概念を意識するか否かを問わず、行政・財政上の組織の発展度が高いとされる諸侯国に研究の重点がおかれ、その内部構造や諸侯の活動を解明することに関心が注がれているためと考えることができる。それゆえ、諸侯権の展開を王国国制との関連から捉えようとする関心は、全体としては低いといわざるをえない。(51)

しかしながら、そのような状況下で、諸侯国の発展を王国の政治構造の問題にいかにして結合させ、理解するかに関して、積極的に発言してきた研究者のひとりとして、フランソワズ・オトランをあげることができる。(52) パリ高等法院の人物史研究から出発したオトランは、その後、王国史の重要人物に関する伝記の叙述をふくめて、多様な研究領域から一四・一五世紀の王国と諸侯国の関係について重要な見解を示してきた。(53) なかでも、二〇〇〇年公刊の『ベリー公ジャン――芸術と政治』は、当時のフランス王国が王権と諸侯権との微妙な均衡のうえに成り立っていたことを念頭に、ベリー公ジャン(位一三六〇〜一四一六年)の王国レヴェルの奉仕活動とともに、「国家的」な発展に挫折したといわれるベリー公国の内部構造を叙述している。[54] このようなオトランの見方をよく示すものとして、セルジュ・ベルンシュタイン／ピエール・ミルツァ編『政治史の方向と方法』(一九九八年刊)という論文集に発表された「フランス国家建設における主権概念(一三〜一五世紀)」をあげることができる。[55] 従来、フランスにおける王ないし国家の主権形成という問題を扱う場合には、一方で主権の起源という関心からローマ法に注目し、他方ではその完成型という関心からジャン・ボダンの『国家論』が重視されてきた。ここには、「主権」という考え方が、ローマ帝国の崩壊以後は一六・一七世紀まで停滞したとする暗黙の前提がある。これに対して、オトランは近代の主権概念につながる〈superioritas〉[羅]、〈supériorité〉[仏]、〈souveraineté〉[仏]などの用語が、各種の史料類型に現れた時期とそこでの文脈に注目し、それらが百年戦争中の一四世紀後半に新たな展開をみせたことを解明した。当時、至上権ないしは最高権力ほどの意味を帯びたこれらの用語は、一二・一三世紀においては神聖ローマ皇帝に対するフランス王の自立性を主張するために用いられたのに対し、一三七〇年以降は主に王国内にむけて、国王証書のほか文学的な著作や政治性の強いパンフレットにおいて使用された。このうち王令などの国王証書において、これらの用語は王が独占的に権力を保持するという文脈では、決して用いられていなかった。むしろ、それらは王の権力範囲ほどの意味内容のもと、王国各地に拡がる諸侯国に関して、王と諸侯の複雑に入り組む権力範囲を確定し、これに線を引くために用いられた。オトランはこれをふまえ、当時のヴァロワ王が王権と諸侯権、王国と諸侯国の共存を図っていたと捉え、王国の構造について次のように述べている。「フランス王国は、王冠に結びつけられた諸侯国が織りなす一種の共同体である。このなかで主権はあらゆるシステムを伝達する。[56] まさに主権(La souveraineté)とは、〔各地の諸侯国のうえにかぶさる〕王権というアーチの結節点なのである」。この論文の題からは、一見、諸侯ないし諸侯国に対抗するための王権拡張理論を論じるものとみえるが、しかしそうではなく、オトランの議論は国王主権理論の発達を明らかにするうえでも、もはや諸侯国の存在を無視することはできないことを示している。諸侯国研究と国家史研究の合流の一端が明示されているといえよう。

このように国家史との接合という点では、今後も多くの課題が残されているものの、諸侯国の再評価という視点そのものは、一四世紀以降さらに諸侯国の王領併合後における王国統治機関の特質解明にとっても、重要な論点であることは否定できない。次に述べる研究プロジェクト「近代国家の生成」における一論文集『近代国家――法、空間、国家の諸形態』(一九九〇年刊)において、前述のジョーンズはフランス国家形成を特徴づけた諸地域の自立性の具体例として、ブルターニュ公国の展開を取り上げ、次のことを再確認している。「少なくともフランスに関して、近代国家の生誕を考える場合、国家を構成した多様な要素を認識する必要がある。こうした要素のなかでも、一四・一五世紀における諸侯の行政組織上の貢献は際立った重要性を帯びている」[57]。このような指摘も念頭におきながら、諸侯国など多様な地域を包摂する存在として、「国家」という概念をどのように理解していけばいいのかを考えておかねばならない。

(三) 近代国家生成

グネが「中央集権」概念を問い直して以来、集権国家ないしはそれを体現する官僚行政機構を中核にすえた「国家」観はここ半世紀来、大きく後退してきた。たとえば、グネは「国家」(État)という用語に、多様な民をひとつの秩序のもとにおく権力ほどの意味合いしか与えていない[58]。こうして「国家」そのものを広く、柔軟に捉えるならば、この「国家」という歴史現象は法制度にとどまらない文化、心性、社会史的な現象として現れることなる。このような「国家」観の変容を具体的に考察するにあたり、国立科学研究センター(C.N.R.S.)における一九八四年以来の研究プロジェクト、「近代国家の生成」(La genèse de l'État moderne)の問題提起を検討しておかねばならない。このプロジェクトはフランスを中心に一三〜一八世紀を研究対象とするヨーロッパ各国の研究者を結集しつつも、研究会組織などの点では、グネの門下生たちが中核メンバーとなり、ゆえにグネ学派ともよびうる国家史研究事業といえる。これについて、我が国では渡辺節夫氏による簡潔な動向紹介につづいて、二〇一〇年、花田洋一郎氏によって詳細な関連文献目録が公刊された。(59) しかしながら、花田氏も指摘するように、このプロジェクトの全体的な内容や意義は我が国ではほとんど知られておらず、その問題提起をどう受け止めるべきかについても広く議論されているとは言い難い。くわえて、ここで「近代国家」生成の出発点とみなされる一二八〇〜一三六〇年が本書の対象時期と重なることを考慮するならば、プロジェクトの問題関心をやや踏み込んで検討しておく必要があるだろう。

一九八四年に論文「ヨーロッパにおける近代国家の生成」を発表し、プロジェクトの骨子を示したのは先にもふれたジャン゠フィリップ・ジュネであった。(60) ジュネはその後も、プロジェクトの総括論文集『近代国家——生成』の結語「近代国家——ひとつの操作上のモデルか?」(一九九〇年)(61)や、これらに対する批判を受けて執筆した論文「近代国家の生成、研究プログラムの諸問題」(一九九七年)において、(62)「近代国家」の概念を練り上げてきた。ジュネは、社会・政治的なシステムとして、さまざまな形態をもちうる「国家」のうち「〈近代〉国家」の特質のひとつとして、「社会によって受け入れられた公的な税制を物的基盤として、領域下のすべての民を結集する国家」と述べている。(63) これは、グネよりもやや踏み込んだかたちでの「国家」理解といえよう。これをふまえて、ジュネはこのような「国家」理解を帰納するにいたった一三世紀末以降の歴史事象を、一八世紀までの長期持続の観点から、かつ全体史的に考察することの必要性を提起した。その説明モデルを示すと以下のようになる。

まずジュネは、一三世紀末以降の西欧社会を特徴づけた現象として戦争の半永久化を指摘し、従来の政治史や制度史の成果に依拠して、租税の成立とその歴史的意義の説明を試みる。(64) 各国君主は常に戦闘という事態に備えておくため、かつてないほどの兵士を調達し、またかれらを雇うための貨幣を手に入れる必要から、支配下全域にわたる租税システムの確立に迫られた。このなかで「議会」というかたちをとるか否かにかかわらず、租税の賦課と分配をめぐって、君主と諸身分が協議する場がさまざまなレヴェルに現れる。しかし、レーン制的な統治原理下で、権力保有者間の個別的な契約に慣れ親しんだ西欧世界においては、戦争というひとつの目標にむかって、ヒトとカネを短期間でかつ大規模に動員することはきわめて難しかった。そこで、こうした動員を可能とする権力主体を編み出していくうえで、ローマ法テキストのなかに伝来していた「公なるもの」(［羅］res pubilica/［仏］chose publique)や、アリストテレスからトマス・アキナスに受け継がれていた「公共善」などの考え方が再発見され、以後それらの言説は租税を要求する権力主体として再解釈された。ここに王と諸身分そして民全体のうえに立ち、支配下のすべての住民を拘束する存在として、「近代国家」が登場したのである。ジュネはこれ以後、一連の市民革命が起こった一八世紀末にいたるまで、西欧社会の歴史は国家の生成を軸に展開したと理解している。そこでは、「公なるもの」の存在意義を学問的に正当化するため、ローマ法テキストの註釈と註解を中心とした法学研究をこえて、古典古代のさまざまな遺産から「政治学」が生み出された。他方、動き出したばかりの租税システムに対して、農民・都市民をはじめとする各国住民が猛烈に反発し、一三五八年のジャックリーをはじめ、一四世紀後半を中心に反税蜂起が頻発した。このなかで、各国君主や諸侯は財政、軍事、治安維持などさまざまな統治制度を整備するのみならず、自国語による歴史書や文学作品を通じて民の共属意識の形成とその強化を図り、一六世紀以降における活版印刷術や交通網といった通信手段の発達は、こうした民の一体性を醸成するうえで画期的な役割を担っていく。このように一三世紀末以降に動き出した国家生成のプロセスは、法や統治制度ばかりか、政治思想や通信形態など社会のさまざまな局面を変革しながら、長期的なスパンで進行していくのであった。

このように具体的に説明された国家生成モデルを、フランス王国を念頭に検討するならば、このモデルが何よりも、租税システムとこれに関する王と民の対話という側面を重視することに注意していかねばならない。その背景には、ジュネ自身のフィールドであるイングランド王国における一三世紀末以降の展開が想定されており、ゆえに先の説明をフランス王国を念頭にどう評価すべきかについては、慎重な議論が必要である。とくに、当時のフランスで展開した全国および地方三部会をイングランドのパーラメントと比較した場合、税の協議・分配という点では共通しつつも、両者のあいだには、開催頻度のみならず立法機能などの点で大きな違いがあった(65)。しかし一方で、「近代国家」をヒトやモノの動員装置と柔軟に捉え、そうした「動員」のためのさまざまな試みという観点から、一八世紀末までの国制を一貫して説明しようとするこのモデルは、フランス国制史を長期的な展望のもとで考察するうえで、ひとつの重要な道標となることは間違いない。とりわけ、ジュネは、いわゆる「絶対主義」(absolutisme) 概念の諸要素が「近代国家」の遺伝子にはふくまれず、それは歴史上の「逸脱」であったと述べている(66)。その意味するところは、残念ながら具体的にされていないものの、しかし、税に関する王と民の対話を国家生成の機軸と考えるジュネにとって、全国三部会が開催されないなど、一七世紀初頭以降にみられる現象は、王と民との対話を拒絶していく現象ともいえる。このような指摘には、ブルボン王朝のいわゆる絶対王政を王国史のひとつの到達点と捉え、そこからフランスの王権発達史を単線的にたどってきた伝統的な歴史観を、根本から書き換えていこうとする態度がうかがえる。また百年戦争期を扱う本書との関連では、一三六〇年代以降に大規模化した親王国の展開やそこから錯綜していく王権と諸侯権の関係を読み解く際にも、王国諸地域からの戦争物資の動員という観点を導入すると、何らかの新しい見方を提示できるかもしれない。

このような国家生成モデルをふまえて、プロジェクトは一九八四年以降、国家生成がもたらした社会のさまざまな変容に関して九つの論文集を発表したのち、[67] その問題関心はヨーロッパ科学財団(E.S.F.)の後援をへて、現在までさまざまな研究集会へとつながっている。[68] こうしたなかで、フランス歴史学界においては、一九六〇年代以降の社会史、思想史、文化史の方法と成果が国家史を基軸に再統合されている観があり、グネが提唱した「政治・国家史の復権」はより一層の深まりをみせているといえよう。一方、そのグネの問題提起との関連で近代国家生成論を位置づけるならば、この動向は「王国の一体性」に関わるものということができ、他方で本節(一)(二)の諸侯勢力に関する動向は「王国の多元性」に深く関わっている。しかし、それらはともに王国の内部構造の解明に主な力点をおいたものといえる。それでは、王国の外部から、あるいはその外側に対する動きにも視野を拡げてみるならば、一四・一五世紀フランス国制はどのように論じられてきたのか。いわゆる百年戦争が有した国制史的意義についても検討しておく必要がある。

(四)　百年戦争と国家そしてネイション形成

二〇一〇年、城戸毅氏が、[69]『百年戦争——中世末期の英仏関係』のまえがきにおいて指摘したように、我が国における百年戦争の歴史像は、英・仏本国の水準と時に無視しえぬほどかけ離れている。[70] 城戸氏はイギリス史の事情を念頭にこう述べていると思われるが、フランス史側からみても状況はさほど変わらないであろう。従来、百年戦争下、当時「過渡的」な国制状態にあったフランス王国は、その不安定要素を露呈したと理解され、とりわけジャンヌ・ダルク登場までの戦争前半期に関しては、王権の不振や財政破綻などネガティヴな側面に目がむけられてきた。近年、このような評価は、王国国制との関連でいえば、根本から修正されている。

たとえば、前述の近代国家生成論の立場からは、ジュネがプロジェクトの区切りとして執筆した論文「近代国家――ひとつの操作上のモデルか?」(前掲)のなかで、戦争を国家的システムの「モーター」と表現している(71)。フランス王国においては百年戦争以後、ヨーロッパ大陸に限ってもイタリア戦争、ユグノー戦争、三十年戦争、スペイン継承戦争、七年戦争と大規模な戦争が繰り返された。このなかで、王権は戦争遂行の必要から兵士と軍資金のスムーズな調達とその効率化を図るとともに、このための統治機関を整え、さらにそれらが円滑に機能するように民の一体化と結集を目指したとされる。この一連のサイクルの口火を切った百年戦争は、フランス史上はじめて王権を不断の戦争準備へと駆り立て、「近代国家」生成の出発点となったと捉えられている。

このように、百年戦争を王国の混乱や王権の不振ではなく、むしろ国家形成を促したポジティヴな要因として理解するうえで、軍事史・貴族史の泰斗フィリップ・コンタミヌの研究をあげねばならない。コンタミヌはすでに一九七六年、エディンバラで開催された英仏合同の研究集会「一〇世紀にわたる英仏関係史」において、「征服王ウィリアムからジャンヌ・ダルクまでのフランスとイングランド――国民国家の形成」という小論を発表し、フランス国家形成に対する百年戦争の意義について重要な提言を行った(72)。従来、英仏は一二一四年のブーヴィーヌの戦いから一二五九年のパリ和約にかけ、イングランド王が西フランスの大陸領を「喪失」する過程において、それぞれ別々の国家建設に集中しはじめ、百年戦争はそうして強化された両「国家」の戦争と考えられてきた。しかしながら、コンタミヌによると一三世紀後半はおろか、百年戦争の中盤期についても、英仏というふたつの「国家」ないし「国民」を想定すべきではないという。そのことは、先のパリ和約が英仏の主従関係を解消するのではなく、大陸のギュイエンヌ公領をイングランド王の封土として再授封するかたちで締結されたことに、具体的に示されている。これに対して、一四世紀中葉のスロイス、クレシー、ポワティエとつづいた戦乱のなかで、とりわけジャン二世王（位一三五〇〜六四年）が捕虜となるなどの緒戦連敗のなかで、ヴァロワ王朝下の王族およびその国王役人にナショナルな感情が芽生えつつあった。以後、こうした感情はイングランドへの敵対感情を軸に深まっていくのである。これに関連して、コンタミヌは日常生活史シリーズの一冊として、百年戦争の通史を叙述するなかで、以後のフランス王権が行政上の措置などから王国を地理的に区分する際、イングランド王の領有するギュイエンヌ公領を囲む境界には、〈frontière〉という語を使いはじめたことに注目する。この語は後世、フランス語で「国境」を意味する単語となり、フランス王に服したそのほかの諸侯国や「国」（pays）どうしの境について用いられた〈marches〉、〈termes〉、〈confins〉などとは、明らかに異なる語感を帯びていた[73]。もちろん、一三三七年のイングランド王の決闘状をへて、一三三九年の戦闘勃発後、ただちにフランス王国において「ネイション意識」なるものが出現したと考えることはできない。しかし、家臣であるイングランド王の反逆からはじまった戦乱は、イングランドへの敵対感情やその大陸領を異質な空間とみなす感覚に支えられながら、徐々に「イングランド人」対「フランス人」の戦争という性格を帯びていくのであった。このような百年戦争をへての英仏分離という視点は、その後欧米の学界に定着する一方で、主にイギリス史の研究動向をふまえたとする前掲の城戸氏の著書においても、基本的な視点として打ち出されている[74]。

こうして、百年戦争を英仏分離ないしは両国の国家的な枠組の凝集化プロセスとして捉える見方が浸透するなか、この戦争に関する近年の概論では、英・仏王の主従関係破綻や戦乱の経緯、和約の内容など古くからみられる記述とならんで、海峡をはさんだ両地域における「ネイション意識」の形成を論じるものが主流を占めるようになっている。たとえば、二〇〇八年公刊、計六五〇頁に及ぶジョルジュ・ミノワの百年戦争通史は、「ふたつのネイションの誕生」という副題のもと、フランスにおける国民的意識の「植え込み」に少なからぬ頁を割いている[75]。イングランドへの敵意とフランスへの祖国愛は一三八〇年代ころから、王国上層部とくに聖職者の〝説教〟を通じて王国住民に広められ、さらに一五世紀に入ると、こうした対英感情を軸としたプロパガンダは国王政策のひとつとして行われた。そこでは、著作はもちろん、演説の記録、パンフレット、説教などの多様な史料において、ブリテン島住民を「獣」であるとか、「肉を焼かない」、「バルバロイ」などと記す一方で、フランス王国民を「神に選ばれし民」とよぶような記述が残されている。(76) ただし、海峡をはさんだ住民のあいだに芽生えた敵対感情だけで、たとえそれがいかに強烈であったとしても、そこから近代につながるような「ネイション意識」を導けるかという点については、今後も掘り下げるべき問題が残されていると思われる。

しかしながら、このような百年戦争に関する視座の転換をうけて、近年では、そもそも百年戦争に対するネガティヴなイメージがいかにして構築され、人々のあいだに流布してきたかという問題自体が、ひとつの研究対象となりつつある。「記憶の場」プロジェクトとも視点を共有するこの問いは、フランスにおいて現在も人気を博するジャンヌ・ダルクについて、そのイメージや伝説を再考する研究とも密接不可分であるということができる。そのような意味で、この問題は一四・一五世紀フランス史を長く形容してきた「百年戦争とジャンヌ・ダルク」という枕詞と、そこから連想される歴史像を再検討するうえで不可欠といえる。

こうした百年戦争期に関する歴史観の形成に関しては、一九九九〜二〇〇〇年にかけてふたつの国際集会が開催され、その論文集として、二〇〇〇年にジャン・モリス／ダニエル・クティ編『ジャンヌ・ダルクのイメージ』、二〇〇二年にクティ／モリス／ミシェル・ゲレ＝ラフェルテ編『百年戦争のイメージ』が編まれた。(77) これらの研究集会には、歴史家だけでなく小説、演劇、詩作などを専門とする文学研究者も集い、フランスの重要な国民的記憶がいかにして作り上げられたかについて、学際的な議論が行われた。その所収論文によると、「百年戦争による混乱」、そしてこれと表裏一体の「ジャンヌ・ダルクによる再生」を強調する王国イメージは、すでに一五世紀中葉ころから、文字によってまた口頭によって各地に流布し、それらは宗教戦争や革命といったフランス王国の歩みのなかで練り上げられていった。本書との関わりから一例のみを紹介すると、論文集『百年戦争のイメージ』に論文「近親相姦と愛のドラマ――バルトロメオ・ファキオによる百年戦争の伝説的起源」を発表したパトリック・ジリは、バルトロメオ・ファキオという人文主義者が一四三六年、ジェノヴァ近郊のヴィンティミィリウム伯に献呈したとされる物語を取り上げている(78)。「ガリア人とブリテン人の戦争の起源について」と題されたこの物語には、史実を歪めたような事柄が記されており、とりわけ一四二〇年トロワの和約による英仏連合王国の成立のそもそもの原因が、英仏王家内での近親相姦と王家間での許されない結婚にあったとして、その内容をドラマティックに描いている。この物語に関して、ジリはその内容というよりも、むしろ史実を歪めてドラマ化した書物がなぜ製作され、イタリアの都市君主に献呈されたかの背景を考察する。そこには、一四三〇年前後、西欧の強国であった英仏の連合が人々の関心の的になり、さらに、これに関するさまざまな噂話が、面白おかしく口頭で語られていたという現実があった。そして、この類の小話が文字化され、さらにそれを読んだ人々によって、内容自体も変化しながら口頭で伝えられて流布することにより、百年戦争期の英仏王家における「愛の混乱」が両国の政治的混乱をもたらしたとする、歪んだ百年戦争イメージが生まれていったことを示唆するのである(79)。

このように、「百年戦争とジャンヌ・ダルク」というキーワードがもたらす「混乱と再生」のイメージは、一四・一五世紀をこえて、むしろ後世において強められたということができる。我々は、一九世紀後半に生まれた近代歴史学がこのようなイメージの少なからぬ影響下で実証を重ねていき、本章第一節冒頭で述べたような歴史像を描いてきたことを十分に認識しなければならないのである(80)。

(五) 裁く王、赦す王、法を立てる王

これまでみてきたように、百年戦争期のフランス国制に関して、「多元性」と「一体性」という観点から研究が進展するとともに、伝統的な歴史像の構築過程そのものについても検証が進んでいる。今後、それらの成果をふまえて、いかにして当時の王国国制の特色を明らかにすべきかは定かでなく、この時代の王国の統合過程に関わるだろう研究は日々続々と発表されている。そこで研究動向の最後に、その方向性を導くための糸口として、国王裁判権という視点から王権論の現状を考察することとしたい。周知のように、裁判権の問題は古くから「国家」形成に関わる研究において重視されるとともに、本書の課題にも密接に関わるものである。

一般的に西欧中世の君主は、現実に生じた個々のケースに対し、慣習にもとづいて裁定する「裁き手」から、ローマ法の復活以後は、みずからの意思で全般的なルールを命じ、時に伝来の慣習を改廃する「立法者」へと変わりはじめたといわれる。この説明自体は誤りとはいえないものの、フランス王権に関しては、この図式をあまりに古い時代にさかのぼらせる傾向が強かったことは否定できない。そこでは、聖王ルイの治世に関して、少数の国王証書から「立法者」の萌芽を論じるとともに、以来、王の裁判権はパリ高等法院を頂点とする「受任裁判権」によって専門化され、王みずからが裁きを行う「留保裁判権」との区別が重視されてきた(81)。そしてここにも、一三世紀末以降の時代を「過渡期」とみなす伝統的な歴史観が見え隠れしている。

これに対して、かつてパリ第二大学教授を務め、「近代国家の生成」に関する論文集にもいくつかの論考を発表してきたアルベール・リゴーディエールの門下生、F・フレデリック゠マルタンは「立法者」の起源を追いかけてきた旧来の図式を、いまやリセットする必要を提唱している。フレデリック゠マルタンは二〇〇九年、大著

『ルイ一一世期の裁きと立法――近代前夜における王の法規範』において、青年時代に百年戦争終結およびブルゴーニュ戦争を経験した同王の治世（位一四六一～八三年）に関して、計一三〇〇通余りの開封王状（lettres patentes）を網羅的に分析し、その措置内容とともに、それらがいかなる理念や背景そして文書形式のもとで発せられているのかを検討した。(82) 一五世紀においては、未執行であったもののシャルル六世のカボッシュ王令（一四一三年）や、慣習法の成文化を命じたシャルル七世のモンティ＝レ＝トゥール王令（一四五四年）のように、王国の全住民に関わるような決定が出現したことが注目され、それらは「改革王令」という概念のもと、王が一般的な命令を下していたことの根拠と考えられてきた。しかし、ルイ一一世の開封王状から浮かび上がるのは、王が一二世紀以来の「公共善」や「民の嘆願」にもとづいて、個別具体的な措置を積み重ねていた姿である。そもそも、王国全住民に関わる措置が箇条書きで記されるような国王証書は、きわめて少数であったばかりか、その書式も箇条書きである点を除けば、その時々の具体的な要請に対応して、個々の措置を書き記す伝統的な証書書式を用いており、その措置が王の意思に由来するものと位置づけられることはなかった。むしろフレデリック＝マルタンは、ルイ治世のひとつの特徴として、民の嘆願や苦情をこと細かに叙述する証書が急増したことに注目し、ここに百年戦争の終結を背景に王と王国住民の対話が加速していった様子を読み取っているのである。(83)

このような立法者としての王権像の再考とならんで、法学を修めたレジストの進出に、国王裁判権の強化ならびに「国家」の発展をみてきた従来の理解も変容を迫られている。パリ第一大学においてグネの後任を務めてきたクロード・ゴヴァールは、一九九一年の大著『〈格別なる恩寵〉――中世末期における罪、国家、社会』（全二巻）において、王の「留保裁判権」の機能に改めて注目して、赦免という問題を文化人類学もふくめた多面的な視点から論じた。(84) 赦免とは、王の受任裁判官に告訴ないし告発また提訴された者、あるいは訴えられていなくとも王への反逆を犯した者に対して、刑の執行を緩和ないし免除する措置を指し、これは王の恩寵の授与としてなされた。百年戦争下、イングランド王への内通者が増えつつも、ヴァロワ王権は戦争遂行上、多くの赦免状を発した。そのことは従来、王が刑事裁判権を厳格に行使することができず、ゆえに一四・一五世紀の王権は秩序維持の担い手として十分な役割を果たしえなかったと理解されてきた。これに対して、ゴヴァールは次の二点から王による赦免が果たした意義を論じる。(85) 第一はそれが当時の国王法廷では提供できないような、迅速な社会的調整手段だったことである。上訴審級を有した国王法廷での判決を通じて刑罰や賠償方法を確定し、それを執行するよりも、王による恩寵の授与は社会的逸脱を迅速に除去し、紛争の場合には当事者間の私的な和解に先んじて争いを終結することができた。しかし、赦免が刑の厳格な執行を緩和するものである以上、パリ高等法院などの受任裁判官がこれに反発した。それに対して、王は赦免の乱発をおさえつつも、その授与手続と儀礼をこと細かに定めることで対応していく。このことがゴヴァールの重視する第二の点に関わる。第二は赦免状を取得するには、何よりも王の「臣民」(sujet)としてこれを願い出る手続が必要であったことであり、それはあらゆる地位と階層の者に同一の形式で求められた。恩寵授与を嘆願する者は王の前に跪くような儀礼をへて、国王尚書局の印璽が押印された赦免状を取得しなければならない。こうした手続と儀礼を必要とする以上、貴族・諸侯もまた赦免状を得るためには王に跪くことを求められ、ほかの諸身分と同等の「臣民」であることを要求されたのである。このように表面上は国王裁判権の機能不全を示す赦免の多発は、これを享受する者に王の臣民としての意識を促すとともに、儀礼を通じて、その意識を身体に刻み込んだのである。(86)

このようなゴヴァールの議論には、王の裁きが臣民意識の形成を促したことを指摘するなど、注目すべき論点がふくまれている反面、その関心は百年戦争下の社会にはびこる暴力をどう除去するかを中心として、主に刑事的な領域に重点がおかれている。このためか、そこで描かれた王権像においては、その抑圧的な側面が重視されていることは否めず、その意味で、臣民間の紛争の解決など民事的な領域に関わる王の裁きのあり方やそのための手続整備などについて、改めて検討すべき課題が残されている。しかしながら、ゴヴァールは決して従来の「権力国家」観に逆戻りしているわけではない。二〇〇三年、ゴヴァールは西欧君主に特徴的な恩寵にもとづく国王統治に関する論文集に、「中世末期の恩寵にもとづくフランス王とその統治――司法政策の生成と展開」を発表し、そこで近年の近代国家生成論が王の裁きの問題を軽視していることを批判したうえで、王の赦免の具体的な展開とその授与手続の変容を明らかにし、結語で次のように述べる[87]。「我々の思考は、裁きがもろもろの規範を参照しつつ、論理的で厳格でなければならないとする「国家」の存在によって規定されている。しかし、この思考は打撃を受けるだろう。こうした見方をやわらげ、留保裁判権は王と臣民の対話にとって不可欠であり、一四・一五世紀においては、その対話のうえに「国家」が確立していったことを認めねばならない」。ここには、師グネが提唱した「国家」観の柔軟化が継承されているとともに、当時の王権が裁きというその職務の根幹に関わる領域において、きわめて柔軟で、独自の機能を果たしたことが具体的に示されている。

かつてグネは、「中世から近世への過渡期」という歴史観から一四・一五世紀のフランス王国史を救出し、その独自の個性を探求する必要を提唱した。約四〇年余りをへた現在、その教えを受けた世代において、この時代の独自性という観点からは、王権や地方権力に関する旧来のさまざまな説明図式が見直される一方で、そうした見直しのなかから、一四・一五世紀が国家的なシステムを支える諸理念の生成という観点からも、きわめて重要な時期であったことが示されつつある。ジュネやゴヴァールなどの研究者も、近年退職しつつあることをふまえるならば、我々は新しい国制像を描く段階に来ているといわねばならない。

第三節　本書の課題

それでは、我々は百年戦争期フランス王国の国家体制をどのように究明していけばいいのか。近年、こうした「国家」の特質を論じる場合には、近代国家生成論に示されているように、文化史や政治心性史からのアプローチが優勢であるといえる。[88] そこでは、後世の展開を視野に入れつつ、王国住民のナショナルな感情の発生、あるいはそれを喚起する王との対話といった論点を中心に、王国の一体性を重視する王国像が描かれつつある。しかし、この傾向は王国の多元性やさまざまな地域に注目するアプローチとは一線を画すものである。このような状況に関して、二〇〇八年に一四・一五世紀政治史の課題を検討したニコラ・オッフェンシュタットは、近代国家生成論がその説明モデルの構築にあたって、諸侯国や都市など自律的な諸権力の展開を捨象している点を批判している。[89] ただし、王権が法慣習や権力の面で多様な「地域」をどう統治したのかの問題について、その重要性を十分認識したとしても、そうした「地域」は諸侯国から都市・農村にいたるまで大小多様であるがゆえに、その王権との権力関係を体系的に理解することはきわめて難しい。前節で述べたように、諸侯国に対象を絞った研究成果を王国レヴェルで捉えようとする傾向が弱いのも、そうした難しさの現れかもしれない。

このように王国国制のなかで「地域」を扱うことの難しさをふまえたうえで、本書ではまず、百年戦争というかつてない戦乱のなか、諸侯国という広域の政治体が活性化し、時に「国家的発展」として叙述されてきたその展開の意義に注目してみることとする。ここで諸侯国を選んだ理由は、それが当時の王国におけるもっとも広い地域的枠組であったことにとどまらず、一四・一五世紀におけるフランス王権の展開を考慮したためである。この時代の王権を少なからず特徴づけた要素として、イングランドとの断続的な戦乱にくわえて、正統な王の「不在」という現象を指摘することができる。そこではランスで聖別された正統な国王本人が、さまざまな理由から執政困難となる状況が不定期に生じていた。具体的には、ジャン二世王がイングランドの捕虜となったのち、一四～一五世紀をまたぐシャルル六世期はグネが強調したように、幼齢と精神疾患のため長いあいだ親政に支障をきたした。さらに一四二〇年代以降、シャルル七世がジャンヌ・ダルクの同席のもとランス戴冠をへても、その正統性を疑問視されたことは周知の通りである。このような時期、王国の政策決定を担ったのは制度的には国王顧問会であったが、その中核的メンバーであり、王国の政策に大きな影響を及ぼしたのは諸侯とその配下の者たちであった。かれら諸侯は一四世紀中葉以降、一方では各地において「王国のミニチュア」(Kingdoms in miniature)と形容される諸侯国を統治し[90]、他方ではパリの王政府で政策決定を担う中心的存在でもあった。こうした諸侯層の活動こそが、百年戦争期におけるフランス王国統治の生命線であったと考えることができる。

そのうえで、これまで述べてきた「集権国家」観の柔軟化をふまえるならば、このような諸侯国ないし諸侯権力の展開を王権との関連で二項対立的に捉えることにより、百年戦争期においては、王権の不振を利用した諸侯権力が一時的に強化されたと考えることはもはや許されない。このような見方では、フランス王権が百年戦争終結後も、地方慣習法の編纂や地方高等法院の設立など、旧諸侯国地域のあいだにみられた多様性に向き合っていかねばならなかった過程を説明しきれない[91]。むしろ、百年戦争期に「近代国家」が胎動する只中において、なぜ諸侯国という地域的な枠組が拡充強化されたのだろうか。そのメカニズムを解明することが不可欠である。以上を考慮するならば、諸侯層とその諸侯国支配をふくめた諸侯権力が、当時の王国統治のなかでどのような役割を果たしたのかの検討を通じて、百年戦争下において諸侯国が拡充強化されたメカニズムを明らかにすることを、本書の課題として設定しようと思う。

このような課題のもと、一四世紀初頭から一五世紀中葉までの時期を中心に、当時の王国統治のあり方を諸侯権との関連から検討するにあたり、本論を四つの章に分けて考察を進めようと思う。第一章では、一四世紀中葉以降の王国政治・国制を特徴づけた諸侯国の基本的特質を明らかにする。当時の諸侯国はその大半が王族の治める親王領であった。イングランドや神聖ローマ帝国と比較して、フランス国制に独特な色彩を与えた親王領の特質変化を明らかにすることで、王国の政治体制の基本構造を検討する。第二章以下では、第一章において析出した王権と諸侯権の関係について、その実態を検証するかたちで考察を進める。具体的には、王国統治を互いに重なり合う三つの側面に分けたうえで、そのそれぞれについて、王権と諸侯権の関係がどう展開したのかを明らかにする。第二章は王国を構成した大小さまざまな「国・国ぐに」という側面から、王国の地方統治において諸侯がいかなる責務を果たし、そのことが諸侯国形成にもたらした意義を考察する。題材は、諸侯が王の代理人を務めた国王代行体制である。第三章では、王国統治の結節点である「パリ」に視点をうつし、王政府における諸侯抗争を取り上げる。ここでは、グネの議論もふまえつつ、王政府における諸侯の権力分配とそれをめぐる抗争が後代の王権のあり方とともに諸侯権力に与えた意義を検討する。第四章は「諸侯国」の国制上の位置づけという側面から、王国の統治体制を考察する。ここでは、王にとっても諸侯にとっても、その支配権の根幹であった裁判権という観点から両者の権力関係を考察し、とりわけ諸侯国からパリへの上訴の問題を中心に扱う。このように王国統治のあり方を国(国ぐに)、パリ、諸侯国という三つの側面から考察しつつ、これらを行き来しながら、章ごとに各側面に応じた王国統治制度を取り上げていく。これらの諸制度の大部分は、中央集権化を重視してきた従来の王国史研究において正面から論じられず、むしろ一六世紀以降の諸制度の前史として、消極的な評価しか与えられてこなかったものである。しかし、従来までの観点では捉えきれなかった一四・一五世紀の王国諸制度に関しても、その意義をフランス王国の多元的な政治構造に位置づけ直して再検討する必要がある。以上のような検討を通じて、百年戦争期の国家体制の特質を明らかにし、そこから王国の統合プロセスに関して見通しを得ること、これが本書の目的である。

（1）その骨子を示した論文として、B. Guenée, «L'histoire de l'État en France à la fin du Moyen Âge, une vue par les historiens français depuis cent ans», *Revue historique*, t. CCXXXII-2, 1964, pp. 331-360.

（2）B. Guenée, *Un meurtre, une société. L'assassinat du duc d'Orléans, 23 novembre 1407*, Paris, 1992（佐藤彰一・畑奈保美訳『オルレアン大公暗殺――中世フランスの政治文化』岩波書店、二〇一〇年）。以下、本書ではこのグネの大著をたびたび参照している。その際、原則として原書の頁数を註記し、重要な論旨に関わる箇所についてのみ、邦訳の頁数も記す。

（3）フランス史学における政治史の復権を唱えた歴史家としてのグネの政治史論については、樺山紘一『パリとアヴィニョン――西洋中世の知と政治』人文書院、一九九〇年、「あとがき」を参照。

（4）以下の叙述においては、Guenée, «L'histoire de l'État en France»のほか、次の文献を参考にした。Ch.-O. Carbonnel, «Les origines de l'État moderne: les traditions historiographiques française (1820-1990)», dans W. Blockmans et J.-Ph. Genet [éds.], *Visions sur le développement des États européens et historiographies de l'État moderne (actes du colloque organisé par la Fondation européenne de la science et l'École française de Rome, Rome 18-31 mars 1990)*, Rome, 1993, pp. 297-312; M. Gauchet, «Les *Lettres sur l'histoire* d'Augustin Thierry. 〈L'alliance austère du patriotisme et de la science〉», dans P. Nora [s. dir.], *Les lieux de mémoire*, t. II: La nation, vol. 1, Paris, 1986, pp. 247-316. また、実証主義史学成立前後のフランス国家史研究のあり方について、下野義朗氏が詳しく紹介している。同「中世フランスにおける国家と「国民」について――西欧中世国家史の研究序説」世良晃志郎編『ヨーロッパ身分制社会の歴史と構造』創文社、一九八七年、五八七～六七〇頁、とくに五九四～五九五頁。また、マルク・ブロック／高橋清徳訳『比較史の方法』創文社、一九八七年、六七頁以降における高橋氏の「解説」も参照。

（5）シャルル＝オリヴィエ・キャルボネルは、このような「フランス史」が七月王政や第二共和政下に現れた政治思想や党派心に規定されていたとして、この段階の歴史像を「政治的解釈」とよぶ。これに対して、一八七〇年代以降、エルネスト・ラヴィスらを中心に、この「フランス史」が〝実証〟されていった段階については、「解剖学的な実証主義」とみなし、前段階とは区別している。cf. Carbonnel, «Les origines de l'État moderne», pp. 298-303.

（6）以上のような歴史観は、オーギュスタン・ティエリの手になる「第三身分の歴史」という論文（一八四六年）において、最初に登場する。そこで示された王国史像の詳細については、註（4）にあげた諸文献を参照。

（7）以上の論争に関して、主要な先行研究をあげると、堀米庸三「中世国家の構造」、同「封建制の最盛期とは何か」（ともに同『ヨーロッパ中世世界の構造』岩波書店、一九七六年、三〜一〇一頁、一九〇〜二〇九頁）、同『西洋中世世界の崩壊』岩波書店、一九八五年、世良晃志郎『封建社会の法的構造』創文社、一九七七年、木村尚三郎「フランス封建王政、その確立過程、帰結」『史学雑誌』第六四編第一〇号、一九五五年、七二〜八七頁、同「古典的封建制から絶対制へ」『歴史学研究』第二四〇号、一九六〇年、六三〜七一（-四三）頁などを参照。

（8）とくに一二世紀末〜一三世紀にかけてのカペー王権の歴史的位置づけとの関連で、その後の百年戦争期フランスの国制をどのように理解するかについても、前註にあげた論者の見解が大きく分かれたことはいうまでもない。堀米氏がそこに「等族制（身分制国家）」の段階を想定したのに対して、木村氏は一三世紀末以降のフランス王国について、「等族制」という区別を設けず、むしろこれと「絶対制」との質的な違いを否定した。堀米氏の主要な見解については同「封建制の最盛期とは何か」（同『ヨーロッパ中世世界の構造』二〇七〜二〇九頁）、木村氏の見解については「フランス封建王政、その確立過程、帰結」八五〜八七頁、同「古典的封建制から絶対制へ」七一（-四三）頁を参照。

（9）Guenée, «L'histoire de l'État en France». また、グネはフランス歴史学における「政治史の復権」を主張した歴史家のひとりとしてもよく知られており、中世史の分野に関しては、一九七五年に今後の研究課題を報告している。cf. B. Guenée, «Les tendances actuelles de l'histoire politique du Moyen Âge français», *Actes du 100e Congrès National des Sociétés Savantes, Paris, 1975*, t. 1, Paris, 1977, pp. 45-70. なお、グネの研究歴については、グネ／佐藤・畑訳『オルレアン大公暗殺』「訳者あとがき」にも紹介されている。

（10）B. Guenée, «Espace et État dans la France du Bas Moyen Âge», *Annales: Économie, Société, Civilisation*, 1968, No. 4, pp. 744-758.

（11）Guenée, «Espace et État dans la France du Bas Moyen Âge», p. 746, note 1. さらにこの語の歴史を詳しくみるならば、形容詞〈central, ale, aux〉から派生して、最初に動詞の〈centraliser〉が現れたのち、一七九四年に名詞形〈centralisation〉、さらに一八一五年に〈centralisateur, trice〉というかたちで、〈centralisation〉が人間のなす行為とも認識され、最後に一八

四〇年代に〈centralisme〉という語が現れた。A. Rey [s. dir.], *Dictionnaire historique de la langue français (Le Robert)*, 3 vols., Paris, 1992 (1er éd.), 2006 (Réimpression), t. 1 (A-E), 〈CENTRE〉, pp. 674-675.

(12) 中近世フランス国制史においては、パリが不動の中心都市であることを自明とみなす傾向があり、そもそも、なぜパリが王国の筆頭都市に成長したのかなどを改めて考察する姿勢が弱いといえる。ドイツ人フランス史家でパリ史を専門とするアンドレアス・ゾーンは、フランス史学のこうした姿勢を鋭く批判して、パリ周辺の地が一〇～一一世紀にかけてどのようにフランス王の統治と行政の拠点となったのかを究明している。cf. A. Sohn, «Paris capitale: quand, comment, pourquoi?», dans W. Paravicini et B. Schnerb [dirs.], *Paris, capital des ducs de Bourgogne*, Ostfildern, 2007, pp. 9-35. グネの一九六八年論文はパリの政治機能を近代以降のパリの姿と切り離して考察した点でも、先駆的といえる。

(13) 〈pays〉は中世から現代にいたるまで、フランス社会を構成したもっとも強固な地域的枠組といえる。それは、農村所領や都市よりは広い範囲に拡がる一方で、公や伯が治めた諸侯国よりは小さなまとまりであった。しかし、〈pays〉は農村所領や諸侯国とは対照的に、その範囲が大きく変更されることはなかった。このような〈pays〉はたんに「地域」と訳される場合もあるが、下野「中世フランスにおける国家と「国民」について」七〇三頁は「国」と訳している。本書でも〈pays〉が有した比較的強いまとまりという点を重視し、これを「国」と訳す。しかし、この訳語から「国家」が連想されないように、複数形の場合は「国ぐに」とする。

(14) とくに Guenée, «Espace et État dans la France du Bas Moyen Âge», pp. 750-751 を参照。

(15) このようにフランス社会のもつ地域的多様性を権力構造との関連から再評価していこうとする視点において、マルク・ブロックが果たした役割の大きさはいうまでもない。ブロックはアナール学派の創始にあたり、歴史学が地理学の成果に学ぶ必要があることを主張し、フランス内の地形や気候、生活習慣などの多様性について鋭い指摘を行った。グネも王国の多元的構造を論じる際、『アナール』誌上などに掲載されたブロックの言葉を引用している。cf. Guenée, «L'histoire de l'État en France», p. 353. ブロックは本書が扱う時代に関しても、主にイングランドとの比較から、フランス社会が貴族身分の権力、身分制議会、慣習法などの点でいかに多様な構造をもっていたかを示し、このことがフランスにおける国家建設に独特の展開をもたらしたことを暗示した（マルク・ブロック／堀米庸三監訳『封建社会』岩波書店、一九九五年、五二二～五二三頁を参照）。

(16) こうした研究関心の変化は、我が国のフランス史学においては、中世史よりも近世史の分野において活発である。なかでも「古典的絶対王政像の再検討」については、二宮宏之「フランス絶対王政の統治構造」同『全体を見る眼と歴史家たち』木鐸社、一九八六年、一一二〜一七一頁（初出は吉岡昭彦・成瀬治編『近代国家形成の諸問題』木鐸社、一九七九年、一八三〜二三三頁、のち二宮宏之『フランス　アンシアン・レジーム論——社会的結合・権力秩序・叛乱』岩波書店、二〇〇七年、二一九〜二六二頁）、および二宮宏之・阿河雄二郎編『アンシャン・レジームの国家と社会』山川出版社、二〇〇三年を参照。

（17）一四・一五世紀における国王統治の手段や資源を、フランス王国に限らず西ヨーロッパ諸国に関して論じた国家史概論として、B. Guenée, *L'Occident aux XIVe et XVe siècles: Les États*, Paris, 1971. とくに制度・行政面については、同書 pp. 163-204を参照。

（18）これらの問題を概観したグネの論考としては、B. Guenée, «État et Nation en France au Moyen Âge», *Revue historique*, t. CCXXXVI, 1967, pp. 17-30; id., «Y a-t-il un État des XIVe et XVe siècles?», *Annales: Économie, Société, Civilisation*, 1971, No. 2, pp. 399-406; id., *L'opinion publique à la fin du Moyen Âge d'après la «Chronique de Charles VI» du religieux de Saint-Denis*, Paris, 2002. このうち、「国民感情」に関する議論については、下野「中世フランスにおける国家と「国民」について」六〇一〜六一四頁を参照。

（19）以下、グネの主要論文のうち次のものを参照した。B. Guenée, «Les Grandes Chroniques de France, le Roman aux roys (1274-1518)», dans P. Nora [s. dir.], *Les lieux de mémoire*, t. II: La nation, vol. 1, Paris, 1986, pp. 189-214; id., «Histoire d'un succès», dans F. Avril, M.-Th. Gousset, B. Guenée, *Les Grandes Chroniques de France. Reproduction intégrale en fac-similé des miniatures de Fouquet. Manuscrit français 6465 de la Bibliothèque nationale de Paris*, Paris, 1987, p. 87 sq. これらをふくむ『フランス大年代記——「シャルル六世伝」』に関する研究成果として、B. Guenée, *Un roi et son historien: Vingt études sur le règne de Charles VI et la Chronique du Religieux de Saint-Denis*, Paris, 1999.

（20）その主要な考察対象は、聖王ルイ九世の命を受けてサン＝ドゥニ大修道院写字生プリマが執筆し、一二七四年に国王フィリップ三世に献呈された俗語の史書「王の物語」、これに加筆を重ねるかたちで、シャルル五世（位一三六四〜八〇年）の死後、間もなく完成をみた『フランス大年代記』、その続編である「シャルル六世伝」などである。そのなかで、グネはこれらの史書刊行にも精力的に携わってきた。「シャルル五世の『フランス大年代記』」の続編であるミシェル・ポァントゥワンによって記された「シャルル六世伝」に関して、すでに一八三九〜五二年にかけてルイ＝フランソワ・ベラゲによって公刊されていた羅仏対訳版について、作者と同定されたサン＝ドゥニ大修道院修道士ミシェル・ポァントゥワンに関するプロソポグラフィを付して再版を出版した。cf. *Chronique du religieux de Saint-Denys: contenant le règne de Charles VI, de 1380 à 1422* (publiée en latin et traduite par M. L. Bellaguet), 3 vols., Paris, 1994; B. Guenée, «Michel Pintoin. Sa vie, son œuvre», dans *Chronique du religieux de Saint-Denys*, L'Introduction, reproduit dans id., *Un roi et son historien: Vingt études sur le règne de Charles VI et la Chronique du Religieux de Saint-Denis*, Paris, 1999, pp. 33-78. また、百年戦争末期、シャルル七世(位一四二二～六一年)はイングランド軍からパリを奪還した翌年の一四三七年、国王修史官(historiographe royal)という職を設置したうえで、初代修史官にサン＝ドゥニ修道士ジャン＝シャルチエを任命し、かれの指導下で「シャルル五世の『フランス大年代記』」のカラー挿絵入り簡略版を作製する事業を進めた。そこには、現在ルーヴル美術館に展示されているシャルル七世の肖像画(一四四〇～四五年ころの作)の作者であるジャン＝フケも動員され、フケはミニチュアの作製を担当した。この『フランス大年代記』カラー簡略版が完成したのは百年戦争終結直後の一四五九年ころであり、王国における民の一体化を考えるうえできわめて象徴的な年といえよう。このカラー簡略版は、一八三七～三八年以降、パリの国立図書館「仏語手書文書六四六五」に保存されていたが、その後グネが数名の美術史家と協力して、五一枚のカラー画をコンピューターグラフィックによって当時の状態に復元し、一九八七年に註釈をつけて刊行した。cf. Avril, Gousset, Guenée, *Les Grandes Chroniques de France*.

(21) 鈴木道也「中世フランス王権と歴史叙述」『九州国際大学社会文化研究所紀要』二〇〇二年、一三五～一五四頁、同「『フランス大年代記』とナショナル・アイデンティティ——歴史叙述研究を巡る最近の動向から」『西洋史研究』新輯第三六号、二〇〇七年、二二～四一頁など。

(22) B. Guenée, «Le roi, ses parents et son royaume en France au XIVe siècle», *Bulletino dell'Instituto Storico Italiano per il Medio Evo e Archivio Muratoriano*, 94 (1988), pp. 439-470, reproduit dans id., *Un roi et son historien*, pp. 301-324. 本書では後者を用いた。なお、佐藤・畑訳『オルレアン大公暗殺』における関連箇所は二〇六～二一四頁。

(23) Guenée, *Un meurtre, une société*, pp. 159-175 (佐藤・畑訳『オルレアン大公暗殺』では、とくに二〇六～二一四頁を参照)。

(24) 諸侯抗争から内戦にかけての研究は膨大な数にのぼるが、その研究史をコンパクトにまとめるとともに、新しい見方を提示した研究として、B. Schnerb, *Les Armagnacs et les Bourguignons. La maudite guerre*, Paris, 1988.

(25) Guenée, *Un roi et son historien*.

(26) B. Guenée, «Introduction», dans id., *Un roi et son historien*, p. 7.

(27) ここ半世紀ほどの中世フランス政治・国制史研究について、その動向一般を扱ったものとして、F. Autrand, D. Barthélemy, Ph. Contamine, «L'espace français: histoire politique du début du XIe siècle à la fin du XVe», dans G. Duby [préface de], M. Balard [réunis par], *L'histoire médiévale en France: Bilan et perspectives*, Paris, 1991, pp. 101-126. およびこれと姉妹本にあたる文献目録として、M. Balard [réunis par], *Bibliographie de l'histoire médiévale en France (1965-1990)*, Paris, 1992, Chap. IV. また、二〇〇〇年以降のものとして、J.-Cl. Schmitt et O. G. Oexle [s. dir.], *Les tendances actuelles de l'histoire du Moyen Âge en France et en Allemagne*, Paris, 2003 所収の諸論文。さらに、一四・一五世紀に限定して、政治・国制史研究の現状と課題を論じた最近の動向論文として、N. Offenstadt, «L'〈histoire politique〉 de la fin du Moyen Âge», dans Société des Historiens Médiévales de l'Enseignement Supérieur Public, *Être historien du Moyen Âge au XXIe siècle*, Paris, 2008, pp. 179-198 を参照。

(28) 中世フランス王国における〈principauté〉の変容を比較的長い時間軸のもとで論じた邦語文献として、高山博「フランス中世における地域と国家」辛島昇・高山博編『地域の世界史2　地域のイメージ』山川出版社、一九九七年、二九三〜三二五頁、およびとくに百年戦争期に関わる論考として、堀越宏一「一四・一五世紀フランスにおける諸侯領、または地域郷土伝統の誕生(“HORIKOSHI, Koïchi, Les principautés en France aux XIVe et XVe siècles ou la naissance du régionalisme”)」東洋大学白山史学会『白山史学』第三四号、一九九八年、七三〜八八頁などを参照。

(29) E. Perroy, «Feudalism or Principlities in Fifteenth Century France», in *Bullutin of the Institute of Historical Reseach*, t. 20 (1943-1945), pp. 181-185, reproduit dans id., *Études d'histoire médiévale*, Paris, 1979, pp. 177-181; id., «L'État bourbonnais», dans F. Lot et R. Fawtier [s. dir.], *Histoire des institutions françaises au Moyen Âge*, 4 vols., Paris, 1958-62, t. I: Institutions seigneuriales, pp. 289-318.

(30) A. Leguai, «Les 〈États〉 princiers en France à la fin du moyen Âge», *Annali della Fondazione italiana per la storia amministrativa*, 4 (1967), pp. 133-157. ルゲは師ペロワと同じく、ブルボン公国を研究対象とし、学位請求論文を公刊している。cf. A. Leguai, *Les ducs de Bourbon pendant la crise monarchique du XVe siècle. Contribution à l'étude des apanages*, Paris, 1962.

(31) この時代の諸侯権の重要性は、イングランド史ないしは百年戦争史の観点からも指摘されてきた。そのような歴史家のひとりとして、アンジュー帝国史研究の大家ジョン・ル＝パトゥーレルをあげることができる。ル＝パトゥーレルは百年戦争期における諸侯権の発展過程のなかに、王政国家の原理とは異なるフランス王国史の展開の可能性を指摘することで、王権の直線的な発展を強調した従来の視角を批判した。cf. J. Le Patourel, «The Kings and the Princes in the XIVth Century France», in J. Hale, J. R. Highfield, and B. Smalley [eds.], *Europe in the Late Middle Age*, London, 1965, pp. 158-183, reprint in id., *Feudal Empires, Normand and Plantagenet*, London, 1984 [ed. M. Jones], Chap. XV. また、中世末期における貴族の政治的意義の再評価という動向の一環として、M.-Th. Caron, *Noblesse et pouvoir royal en France, XIII*^{e}*-XVI*^{e} *siècle*, Paris, 1994 は、諸侯国の展開にも多くの頁を割いている。佐藤猛「Marie-Thérèse Caron, *Noblesse et pouvoir royal en France, XIII*^{e}*-XVI*^{e} *siècle*, Paris, Armand Colin, 1994, 349 p.」『西洋史論集』第二号、一九九九年、六一～六九頁。

(32)　このようなルゲの見方は、百年戦争末期の一五世紀中葉以降、国王と諸侯の対立が先鋭化した展開のみならず、百年戦争中、一五世紀初頭のブルゴーニュの動向とも一見矛盾するように思われる。なかでも、国王ルイ一一世期においては、王弟シャルル(当時ギュイエンヌ公)およびブルゴーニュ公シャルル突進公が、公益同盟(bien publique)戦争を起こした。ルゲはこれについて、ブルゴーニュ公が王権を排除しようとしたのは、神聖ローマ帝国からの封土フランシュ・コンテに関わる範囲内であった点を指摘する。cf. Leguai, «Les 〈États〉 princiers en France», pp. 141-142. またフィリップ・コンタミヌは、一四二〇年代以降ブルゴーニュ公フィリップ善良公がフランス王家と絶縁状態となり、イングランド王と同盟を結んだことに関して、フィリップの行動を国王家臣の行動原理のなかで理解しようとしている。フィリップがイングランドに接近した理由は、主君であるフランス王シャルル七世(当時王太子)が父公ジャン無畏公を殺害したためであり、家臣フィリップは主君の誠実義務違反に対して、レーン関係を一時的に解消したにすぎず、この対立は一四三五年のアラス和約において一応の和解にいたる。cf. Ph. Contamine, «La Bourgogne au XVe siècle», dans *La Bataille de Morat* (Actes du colloque internationale du 5e centenaire de la bataille de Morat, Morat, 23-25 avril 1976), Fribourg et Berne, 1976, pp. 91-110, reproduit dans id., *Des pouvoirs en France (1300-1500)*, Paris, 1992, pp. 61-74.

(33)　A. Leguai, «Royauté et principauté en France aux XIVe et XVe siècles: l'évolution de leurs rapports au cours de la guerre de Cent Ans», *Le Moyen Âge*, 5 série, 102 (1995), pp. 121-135.

(34)　グネは前述の一九六四年論文ならびに一九七五年研究動向のなかで、王国の多元的構成を論じる際、ペロワとルゲの論考を参照している。cf. Guenée, «L'histoire de l'État en France», pp. 353-354; id., «Les tendances actuelles de l'histoire politique du Moyen Âge français», pp. 55-57.

（35） ブルボン公国はペロワとルゲの研究フィールドとして、個別研究の出発点となった。これまであげてきた諸文献のほか、A. Leguai, «Un aspect de la formation des États princiers en France à la fin du Moyen Âge: Les réformes administratives de Louis II, Duc de Bourbon», *Le Moyen Âge*, 5 série, 70 (1964), pp. 50-72 は、ブルボン公国の統治組織がもっとも整備された一四世紀末ころを対象とする。

（36） O. Mattéoni, *Servir le prince: Les officiers des ducs de Bourbon à la fin du Moyen Âge (1356-1523)*, Paris, 1999. これは、マテオニがグネの指導のもとで提出した学位請求論文である。

（37） たとえば、のちの本節（三）で取り上げる「近代国家の生成」プロジェクトの第三論文集において、アラン・デゥミュルジェは、王国統治の大動脈といえるパリ高等法院と国王バイヤージュ・セネショセに関して、人物史研究の観点から比較することの重要性を問題提起している。高等法院評定官の多くは聖職者や法学の学位修得者など、学識という安定した基盤をもつ者たちから構成されたのに対して、バイイとセネシャルの大半は一五世紀前半にいたっても軍事貴族によって占められた。A. Demurger, «L'Apport de la prosopographie à l'étude des mécanismes des pouvoirs (XIIIe-XVe siècles)», dans F. Autrand [éd.], *Prosopographie et Genèse de l'État moderne*, Paris, 1986, pp. 289-301. このうち国王バイイと国王セネシャルに関しては、我が国でも高山博「フィリップ四世（一二八五〜一三一四）治世下におけるフランスの統治機構――バイイとセネシャル」『史学雑誌』第一〇一編第一一号、一九九二年、一〜三八頁という貴重な先行研究があり、そこで高山氏は王国北部におかれた国王バイイと主に南部におかれた国王セネシャルの担い手たちに関して、重要な比較研究を行っている。また、パリの国王宮廷に仕えた人々に関する人物史研究として、樺山『パリとアヴィニョン』が常に参照されるべきであることはいうまでもない。

（38） こうした点から、ブルゴーニュ公国を「小国家」(petit État)、「ブルゴーニュ国家」(État bourguignon)、「独立国家」(État indépendant) などと表現する習慣が戦前からみられた。しかし、ルゲはこれらの「国家」の使用があまりに無自覚であると批判し、先述した「諸侯国家」概念を提示した。cf. Leguai, «Les ⟨États⟩ princières en France», pp. 134-135.

（39） 本書との関連では、公国裁判制度に関する諸研究が重要である。とくに、エルネスト・シャンポーは、ブルゴーニュ公領の最上級法廷であるパルルマン(Parlement)が、のちに王国レヴェルの最高法廷であるディジョン高等法院(Parlement de Dijon)に発展していくまでの過程を跡づけるとともに、関係史料を刊行した。cf. E. Champeaux, *Ordonnances des ducs de Bourgogne sur l'administration de la justice du duché: les origines du Parlement du Bourgogne*, Dijon, 1907. このほか公国裁判機関およびその記録に関する史料集として、P. Petot, *Registre des Parlements de Beaune et de Saint-Laurent-lès-Chalon 1357-1380*, Paris, 1927.

(40) 歴代公の伝記としては、本論で述べていく諸研究のほか、イギリスの中世史家リチャード・ヴォーンのブルゴーニュ公四部作がよく知られている。R. Vaughan, *Philip the Bold. The Formation of the Burgundian State*, London, 1962; id., *John the Fearless. The Growth of Burgundian Power*, London, 1966; id., *Philip the Good. The Apogee of the Burgundian State*, London, 1970; id., *Charles the Bold, the last Valois Duke of Burgundy*, London, 1973.

(41) B. Schnerb, *Jean sans peur. Le prince meurtrier*, Paris, 2002.

(42) B. Schnerb, *L'État bourguignon: 1363-1477*, Paris, 1999.

(43) 一四世紀以降のフランス王国の境界に関しては、B. Guenée, «Des limites féodales aux frontières», dans P. Nora [s. la dir.], *Les Lieux de mémoire*, 3 vols., Paris, 1997, t. 2: La nation-1: Territoire, pp. 11-28. 九世紀後半、ヴェルダン条約とメルセン条約によって確定された西フランクの境界は、以後において修正されつつも、ルイ一四世期にいたるまでフランス(La France)の境界として、人々の記憶のなかに生きつづけることとなる。なお、ブルゴーニュ公国について、帝国領に属した同伯領と王国領である同公領を一体の支配圏として捉える研究として、中堀博司「中世後期ブルゴーニュ公国南部における諸侯直轄領の管理」『法制史研究』第五三号、二〇〇四年、一〜四六頁。

(44) 公国諸制度に重点をおいた研究として、以下の文献が重要である。制度史全般の研究として、M. Planiol, *Histoire des institutions de la Bretagne*, nouvelle édition par A. Brejon de Lavergnée, 5 vols., Mayenne, 1981-84, t. IV: La Bretagne ducale; B. Poquet du Haut-Jussé, «Le grand fief breton», dans Lot et Fawtier [s. dir.], *Histoire des institutions françaises au Moyen Âge*, t. I: Institutions seigneuriales, pp. 267-288. 財政制度を中心とした近年の研究として、J. Kerhervé, *L'État breton aux XIVe et XVe siècles. Les ducs, l'argent et les hommes*, 2 vols., Paris, 1987.

(45) M. Jones, *Ducal Brittany 1364-1399. Relations with England and France during the Reign of Duke John IV*, Oxford, 1970. なおこの著作の共訳者のひとりは、ジャン=フィリップ・ジュネである。cf. M. Jones, *La Bretagne ducale: Jean IV de Montfort (1364-1399) entre la France et l'Angleterre*, Rennes, 1998.

(46) 引用はM. Jones, *La Bretagne ducale*, p. 113.

(47) Ph. Contamine et O. Mattéoni [s. dir.], *La France des principautés: Les Chambre des comptes XIVe et XVe siècles*

(Colloque tenu aux Archives départementales de l'Allier, à Moulins-Yzeure, les 6, 7 et 8 avril 1995), Paris, 1996.

（48）論文集の姉妹本として、各会計院に関する史料集成も刊行された。cf. *Recueils de documents: Les Chambres des comptes en France aux XIVe et XVe siècles*, textes et documents réunis par Ph. Contamine et O. Mattéoni, Paris, 1998.

（49）cf. J.-Ph. Genet, «Conclusion», dans Contamine et Mattéoni [s. dir.], *La France des principautés*, pp. 267-279.

（50）W. Paravicini et B. Schnerb [dirs.], *Paris, capital des ducs de Bourgogne*, Ostfildern, 2007.

（51）たとえば、王国中西部に拡がる親王国であったベリー公国（ベリー公領、オーヴェルニュ公領、ポワトゥ伯領）はヴァロワ家第三王子ジャンの一世代で断絶したのち、その領地は王領および隣国のブルボン公国に吸収されている。このためか、ベリー公が王国統治で果たした重要な役割にもかかわらず、公国研究としてはルネ・ラクールの古典的な制度史研究などを参照しなければならないのが現状である。cf. R. Lacour, *Le gouvernement de l'apanage de Jean, duc de Berry (1360-1416)*, Paris, 1934.

（52）たとえば、それぞれ六〇〇頁をこえる王の伝記である『シャルル六世——狂気』（一九八六年刊）、および『シャルル五世——賢王』（一九九四年刊）をあげることができる。F. Autrand, *Charles VI: La folie*, Paris, 1986; id, *Charles V: Le Sage*, Paris, 1994. また、オトランの研究の出発点である、パリ高等法院の人物史研究として、F. Autrand, *Naissance d'un grand corps de l'État: Les gens du Parlement de Paris, 1345-1454*, Paris, 1981.

（53）これらの伝記研究以外にも、オトランはケンブリッジ大学出版の新「中世史シリーズ」において、一四世紀後半のフランスを担当し、優れた諸侯国論を展開している。cf. F. Autrand, «France under Charles V and Charles VI», in M. Jones [ed.], *The New Cambridge Medieval History*, 7 vols., Cambridge, 1995-2000, t. VI: c. 1300-c. 1415, 2000, pp. 422-441.

（54）F. Autrand, *Jean de Berry: L'art et politique*, Paris, 2000.

（55）F. Autrand, «Le concept de Souveraineté dans la construction de l'État en France (XIIIe- XVe siècle)», dans S. Berstein et P. Milza [s. dir.], *Axes et méthodes de l'histoire politique*, Paris, 1998, pp. 149-162.

（56）引用はAutrand, «Le concept de Souveraineté», p. 158.

（57）M. Jones, «Le cas des États princiers: la Bretagne au Moyen Âge», dans J.-Ph. Genet et N. Coulet, *L'État moderne: le droit, l'espace et les formes de l'État*, Paris, 1990, pp. 129-142（本文引用はp. 130）。

（58）たとえば、次の記述を参照。「「国家」をあまりに明確で近代的な定義のなかに押し込めてはならない。ひとつの領域のうえで、民がひとつの統治権力に服しているならば、「国家」が存在する。これを理ありと認めるならば、一四・一五世紀のヨーロッパに「国家」が存在することは自明であり、その政治的な構造を研究して然るべきである」(Guenée, *L'Occident aux XIVe et XVe siècles: Les États*, p. 63)。

(59) 渡辺節夫「ヨーロッパ中世国家史研究の現状」『歴史評論』第五五九号、一九九六年、六二〜七二頁、花田洋一郎「国際研究プロジェクト「近代国家の生成」関連文献目録」『西南学院大学経済学論集』第四四巻第二・三号、二〇一〇年、二六九〜二八五頁。

(60) J.-Ph. Genet, «Genèse de l'État moderne en Europe», *Le Courrier du CNRS*, LVIII, 1984, pp. 32-39.

(61) J.-Ph. Genet, «L'État moderne: un modèle opératoire?», dans id. [s. dir.], *L'État moderne: genèse*, Paris, 1990, pp. 261-281.

(62) J.-Ph. Genet, «La genèse de l'État moderne. Les enjeux d'un programme de recherche», *Actes de la Recherche en Sciences Sociales*, 118 (1997), pp. 3-18.

(63) Genet, «La genèse de l'État moderne. Les enjeux d'un programme de recherche», pp. 3-6 (本文引用は p. 3)。

(64) 以下の説明においては、主に Genet, «Genèse de l'État moderne en Europe» と、id., «L'État moderne: un modèle opératoire?» を参考にした。

(65) このような点から、ドイツ史学にみられるような「身分制国家」や「等族制」という概念が、フランス史学では定着しなかったことはよく知られている。全国・地方三部会に関する一九世紀以来の研究史については、高橋清徳『国家と身分制議会——フランス国制史研究』東洋書林、二〇〇三年、とくに第一章、第二章、および N. Bulst, «L'histoire des Assemblées d'états en France et la recherche prosopographique XIVe-milieu XVIIe siècle», dans Autrand [éd.], *Prosopographie et Genèse de l'État moderne*, pp. 171-184 を参照。一方、我が国において独特に発展した「身分制国家」概念をふまえながら、フィリップ六世期の国王顧問会に関するレイモン・カゼルの諸研究を紹介した論考として、井上泰男「初期ヴァロワ王朝の「政治危機」について——「国王顧問会」と「身分制議会」」北海道大学文学部『人文科学論集』第三号、一九六四年、一〜三八頁。また、パーラメントの定着という問題を軸に、中世末期のイングランドとフランスにおける「世論」のあり方を比較検討した論考として、Ph. Contamine, «Le concept de société politique dans la France de la fin de Moyen Âge: définition, portée et limite», dans Bernstein et Milza [s. dir.], *Axes et méthodes de l'histoire politique*, pp. 261-271. 一方、主に地方三部会を念頭に、君臣間の交渉と対話の場として、一四・一五世紀の身分制議会の展開を論じた論考として、堀越宏一「中世後期フランスの三部会における課税合意の形成と課税放棄」渡辺節夫編『ヨーロッパ中世社会における統合と調整』創文社、二〇一一年、一三〇〜一五八頁。

（66） Genet, «L'État moderne: un modèle opératoire?», p. 279; id., «La genèse de l'État moderne. Les enjeux d'un programme de recherche», pp. 4-5.

（67） 第一論文集…N. Coulet et J.-Ph. Genet [éds.], *L'État moderne: le droit, l'espace et les formes de l'État*, Paris, 1990. 第二論文集…J.-Cl. Marie-Vigueur et Ch. Pietri [éds.], *Culture et Idéologie dans la Genèse de L'État moderne*, Rome, 1985. 第三論文集…F. Autrand [éd.], *Prosopographie et Genèse de l'État moderne*, Paris, 1986. 第四論文集…J.-Ph. Genet et B. Vincent [préparé par], *État et Église dans la genèse de l'État moderne*, Madrid, 1986. 第五論文集…J.-Ph. Genet et M. Le Mené [éds.], *Genèse de l'État moderne. Prélèvement et Redistribution*, Paris, 1987. 第六論文集…N. Bulst et J.-Ph. Genet [éds.], *La ville, la Bourgeoisie et la genèse de l'État moderne (XIIe-XVIIIe siècles)*, Paris, 1988. 第七論文集…Ph. Contamine [textes réunis par], *L'État et les Aristocraties (France, Angleterre, Écosse), XIIe-XVIIe siècles*, Paris, 1989. 第八論文集…J.-Ph. Genet et J.-Y. Tilliette [éd.], *Théologie et droit dans la Science Politique de l'État moderne*, Rome, 1990. 第九論文集…J.-Ph. Genet [éd.], *L'État moderne, genèse: bilans et perspectives*, Paris, 1990.

（68） 詳しくは、花田「国際研究プロジェクト「近代国家の生成」関連文献目録」二八四頁の註（3）および文献目録を参照されたい。

（69） 城戸毅『百年戦争——中世末期の英仏関係』刀水書房、二〇一〇年、三〜六頁。

（70） このような指摘は、城戸『百年戦争』三頁とともに、城戸毅「公開講演　百年戦争とは何だったのか」『白山史学』第四四号、二〇〇八年、一〜二九頁の二頁にもみられる。

（71） Genet, «L'État moderne: un modèle opératoire?», esp. p. 262.

（72） Ph. Contamine, «France et Angleterre de Guillaume le Conquérant à Jeanne D'Arc. La formation des État nationaux», dans F. Bédarida, F. Crouzet, D. Johnson [éds.], *Dix siècles d'histoire franco-britannique, de Guillaume le Conquérant au Marché commun*, Paris, 1979, pp. 23-33 et 425-426, reproduit dans id., *Des pouvoirs en France (1300-1500)*, pp. 27-36.

(73) 以上、Ph. Contamine, *Au temps de la guerre de cent ans: France et Angleterre (La vie quotidienne: Civilisations et sociétés)*, 1e éd., Paris, 1976 (reéd., 1994), pp. 13-14.

(74) 城戸『百年戦争』とくに一三〜一四頁。城戸氏はこうした英仏分離の視点にくわえて、百年戦争が「フランス王国内の大騒乱」としての性格も合わせもったことを重視し、イングランド王およびブルゴーニュ公という二大家臣の反逆の側面も有した戦争は、フランス王の勝利のもと英仏を分離するかたちで終結したという展望を示している。このような「フランス王国内の大騒乱」としての百年戦争という視点は、前掲書の第一〜二章とともに、同「公開講演　百年戦争とは何だったのか」二〇頁に示されている。また、このような視点については、Ch. Allemand, *The Hundred Years War: England and France at war c. 1300-c. 1450*, Cambridge, 1988 (reed., 2001), esp. p. 11 にもみられる。

(75) G. Minois, *La guerre de Cent Ans: Naissance de deux nations*, Paris, 2008, esp. pp. 554-590.

(76) とくに、Minois, *La guerre de Cent Ans*, pp. 562-567 を参照。

(77) J. Maurice et D. Couty [s. dir.], *Images de Jeanne d'Arc*, Paris, 2000; D. Couty, J. Maurice, M. Guéret-Laferté [s. dir.], *Images de guerre de Cent Ans*, Paris, 2002.

(78) P. Gilli, «Inceste et drame amoureuse: les origines légendaires de la guerre de Cent Ans d'après Bartolomeo Facio (c. 1436)», dans Couty, Maurice, Guêret-Laferté [s. dir.], *Images de guerre de Cent Ans*, pp. 187-198.

(79) ジャンヌ・ダルク伝説に関しては、その神格化されたイメージが、革命以降の愛国派、教権派、共和派によって、それらの党派シンボルとして用いられた経緯が近年、我が国でも知られるようになっており、本論では割愛する。たとえば、ミシェル・ヴィノック／渡辺和行訳「ジャンヌ・ダルク」ピエール・ノラ編／谷川稔監訳『記憶の場　フランス国民意識の文化＝社会史第三巻《模索》』岩波書店、二〇〇三年、三〜六六頁を参照。一方、フランス革命以前に関しても、ジャンヌの栄光と挫折に関する紆余曲折のイメージ形成の歴史が近年、明らかにされつつある。ジャンヌが一四三一年におけるその処刑後、ゆかりの地であるドンレミやオルレアン、ルーアンなどで祝祭の主題とされたのち、そのドラマティックな生涯が強調され、人々に広く知られた背景には、ルネサンス期パリにおける文化的そして政治的な状況があった。これについて、ルイ＝ジョルジュ・タンは本論で述べた研究集会「ジャンヌ・ダルクのイメージ」において、「ジャンヌ・ダルク――一六世紀におけるアイデンティティと悲劇」と題する報告を行い、これを『百年戦争のイメージ』の一論文として発表した。ジャンヌの物語がその死後人気を得たのは、その生涯そのものの内容というよりも、ルネサンス期の文壇において、フランスの歴史を題材にした悲劇が少なかったことに由来する。こうした状況のもと、パリで上演を繰り返すようになったジャンヌの悲劇は、一方で予想外の効果をもたらした。なぜなら、彼女の物語は、一六・一七世紀のフランスが抱えた王国政治上の問題に結びつけられて、読み込まれたためである。その問題とはイングランドとの対抗意識、ロレーヌをめぐる神聖ローマ帝国との国境争い、そして宗教改革期に分裂した三身分の一体感である。これらはどれも、ジャンヌの生涯と行動を連想させるものであった。それゆえ、ジャンヌの物語のモチーフは当時の王国政治の変動のなかで巧みに利用されながら、ジャンヌの人格を神格化しつつ、フランス王国のアイデンティティ形成に寄与したとされる。cf. L.G. Tin, «Jeanne d'Arc, identité et tragédie au XVIe siècle», dans Couty, Maurice, Guéret-Laferté [s. dir.], *Images de guerre de Cent Ans*, pp. 199-205.

(80) なお、百年戦争の通史としては、これまでにあげた文献のほか以下のものを参照。E. Perroy, *La Guerre de Cens Ans*, 1e éd., Paris, 1945 (2e éd., 1976); A. Leguai, *La Guerre de Cens Ans*, Paris, 1974; Ph. Contamine, *La Guerre de Cens Ans*, 1e éd., Paris, 1968 (5e éd., 1989); J. Favier, *La Guerre de Cens Ans*, Paris, 1980; B. Bove, *1328: Le temps de la guerre de dent ans*, Paris, 2009. 邦語文献として、山瀬善一『百年戦争　国家財政と軍隊』教育社、一九八一年、佐藤賢一『英仏百年戦争』集英社新書、二〇〇三年。

(81) このような理解については、F. Olivier-Martin, *Histoire du droit français des origines à la Révolution*, 2 tirage, Paris, 1951, pp. 518-519 (塙浩訳『フランス法制史概説』創文社、一九八六年、七八一～七八二頁)を参照。

(82) F. Frédéric-Martin, *Justice et Législation sous le règne de Louis XI: La norme juridique royal à la veille des temps modernes*, Paris, 2009.

(83) とくにFrédéric-Martin, *Justice et Législation sous le règne de Louis XI*, Chap. 3, esp. pp. 211-226. ほかに、フレデリック＝マルタンは同王の治世において、パリ高等法院や会計院による登記の手続を必要としない「書簡」など、封をした王文書の送付も増加することに注目し、この時代に「王の意思」が動き出していたことも見逃していない。

(84) Cl. Gauvard, 〈*De grace especial*〉. *Crime, État et société en France à la fin du Moyen Âge*, 2 vols., Paris, 1991.

(85) 『〈格別なる恩寵〉』のほか、一四・一五世紀における国王裁判官、「国家」による暴力や犯罪への対応、それらの背景となった人文主義などを扱ったゴヴァールの論文集として、Cl. Gauvard, *Violence et ordre public au Moyen Âge*, Paris, 2005.

(86) なお、王の恩赦のほか、国王裁判に関するゴヴァールの論考の翻訳として、クロード・ゴヴァール／轟木広太郎訳「恩赦と死刑——中世末期におけるフランス国王裁判の二つの相貌」服部良久編訳『紛争のなかのヨーロッパ中世』京都大学学術出版会、二〇〇六年、第九章、二五八〜二七七頁。また、ゴヴァールは二〇〇七年四月の来日の際、青山学院大学と京都大学において講演を行い、講演録が翻訳、公刊されている。青山学院大学での講演…ゴヴァール／渡辺節夫・青山由美子訳「中世後期のフランス王のイメージ…至高の裁判官——理論と実践」渡辺節夫編『王の表象——文学と歴史・日本と西洋』(青山学院大学総合研究所叢書)、山川出版社、二〇〇八年、第六章、一九一〜二二六頁、京都大学での講演…ゴヴァール／渡辺節夫・青山由美子訳「中世後期(一四・一五世紀)フランスにおける国王、裁判そして貴族」『青山史学』第二六号、二〇〇八年、一〜二四頁。

(87)　Cl. Gauvard, «Le roi de France et le gouvernement par la grâce à la fin du Moyen Âge. Genèse et développement d'une politique judiciaire», dans H. Millet [*s. dir.*], *Suppliques et requêtes. Le gouvernement par la grâce en Occident (XIIe–XVe siècle)*, Rome, 2003, pp. 371-404 (本文引用は p. 403)。

(88)　一九六〇〜九〇年の研究動向に関するオトランやコンタミヌによるサーヴェイにおいても、中世史研究における社会史の優勢が指摘されていた。cf. Autrand, Barthélemy, Contamine, «L'espace français», p. 102.

(89)　Offenstadt, «L'‹histoire politique› de la fin du Moyen Âge», pp. 188-190.

(90)　〈Kingdoms in miniature〉という表現については、Le Patourel, «The Kings and the Princes in the XIVth Century France», p. 156.

(91)　このうち、筆者は一五世紀中葉以降に展開した高等法院の複数化の問題に着手している。佐藤猛「一五・一六世紀フランスにおけるいくつもの高等法院——「地方高等法院体制」をめぐる予備的考察」『秋大史学』第五六号、二〇一〇年、一〜二九頁、同「一四七七年ブルゴーニュ高等法院の設立」『秋田大学教育文化学部研究紀要(人文科学・社会科学)』第六七集、二〇一二年、四五〜五五頁。

(92)　この時期を中心に、一四・一五世紀を「領域的諸侯国の時代」と表現する研究は数多い。代表的な文献として以下を参照。cf. J. Kerhervé, *Histoire de la France: la naissance de l'État moderne 1180-1492*, Paris, 1998, p. 195; Caron, *Noblesse et pouvoir royal en France*, p. 11.

第一章　白ユリ諸侯の形成

百年戦争期のフランス国制を規定しつづけた重要な要素として、諸侯国に注目し、その王国統治上の役割を問う場合、当時の諸侯国の大半が親王領(apanage)に由来したことの意味を明らかにしておかねばならない。周知のように、親王領とは王位継承者以外の王子に授与され、基本的にはその子孫たる王族によって継承された封土である。(1) フランス王家に特徴的なこの慣行の起源は一三世紀とくにフィリップ二世以来のカペー王家において、長男の王位継承権が確立したことと深く関係している。そこでは、王の長男とその王子が存命の限り、王位から排除される王家の次三男は王領の一部を分け与えられることによって、その生涯にわたる財と権力そして王国政治における地位を保障されたのである。我が国においては、大宝律令の時代以来、天皇の兄弟姉妹とその数世代の継承者を「親王」(内親王)とよぶ慣わしがある。(2) 百年戦争期のフランスにおいても、王の弟や叔父たちは国王血族(seigneur du sang royal)や血統諸侯(prince du sang)、一四世紀中葉にいたっては王家の紋章にちなんで白ユリ諸侯(prince des fleurs de lys)などとよばれ、王国統治において特別な集団とみなされていた。(3) フランス王国において、王領を分与され、これを統治・継承した王の子孫を「親王」と総称し、その領地に「親王領」の訳語を用いるのは、こうした比較国制史の観点からである。(4) このような王族諸侯の王国政治上の地位とともに、かれらが治めた親王領が有した国制上の位置づけを焦点に、当時における諸侯権と王権の関係の基本的特質を明らかにすることが本章の課題である。

しかしながら、従来、このような親王領の問題を王位の継承問題をこえて、王国国制との関連で正面から論じようとする姿勢は弱かったように思われる。(5) その原因のひとつが親王領そのもののあり方に起因することは間違いないだろう。親王領の設定は王の権力基盤である王領を縮小させる一方で、親王家に男子が途絶えた場合、それは王領に回帰するとされた。こうした特徴ゆえに、親王領の慣行が王権や王国統治に対していかなる影響を及ぼしたのかをめぐって多少の議論はあったものの、(6) 集権国家観に規定されてきた旧来の研究においては、親王領設定という慣行はやがて王権によって克服されるものとして、消極的な位置づけしか与えられてこなかった。さらに、そのような理解は、親王領が数多く現れた百年戦争期を「封建制から絶対制への過渡期」と位置づける伝統的な王国史観の一端を担ってきたと考えられる。(7) このような理解に対して、序章でも紹介したフランソワズ・オトランは近代国家像の再検討をふまえて、フランスと旧ソ連の歴史家のあいだで開かれた国家行財政に関する一九八九年の国際研究集会ののち、「分権の試み――一四世紀後半における親王領政策」と題する論文を発表した。(8) とくに、オトランは一三六〇～七〇年代に関して、親王領を授与された王子と王のあいだで、王国統治に直結する重要な諸権力が頻繁に分配されたことに注目し、当時の王権が「分権の試み」(essai de décentralisation)を通じて王国の統治を図ったと捉えた。しかし他方で、我々は、親王領の設定が一三世紀初頭以来の慣行であり、百年戦争勃発から一〇〇年以上もさかのぼることを忘れてはならない。それゆえ、その慣行の定着以来、親王領の国制的な位置づけが百年戦争の勃発、すなわち、ヴァロワに対するイングランド王の反逆に乗じて、フランドルやブルターニュなどの家産諸侯が反王権の傾向を強めるなか、どのように変化し、あるいは変化しなかったのかを明らかにしなければ、親王を中核とする諸侯権そして諸侯国の特質を理解することはできないといえる。ここでは、こうした観点をふまえて一三世紀前半から考察をはじめるとともに、親王以外の諸侯、すなわちアンドレ・ルゲの分類にしたがっていえば「家産諸侯」の動向も視野に入れつつ、親王領がたどった国制的位置の変遷を検討する。

第一節　親王から白ユリ諸侯へ

一三世紀前半以来の親王領の特質変化を考察するにあたり、まずはその君主である親王が王国政治においていかなる地位を占めたのかを明らかにする必要がある。とりわけ、一三世紀以来のカペー王権の伸長は、王国レヴェルにおける親王の地位や権力にいかなる影響を及ぼしたのか。この問題は、王国最高貴族層といえるフランス同輩団の変容と再編の問題と密接に関わっている。

フランス同輩（［羅］par Franciae/［仏］pair de France）とは、一一七九年前後とされるその発足当初、聖俗六名ずつ、計一二名の有力者から構成された(9)。本書が主に扱う世俗同輩は、ノルマンディ公・ブルゴーニュ公・ギュイエンヌ公、フランドル伯・シャンパーニュ伯・トゥルーズ伯であり、公・伯三名ずつの有力貴族が名を連ねた(10)。かれらは次のふたつの特権により、一三世紀以降の王国政治のなかで特別な位置を占めてきた。第一は、国王戴冠式において玉座を囲み、王冠を支える権利である。第二は、国王宮廷において王が開催する同輩法廷（cour des pairs）において、みずからが当事者となった紛争を王が主宰する法廷に直接持ち込み、かつこれを同身分者の審判に委ねることのできる権利である(11)。また、これらの特権を保障する〈par Franciae〉のタイトルは、前述した六つの公・伯領に付属すると考えられた。このため、同輩位は領地の相続とともに代々継承されていくものとされた。しかし、一三世紀後半になると、こうした同輩団のあり方は変容を余儀なくされていった。すなわち、これらの世俗同輩領はさまざまな事情で次々と王領に併合され、この結果、同輩団に空席が生じ、そのなかで王は親王を同輩に任命していくこととなった。従来の制度史研究はこの過程を同輩団の衰退と考え、ゆえに一四世紀以降の同輩団に対して大きな関心を払うことはなかった。たとえば、定評あるフェルディナン・ロー／ロベール・フォティエ編『フランス制度史』(一九五七～六二年刊)の第二巻「王制度」は、一二世紀以来の同輩団の解説にわずか三〇行の脚注しか割いていない。(12) これに対して、近年、ピエール・デポルトは同輩団の変容を王権の主導性に着目して再検討するとともに、(13) グネは序章で少しふれたように、王族に立脚した王国統治理念との関連で、同輩団の変容にも注目した。(14) 以下、両者の研究に拠りつつ作成した表1「フランス同輩の交代」を用いて、親王による同輩位取得の過程とその背景を考察する。なお、個々の親王名に関しては、後掲(六〇～六一頁)の表2「親王領一覧」を参照。

表1「フランス同輩の交代」は、同輩団の発足以来、どのような家門が同輩位にあったかを示したものである。表上部の六家門は当初からの公・伯三家門ずつであり、ここでは「旧同輩」とする。そもそも、なぜこれら六つの家門だったのだろうか。その背景のひとつとして、一二世紀後半におけるイングランド(アンジュー)王権の拡大を考えることができる。(15) すなわち一一五二年、ヘンリ二世が建設した「アンジュー帝国」はフランス王国の西半分を本領とし、この大陸領土は一一五四年にはフランス王ルイ七世からの封土となった。しかしヘンリの死後、「帝国」の諸領は王子のあいだで分割相続され、このうち大陸に位置したノルマンディ公領とギュイエンヌ公領に関して、カペー王権はアンジュー家への牽制の意図もあってフランス同輩領に指定した。これとほぼ同時期に、ブルゴーニュ公領および三伯領が同輩領に選定され、世俗同輩団が成立したのである。しかしながら、イングランド王ジョンとフランス王フィリップ二世の対決後、一二五九年のパリ和約において、ノルマンディ公領がフラ

ンス王領となり、同輩領のひとつが王の手に帰すこととなった。このノルマンディの王領化につづき、ほかの同輩領も一三世紀中葉以降次々と王領化されていった。[16] この結果、王領拡大の一大画期とされるフィリップ四世期(位一二八五〜一三一四年)には、六つの旧同輩領のうち四つが王領化、また残されたふたつの同輩領のうち、ブルゴーニュ公領が半世紀後には一時的に王領となり、ギュイエンヌ公領はイングランド王の手中にあるという状況であった。このような状況下、フィリップ四世は旧来からの六つの家門以外にも、同輩位を授与していくこととなったのである。

表1において、一三世紀末以降、新たに同輩位を取得した家門はアルトワ以下の諸家であり、ノルマンディとブルゴーニュについては同輩位が復活している。ここで重要な点は、これらの「新同輩」のほぼ大半が親王家であったことであり(囲みにて表示)、そこでの同輩位授与のあり方を詳しく検討すると、カペーからヴァロワへの王朝交代を境に、これを大きくふたつの段階に分けて考えることができる。

第一段階は一三二八年のカペー王家断絶までの時期にあたり、そこで王は世俗六名という定数を維持しながら、新同輩を任命した。すなわち、同輩位をいわば「補充」していった段階である。空位の同輩位が最初に補充されたのは、フィリップ四世治下の一二九七年である。この年、アルトワ、ヴァロワ、ブルターニュの三家門が同輩位を取得した。[17] このうち、前二者はともに親王であったのに対し(表2ルイ八世③、フィリップ三世②)、この時、同時に公のタイトルを取得したブルターニュは親王ではなかった。これに関して、デポルトやグネは、親王ではないブルターニュ昇格の理由を考察するにはいたっていない。しかし、国王フィリップが対英関係上、大西洋岸を治めるブルターニュ公に何らかの期待を寄せたであろうことは推測することができる。このことは、当主ジャン二世が同輩昇格と同時に、伯から公へと昇格していることからも、間接的ではあるが裏づけることができる。[18] それでは、このような空位同輩の補充を通じて、国王フィリップ四世が同輩団を維持し、王国内に有力貴族層とそ

ス同輩の交代

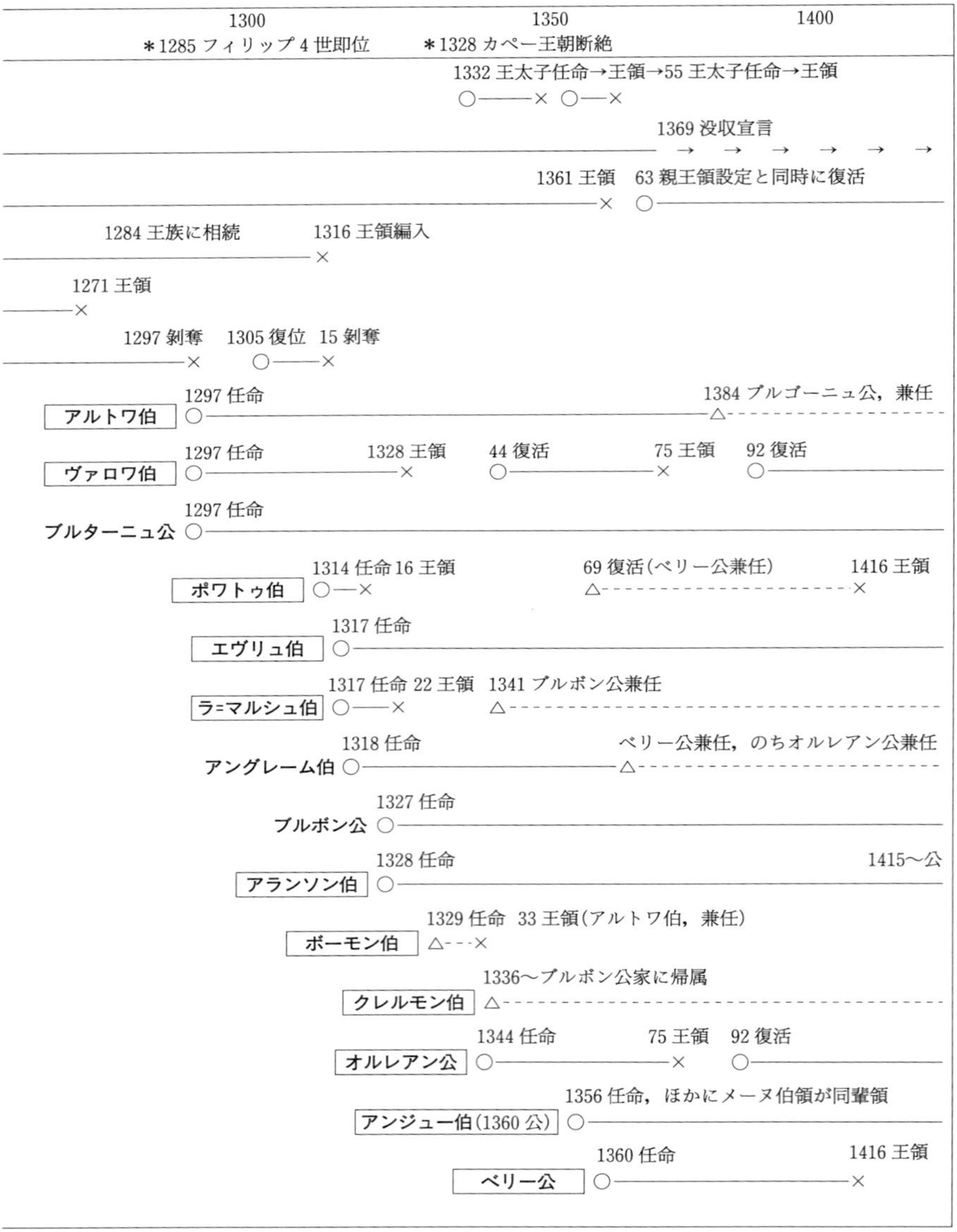

toire prosopographique de personnages apparentés à la couronne de France aux XIVe et XVe

表1　フラン

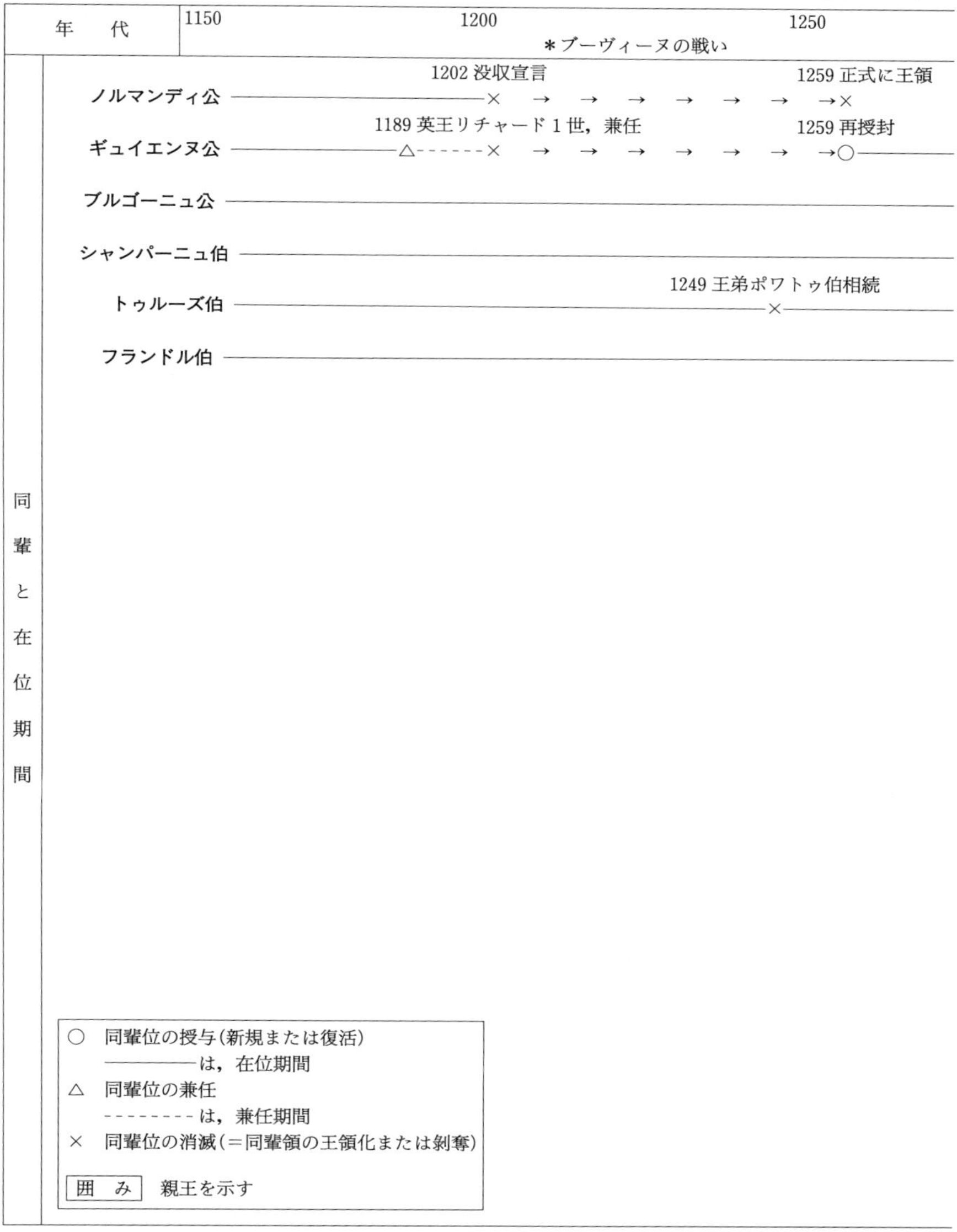

出典）註記したデポルトとグネの論文のほか，各同輩の在位期間については，M. Ornato, *Réper*
siècles, Paris, 2001 を用いた。

の諸特権を残したのはなぜだろうか。その理由としては、デポルトやグネも指摘する国王戴冠式の挙行という問題を考慮しなければならない。(19)同輩が残り二名となった一三世紀末、次世代の国王戴冠式を担う有力者の確保が不可避となっていたのである。一三一四年に同輩に昇格した親王ポワトゥ伯をふくめ、これに先立って同輩に昇格したふたつの親王家が、その職務にふさわしい家柄であったことはいうまでもなく、ブルターニュについては、こうした王国政治最高級の儀礼への出席を通じて、そのフランス王権への引き寄せが試みられたのだと思われる。

こうして同輩団の補充がスムーズに進んだかにみえたフィリップ四世期であったが、しかしこれを継いだ息子世代に戻り、ポワトゥ伯とラ＝マルシュ伯の二名の親王が王に即位した。この間、両王はみずからが担ってきた同輩位の空席にともない、新たにふたつの伯領を同輩領に設定している(エヴリュとアングレーム)。(20)しかし、ルイ一〇世および孫ジャン一世は、ともに男子を残さず世を去っている。このため、王位はフィリップ四世の王子世代に戻り、ポワトゥ伯とラ＝マルシュ伯の二名の親王が王に即位した。

親王の同輩昇格はこの王朝交代とともに新たな局面である第二段階を迎え、ここでは同輩団のあり方そのものが変質していく。すなわち、ヴァロワ王権はカペー期以来の親王家とともに、王太子をふくむすべての王子を同輩に任命し、もはや六名という定数を維持することはなかった。こうして以後の王国には、同輩位が六つ以上創設されていくこととなったのである。以下、この過程を同輩領に設定された「国」(pays)に焦点をあてて検討する。(21)まずはノルマンディ公領である。初代ヴァロワ王フィリップ六世は、カペー分家のアランソン、ボーモン、クレルモンの三親王に同輩位を授与したほか、一三三二年、旧同輩領のひとつノルマンディ公領を復活させ、王太子ジャン(のち国王ジャン二世)に授封した。(22)このノルマンディは、一三五〇年ジャンの国王即位にともない短期間で王領に回帰したものの、五年後、再び同輩領として王太子シャルル(のち国王シャルル五世)に授封されていく。次はブルゴーニュ公領である。国王ジャン二世は、次男ルイにアンジュー公領・メーヌ伯領、三男ジャンにベリー公領・オーヴェルニュ公領をそれぞれ同輩位付きの親王領として授与したのち、四男フィリップには、一三六一年に王領化したばかりの旧同輩領ブルゴーニュを授封した。[23] 一四世紀以後の世俗同輩のなかで、旧同輩領を継承していたのは、ギュイエンヌ公を兼ねるイングランド王、ノルマンディ公を名乗るフランス王太子、そしてブルゴーニュ公の三名であった。この旧同輩領保持者としてのブルゴーニュ公の地位は、王国政治において重要な意味をもつこととなる。[24] 最後はオルレアン公領である。この地域が古くから王領の中枢地帯のひとつであったことは、周知の通りである。前述の国王フィリップ六世は、同名の次男フィリップに親王領としてオルレアン公領などを授与し、これを同輩領としている。そののち、親王フィリップは子孫を残さず死去したため、同公領は一三七五年、王領に再編入された。しかし、国王シャルル六世期の一三九二年、公領は再び同輩領として復活し、のちに内戦の主役となる王弟ルイがその君主となった。以上のような新同輩領の創設、ならびにすべての王子の同輩昇格の結果、世俗同輩の人数は最大で一一名となり、デポルトはこの展開を「同輩位の世俗化」と表現している。[25]

それでは、このような同輩団の再編過程において、ヴァロワ王権はなぜ六名という伝統の定数を破ってまで、親王を同輩にすえたのか。親王の地位上昇の根幹に関わるこの問いに関して、グネは「聖王ルイの御威光」という興味深い議論を展開している。[26] 空位の同輩位がはじめて補充されたのと同じ一二九七年、故王ルイ九世が教皇ボニファティウス八世によって聖人に列せられた。この年、ルイの生地ポワシーにはサン=ルイ教会が建造されるとともに、聖王と妃および六名の王子女の像がそこに建てられ、その足元には王家の紋章である白ユリの花びらがちりばめられた。以来、ルイ九世の子孫は聖人の血を引く者として、聖性に包まれた特別な存在とみなされ、なかでも同王の男系子孫たる親王は、王国政治のなかで通常の国王封臣とは明確に区別されるようになっていった。王国最高貴族の証であるフランス同輩位の取得は、親王が特別視されたことの具体的な現れであり、グネはここに同輩増加の最大の要因を読み取ったのである。しかし、このような議論は、親王の地位上昇がなぜ王朝交代後に本格化したのか、言い換えれば、六名という定数がなぜ王朝交代後にはじめて破られたのかについて、十分に説明しているとは言い難い。

こうした疑問を解く手がかりとして、ヴァロワ王家の正統性という問題を考えることはできないだろうか。周知のように、一三二八年ヴァロワ家の登極に対して、イングランド王エドワード三世は当初これを承認していた。しかし、一三三七年ギュイエンヌ公領の問題が再燃すると、母イザベルを通じてフランス王の血を引くエドワードは王位継承権を主張した。このエドワードの主張は、フランドルの権益争いを有利に進めるための戦略的ポーズという側面を帯びていたものの、フランス側はこれに対して、男系男子による王位継承方式を楯にエドワードの主張を退け、ついに一三三九年に開戦となった。この一三二八年から三九年にかけての同輩位の変遷に目をむけるならば、初代ヴァロワ王フィリップ六世が、カペー分家の治める三つの親王領を同輩領としたことは注目に値する。第一はアランソン伯領で、一二八四年以来の親王領である(表2フィリップ三世②)。第二はボーモン伯領で、ここは当時、聖王ルイの弟ロベールの血を引くアルトワ伯家によって保持されていた(表2ルイ八世③)。第三はクレルモン伯領で、ここはもともと聖王ルイの六男ロベールの親王領であった(表2ルイ九世⑥)。ロベールがブルボン家の広大な領地を相続したのち、クレルモン伯領はブルボン公位継承前の公太子によって保有され、フィリップ六世はロベールの子ブルボン公ルイ一世の時代に、これを同輩領とした。[27] これらの経緯から、初代ヴァロワ王はカペー家断絶後もその分家との結びつきを維持することで、カペー家との家門的な連続を再確認するとともに、これを強調し、王朝交代の正統性を内外にアピールしたと考えることができる。こうして王朝支配の根本に関わる問題を背景に同輩団は拡大し、その大部分が親王によって占められることとなったのである。

以上のように、一二世紀末以来のフランス同輩団は王朝交代を境に段階をへて変貌を遂げ、親王はいまや王国貴族の最上層を形成するようになった。また当時の親王たちは、同輩昇格とともに「公」(［羅］dux/［仏］duc)のタイトルも取得していき、王朝交代後に本格化したこの公タイトル授与は、親王の地位上昇をより一層促すものとなった(28)。こうして百年戦争期の王国各地には、「公—同輩」(duc-pair)位をともなう親王領が続々と創設されていったのである。ただし、王国諸侯が親王を中核に変容していくこの過程は、あくまで漸次的なものと考える必要がある。たとえば、公—同輩のひとりブルターニュ公はカペーとヴァロワの婚姻政策を通じて、徐々に王家との姻戚関係を築きつつも、王の男系男子の子孫がその公位に就くことはなかった。また一四世紀末の南フランスでは、フォワやアルマニャックなど王家に由来しない有力伯家が、ロワール以南に領地を拡げつつも、一方で王家との婚姻などをテコに王国政治に深く関わっていた(29)。親王以外の家産諸侯もまた王権に対して無視しえない影響力をもち、時にイングランド王権と関わりながらヴァロワに対立していくのと並行して、ヴァロワ期以降、王家と血縁関係をもつ「白ユリ諸侯」が地位上昇を遂げたと考えるべきであろう(30)。それでは、このような王国諸侯の再編のもと、親王の支配領域すなわち親王領は王国の政治構造においていかなる位置を占めたのか。

第二節　親王領から親王国へ

親王の地位上昇を促したと考えられる王朝の交代、そしてこの王朝交代が契機となって勃発した百年戦争は、一方において親王領のあり方にいかなる影響をもたらしたのか。ここでは、一三世紀以来の親王領の制度的・地理的展開を検討することで、この問いにアプローチする。

表2「親王領一覧」は、親王領の創設が始まったルイ八世期から、百年戦争が終結したシャルル七世期までの親王領の一覧表である。ここには歴代王に関して、早逝した王子をのぞくすべての王子ごとに、親王領として設定された「国」、これに付随するタイトル、相続経緯などを記した。この一覧表をもとに、親王領の変質過程を考察する前提として、まずは王領が分与される際の基本事項を確認しておく必要がある。王領の分与は、一般的に知られているような王からその次三男へという形態のみならず、実際には王からその長子(王太子)や王の弟たちに対しても行われた。また、すでに一定の領地を治める王弟や王の叔父に対し、領地の交換や追加あるいは削減がなされることもあった。とくに、親王領の追加と削減は王朝交代後に数多く行われ、たとえば内戦の主役となったオルレアン公ルイは、一四世紀末、病に伏す兄王シャルル六世に代わり王国統治の実権を握ると、王の名のもとに、みずからの領地の交換と追加を繰り返し、オルレアン公国の拡大を進めたのであった(表2シャルル五世②)。

これらの点をふまえて、カペー期とヴァロワ期の親王領を比較するならば、いくつかの無視しえぬ変化を指摘することができる。第一に、親王領に設定された「国」を比較すると、ヴァロワ期以降、親王領の規模は明らかに拡大する。カペー期の親王領が一～二の「国」から構成されたのに対し、ヴァロワ期以降は三ないし四の「国」が授与されている。このことは、親王の支配域が王朝交代以降に拡大したことを示している。ただし、その拡大の意味については親王領の地理的分布はもちろん、本書全体のなかで総合的に考えていかねばならない。第二に、こうした「国」に付随するタイトルを比べると、ヴァロワ期の親王は伯よりも公のタイトルを多く受け取っている。この結果、ヴァロワ家出身の親王はすべて公のタイトルを帯びることとなった。本書では、このような親王領の拡大と地位上昇を念頭に、ヴァロワ期の親王領を「親王国」と表現し、カペー期までとの差異を明確にしようと思う。そして最後に、相続経緯を詳しく検討すると、ヴァロワ期における親王国の多様な展開が明らかとなる。以下、その多様な展開の一端を考察する。

そもそも、親王領の相続人はいつころから男子に限定されたのだろうか。すでに制度史研究が指摘するように、男子相続の規定は一三世紀当初には存在せず、一四世紀以降に現れたものである。[31] 一三一四年、国王フィリップ四世は次男で同名のフィリップにポワトゥ伯領を授封した際、相続人をはじめて男子に限定した（表2フィリップ四世②）。[32] このような男子相続の出現が、法制史家ジャン・アマドの指摘する〈apanage〉という名称の登場とほぼ同時期であったことは、偶然ではなかろう。[33] 王子への分与地は男子相続の適用によって、近い将来、再び王領に回帰することを運命づけられ、その所産として〈apanage〉の名称が現れたと考えられるのである。

しかし、このような男子相続規定は以後厳格に遵守されたわけではなく、ヴァロワ期以降、むしろ王権は時々の事情に応じてこれを柔軟に運用していた。たとえば、国王ジャン二世の三男としてベリー公国を治めたジャンは、一四一六年男子を残さずに死去した。この時、公国北西部のベリーを中心とする諸領がただちに王領に回帰したのに対し、南部のオーヴェルニュ公領は公女マリを通じて、その嫁ぎ先であるブルボン公家に相続されることが、ジャンの生前に取り決められていた（表2ジャン二世③）。なぜ、当時のシャルル六世王権は女系相続を承認したのか。前述のように、ブルボン公家は聖王ルイの六男クレルモン伯ロベールを祖とする家門である。しかし、歳月の経過や領地拡大などの結果、その親王家としての地位は曖昧となりつつあった。[34] そこで時のブルボン公ルイ二世は、王の承認下、息子ジャンとマリとの結婚に際して、みずからのブルボン公家に男子相続人が途絶えた場合、オーヴェルニュとともに、ブルボン公領とクレルモン伯領を王に遺贈することに同意した。これを王権側からみれば、公国に親王国と同様の男子相続を適用することで、公家を正式に親王家に復帰させ、ブルボン公国への統制を強めたということができる。これは、いわば親王領以外への男子相続の拡大適用といえる。こうした

表 2　親王領一覧

国王（在位）	王子名（数字は出生順）	創設年	「国」(pays)	タイトル	主な相続経緯	王領回帰年
カペー王朝（ルイ 8 世以降）						
ルイ 8 世（1223-26）	③ロベール	1225	アルトワ	伯	1250 女伯マルグリットを通じて，エヴリュー伯家へ　→ブルゴーニュ公国へ	1482
	⑤アルフォンス	1225	ポワトゥ／オーヴェルニュ	伯／伯	1249 トゥルーズ伯領を相続（同輩位を取得）　→ 71 断絶 →アルフォンスの死とともに，3 伯領は国王に遺贈	1271
	⑥シャルル	1225	アンジュー／メーヌ	伯／伯	1266 シチリア王位継承→ 1308 シャルル=ロベール，ハンガリー王位継承 →次王ルイ，2 伯領をフランス国王に返還	1342
ルイ 9 世（1226-70）	②フィリップ	1268	ロリスほか	伯	1270 フランス王位継承（＝フィリップ 3 世）	1270
	③ジャン	1268	ヴァロワ	伯	1270 一代で断絶	1270
	④ピエール	1269	アランソン	伯	1284 一代で断絶	1284
	⑥ロベール	1269	クレルモン	伯	1297 ブルボン相続女と結婚→ブルボン家領を相続　→親王領は国王へ売却	1328
フィリップ 3 世（1270-85）	②シャルル	1284	ヴァロワ	伯	1328 長子フィリップがフランス王位継承（＝フィリップ 6 世，ヴァロワ王朝）	1328
			アランソン	伯	1325 次子シャルル 2 世に継承　→ 1346 シャルル 3 世相続後，クレシーで戦死	1346
	③ルイ（異母）	1284	エヴリュ	伯	長子フィリップ，ナヴァール王位継承	1589
			エタンプ	伯	王領復帰後，アンジュー公ルイ 1 世，ベリー公ジャンなど，親王の手にわたる	1336
フィリップ 4 世（1285-1314）	②フィリップ	1314	ポワトゥ	伯	1316 フランス王位継承（＝フィリップ 5 世）　→王領復帰	1316
	③シャルル	1314	ラ=マルシュ	伯	1322 フランス王位継承（＝シャルル 4 世）　→王領復帰	1322
ルイ 10 世（1314-16）	2 名以上の男子を残さなかったため，親王領は設定されず，さらに王朝断絶					
ジャン 1 世（1316）						
フィリップ 5 世（1316-22）						
シャルル 4 世（1322-28）						
ヴァロワ王朝（シャルル 7 世まで）						
フィリップ 6 世（1328-50）	①ジャン	1331	ノルマンディ／アンジュー／メーヌ	公／伯／伯	1350 フランス王位継承（＝ジャン 2 世）	1350

フィリップ6世 (1328-50)	②フィリップ	1344	オルレアン	公	兄ジャンの国王即位以来，親王領の返還を要求される →1360 国王ジャンに，トゥレーヌ公領を返還 →1375 断絶，以後公妃イザベルが一部の所領を保持	1375
			ヴァロワ	伯		
			トゥレーヌ	公		1360
		1350	ボーモン	伯		1375
ジャン2世 (1350-64)	①シャルル	1355	ノルマンディ	公	1364 フランス王位継承(＝シャルル5世)	1364
	②ルイ	1356	アンジュー	公	1360 公―同輩に昇格　→84 長子ルイ2世がシチリア王位継承 →1481 プロヴァンス伯領とともに，アンジュー公国は国王に遺贈	1481
			メーヌ	公		
	③ジャン	1356	ポワトゥ	伯	1356 ポワティエの戦いののち，英領となる　→1369 再征服後，再び親王領	1416
			マコン	伯	1360 ベリー公領・オーヴェルニュ公領と交換　→王領に復帰	1360
		1360	ベリー	公	1416 ジャンの死とともに，王領に復帰	1416
			オーヴェルニュ	公	1416 公女マリを通じて，ブルボン公国に併合　→ブルボン公国は親王国同格	1527
	④フィリップ	1360	トゥレーヌ	公	1363 ブルゴーニュ公領と交換　→王領復帰	1363
		1363	ブルゴーニュ	公	同時に同伯領も授与，1384 年にはフランドル伯領を併合	1477
シャルル5世 (1364-80)	②ルイ	1386	トゥレーヌ	公	1392 オルレアン公領と交換	1392
		1392	オルレアン	公	1498 子孫である公ルイ2世がフランス王位継承(＝ルイ 12 世) →王領に復帰	1498
		1392	ヴァロワ	伯		
		1402	ソワソン	伯		
シャルル6世 (1380-1422)	②ルイ	1400	ギュイエンヌ	公	当時4歳，設定文書での確約のみで早逝(1415)	—
	③ジャン	1401	トゥレーヌ	公	設定文書での確約のみで早逝(1417)	—
		1401	ベリー	公	ベリー公ジャン(上記ジャン2世③)の死去とともに，その親王領が授与されることが王令で定められた。しかし，王子の早逝およびオーヴェルニュ公領のブルボン公国への編入などのため，親王領創設は実現しなかった	
			オーヴェルニュ	公		
			ポワトゥ	伯		
シャルル7世 (1422-61)	＊リシャール	1421	エタンプ	伯	ブルターニュ公ジャンの弟が，〈a(p)panage〉として取得	—
	②シャルル	1461	ベリー	公	地方三部会の要請により，創設	1472
		1465	ノルマンディ	公		
		1468	ギュイエンヌ	公		

＊　非王族。

出典）後述する『フランス王令集』および『フランス古法集成』刊行の親王領設定文書のほか，F. Lot et R. Fawtier [s. dir.], *Histoire des institutions françaises au Moyen Âge*, 4 vols., Paris, 1957-62, t. II: Institutions royales, 1957, pp. 122-139 をもとに作成。各諸侯の在位とタイトルについては，M. Ornato, *Répertoire prosopographique de personnages apparentés à la couronne de France aux XIVe et XVe siècles*, Paris, 2001 を参照。

国王政策の意義をもう少し踏み込んで考えるうえで、家産諸侯の代表例ブルターニュに対して、一五世紀前半に行われたある領地授与の事例は示唆的である。

一三六五年、ブルターニュ公領を継承したモンフォール家は、以来フランス王国の公―同輩となる一方、親英派の諸侯家門として、イングランド王の有力家臣でありつづけた。(35) そののち一四二一年五月、当時フランス王太子だったシャルル(のち七世)は、ブルターニュ公ジャン五世の弟リシャールにエタンプ伯領を授与している(表2シャルル七世*)。この家産諸侯家門への領地授与に関して、その授与を記した同年五月八日付の王太子証書が〈a(p)panage〉の語を多用している点は注目に値する。(36)「余〔王太子〕はリシャールにエタンプ伯領、諸都市、城、および余の主君〔国王シャルル六世〕と余に属するその付属地を授与、譲渡する。これらは appanage の慣習にもとづき、かれおよびその男子相続人によって保有、所有され、フランス王家に由来するほかの appanage と同様、appanage に関する法と慣習にしたがい、誠実と優先的託身のもと、ほかの伯領が義務づけられているように保有される(37)」。王家に由来しないモンフォール家への授与地が、なぜ男子によって相続される〈a(p)panage〉と記されたのか。これに関しては、エタンプがそれまでアンジューやベリーなどの親王家によって保有されてきたという伯領の系譜という問題にくわえ、(38) 当時のフランス王権を取り巻いた政治状況を考える必要があるだろう。一四二一年の王国は、よく知られるように一四一五年アザンクールの大敗後の危機的な状況にあった。とくにエタンプ授封前年の一四二〇年、トロワの和約により、イングランドのランカスター家がフランス王位継承権を取得し、王国はイングランド、ブルゴーニュ、ヴァロワの三陣営に分割された。こうした状況下で行われたエタンプ伯領の授与が、モンフォールとヴァロワの結束強化を図るひとつの手段であったことは、想像に難くない。実際、王太子シャルルはジャンヌ・ダルクのオルレアン解放をへて、一四三六年ブルゴーニュ派からパリを奪還した直後、ブルターニュ公のもうひとりの弟アルトゥール(のち公)をパリの国王代行官に親任している。(39) それまで英仏両属をつづけてきたモンフォール家は、この時はじめて国王代行官の就任リストに名を連ね、以後、フランス王国政治への関与を深めていったのである。[40] 以上、ブルボンとブルターニュ両公家の事例から、とりわけ一五世紀初頭の王権は親王家以外の諸侯家門にも、男子相続を義務づける「親王領」を授与し、これを通じてこれらの家門との協調を図ろうとしたと考えることができる。

では、こうして家産諸侯を巻き込みつつ創設された親王国は、王国版図のいかなる地点に分布し、その分布は時代とともにどのように変化したのか。これまでの研究は、個々の親王国の構成所領や諸権利に言及しても、その王国レヴェルでの地理的展開のあり方を踏み込んで論じることはなかった。表3「親王領の分布」は、中世フランス社会を構成した大小さまざまな「国」を、王領・親王国・家産諸侯国に分類し、それらの変遷を示したものである。横軸に年代と主要事件、縦軸には王領の拡大過程を意識して、北部から南部の順に「国」を記した。表3を見渡すと、一三世紀末、南部のラングドック(同輩領トゥルーズ)の王領併合によって、王の直接支配域が地中海に達したことを確認することができる。その後、カペー王家断絶直前に三名の親王が王に即位し、そのなかで三つの親王領が再王領化した結果、王領は最大となる。しかし他方では、こうして拡大していく王領の大部分が次々と親王領に設定されていることが読み取れる。このような過程を通じて、大半の「国」は家産諸侯や外国君主から王、次に王から親王、そして親王から再び王へと君主を変え、このサイクルが約二世紀にわたり繰返されている。この間、百年戦争期を通じて王領にとどまった地域は、王国の中枢地帯であるパリ周辺、南北商業の結節点シャンパーニュ、アヴィニョン教皇庁に隣接するラングドックなどで、これ以外の大半の地は親王のもとに、かわるがわる委ねられているのである。

このような王領の伸縮を念頭に、改めて親王領分布のあり方を考えるならば、一三四〇・五〇年代に重大な変化が起きていることが分かり、我々はその背景を考えなければならない。それまで、親王領は主に王国の北部と

表 3　親王領の分布

(13〜15 世紀における 王　領 ・ *王族の支配領* ・ そのほか豪族)

	「国」(pays)　年	1210　1250　1300　1350　1400　1450 ＊ブーヴィーヌの戦い　＊フィリップ 4 世期　＊王朝断絶　＊百年戦争緒戦敗退　＊再征服　＊トロワの和約　＊百年戦争終結
北部	パリ周辺	王　領　ブルゴーニュ派が一時占領
	フランドル	伯　領(フランス同輩領)　1384 *ブルゴーニュ公国に編入*
	アルトワ	王　領　1227 *親王国*　ナヴァール王国に編入　1384 *ブルゴーニュ公国に編入*
	ヴァロワ	王　領　1269 *親王国*　王領　84 *親王国*　1328 王領　44 *親王国*　75　王　領
	クレルモン	王　領　1269 *親王国*　1317　ブルボン所領に編入(27 年〜公国)　1416 *親王国同格*
東部	シャンパーニュ	伯領(フランス同輩領)　1316　王　領
	リヨネ	外　国　領　13 世紀末　王　領
	ブルゴーニュ	公　領(フランス同輩領)　1360 王領　63 *親　王　国*
	マコネ	王　領　1356 *親王国*　60　王　領
中部	ブルボネ	バロン領　1327〜公領　1328〜同輩領　1416 *親王国同格*
	オルレアン	王　領　1344 *親王国*　75 王領　92 *親　王　国*
	ラ=マルシュ	伯領　王　領　1314 *親王国*　22 王領　41　ブルボン公国に編入　1416 *親王国同格*
	ベリー	王　領　60 *親王国*　1416　王　領
	オーヴェルニュ	英領　1214 王領　41 *親王国*　71　王　領　60 *親王国*　1416 *ブルボン公国に編入*
西部	トゥレーヌ	英領　1214 王　領　1344 *親王国*　60 王領　60 *親王国*　63 王領　72 *親王国*　92　王　領
	アンジュー	英領　1214 王領　41 *親　王　国*　1342 王領　56 *親　王　国*
	ポワトゥ	英領　1214 王領　41 *親王国*　71　王領　1314 *親王国*　16　王領　56 *親王国*　60 英領　69 *親王国*　1416　王　領
	アランソン	英領　1214 王領　69 *親王国*　84 王領　1284 *親　王　国*
	ノルマンディ	英　領　1259 王領(フランス同輩領)　1332 *親王国*　50 王領　55 *親王国*　60　王　領　ブルゴーニュ派が一時占領
	ブルターニュ	伯　領　1297　公領＆フランス同輩領に昇格　1422 *親王国同格*
南部	ギュイエンヌ	英領下の公領(フランス同輩領)　1453　王領
	アングレーム	伯　領　1308　王　領　60 英領　73 王領　*ベリー公国，ブルゴーニュ公国へ*
	サントンジュ	英領　1214　王　領　1360 英領　69　王　領
	ガスコーニュ	英　領　1453　王領
	フォワ	伯　領
	ラングドック	トゥルーズ伯領(フランス同輩領)　1271　王　領
	プロヴァンス	伯　領　1384 *アンジュー公国に編入*　1481 王領

出典）表 2 に用いた文献のほか，各地域の支配者の変遷については，J. Favier, *Dictionnaire de la France médiévales*, Paris, 1993 を参照。

西部に拡がり、とくに西部の親王領の大部分は、国王フィリップ二世がイングランド王ジョンから没収した地域に設定されたものであった。これに対して、一三五〇年以降は北部・西部にくわえ、中部から東部にかけての地域が親王国に設定されていく。これによって、親王国の分布範囲は急速に拡がり、オトランの表現を借りれば、国王支配圏がユーグ・カペーの時代に逆戻りしたかのようである(41)。それでは、親王国の分布域はなぜこのように拡大したのか。その背景として、改めて一三四〇・五〇年代という時期を考える必要がある。この時期は百年戦争における英仏最初の激突期であり、一三四六年クレシーの敗戦、一三五五年エドワード黒太子の侵攻、そして一三五六年国王ジャン二世の捕虜といった一連の出来事を通じて、ヴァロワ王権は壊滅的な打撃を受けた。親王国の分布域拡大は、こうした危機的な状況下、王ないし王太子シャルルが王領の大部分を王子たちや弟たちに分与したことを明示している。このなかで、ヴァロワ出身の親王は三〜四の「国」を授与され、親王国は複数のバイヤージュ・セネショセのうえに拡がる支配域となった。このことは、国王バイイ・セネシャルにもとづく王国のそれまでの行政組織では、イングランドとの大規模な戦乱に対応しきれなかったことの現れともいえるだろう(42)。当時の王権は戦争下の財政難のなか、もはや新たな有給官僚の拡充を期待することは難しく、そこで王族が治める親王領の拡張を通じて、広域的な国王支配の展開を図ったと考えられる。

このような親王国の拡大過程を、オトランが用いる「分権政策」という表現によって把握することは、はたして妥当なのだろうか(43)。この問題については、親王国創設の意図、さらには王国政治における親王の活動の検討を待って、慎重に判断を下す必要がある。そのなかで、ヴァロワ王権が親王国の拡張に期した王国統治上の目的に関して、より綿密に検討しなければならないといえる。百年戦争期における諸侯権の特質解明にとってきわめて重要なこの問題について、ここではまず親王領の設定文書を分析することとする。

第三節　親王領設定文書の変容

（一）史　料——刊行状況と分析方法

親王領設定文書（acte de constitution des apanages）（以下、「設定文書」）とは、王子を王の家父長権から解放し、王の存命中であれ、また王の死亡後であれ、王族への王領分与を確約した文書である。それはいわば新たな諸侯国の誕生を告げる文書であった。このような設定文書は、通常「すべての人々」を宛先として、開かれた状態で発給される開封王状（lettres patentes）の形態を有している。しかしながら、そこで授与される権利内容はもちろんのこと、国王証書学にもとづく文書形式の観点から述べるならば、宛先後におかれる抽象的文言である前文（préambule）、親王領設定の背景を述べる主部叙述部（exposé）、その具体的な措置を記す同措置部（dispositif）など、各構成部分の存否やそれぞれの分量は、一三世紀から一五世紀にかけて著しく変化しているのである。こうした変化のなかに、親王領を設定する王権側の目的の変化を探ることができると考えられる。

まずは、ふたつの著名な史料集成を手がかりに、設定文書の刊行状況を確かめておく。『フランス古法集成』（全二九巻、一七七一～一八二六年刊）（以下、『古法集成』）[44]および『フランス王令集』（全二二巻、一七二三～一八四九年刊）（以下、『王令集』）[45]は、その発刊時期からも分かる通り、フランス近代歴史学の確立を導き、文書管理の質ゆえに、収録文書が年代的に偏っていることなど多々問題を抱えつつも、今日にいたるまで中近世の王国史研究における基本史料集である。『古法集成』第一～一〇巻は、主に革命前後の地誌学者や系図愛好家らの文献をもとに、九通の設定文書の現存を伝え、うち五通を刊行する。これを王の治世ごとに整理すると、聖王ルイ：一通[46]、百年戦争勃発直後のジャン二世：一通[47]、内戦期のシャルル六世：三通である[48]。次に『王令集』第一〜一一巻は、国王文書の写しが保管されてきた「文書の宝物庫」(Trésor des chartes)(現在国立文書館の Série J および JJ に所蔵)をはじめ王国主要機関の文書庫から、親王領を本格的に設定しはじめたルイ八世：一通[49]、聖王ルイ：四通[50]、シャルル六世：一通[51]と、計六通の設定文書を刊行している[52]。以上の整理から、設定文書の刊行数が王ごとに著しく偏っていることが分かる。とくに、親王領に数多くの変化が起きつつあった百年戦争の勃発前後に関しては、ジャン二世の証書が一通刊行されているにすぎない。

このような刊行史料の偏りが、両史料集もその一翼を担った一九世紀当時の王国史観に由来することは確実であろう。統一的で集権的な「国家」の存在を自明とし、王の領土拡大を重視した当時の歴史観にあっては、王領の分割と縮小をもたらす親王領の慣行は「処罰」の対象であった。これに関連して、オトランによれば、こうした国土拡張を重視する歴史観は、両史料集の完結後も普仏戦争とアルザス＝ロレーヌ問題を機に一層深まり、親王領に対する否定的な見方を助長することとなった[53]。こうした歴史観のもと、ヴァロワ期以降拡大した親王国が、国土拡張史上の「逸脱」とみなされ、その設定文書が等閑視されたことは十分に推測できる。さらに『王令集』と『古法集成』を詳しくみると、百年戦争期に関しては、設定文書それ自体ではなく、親王国創設後に行われた領地の追加や返還に関する国王証書が数多く収録され、その大半は内戦の主役オルレアン公家に発せられている。とくに、『王令集』は設定文書を六通収録するのに対し、領地追加や王領回帰に関する証書については、オルレアン公国に関するものだけで七通刊行している[54]。そこでは、王国の「負の遺産」である内戦の一因が、オルレアン公などの親王による王領の収奪にあったかのようである。

以上の史料状況から、刊行が遅れる百年戦争の勃発〜前半期に関しては、地域史および制度史の研究者が刊行している設定文書を用いることとする。[55] ただし、設定文書は親王領設定時に発せられた一片の国王証書にすぎないことはいうまでもない。このため、その分析から親王領の国制的位置を明らかにするには、これまでに検討した親王の地位と親王領の展開、さらに百年戦争や内戦といった王国の政治情勢にも目配りする必要があろう。これらの点をふまえたうえで、設定文書の内容を大きく五つに分けて分析を進める。第一は親王領設定の目的や背景を記した部分であり、これについては証書のどの部分に記されるかは一定していない。第二は授与物の部分で、封土として授与される公領や伯領、その従物や付属地は措置部前半に列挙される。第三は留保事項であり、その内容は親王領から除外される物権や相続規定など多岐にわたり、措置部の後半部分を占める。この第二と第三については、時代を追うごとに文言の分量が多くなる傾向にある。第四は王国諸機関への通知、第五は印璽および署名部分で、文書の有効性を確証する。以下、これらの構成要素のうち、親王領設定の目的、背景および留保事項を中心に検討することによって、王権が親王領設定に託した意図および親王領に対する統制のあり方を、時代ごとに明らかにしていく。

なお、以下本書においては、設定文書のほかにも、この『王令集』に収録された多くの国王証書を取り上げている。ただし、本史料集の表題にもなり、日本語では「王令」や「勅令」と訳される〈Ordonnance〉という概念は、まさに本史料集編纂の最中の一八世紀に生まれた概念である。[56] それゆえ、一四・一五世紀に関してどの国王証書をもって〈Ordonnance〉とするかについては、その措置が一般的拘束力をもつか、また網羅的か否か、あるいは王国全住民に関わる措置なのかなどの内容面のほか、近年では蠟の色や発給日の表示方法といった国王証書学の観点からもさまざまな意見があり、明確な定義は難しい。[57] 本書では、各刊本においてつけられた文書タイトルにかかわらず、措置内容がきわめて多岐にわたり網羅的で、王国の全住民に関わる内容の国王文書のみに「王令」の語を用いている。

(二)　一三世紀中葉——「不和が生じないように」

設定文書と分類される最初の国王証書は、ルイ八世王の死去直前、一二二五年七月付で発せられたものである。[58]これにより、同王の次男以下三名の王子が王領の分与を確約され、研究史上、はじめて「親王領」が創設されたといわれる(表2ルイ八世③⑤⑥)。ラテン語で記された本国王証書は、王の遺産相続の内容を箇条書きで記し、王子への親王領授与は女性王族や教会への遺贈の一部分として位置づけられている。そのなかで証書は簡潔な叙述部につづき、措置部が以下のような二一の条項をもつ。第一条：長子の王国継承、第二～四条：王子への遺贈、第五条：王弟ブローニュ伯への遺贈、第六条：第五子以下の処遇、第七条：動産に関する全般的規定、第八条：サン＝トマ教会への遺贈、第九条：横領と債務の処理、第一〇・一一条：女性王族への遺贈、第一二～一八条：諸教会への遺贈、第一九条：孤児、寡婦、未婚女性への施し、第二〇条：王領分与に関する全般的規定、第二一条：遺言執行人の指名。ここでの分析対象は、王子への遺贈を定めた第二～四条と、王領分与の目的を記すと考えられる第二〇条となる。

まずは王領分与の形態に注目しつつ、第二条を引用する。「余の第二子(三男ロベール)は、全アルトワの地における…(中略(授与物の列挙))…を封土および世襲財として保持する。…(中略(授与物の列挙))…を保持する同人(ロベール)が相続人を残さず死去した場合、アルトワのほかすべての地は、余の長子(のちルイ九世)すなわち王国の継承者に自動的かつ十全に回帰することを望む」。[59]アルトワの地(伯領)が三男ロベールに世襲の封土として分与され、その相続方法が記されている。このうち相続規定に関して、フランソワ・オリヴィエ＝マルタンは有名な法史概説のなかで、ルイ八世が男子相続を定めたとしている。[60]しかし、一三世紀において、相続人が男子に限定されなかったことは前述の通りで、証書においても「相続人」には性別が付されていない。オリヴィエ＝マルタンは、「相続人」が男子であることを自明と考えたのだろうか。実際、アルトワ伯領は世紀中葉に女系を通じて相続され、最終的にブルゴーニュ公国に併合されるにいたる（表2ルイ八世③）。このような第二条につづき、第三条と第四条は「同様に」という文言のもと、それぞれ五男アルフォンスへのポワトゥ伯領とオーヴェルニュ伯領の授与、六男シャルルへのアンジュー伯領とメーヌ伯領の分与を定めている。

それでは、これらの王領分与の目的とは何だったのか。チャールズ＝タトル・ウッドは本国王証書の第一条（長子の王国継承）、第二・三・四条、そして第五条（王弟ブローニュ伯への財産分与）までを取り上げ、王領分与の意図は把握し難いと述べている。[61] しかし、女性王族や教会への遺贈を約した第六〜一九条をへて、第二〇条には次のように記されている。「余は王子のあいだに不和が生じないように、かれらに与えた分与地があらゆる手段を通じて、いま述べたこと（第一〜四条）にふくまれているごとく維持されることを望む。すなわち、余の王国を継承する長子は、余が当遺言書を作成した日に所有し保有したように、全フランス王国とノルマンディのすべての地を保持し所有する。ただし、上記において除外した諸伯領、つまり長子以外の王子に分与したアルトワ伯領、アンジュー伯領とメーヌ伯領、オーヴェルニュ伯領とポワトゥ伯領は除外される」。[62] 国王ルイ八世の父王フィリップ二世の時代、フランスの王領はイングランド大陸領の没収によって飛躍的に拡大した。右の引用文は、国王ルイがこうして拡大した王領の相続に際して、王位を継ぐ長子とその弟たちとの争いを未然に防ぐため、王領の分与に踏み切ったことを明示している。こうした王家の内紛防止という意思は、第六条にも間接的ではあるが読み取ることができる。そこでは「同様に。余は第五子およびそれ以後に生まれたすべての者が、聖職者となることを望み、命じる」とある。[63] ここには、王領分与に与れない王子たちへの配慮がうかがわれ、次世代の王家の平和に対する王の希望が現れているといえよう。

このように、一二二五年の設定文書は王の遺言書のなかにはめ込まれており、王子への王領分与は王の遺産相続の一部と位置づけられていた。これをふまえるならば、親王領の設定が王国統治上何らかの意味をもったとは言い難い。このことは、ルイ八世治下の一三世紀前半においては、六つの旧同輩領が存続しており、親王の地位上昇がはじまっていないという国制状況とも関連していると考えられる。これに対し、次代の聖王ルイ九世の治世になると、親王領設定は王の遺産相続と区別されはじめ、王は王子ごとに個別に国王証書を授与するようになる。このことは、親王領の遺産としての性格に何らかの変化が生じたことを意味しているのだろうか[64]。ルイ九世が発した設定文書のなかから、一二六九年、四男ピエールへの親王領設定に関する証書を検討する。

ここでは定型の挨拶と告知文言のあと、すぐに措置部に入るかたちで、「余は王子ピエールとその身体から生まれる相続人らに、土地の相続分として、下記のものを授与、分与する。アランソン伯領における…（中略（授与物の列挙））…。ピエールとその相続人は前述のすべてを封土として、優先的託身の義務のもと、余の継承者たるフランス王から保有し、ゆえに王に対し然るべき奉仕を果たす。余はかような授与と分与を行いつつも、そこから以下のものをのぞく。すでに授与された物権、封土、施し、余が上記の地において行い、行われることを命じた授与物と返還物、他人他所に関する権利。万が一、余の王子ないしはかれの相続人あるいはその相続人が、その身体から相続人を残さずに死去した場合、上記のものはすべて、誰であれその時にフランス王国を有する余の継承者に自動的に回帰する」[65]。ルイ九世が一二六八〜六九年にかけて、王子らに個別に発した四通の設定文書は、すべて刊行されている（表2ルイ九世②③④⑥）[66]。そのうち三通がラテン語、ほか一通はフランス語のものが伝来している。しかし、それらの文言は授与物の部分をのぞきほぼ同一で、フランス語文書はラテン語文書からの翻訳と考えられる。先の引用文は、四男ピエールにラテン語で発せられた証書措置部の一部で、ルイ八世期と比べ、分与の対象から除外される諸権利がやや具体的に記されている。相続規定にくわえ、王のもとにとどまる物権が記され、分与地への統制が強まったといえる。しかし、「土地の相続分として」という文言から、ルイ九世もまた遺産相続を念頭に王領を分与したということができる。さらに、親王領の慣行を王家の相続方法との関連で検討した法制史家アマドの研究を参照する限り、こうした王家の内紛の未然防止という性格は一四世紀前半まで、おおむね維持されたと考えられ、[67]そのことは親王のフランス同輩への昇格が本格化する王朝交代前後まで王家の基本的な姿勢であったと考えることができる。以上のカペー王朝期の動向をふまえて、ヴァロワ王朝期以降、とりわけ百年戦争の勃発後の検討にうつることとする。

(三) 一四世紀中葉――「高貴な出自の人々」の「主君への愛の炎」

百年戦争の勃発直後に発給された設定文書のうち、ここでは国王ジャン二世が発した一三六〇年代の二通の国王証書を分析する。一三五六年、ポワティエの戦いにおいてイングランド軍の捕虜となった同王は、これと前後して、王太子をふくめた四名の王子に諸公―同輩領を授与しており、このうち二通の設定文書が刊行され、ともにラテン語である。第一は、三男ジャンにベリーとオーヴェルニュの公領(以下、ベリー公国)を授封した一三六〇年一〇月付証書である(表2ジャン二世③)。本文書は『王令集』や『古法集成』には収録されず、ベリー公国の制度史家ルネ・ラクールによって一九三四年に刊行された。[68]ただし、ここに刊行されたものはオリジナル文書ではなく、のちに国王シャルル六世がその内容を確認した一三八〇年証書の転記である。第二は、四男フィリップにブルゴーニュ公領(伯領も付随)を授封した一三六三年九月付の国王証書で、『古法集成』第五巻に収録されている。[69]一三世紀の設定文書と比べた場合、この二証書においては、文書全体の文言の分量が増加する。何よりもこの二証書においては、親王領設定の背景とその具体的措置の記述に先立って、非常に格調高く抽象的な「前文」がおかれていることに注目することができる。国王証書学の一般的な理解にしたがうならば、前文とは証書の具体的な措置とは直接に関係しない虚構を記し、中世中期以来、フランス王の開封王状から消滅する傾向にあったといわれている。(70) こうした前文の使用と関連してか、つづく主部叙述部における背景の記述もやや具体的になる。次に措置部の記載については、前述したヴァロワ期以降における親王領の拡大に対応して、授与物の記載が増加する一方で、王のもとにとどまる諸権利についても、相続そのほかの事柄がより厳密に規定され、措置部も全体として長文となった。最後に、一三世紀の設定文書と異なり、王国諸機関への通知文が挿入された。百年戦争下、パリの高等法院や会計院は租税確保の観点から、王領譲渡の危険性を主張し、王家の慣行である親王領の設定に批判的であったのである。(71)

このような百年戦争前半期の設定文書に関して、まずは前文を分析することで、そこに現れた王国統治観を検討する。とりわけ、当時消滅傾向にあった前文が記されたことは、親王領の王国のなかでの位置づけにとって何を意味するのだろうか。近年、フィリップ・コンタミヌは、一四世紀以降に増加していく国王証書において、「国家」(res publica) など王権の統治理念を謳った前文が記される傾向にあったことに言及するものの、その意味するところを論じてはいない。(72) ここで検討する二証書の前文においても、「王子間の平和」や「相続」など王の家門的な事柄ではなく、王権のあり方に関する記述が前面に出ており、ここには親王国創設に対する王権側の態度の変化が現れていると考えられる。まずは、ベリー公国を創設した一三六〇年証書の前文を引用する。「高貴な出自の人々が、王の格別なる配慮によって名声ある権威を帯びた時、王の統治は強く保たれ、支配者の権力が拡大し、王の尊厳はこのうえなく高まる。かれらが王の近くにいることで、王はもろもろの不安から解放され、平和と正義の徳がよりよく拡がる。この徳により、王と王国は確固たる幸のなかで存続するだろう。したがって、高貴な出自の人々は名誉と名声によりタイトルを増し、人々にとっての鑑として、その模範とならねばならず、うえに立つ者に熱心に服従しなければならない」[73]。次にブルゴーニュに関しては、「臣民の安寧と平和のため救済と保護を行う余〔王〕は、誠実で力強い家臣が非常に役立つことを知る。なぜなら、かれらの威厳によって、〔王に対して〕嫉妬と敵意を抱く者たちは駆逐され、穏やかな平和が到来し、王国の基礎である正義が王の栄光と名誉にもとづき行われる。それゆえ、家臣は主君への愛の炎を燃やし、主君への服従の力を増す。そして、高貴な出自の人々が習慣と善行により栄え、名声ある権威を授けられた時、王冠は安定する。そこでは、宝石によって王冠が光るよりも、力強い家臣の多大な援助によって王笏が光り輝く」[74]と記されている。

引用文のうち、前者のベリー公国に関する証書前文については、ロー／フォティエ編の制度史概説が訳出の価値ありとして現代フランス語に訳している[75]。しかし、その文言についての踏み込んだ分析はなされず、ブルゴーニュ公領に関する証書には一切言及されていない。たしかに、引用文には、「王子」や「親王領」などの語は用いられていない。このことは、そもそも前文が証書の措置内容とは関係のない虚構を記すものであったことを考えるならば、自然と肯けるところである。しかし、ここでは王の統治を支える人々のあるべき姿が記されており、間接的ではあるものの、親王の存在が王国統治上いかに位置づけられているのかを考えることは可能である。そうした観点から、二証書におかれた前文の記述を検討するならば、親王国を受け取る王子が総称され、かれらにふたつの呼称が与えられているといえる。第一は「高貴な出自の人々」である。親王が歴代国王の血筋を引き、とくに当時、かれらが聖王ルイの威光に包まれた特別な存在とみなされたことは、前述のグネが指摘する通りである。第二は「力強い家臣」である。後述する留保事項が定める「誠実と託身」の義務のもと、親王は王の封臣と位置づけられ、その奉仕の度合いは国王支配の安定をも左右すると記されている。では、このような高貴な出自と強い従属性という一見相反するようなふたつの属性は、ひとりの親王のなかでいかにして結びつくのか。ここに、王子のもつ「権威」や「名声」、「タイトル」などの文言を位置づけることはできないだろうか。ふたつの前文は、親王が高い権威を帯び、その名声を高めた時こそ、王への忠誠心を増し、国王支配も安定するという論理を貫いている。公―同輩という最高貴族のタイトルや拡張されていく親王領は、親王の高い地位を保障すると同時に、その王国への特別な奉仕を担保し、その証として位置づけられている。ここから、ヴァロワ期における親王領の拡大とは、王国統治における親王の責務の増大を意味し、両者をパラレルなものと捉えることができる。一方、このような親王の重要性の高まりが、百年戦争によって生じた王国統治業務の増大とともに促されたことは、十分に推測される。戦争の勃発以来、王は租税・裁判・外交等、より効果的な統治業務の遂行を迫られ、そこで親王の権力増強は王国統治の凝集化の一環として行われたのではないか。王が王国上訴体系の再編を進めるうえで、諸侯国における裁判組織の強化を促していたことは、こうした展開の具体的な現れといえる[76]。

それでは、このような親王の権力増強と並行して、一方で王権は親王国に対していかなる統制を行ったのか。まず、研究史上若干の問題点を有するブルゴーニュ公領に関する留保事項を引用する。「同人〔フィリップ〕およびその身体から正当な婚姻によって生まれ、同〔ブルゴーニュ〕公領を継承すべき相続人は…〔中略(同伯領をふくむ授与物の列挙)〕…。ただし、以下のものは余と余の継承者であるフランス王のもとにとどまる。授与物に関する至上権と管轄権、とくに余と余の継承者への誠実と託身は、かつてブルゴーニュ諸公[77]が行い、呈示してきた然るべき慣例の方法で行われる。また王冠に属する事柄に関して、余に帰属し、先の公の存命中、余が当公領において保持してきた国王大権およびそのほかの王の諸権利[78]」。親王領の男子相続規定が、一四世紀初頭におけるその出現後も、決して絶対的なものでなかったことはすでに述べた。ここでも、引用文前半の「相続人」には性別が記されていない。しかしながら、百年戦争終結後の一四七七年、シャルル突進公(位一四六七～七七年)がナンシーにて戦死したのち、国王ルイ一一世は女相続人マリの存命にもかかわらず、公領を王領に併合した。このため従来、ブルゴーニュ公国に関しても、男子相続が定められていたかのような歴史叙述もみられた[79]。これに対して、法制史家ピエール・プト、さらに設定文書を「いとも政治的な証書」と捉え、表現したベルトラン・シュネルプは、親王国の創設以前にさかのぼり、なぜ男子相続が明記されなかったかの理由を検討している[80]。ブルゴーニュ公領は、親王国に設定される二年前、ほかならぬ国王ジャン二世によって王領に併合されたばかりの公領であった。ジャンが即位した一三五〇年代、公領の継承者不在が明らかになると、国王ジャンは母ジャンヌ・ド・ブルゴーニュの相続権を根拠に、その継承権を主張し、一三六一年王領併合に成功している。すなわち、国王自身が女系を通じて公領を継承しており、それゆえ二年後の一三六三年、ジャンが公領を親王国に設定する際、男子相続を適用したとすれば、かれ自身の公領継承の経緯に矛盾することとなったのである。

このような相続規定につづき、国王ジャンは四男フィリップに対して、「誠実と託身」をはじめ幾多の事項をみずからのもとに留保している。このような諸事項に関しては、ベリー公国を創設した設定文書において、より具体的に述べられている。「その俗世での存命中は同人〔ジャン〕、そしてその死後は正当な婚姻から生まれた男子相続人らは[81]、…〔中略(授与物の列挙)〕…。余の甥であるジャンは、新たに創設された公およびフランス同輩として、前記の諸公領と諸城に関して、誠実と優先的託身を行い、余はこれを受け入れた。ただし、いくつかの教会、貴族、共同体、団体、いかなる性別や地位にあろうとも特別な人々がそこからのぞかれ、〔中略〕それらは王の手ならびに王の直接の領地の外に移転、割譲されず、フランス王冠から決して分離されることはない。また司教座教会の保護権とほかの諸権利、王が設立したそのほかの教会の保護権、聖職禄任命権など王の諸権利も余に属す。貨幣に関する鋳造権と諸権利、さらに至上権と管轄権もあらゆる点で余と余の継承者に留保され、そこにとどまる[82]」。一三世紀とは比較し難いほど、多岐にわたる権能が王の手中に残されていることがわかる。このなかで、二通の国王証書はともに「至上権と管轄権」(superioritas et ressortum)という定型語を用いている。オトランが「主権」理論との関連で指摘してきたように、この用語は国王役人のみに管掌される事柄、すなわち国王専決事項(cas royaux)を指し示す用語であった。[83] それゆえ、我々は設定文書に明記された事柄のほかにも、当時国王専決事項とされたコミューン特権授与や貴族叙任に関する措置など、種々の権能が親王の活動領域から除外されたと考える必要がある。その証左に、王は設定文書とは別個に証書を発し、親王国近隣の地に国王専決事項担当バイイ(免属者バイイ)を新設しており、[84] 王権はこうした役人組織を通じて、親王国に対する監視を強化していくのであった。

以上、百年戦争勃発直後の二通の設定文書から、親王が王国統治に不可欠の存在とみなされると同時に、王権が親王国に対する統制を徐々に強めていたことを読み取れる。オトランは、こうして形成された王と親王の権力分配や両権力の線引きの緻密化を論拠に、これを王の「分権政策」と表現した。広大な親王国の設定によって、王に集中していた諸権力が親王に委譲されるとともに、留保事項の増加とその明記によって、王と親王の権力の境界が明確にされつつあったことはたしかである。しかし、こうして誕生した親王が、一方では王への特別な忠誠心を運命づけられた封建家臣であったことを見逃すことはできない。王から親王への権力委譲は、親王から王への従属の高まりと密接不可分の関係にあったのである。それゆえ、権力の分散という意味合いが強い「分権政策」という捉え方は、百年戦争を契機に促された親王の権力増強の意義を、その一面しか伝えていないと思われる。むしろ国王ジャンは、王家という特別な血統の絆に依拠して、親王の権力内容とその王への従属度を同時に強めるかたちで、新しいタイプの忠実な家臣を創造したのではないか。当時、親王も担っていた国王代行任務が、親王国の支配権強化につながる強大な権力をもたらす一方で、親王を自領遠方での過酷な王国奉仕に駆り立てたことは、こうした王国統治の方向を裏づけている。[85] 我々はこのような親王国そしてこれを君主として治める親王に付与された位置づけを通じて、王国統治の多極化をテコとした独特の統合政策を読み取る必要がある。

(四) 一四世紀末以降――「王国と国家の繁栄のために」

一四世紀末から一五世紀初頭にかけ、王国を取り巻く政治情勢はきわめて緊迫し、不透明な状況がつづいていた。一三七五年、シャルル五世王のポワトゥ再征服により、王国再建の兆しが現れつつも、つづくシャルル六世期はその幼少での即位や狂気の発病など困難の連続であった。こうしたなか、各地の諸侯国を治める親王が王宮の実質的な運営を担っていく。[86] 一方、一三七八年に発生したシスマは、英仏関係にも大きな転換をもたらした。先に検討した一三六三年の親王国設定ののち、一三九〇年代には王国統治をリードしていた王の叔父ブルゴーニュ公フィリップは、教会の再統一を視野に対英交渉を進め、一三九六年、二八年間の休戦協定を締結している。[87] このように親王が王国統治を主導していたことは、設定文書の内容にいかなる影響を及ぼしたのか。一九世期以来刊行されている二通の設定文書(フランス語で伝来)から、この問題を考えていく。ひとつは、国王シャルル六世が弟ルイにトゥレーヌ公領を与えた一三八六年一一月付証書(表2シャルル五世②)、もうひとつは同王が三男ジャンに同じくトゥレーヌ公領を授封した一四〇一年七月付証書(表2シャルル六世③)である。[88] 筆者が知る限り、諸侯抗争期、シャルル六世治下に発せられた二証書を正面から分析した研究はみられない。

この二証書の特徴を、先に分析したジャン二世の設定文書と比較して検討するならば、何よりも前文にあたる抽象的な文言が再び消滅していることに注目できる。これは当時の国王証書の全般的な傾向をふまえるならば、自然なことといえ、むしろ一三六〇年代の設定文書を前文記述という観点から別個に考えることを我々に促している。ここで記されていた王の血統や王子の地位と責務といった事柄は、世紀末以降の二証書においてはごく簡潔に要約されたうえで、措置部の前におかれた叙述部のなかに吸収されている。一三八六年証書はこれを、「余はかれ〔王弟ルイ〕に、同一の血統に属する人々、つまり余の血統に近い余の血縁者と同様、名誉を重んじその地位を保つために必要であり、かつかれに生じた諸責務を全うするため、それに十分なものを与えることを望む」と記す[89]。一方、一四〇一年証書においては、「余は神が与え給うた王子たちに、かれらがフランス王の王子として、ふさわしい地位を享受し、これを維持できるような領地、土地、収入を、自然権にもとづき与えねばならない。そのため、神がこの死すべき地上での生において余に義務づけるように、いとも親愛にして最愛なる余の第二子ジャン・ド・フランス〔長男シャルルは早逝し、次男ルイは存命〕に、かれおよび合法的な婚姻によりかれの身体から生まれる男子相続人のため、さらにその合法的な婚姻から生まれた男系で、直系の男子相続人のため、その地位にふさわしい親王国の授与を望む」と述べられている[90]。このうち、一四〇一年の国王証書は親王の高い地位と親王国との連関を明示しつつも、親王の王国統治上の使命という要素は、一三六〇年代と比べるならば後退している。このような叙述部の簡素化は、王国国制における親王の重要性の低下を意味するのだろうか。

この問題に関して、二通の証書発給にはさまれた一三九〇年代、王国統治の実質的な主導権が親王にあったことは前述の通りである。とりわけ、引用した一三八六年証書によってトゥレーヌ公領を取得した王子ルイは、一三九二年にこれを王に返還したうえで、オルレアン公領を取得して王国政治進出への基礎固めを進めたのち、叔父のブルゴーニュ公フィリップとは、英仏講和やこれと不可分に結びつくシスマの終結方法をめぐって対立しはじめていた[91]。王の精神疾患のもと、王国の政策決定に対する親王の影響力は後退どころか、現実的には高まっていたといえる。こうした状況をふまえるならば、前世代以来の親王の地位が自明となり、ゆえに設定文書の簡素化をもたらしたとも考えられる一方で、現実に高まりすぎた親王の政治的影響力に対する警戒とも考えられる。しかし、先の叙述部につづく措置部、とりわけ親王国への留保事項を検討すると、王権の警戒という要素が影響していた可能性が高い。

二証書における留保事項の記述内容は、ほぼ同一である。男子相続規定にくわえ、以前から定型となっている「誠実と優先的託身」や「王冠から分離されない特権」、そして「至上権と管轄権」が王のもとに留保されたのち、次のような文言で締めくくられている。「余は〔トゥレーヌ〕公領において免属される土地と民のため、ひとつのバイイを設置し、そうするだろう。それは免属者のバイイとよばれ、トゥールもしくは〔ほかの〕免属された地、またはシノンにおかれ、裁判権を行使する」（一三八六年）[92]。王のもとにとどまった諸権力を行使する国王バイイの設置が、すでに設定文書の段階で明記された点は重要である。これは、親王国の設定と国王バイイの設置が別個の国王証書において宣言された一四世紀中葉とは、一線を画している。こうした留保事項の緻密化を、先に述べた前文および叙述部の簡素化と考え合わせると、親王および親王国への統制は以前にも増して厳格になったと考えねばならないだろう。

それでは、親王の権力は党派抗争の開始以来、警戒ないし統制の対象としてのみ位置づけられていったのだろうか。ここで取り上げた二証書の授与から一四五三年の百年戦争終結まで、先述したブルターニュ公家への〈apanage〉授与や親王領の個別的な追加授与のほか、新たな親王国は創設されていない。それゆえ、この重要な問いに明確に答えることは難しい。しかしこうした状況のもと、親王の党派対立が殺害事件に発展したころに出された一国王証書が、再び前文を設けて、「高貴な出自の人々……」からはじまる定型句を謳っていることは特筆すべきである。その証書とは、カペー期以来の親王アランソン伯ジャンに公タイトルを授与すると同時に、その同輩位を確認した一四一五年一月一日付の国王証書であり、シャルル六世の名のもとにラテン語で発せられている[93]。「公―同輩」を「諸侯」の中核とみなす本書にとって、「王国諸侯」への昇格文書とよべるこの証書は王の名を記したのち、次のように述べている。「高貴な出自の人々とくに王の子孫が、然るべき権力と高貴な権威を与えられた時、王笏は高くかかげられる。これにより、王国の安寧が保たれ、王国は栄光と名誉にいたる。それゆえ、王の子孫が偉大かつ勇敢な所業を達成するため、より高貴なタイトルによってその地位と名声を博した時、かれらは自身への賞賛、王国と国家〈res publica〉の恩恵、そしてそれらの繁栄のために骨を折るだろう」[94]（傍線筆者）。この一五世紀初頭の国王証書前文が、百年戦争勃発期に発せられた親王領設定文書の前文と酷似することは明瞭である。引用文には、王の血統という高貴な出自が王の子孫に高い地位を付与し、ゆえにかれらは王国の繁栄に対して多大な責務を負うという論理が、貫かれている。親王が王の子孫であること、そして本証書がほかならぬ親王アランソン伯に発せられていることから、諸侯抗争の只中にあっても、百年戦争勃発以来の親王の存在意義は理念的には生きつづけていたといえよう。

そのうえで、このシャルル六世下の一国王証書において、〈res publica〉という用語がみられることは注目に値する。そこでは、〈res publica〉すなわち王国のすべての民に関わる事柄に関して、王の子孫は多大な貢献を求められている。この証書が公—同輩にむけ、まさにその権利を確認した文書であることを念頭におくならば、〈res publica〉に対する貢献は、公—同輩位を帯びた家産諸侯もふくめ、諸侯全体の責務と認識されていたのではないか。ブルターニュ等の家産諸侯が、公—同輩位とともに男系男子によって相続される〈apanage〉を王から受け取り、これを通じて王権との結びつきを強めたことは前述の通りである。このように百年戦争下の王国の結束と繁栄にむけて、最大級の貢献を果たすこと、これこそが当時の王国諸侯に求められた使命であったということができる。たしかに、当時ローマ法の法文やキケロの書簡などから借用された用語〈res publica〉は、限定的でかつ曖昧な意味しか有さず、それが〈chose publique〉というフランス語に訳されたとしても、文字通り王国のすべての民に関わる存在や事柄ほどの意味しかもたなかったと思われる[95]。しかし、王権がこうして生まれつつある「国家」という共同体との関連で、親王を中核とする諸侯の存在意義を把握していた点に、我々は百年戦争期における諸侯権と王権の関係の一端をみることができるのである。

以上、我々は百年戦争期における諸侯国の大半を占めた親王国に関して、一三世紀以来の親王の地位、親王領の主に地理的な面での拡大、そして親王領設定の目的変化を考察してきた。一三世紀末以降、親王は聖王ルイの血を引く高貴な存在として、王国政治上の地位を高めるとともに、その王への奉仕は王国の繁栄を左右するほどの重要性を付与された。王国諸侯の再編ともよびうるこの展開は、王朝交代によってより一層促され、百年戦争の勃発とともにイングランド王権とつながる家産諸侯層がヴァロワ王権に対立していくのと並行して、加速した。百年戦争の緒戦敗退を味わったジャン二世王権が、親王領設定文書を発給するのに際して、当時の国王証書において消滅傾向にあったといわれる前文を用いたことは、親王に期待された王権への貢献の大きさを物語っているといえる。以来、親王領の領地拡大と親王の権力増強は王国統治に対する親王の貢献の証と位置づけられたのである。一方、このような展開と並行して、王族のサークルが拡大されたことも重要である。すでに王との血縁関係が希薄となっていたカペー分家とともに、王家と直接の血縁関係をもたない家産諸侯家門もまた、同輩昇格や〈apanage〉授与を通じて、徐々にヴァロワの親王家と同格の地位を帯びていった。このように「拡大する王族」の一員として、王国への特別な忠誠心を求められた点に、百年戦争期における諸侯権の基本的で、かつ重大な特質を指摘することができる。そうであるならば、ここで析出した諸侯の理想像、すなわち諸侯が「王国と国家の繁栄のために骨を折る」とする王国統治観について、次はその実態を検証していく必要がある。次章では、王国におけるもっとも強固な社会的枠組であった「国ぐに」という側面から、王族諸侯が地方統治においていかなる活動を展開していたかを検討することとしたい。

(1) 以下、親王領の制度的側面について、F. Lot et R. Fawtier [s. dir.], *Histoire des institutions françaises au Moyen Âge*, Paris, 4 vols., Paris, 1957-62, t. II: Institutions royales, 1958, pp. 122-139; Olivier-Martin, *Histoire du droit français*, pp.

318-319 (塙訳『フランス法制史概説』四八二～四八四頁); O. Guillot, A. Rigaudière, Y. Sassier [éds.], *Pouvoirs et institutions dans la France médiévale*, 2 vols., Paris, 1994, t. 2: Des temps féodaux aux temps de l'État, pp. 116-118; 黒田日出男編『歴史学辞典　第一二巻　王と国家』弘文堂、二〇〇五年、「親王領」(江川溫)、三八七～三八八頁などを参照。

(2)「親王」は隋唐時代の中国に由来する呼称であり、日本史では『日本書紀』天武天皇四年(六七五年)に初出する。詳しくは、国史大辞典編集委員会編『国史大辞典』第七巻、吉川弘文館、一九八六年、「しんのう　親王」(武部敏夫)を参照。

(3) 当時の王族の尊称については、Guenée, «Le roi, ses parents et son royaume», pp. 302-303.

(4) ただし、明治以前の日本においては、「親王宣下」を受けなければ「親王」を名乗ることはできず、また明治以後の新・旧皇室典範では、天皇の孫または曾孫までが「親王」とされる(前掲『国史大辞典』「しんのう　親王」より)。これに対し、百年戦争期フランスにおける「白ユリ諸侯」などの尊称が、何世代まで適用されたかは定かではない。

(5) 註(1)にあげた制度行政史の概説をのぞき、親王領そのものを考察した研究として、以下のものがある。カペー期における親王領の法的特徴を論じた、Ch.-T. Wood, *The French Apanages and the Capetian Monarchy: 1224-1328*, Cambridge, 1966. 長子相続制の確立との関連から、中世および近世の親王領を取り上げた、J. Amado, «Fondement et domaine du Droit des Apanages», *Cahiers d'Histoire*, t. XIII, 1968, pp. 355-379.

(6) 第一は悲観的な見解であり、親王領を王権への脅威とみなす(フェルディナン・ロー/ロベール・フォティエ)。これに対して、第二は楽観的な見解で、親王領はいずれ再王領化するため、王権への決定的な打撃は回避されたとする(フランソワ・オリヴィエ=マルタンおよびアルベール・リゴーディエール)。

(7) こうした見方は、我が国でも定説の地位を占めてきた。たとえば、木村「フランス封建王政、その確立過程、帰結」七二～八二頁。

(8) F. Autrand, «Un essai de décentralisation: la politique des apanages dans la seconde moitié du siècle», dans *L'administration locale et le pouvoir central en France et en Russie (XIIIe-XVe siècles)*, dans *Actes du XIe colloque de historiens français et soviétiques (Paris 1989)*, Paris, 1989, pp. 2-26.

(9) フランス同輩団の制度史的な概要として、註(1)にあげた文献のほか、J. Favier, *Dictionnaire de la France médiévale*, Paris, 1993, «Pairs de France», pp. 714-715、および佐藤猛「中世後期におけるフランス同輩と紛争解決」『西洋史研究』新輯第三七号、二〇〇八年、一九九～二〇九頁、とくに二〇〇～二〇二頁を参照。

(10) 聖界同輩は、公を兼任したランス大司教・ラーン司教・ラングル司教、伯を兼任したボーヴェ司教・ノワイヨン司教・シャロン=シュル=マルヌ司教である。
(11) 同輩の裁判特権について、詳細は本書第四章第一節。
(12) Lot et Fawtier [s. dir.], *Histoire des institutions françaises au Moyen Âge*, t. II, p. 297, note 1.
(13) P. Desportes, «Les pairs de France et la couronne», *Revue historique*, 572 (1989), pp. 305-340.
(14) Guenée, «Le roi, ses parents et son royaume».
(15) 同輩団の成立年をめぐる諸説と、そこでのイングランド王権の影響については、Desportes, «Les pairs de France», pp. 309-313 et 319-320.
(16) 以上、一三世紀後半における旧同輩領の王領併合に関して、詳細は Desportes, «Les pairs de France», pp. 322-323.
(17) 以下、フィリップ四世期に関しては、Desportes, «Les pairs de France», pp. 324-325.
(18) Guenée, «Le roi, ses parents et son royaume», p. 304.
(19) Guenée, «Le roi, ses parents et son royaume», p. 352; Desportes, «Les pairs de France», pp. 329-330.
(20) Desportes, «Les pairs de France», pp. 327-328.
(21) フランス王国における〈pays〉のあり方については、Guenée, «Espace et État dans la France du Bas Moyen Âge», pp. 744-758 および本書序章第一節を参照。
(22) フィリップ六世期に関して、Desportes, «Les pairs de France», pp. 334-335 を参照。
(23) ジャン二世期について、Desportes, «Les pairs de France», pp. 329 et 338 を参照。
(24) 王国の「筆頭同輩」としての地位については、本書第二章第一節(三)(1)。
(25) Desportes, «Les pairs de France», pp. 329 et 338.
(26) 以下、Guenée, «Le roi, ses parents et son royaume», pp. 304-309.
(27) ボーモン伯領とクレルモン伯領の変遷については、Favier, *Dictionnaire*, «Beaumont-sur-Oise», p. 126 et «Bourbon, Louis I», p. 163; Mattéoni, *Servir le prince*, p. 72.
(28) 公への昇格政策の概観として、Guenée, *Un meurtre, une société*, pp. 28-35.
(29) とくに、フォワ伯(=ベアルン副伯)については、P. Tucoo-Chala, *La vicomté de Béarn et le problème de sa souver-*

aineté: des origines à 1620, Bordeaux, 1961, Chap. IV を参照。

（30） 白ユリ諸侯の台頭の概観として，Autrand, *Charles V*, Chap. XXII.

（31） たとえば，Guillot, Rigaudière, Sassier [éds.], *Pouvoirs et institutions*, t. 2, pp. 117-118, etc.

（32） P. Petot, «L'accession de Philipe le Hardi au duché de Bourgogne et actes de 1363», dans *Mémoires de la Société pour l'histoire du droit et des institutions des anciens pays bourguignons, comtois et romands*, 2 fasc., 1935, pp. 5-13, esp. pp. 8-9. および id., «L'avènement de Philipe le hardi en Bourgogne et les lettres du 2 juin 1364», dans *ibid.*, 3 fasc., 1936, pp. 125-137 も参照。

（33） Amado, «Fondement et domaine du Droit des Apanages», pp. 369-371.

（34） 以下，公家による領地集積については，Leguai, *Les ducs de Bourbon*, pp. 16 sq. et 34-39.

（35） 英仏間で曖昧な立場をとりつづけた，いわゆる両属政策については，Jones, *La Bretagne ducale*, Chap. IV および本書序章第二節（一）。

（36） この時の授与文書は，D.-F. Secousse et al. [éds.], *Ordonnances des roys de France de la troisième race*, Paris, 1723-1849, 22 vols.（以下，*ORF.*）t. XI, pp. 121-122 に所収。

（37） *ORF.*, t. XI, p. 122: "... luy avons donné & transporté, & c. la Comté d'Estampes, Villes & Chasteaux, & appartenances d'icelle, appartenant à mondit Seigneur & à nous, à la tenir & posséder pour luy & ses hoirs masles en droit d'appanage, ainsi que les autres Terres d'appanage issues de la Maison de France, selon la coustume & loy faite en France sur ce, & aux foy et hommage-lige, comme les autres Comtez sont tenus, ..."

（38） Favier, *Dictionnaire*, «Étamps (Essonne)», p. 391.

（39） 国王代行制の展開と諸侯の任命状況に関しては，本書第二章第一節を参照。

（40） このようなモンフォール家とヴァロワ家の接近は，イングランド＝ブルゴーニュ勢力の北フランス制圧下，当時ブールジュに避難していた国王宮廷での権力関係に大きな変化を引き起した。Ph. Contamine, «L'action et la personne de Jeanne d'Arc. L'attitude des princes français à son égard», *Actes du colloque Jeanne d'Arc et le cinq centième anniversaire du siège de Compiègne, 20 mai-25 octobre 1430. Bulletin de la Société historique de Compiègne*, 28 (1982), pp. 63-80, reproduit dans id., *Des pouvoirs en France (1300-1500)*, Paris, 1993, pp. 109-121.

（41） Autrand, *Charles V*, pp. 666-667.

（42） 百年戦争下における官僚制の一時的「不振」については、Guenée, «Y a-t-il un État des XIVe et XVe siècles?», pp. 399-406.

（43） オトランの見解に関して、詳しくはAutrand, «Un essai de décentralisation», pp. 19-20.

（44） G. Isambert, *Recueil général des anciennes lois françaises, Depuis l'an 420 jusqu'à la révolution de 1789*, 29 vols., Paris, 1824-33（以下、*RGALF.*）。

（45） 前掲の *Ordonnances des rois de France de la troisième race*, 22 vols.（= *ORF.*）

（46） *RGALF.*, t. I, pp. 353-354（表2ルイ九世⑥）。

（47） *RGALF.*, t. V, pp. 150-154（表2ジャン二世④：一三六三年）。

（48） *RGALF.*, t. VI, pp. 614-617（表2シャルル五世②：一三八六年）; t. VI, pp. 860-861（表2シャルル六世②：一四〇〇年）; t. VII, pp. 4-6（表2シャルル六世③：一四〇一年）。

（49） 現存のみが伝えられる親王領設定文書として、*RGALF.*, t. I, p. 246（表2ルイ八世③）; p. 341（表2ルイ九世②）; t. III, p. 19（表2フィリップ四世②）; t. IV, p. 396（表2フィリップ六世①）。

（50） *ORF.*, t. XI, pp. 323-324（表2ルイ八世③⑤⑥）。

（51） *ORF.*, t. XI, p. 341（表2ルイ九世②）; t. XI, pp. 341-342（表2ルイ九世④）; t. XI, p. 342（表2ルイ九世⑥）; t. XI, pp. 343-346（表2ルイ九世②③④⑥）。

（52） *ORF.*, t. VIII, pp. 450-452（表2シャルル六世③：一四〇一年）。

（53） Autrand, *Jean de Berry*, p. 323.

（54） *ORF.*, t. VIII, pp. 331-332; t. IX, pp. 1-2; t. IX, pp. 3-4; t. IX, p. 261; t. IX, pp. 664-667; t. IX, pp. 696-697; t. IX, pp. 700-702.

（55） ベリー公国に関しては、Lacour, *Le gouvernement de l'apanage de Jean, duc de Berry*、また、法制史家アマドも長子相続制との関連でいくつかの設定文書を刊行している。

（56） 〈Ordonnance〉概念の形成と、一七〇〇年尚書局長ポンシャルトランの命に発する『フランス王令集』の編纂との関連については、Frédéric-Martin, *Justice et Législation sous le règne de Louis XI*, pp. 188-189を参照。

(57) 詳しくは A. Gouron, «Royal *ordonnances* in Medieval France», in A. Padoa-Schioppa [ed.], *Legislation and Justice* (General Editors: W. Blockmans and J.-P. Genet, *The origins of the modern state in Europe. 13th to 18th Centuries*), Clarendon, 1997, Chap. 4, pp. 57-71, とくに〈Ordonnance〉の概念規定については pp. 58-59 を参照。

(58) *ORF.*, t. XI, pp. 323-324.

(59) *ORF.*, t. XI, p. 323: "quòd Filius noster secundus natu, habeat totam terram Attrebatesii in Feodis & Domaniis, & totam aliam terram . . . Quòd si idem qui Attrebatesium tenebit, sine haerede decederet, volumus quòd tota terra Attrebatesii, & alia terra quam teneret, ad filium nostrum, Regni nostri successorem, libère & intègre redeat."

(60) Olivier-Martin, *Histoire du droit français*, p. 318 (塙訳『フランス法制史概説』四八二頁)。

(61) Wood, *The French Apanages*, pp. 12-13.

(62) *ORF.*, t. XI, p. 324: "Hanc autem divisionem quam facimus inter filios nostros, ne posset inter eos discordia suboriri, volumus modis omnibus observari, sicut superiùs continetur; videlicet quòd Filius noster qui Nobis succedet in Regnum, habeat & possideat totum Regnum Franciae, totam terram Normanniae, sicut eam possidebamus & tenebamus ea die qua praesens condidimus testamentum, exceptis illis Comitatibus quos superiùs excipimus; videlicet, Comitatum Attrebatesii, & Comitatus Andegaviae & Cenomaniae, & Comitatus Alverniae & Pictaviae, quos divisimus aliis Filiis nostris, sicut superiùs est expressum."

(63) *ORF.*, t. XI, p. 323: "Item. Volumus & praecipimus, quòd quintus Filius noster, sit Clericus, & omnes alii qui post eum nascentur."

(64) *ORF.*, t. XI, pp. 341-342.

(65) *ORF.*, t. XI, pp. 341-342: "quòd nos Petro Filio nostro & haeredibus suis de corpore suo, donavimus & assignamus pro portione terrae, ea quae. . . , & haec omnia supradicta tenebunt idem Petrus & haedes sui in feodum & hommagium ligium ab haeredibus nostris Regibus Franciae, & inde servitia debita reddere tenebuntur eisdem. Hanc autem donationem & assignationem facimus, salvis donis, feodis & eleemosynis datis, donationibus & restitutionibus si quas fecerimus vel fieri ordinaverimus in eisdem, & salvo etiam jure in omnibus alieno. Quòd si fortè etiam contigerit eundem filium nostrum vel haeredem suum aut haeredes sine haerede de corpore suo decedere, praedicta omnia ad haedem seu

successorem nostrum, quincumque pro tempore Regnum Franciae tenebit, liberè revertantur."

(66) 前述の刊行史料のほか，*Layettes du Trésor des Chartes*, t. IV, Paris, 1902, in-4o, No. 5495（表2ルイ九世③）; *ibid.*, No. 5498（表2ルイ九世④）。

(67) Amado, «Fondement et domaine du Droit des Apanages», pp. 371-374.

(68) Lacour, *Le gouvernement de l'apanage de Jean, duc de Berry*, PIÈCE, No. 1, pp. 5-10.

(69) *RGALF.*, t. V, No. 350, pp. 150-154.

(70) 開封王状における前文の消滅など，中世末期における国王証書の文書形式の変容については，B. Chevalier, «La réforme de la justice: utopies et réalités (1440-1540)», dans A. Stegmann [s. dir.], *Pouvoirs et institutions en Europe au XVIe siècle*, Paris, 1987, pp. 237-247; Frédéric-Martin, *Justice et Législation sous le règne de Louis XI*, pp. 236-249.

(71) 王領の不可譲渡性(inaliénabilité)について，詳しくはG. Leyte, *Domaine et domanialité dans la France médiévale (XIIe aux XVe siècles)*, Strasbourg, 1996, pp. 321-367, 369-381 et 399-404.

(72) Ph. Contamine [dirigé.], *Le moyen âge: Le roi, l'église, les grands, le peuple. 481-1514*, Paris, 2002, Chap. 9, esp. pp. 291 et 299-302.

(73) Lacour, *Le gouvernement de l'apanage de Jean, duc de Berry*, PIÈCE, No. 1, p. 5: "Dum persone preclari generis dignitatibus inclitis per regalem providentiam preferuntur, regalis cura regiminis exinde fulcitur potentia securiusque procedit et regnat in culmine majestatis et, talium personarum decorata lateribus, a sollicitudinibus efficacius relevatur ac exercetur utilius pacis et justitie virtus per quas reges et regna stabili felicitate subsistunt. Dignum igitur arbitramur et debitum quod persone hujusmodi precipuis favoribus attolantur et specialibus honoribus efferantur, ut et ipsi congaudeant honoris et nominis sibi titulos accrevisse ceterisque sint speculum et exemplar et ad obsequendum ferventius suis superioribus astringantur."

(74) *RGALF.*, t. V, No. 350, pp. 150-151: "Ad subditorum quietem et pacem curam gerentes sollicitam, facti didicimus experientia, non modicùm prodesse, fideles et strenuos habere vasallos. Ipsorum enim meritis, propulsis invidis et aemulis, pacis tranquillitas acquiritur, et justitia, omnium regnorum fundamentum, pacificè administratur, ad regnantium gloriam et honorem: unde fervor oritur dilectionis ad dominum, cujus etiam crescit vigor subjectionis in

eisdem. Novimus insuper coronam stabiliri regiae majestatis, dum personae praeclari generis, moribus utique et honestate vernantes, dignitatibus inclytis praeferuntur. Ipsorum igitur adsistentia laterali non minùs sceptra coruscant regnantium, quàm gemmis corona."

(75) Lot et Fawtier [s. dir.], *Histoire des institutions françaises au Moyen Âge*, t. II, pp. 131-132.

(76) 王国裁判体系の再編について、詳しくは本書第四章第二節を参照。

(77) ブルゴーニュ公領の誕生は、カペー王朝のロベール二世が一一世紀初頭、王国東部の諸伯領を公領として、分割相続した時にさかのぼる。その後、初代ヴァロワ国王フィリップ六世が公領の相続女ジャンヌと結婚し、このジャンヌを通じて、次王ジャン二世が一三六一年公領を王領化した。Schnerb, *L'État bourguignon*, pp. 15-16.

(78) *RGALF*, t. V, No. 350, pp. 152-153: "ut ipse suique haeredes ex proprio corpore, in legitimo, ut praedicitur, matrimonio procreati, qui se succedent in ducatu preadicto, . . . Salvis insuper, et retentis nobis et successoribus nostris Franciae Regibus, superioritate et ressorto dictorum donatorum; fide etiam ac homagio ducis praestandis nobis et successoribus nostris praedictis, modo debito et consueto fieri et praestari per duces Burgundiae temporibus anteactis, regalibusque et juribus aliis regiis ad nos pertinentibus ad causam nostrae coronae, et quae habebamus vivente dicto ultimo duce defuncto, in ducatu praedicto."

(79) たとえば、井上幸治編『世界各国史2　フランス史』山川出版社、一九六九年、一五四頁。

(80) 以下、Petot, «L'accession», pp. 7-9; Schnerb, *L'État bourguignon*, p. 39 を参照。

(81) ベリー公国と同時期に設定されたアンジュー公国（表2ジャン二世②）についても、その設定文書において、男子相続が定められている。Petot, «L'accession», p. 8.

(82) Lacour, *Le gouvernement de l'apanage de Jean, duc de Berry*, PIÈCE, No. 1, pp. 7-8: "ut ipse, quamdiu vexerit in humanis, et dicti ejus heredes masculi de matrimonio legitimo procreati, post ejus obitum, . . . pro quibus idem Johannes natus noster nobis prestitit fidelitatem et homagium unicum, tanquam dux et par Francie de novo creatus, pro ducatu et castellanis predictis, ad quod siquidem homagium nos ipsum duximus admittendum, non obstante si aliquibus ecclesiis, nobilibus, communitatibus, universitatibus vel personis singularibus, cujuscumque sexus vel conditionis existant. . . que extra manum regiam vel immediatum dominum regium transferri vel alienari non possint aut a corona

Franciae minime debeant separari, gardis ecclesiarum cathedralium cum aliis juribus nobis competentibus in eisdem et aliarum de regali fundatione existentium regaliisque earum, collationibus beneficiorum ecclesiasticorum de fundatione regia existentium et aliis juribus regalie nobis competentibus, fabricatione et juribus monetarum necnon superioritate et ressorto nobis et successoribus nostris salvis in omnibus et retentis."

(83) こうした国王専決事項と「主権」理論との関連について、Autrand, «Le concept de Souveraineté», pp. 149-162 および本書序章第二節(二)。

(84) 以上、国王専決事項の問題については、本書序章第二節(二)および第二章第一節(三)に詳述。

(85) 詳細は本書第二章を参照。

(86) このころのパリにおける親王の権力抗争については、本書第三章を参照。

(87) 詳しくは、Guenée, *Un meurtre, une société*, pp. 153-155.

(88) *RGALF*., t. VI, pp. 614-617（一三八六年）; *ORF*., t. VIII, pp. 450-452（一四〇一年）。

(89) *RGALF*., t. VI, p. 614: "voulans pourveoir à ce que honorablement ait son estat, comme à personne de tel sanc, et qui nous est si prouchain, appartient, et de quoy puisse supporter les charges qui lui surviendront."

(90) *ORF*., t. VIII, p. 450: "que Nous considérans que à Noz Enffans que Dieu Nous a donnez, Nous sommes tenus par droit de nature pourveoir de Seignories, Terres & revenus telles que ilz en puissent avoir & tenir leurs Estas telz comme à Enffans de Roy de France appartient, & pour ce voulans, tant comme il plaist à nostre Seigneur Nous tenir en ceste vie mortelle, pourveoir à notre très-chier & très-amé Fils second né Jehan de France, de appanage convenable pour lui & son Estat, à icellui nostre Filz, pour lui & ses hoirs masles descendans de son corps en loyal mariage, & pour les hoirs masles procréez & descendans d'iceulx hoirs masles, en loial mariage & directe ligne, . . ."

(91) 対外政策に関する両親王の構想の衝突については、Guenée, *Un meurtre, une société*, pp. 154-158.

(92) *RGALF*., t. VI, p. 616: "les foys et hommages-liges, souveraineté et ressort, les gardes des églises cathedraux, . . . que nous pourrons avoir et aurons oudit duchié, un bailli des terres et subgiez exems, qui sera dit le bailli des exemptions, et tendra son siége et sa juridisction, à Tours, ès lieùx exems, et aussi à Chinon."

(93) *ORF*., t. X, pp. 228-229 に所収。

(94)　*ORF.*, t. X, p. 228: "Extolluntur sceptra regnacium, & regnorum solidatur stabilitas, ceditque Regibus ad gloriam & honorem, dum persone preclari generis, & presertim ex regali prosapia descendentes, suis preclaris exigentibus meritis dignitatibus inclitis preferuntur, ut exinde, cum suos cernunt status & nomina majoribus titulis decorari, ad grandiosa virtuosioraque peragenda, magis ac magis in sui laudem, regnique ac reipublice decorem & frugem studeant se ferventius insudare."

(95)　当時における res publica/chose publique の使用、「公」という意識の発達については、Contamine, «Le concept de société politique dans la France de la fin de Moyen Âge», pp. 269-270 を参照。

第二章　「国ぐに」における国王統治と諸侯

百年戦争の勃発以来、フランス王権は戦争遂行のための資金と兵士を調達する必要から、かつてないほど迅速で効果的な王国行政を進める必要に迫られた。シャルル五世王権のもと、西フランス再征服が試みられた一三六〇・七〇年代、国王顧問官（通称マルムゼ）たちが「良き統治」(bon gouvernement) や「良きポリス」(bonne policie) などの言葉を交わしていたことは、王国統治の凝集力の向上に対する関心の高まりを表しているといえる。(1) しかしながら、当時の王国の財政状況や国王役人の移動・通信手段の未発達ゆえに、その実現は絶えず妨げられていた。(2) このような状況下、王は王族を中心とする諸侯に王権の一部を委任することに踏み切り、これを通じて王国統治の円滑化を図った。(3) こうして、前章でみたように大規模な親王国を授与された王族諸侯は、みずからの領国統治とともに、王国レヴェルの統治業務にも深く関与し、時にその中枢を握るにいたったのである。国王宮廷における諸侯抗争が一四〇〇年以降、武力対決をもたらしたことは、こうした王国統治に対する諸侯の影響力の大きさを如実に物語るものといえよう。

本章においては、国王代行官（［羅］locumtenens regis/［仏］lieutenant du roi）としての諸侯の活動内容を通じて、王国を構成した「国ぐに」(pays) の統治、いわば地方統治における諸侯の役割を明らかにする。一四世紀中葉以降、諸侯が「王の代理人」として国王権力を包括的に担い、王国各地に強大な権力を行使した点は古くから指摘されている。諸侯権の再評価に先鞭をつけたエドゥワール・ペロワは、諸侯国形成のひとつの背景としてこの国王代行制の問題を重視し、諸侯が国王代行権を通じて王権を簒奪していたことを強調した。(4) 一方、百年戦争の勃発にともなって、王の権力を包括的に代行する役職が急速に発達したことは、制度史研究においても指摘されてきた。(5) しかしながら、そうした役職は一六世紀以降の王国にそのままのかたちで受け継がれることはなく、そのため国王代行官はこれまで正面から注目されず、ゆえにその制度的輪郭はあまり知られていない。このような研究状況をふまえるならば、まずは第一節において、国王代行官の制度的概要とともに諸侯の就任状況やその権力内容を具体的に明らかにすることが不可欠である。そのうえで第二節においては、諸侯による国王代行任務の実態を検証していこうと思う。

第一節　国王代行官と諸侯権

制度史研究における一般的な理解では、「国王代行官」(［羅］locumtenens (Francorum) regis または［仏］lieutenant (général) du roi) のタイトルを有する者たちが現れるのは、百年戦争期の主に南フランスにおいてであり、かれらの大半は通常、王族や高級貴族など高級身分者であったと考えられている。またその役職は、時々の必要に応じて設置され、王が自由に罷免することのできる「親任官」(commissaire) タイプの役職であり、それゆえかれらは特定の管区をもたず、在職期間もまたさまざまであると理解されてきた。こうした臨時措置的な性格ゆえに、国王代行官は一六世紀以降に常設となる総督 (gouverneur) の前史とみなされるにすぎなかった。(6) しかしながら、王国役職の系譜という問題から離れて、百年戦争期の王国国制という観点に立つならば、この時代に王以外の者が王の権力を代行するという現象が広まったことの意味を、より踏み込んで考えていく必要があるだろう。それは、王権が王という特別の身体や血統とは区別されて観念されはじめ、王の人格をこえた安定性を帯びていく端緒とも考えることができる。その意味で国王代行制の展開は、国王不在という状況下で王権の質的変化が進行したとするベルナール・グネの理解とも何らかの関わりがあるのではないだろうか。ここでは、このような王権のあり方という観点から、国王代行官の多様な親任例を整理、検討することとする。

このような観点のもと、フランス制度史学派の総決算ともいえる総覧 *Gallia regia* 全六巻を利用しようと思う(7)。これは本書の考察時期をふくむ一三二〇年代から一五二〇年代までのあらゆる王国役職に関して、就任者およびその在職時期を可能な限り特定した、いわば国王役人事典である(8)。国王バイヤージュ・セネショセにそって、地域ごとに八八の章から構成されたこの総覧において、国王代行官は各章の最初の項目〈gouverneur, capitaine, lieutenant du roi〉に、在職順に列挙されている。以下では、肩書に〈lieutenant (général) du roi〉あるいは〈locumtenens (Francorum) regis〉(国王(総)代行官)をふくむ人物について統計をとり、就任者の身分および委任地の特色を検討することとする。ただし、国王代行官の在職期間は長短さまざまであり、統計という手法が必ずしもその役職の特質や任務の実態を示すとはいえない。ここでの目的は、あくまで諸侯による王権代行を考察する前提として、国王代行官の特徴を統計によって確認することである。

(一)　概　要

まずは、国王代行官の親任数およびその時期的な変化を検討する。国王代行官の初出は、国王フィリップ三世

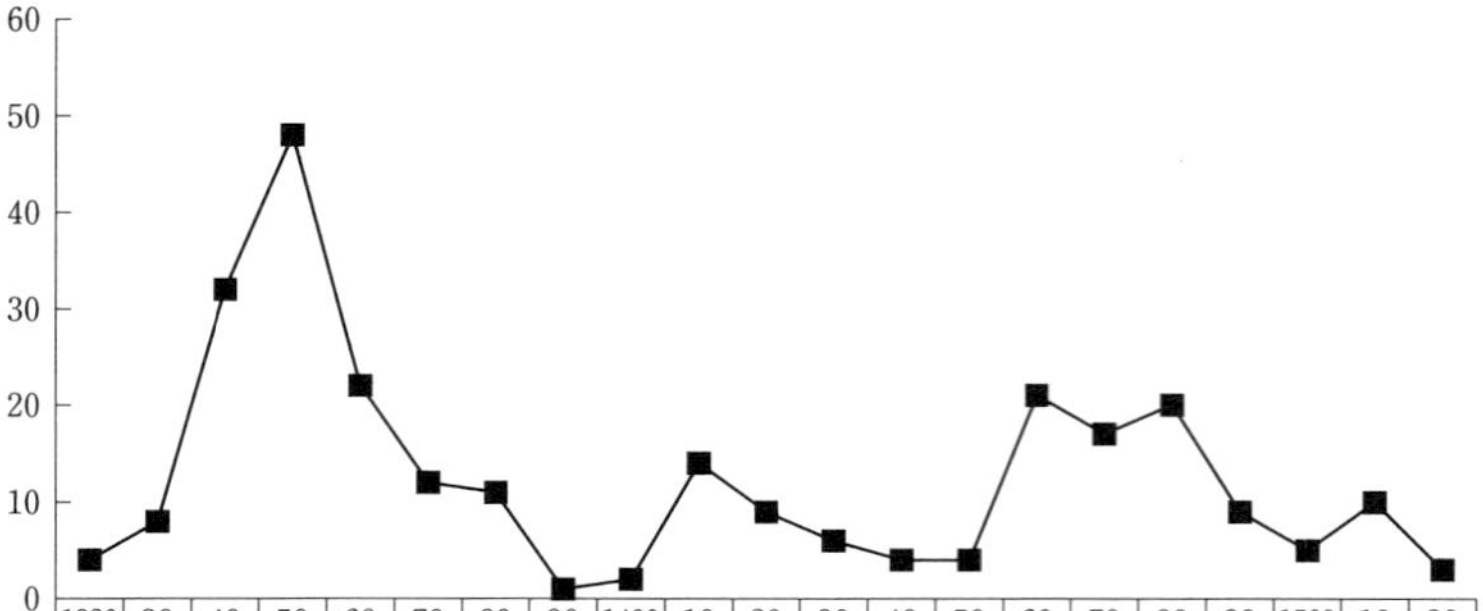

	1320	30	40	50	60	70	80	90	1400	10	20	30	40	50	60	70	80	90	1500	10	20
親任件数	4	8	32	48	22	12	11	1	2	14	9	6	4	4	21	17	20	9	5	10	3

1337-39 年 百年戦争勃発　1369-75 年 西フランス再征服　1415 年 アザンクールの大敗　1453 年 百年戦争終結

図１　国王代行官親任数の推移

の第二子、親王のヴァロワ伯シャルルがラングドックを委任された一三二四年七月であり、最終例は一五二五年五月一日である[9]。このあいだになされた親任数は計二六二件、就任者数はのべ一五五名である。親任数と就任者数の差は、同一人物が数回にわたり国王代行官に就任したことを示している[10]。図１「国王代行官親任数の推移」は、親任日が明らかな場合はその日付を、史料的にそれが不明確な場合は最初に在職が確認される時期を一応の親任時期と考えたうえで、縦に親任数、横に時期をとり、その推移を一〇年ごとにまとめたものである。国王代行官の親任数は百年戦争の経過とともに推移し、一三三九年以降のその勃発直後、一四一五年のアザンクールの戦い前後、および百年戦争終結後の一四六〇～八〇年ころのブルゴーニュ戦争期が比較的多いことが読み取れる。これらの時期にはさまれる期間、すなわち西フランス再征服の一三六〇年代末以後、一四一五年アザンクールにおける戦争再開までの一三九〇・一四〇〇年代における英仏休戦の時期において、親任数は減少傾向にある。また一四九〇年代以後の減少は、国王代行官から総督への移行を示すものといえよう。

　これを念頭に、一三二四～一五二五年までの国王代行官就任者の身分構成を示すと、王太子二名(親任数二件)、公二一名(五〇件)、伯二六名(五九件)、中小貴族九〇名(baron、sire、および地名のみの表示による者、計一二七件)、聖界については大司教六名(九件)、司教八名(一三件)、そのほか外国君主二名(ナヴァール王とベーメン王が一件ずつ)となる。通説とは異なり、王族や公の親任は少なく、むしろタイトルをもたない中小貴族が半数以上を占めている。一方、就任者のうち、俗人の肩書に“licencié en loi”(法学位取得者)がみられない点は、同時代のパリ高等法院や国王バイイとは大きく異なる点であり、国王代行官の重要な特徴のひとつといえ、この職に期された職務の性格を暗示している。

次に就任者を家門別に検討すると、王太子や公の家門にくわえ、いくつかの伯・中小貴族家門が無視しえぬ回数で国王代行官に就任していることがわかる。たとえば、南フランスに数多くの所領をもつフォワ伯家は、三代にわたり計九回これに就任している。とくに一四世紀後半、二度にわたりラングドックを委任されたフォワ伯ガストン三世(フェビュス)は、在地での支持を得ており、時にアンジュー公やベリー公と国王代行位を争った(11)。このほか、百年戦争の勃発直後を中心に、サン＝ポル、ユー、アングレームなどの伯家が数世代にわたり、五回ずつ国王代行官に就任している(12)。また二六二件の親任例のなかには、公・伯の私生児(bâtard)と思しき人物が三名現れる(中小貴族に分類)(13)。かれらは所属家門を通じて王から能力を認められ、国王代行官に就任したと考えられる。さらに、外国君主ベーメン王はルクセンブルク家のヨハン(神聖ローマ皇帝カール四世の父)であり、その娘ボンヌを妃として迎えた国王ジャン二世の義父であった(14)。このような親任例をふまえるならば、国王代行官の就任者は特定の有力家門に集中する傾向があったということができ、この結果、個人別にみても、かなり頻繁に国王代行官に親任された者をあげることができる。王族以外での最多はクラヨン領主アモリ四世(中小貴族に分類)で、かれはポワティエの戦いが行われた一三五〇年代の大西洋岸を中心に、実に九回も国王代行官に就任した(15)。これは後述するベリー公ジャンに匹敵する親任回数である(後掲(一〇四～一〇五頁)表4【4】)。こうした例は、ほかの身分に関しても指摘することができる。伯ではダルマルタン伯アントワーヌが百年戦争後の王国各地において五回親任され[16]、聖界では北フランスのボーヴェ司教ジャン・ド・マリニが、一三四〇年代において、八年間で計五回にわたりラングドック国王代行官を務めている[17]。このような王族以外の家門や個人の親任は、王を代理する権能が王族の外にも十分開かれていたことを示している。このことは、ルイ七世期のサン=ドゥニ大修道院長シュジェ、さらには聖王ルイ治世の王母ブランシュ・ド・カスティーユに代表されるように、ごく限られた高位の人物が王の代理を務めた時代とは、決定的に異なっているのである。

それでは、このような国王代行官はどのような地域において王権を委任されていたのだろうか。以下、こうした委任地をその大きさという観点から四つのレヴェルに分けて、考察を進めることとする。それは、①都市、②国王バイヤージュ・セネショセ、③「国」あるいは複数形で「国ぐに」(［羅］pars/［仏］pays ならびに［羅］patria/［仏］patrie)、④伯領・公領である。このうち、③「国」という区分は、おおむね王国の慣習法域に相当するものであり、序章でもふれたように王国を構成するもっとも基礎的な単位であると同時に、民の帰属意識の拠り所であった。

これらの区分のなかで、一都市のみの委任は八件で、すべてパリが指定されている。さらに、このパリ八件を時代別にみると、一四世紀は一三五六年のアンジュー公ルイのみで、この時ルイは王国改革をかかげるエティエンヌ・マルセルの乱に対処することとなる(後掲表4【3】①)。これ以外のパリ七件は、すべて百年戦争終結後の親任である[18]。また、ひとつの国王バイヤージュまたはセネショセの委任は、全二六二件の親任中わずか二件となっている[19]。このように、国王代行官の多くは小規模な範囲での王権代行というよりも、むしろバイヤージュや「国」をこえて、それらのうえに拡がるより広い範囲において、王権を委任されていた。その際、かれらの委任地は「ロワール河のあちら側の国ぐに」や「セーヌ河のこちら側の国ぐに」のように、漠然としか示されない場合もあった(たとえば、後掲表4の【1】②、【4】③、【7】①などを参照)。このような国王代行官への委任地の拡がり、ならびに前述の親任数の推移をふまえるならば、百年戦争の勃発とともにバイイとセネシャルにもとづく国王行政の体系が行き詰まり、王権がこうした事態に対応しようとした結果のひとつが国王代行官の増加であったと考えることができ、当時における親王領の拡大とも通じるものがある。そしてこのような広域的な国王支配の枠組は、一六世紀中葉以降、治安維持と防衛を任とする一三の総督管区(gouvernement)に継承されていくのである。(20)

では次に、そうした国王代行官はどこに派遣されたのだろうか。その地理的分布を大まかにつかむため、委任地に指定された主要な「国」を示すと次のようになる。おおよそ王国の南半分にあたるオック語圏の代表例ラングドックは六〇件、同じく王国南西部に位置するイングランド領ギュイエンヌは二七件、そしてオック語の北限といわれるオーヴェルニュが一九件である。一方、王国の北半分に相当するオイル語圏については、大西洋岸のポワトゥ二八件、ノルマンディ二八件、東部ではシャンパーニュ二三件、リヨネ一二件、さらに北側に関しては、ピカルディ二〇件、アルトワ八件、そしてイル＝ド＝フランスが九件となる。

こうした地理的分布からは、国王代行官の多くが王国南部を委任された点は、おおよそ通説の通りということができる。この背景には、パリとの法体系の違いや王権の浸透度といった従来からの指摘とともに、アヴィニョン教皇庁の存在を考えることができる。ラングドックに焦点をあてて、そこでの国王代行官の身分や親任時期を検討するならば、教皇庁がローマに一時帰還した一三七六年までの南フランスには、非常に多くの国王代行官が親任されていることがわかる。たとえば、ラングドック六〇件のうち、実に四八件が一三七六年以前の親任である。さらに聖職者が親任された二二件のうち、一三七六年以前の一五件はすべてラングドック、もしくはアヴィニョンをはさんで東側のドーフィネを委任されている。これに対して、以後の七件は王国各地に散らばっている。(21)教皇庁はカトリック世界の中心であるばかりか、聖職禄授与政策を用いたその潤沢な資金力は、百年戦争を抱えるフランス王権にとって是非とも良好な関係を築いておくべき存在であった。前章で明らかにしたように、この地が百年戦争期を通じて、一度も親王領に設定されず、王領から切り離されなかったことは十分に理解可能であり、それに対して、この地は場合によっては王が罷免することのできる国王代行官を通じて、監視されつづけたということができる。

しかし一方で、通説とは異なり、南部以外の「国ぐに」も委任地に指定されている点を無視することはできない。とくに、百年戦争の重要な拠点であった大西洋岸には、比較的多くの国王代行官が設置されている。たとえば、英仏海峡をのぞむノルマンディには、ポワティエの大敗から西フランス再征服にいたる一三五〇～七〇年代にかけて、フランス大元帥(connétable de France. 国王軍指揮官)の経験者や、[22] 軍の指揮にふさわしい王族が多く親任されている(後掲表4参照)。さらに王国北東部のシャンパーニュやイル＝ド＝フランスにおいては、早くから王権が確立していたため、国王代行官の設置は不要であると考えられてきた。しかしながら、実際には少なからず委任地となっている。その理由を考えるうえで、まずは王国北東部を委任された国王代行官の在職時期を検討する必要がある。シャンパーニュ二三件のうち、二〇件が一四二〇年代以降の親任であり、残り三件は同地に解雇傭兵団(Grande Compagnie)がはびこった一三六〇年前後である。[23] また、イル＝ド＝フランス九件および都市パリ八件は、先述のアンジュー公の事例をのぞき、すべて一四二〇年以降の親任となっている。[24] それでは、このような国王代行官親任の背景には、どのような事情があったのだろうか。一四二〇～三〇年代のフランス王国は、一四二〇年同地で結ばれたトロワの和約により、イングランド、ブルゴーニュ、ヴァロワ家のあいだで三分割され、さらに一四二二年にはイングランド王ヘンリ六世がフランス王位を継承する。この時、フランス王太子シャルルは、ロワール南方のブールジュへの退却を余儀なくされた。こうした状況下、王太子はイングランドおよびブルゴーニュの支配下に入った北フランスにも国王代行官を設置している。まず一四二〇年代、約六〇年ぶりにシャンパーニュに三名の国王代行官が親任されたのにつづき、[25] シャルルは一四三〇年代には六名の国王代行官のうち五名の聖俗大貴族にセーヌ北方の地を委任した(26)。この時、ブールジュの王太子政府は、国王代行官に委任したフランス北東部をシャンパーニュやブリといった国の名称とともに、「セーヌ河のこちら側の国ぐに」(傍線筆者)と記している(27)。このような表記の背景には、ヴァロワ家の権力拠点が従来通りパリ周辺にあることをアピールしようとする、王太子政府の思惑があったのではないだろうか。これらの親任例は、たしかに国王代行官全体からみれば少数ではあるが、しかし、こうした王権行使のあり方が、一四二九年のオルレアン解放や一四三六年のパリ奪還を陰で支えたことは想像に難くない。そして、百年戦争の終結によりイングランド勢力を退けたシャルル七世王権は、ブルゴーニュ派との全面戦争に突入する。このなかで、セーヌ北方に縮小していた国王代行官の委任地は、一四六〇年代に再び増加し、王国全土へと展開していくのである。

以上、国王代行官を担った者の身分およびその委任地の検討から、改めて次のことを指摘することができると思われる。一四世紀初頭まで、王の代理人はごく高位の限られた者によって独占されてきたのに対し、以後はさまざまな身分の者が王の諸権力・権利を代行した。国王代行官数の推移をみるならば、百年戦争の勃発によって王国各地に王の代理人をおく必要に迫られ、このような変化を促したということができる。この過程をへることによって、フランス王国において、「王権」(Royauté)は誰が「王様」(Roi)であるかに左右されない、制度として安定性を高めていったのではないだろうか。こうした状況を背景として、王国三分割下におけるシャルル七世の権力基盤回復(直接税タイユの制定、常備騎士団の創設)、さらには百年戦争の勝利というものを考える必要があると思われる。しかし一方で、この時代の王国各地には、親王国を中心に、広大な領地と統治組織を備えた諸侯国が形成されており、まさに国王代行権を通じて、こうした諸侯国の強化が促されていたこともたしかである。王権が王本人の人格や王家とは区別され、その制度的な安定性を増していくなかにあって、なぜ諸侯国が拡充され、発展したのか。我々はここで再び本書全体の課題へと戻ってしまった。しかしそのメカニズムを解く試みのひとつとして、国王代行官への諸侯の就任状況を具体的に明らかにすることは避けられない作業となるだろう。

（二） 諸侯の就任状況と王権委任地

一三世紀末以来、聖王ルイの子孫たち、すなわちすべての親王家が身分昇格を遂げた結果、国王代行体制が本格化した一四世紀中葉以降においては、ブルターニュとギュイエンヌ（イングランド王領）をのぞくすべての公─同輩領が王族により占められることとなった[28]。このような諸侯は、先の身分構成において公の大半を構成する。また、かれらは国王代行職を独占することはなかったものの、諸侯国形成の問題を考えると、その国王代行官への就任はほかの身分の場合とは異なる大きな意味をもつ。すなわち、国王代行官の委任地が就任諸侯の支配域と重なる場合、諸侯は自身の領国において王権を代行する権利を取得し、諸侯国はより一層の強化の可能性を与えられるのである。このことを念頭に、まずは各諸侯の就任回数を明らかにする。

表４「国王代行官就任一覧」は、国王代行官に就任した諸侯の在職時期と委任地に関して、家門ならびに個人別に整理したものであり、その親任総数は四一件である。諸侯の在職時期は、一四世紀中葉と一五世紀後半に集中しており、全身分の傾向とほぼ一致している。ただし一四世紀に関しては、一三六〇〜八〇年代の親任例が若干多くみられる。ここから、諸侯の国王代行任務は西フランス再征服とそののちの王国再建に重点をおくものであったといえよう。しかし、各諸侯の親任数には大きな差がみられることも見逃すことはできない。家門および個人別に詳しく検討する必要がある。

国王代行官にもっとも多く就任しているのは、国王ジャン二世の第三子で、次王シャルル五世の弟ベリー公ジャンである（表４【４】）。かれはポワティエの敗戦前後、一三五〇年代における西フランスおよび反税暴動が頻発した一三八〇年代のラングドックを中心に計一〇回にわたり親任されており、これはほかの身分をふくめても最多の親任数である。次いで親任数が多いのは、ベリー公と同時期にブルボン公であったルイ二世である（表4【7】④〜⑨）。一二九七年、同家の相続女ベアトリスが、聖王ルイの第六子にしてクレルモン伯のロベールと結婚して以来、ブルボン家の当主は王の側近中の側近である大官房長(Grand chambellan)を代々世襲しており、一三二七年には公―同輩に昇格する（第一章の表1も参照）。[29] とくに、公ルイ二世は妹ジャンヌを介して国王シャルル五世の義兄であり、王国中部に位置する公国周辺を中心に六回にわたり国王代行官を務めることとなった。これらに比べて、同じく国王シャルル五世の弟であったアンジュー公ルイ一世の五回（表4【3】①〜⑤）、およびブルゴーニュ公フィリップの三回（表4【5】）という就任数は、やや少ないといえる。ただし、アンジュー公は一三八〇年にシチリア王位継承権を獲得して以来、活動拠点をプロヴァンスとイタリアにうつしていた。[30] ここから、かれの国王代行官歴が一三七七年で終わっていることも理解できよう。またブルゴーニュ公家に関しては、二代目ジャン無畏公が一四〇七年に王弟オルレアン公ルイを殺害したのにつづき、とくに三代目フィリップ善良公が周知のようにイングランド王と同盟を結んで以来、ヴァロワの本家とは絶縁状態となっていた。このほか、オルレアン公とブルターニュ公の親任はさらに少なく、両公家は一四世紀中、一度も国王代行官に就任していない（表4【2】・【6】）。このうち、オルレアン公に関しては、一四世紀中葉に生じた親王領の返還問題が関係していると思われる。国王フィリップ六世は、第二子で同名のフィリップにオルレアン公領を授与したのちも、王領から多くの領地を授与した（第一章の表2フィリップ六世②参照）。これに対して、次王ジャン二世およびシャルル五世はこうした王領の削減を警戒し、繰り返し親王領の返還を求めており、一四世紀中葉において、王家と公家との関係は決して良好ではなかったといえよう。[31] そののち、オルレアン公家は一時断絶し、のちに内戦の主役となる王弟ルイが公位に就いたのは、一四世紀末のことであった（表4【2】タイトル参照）。一方、ブルターニュに関し

表 4　国王代行官就任一覧

諸侯名(在位)	在職時期(親任年)	委任地：網かけ(　)は就任諸侯の領国に隣接，うち**ゴシック体**は領国内	*G.R.* 典拠
【1】アランソン公(親王：1328—伯，1415—公)			
シャルル 3 世(1346-61)	①1359	ノルマンディ	4-16174
ピエール 1 世(1361-1404)	②1370. 8. 28	**セーヌ河のあちら側の国ぐに**	4-16181
【2】オルレアン公(親王：1344-75 公，75-92 一時断絶，92—公，ヴァロワ伯，1498—フランス国王)			
ルイ 2 世 (1467-98 公 98-1515 国王ルイ 12 世)	①1483. 10. 9 親任	パリ・プレヴォテ。**イル=ド=フランス**，ブリ，シャンパーニュの国ぐに。ガティネ，サンリス，ボーヴェ，ヴェルマンドワの各国王バイヤージュ	2-6595 4-16446
	②1491. 12-	ノルマンディ	4-16206
【3】アンジュー公(親王：1356—アンジュー，メーヌ伯，60—同公，82—シチリア王，プロヴァンス伯)			
ルイ 1 世(1356-84)	①1356. 12. 15	パリ	4-16414
	②1360. 10	**トゥレーヌ，アンジュー，メーヌ**	6-22110b
	③1364. 7 ころ親任	ラングドック	3-13686
	④1370	ドーフィネ	2-7823a
	⑤1377. 11. 6	ラングドックの国ぐに。ギュイエンヌ公領	3-13362
シャルル 2 世(1440-73)	⑥1440. 6. 5 親任	**ラングドック**，ギュイエンヌ，ドルドーニュ河のあちら側	3-13393
	⑦1434-38	リムーザン	3-14018
【4】ベリー公(親王：1356—ポワトゥ伯，60—ベリー，オーヴェルニュ公)			
ジャン(1356-1416)	①1356. 6. 8 親任	**ポワトゥ**，サントンジュ，アングーモワ，リムーザン，ベリー，ガスコーニュ	4-17562
	②-1356. 7. 8 解任	オーヴェルニュ，ブルボネ，ラ=マルシュ，ベリー(→【7】③が後任となる)	1-3862
	③1358. 1. 8 親任	**ロワール河のあちら側の国ぐに**	1-3866
	④1359. 9. 12-	マコン伯領。マコン・国王バイヤージュ，リヨン・国王セネショセ	3-14234
	⑤1369. 2. 25 親任 1372. 12. 25 確認	マコネ，リヨネ，**オーヴェルニュ**，ブルボネ，ソローニュ，トゥレーヌ，アンジュー，メーヌ，ノルマンディ	4-14505
	⑥1380. 11. 19 親任	ギュイエンヌ公領，トゥルーズ伯領。ラングドック，**ベリー**，**オーヴェルニュ**，**ポワトゥの国ぐに**	3-13364
	⑦1382-84	ラングドック，ギュイエンヌ	3-13367
	⑧1388	ラングドック	3-13690
	⑨1388. 9. 9	リムーザンとペリゴールの国ぐに	4-17210
	⑩1401. 5. 9 親任	ラングドック	3-13695

【5】ブルゴーニュ公(親王：1363—公，84—フランドル，アルトワ，ヌヴェル伯)

フィリップ=ル=アルディ (1363-1404)	①1363. 9. 6 親任	**ブルゴーニュ公領**とリヨン地方(province)	3-14236
	②1369. 8. 15 親任	ピカルディの国	4-17515
	③1378. 6. 1	ノルマンディ	4-16184

【6】ブルターニュ公(非親王：1297—公，1421 〈a(p)panage〉の授与により，親王同格)

アルトゥール 3 世(1457-58)	①1436. 5. 8 親任	イル=ド=フランス，シャンパーニュ，ブリ，ボーヴェ，ピカルディ　(即位前)	2-6583

【7】ブルボン公(非親王：1327—公，ほかにフォレ，ラ=マルシュ伯等，1416 オーヴェルニュ公領の相続以来，親王と同格)

ピエール 1 世(1342-56)	①1345	**ロワール河のあちら側の国ぐに**	1-3863
	②1345. 8. 8 親任	ラングドックの国ぐに	3-13673
	③1356. 7. 8 親任	オーヴェルニュ，**ブルボネ**，ラ=マルシュ，ベリーの国ぐに(→【3】②の後任)	1-2336
ルイ 2 世(1356-1410)	④1345. 5. 31 即位前	**ブルボネ**，**フォレ**，サントンジュ，アングーモワ，リムーザン，ペリゴールの国ぐに	1-1090
	⑤1359. 1	オーヴェルニュとベリーの国ぐに	1-3867
	⑥1359. 3. 5	オーヴェルニュ，ブールジュ，マコンの各国王バイヤージュ	1-2341
	⑦1360. 4. 29	オーヴェルニュとベリーの国	〃　②
	⑧1360. 5. 5	オーヴェルニュ，ベリー，マコネ	〃　③
	⑨1385. 2. 24	**ブルボネ**，**フォレ**，リムーザン，ラ=マルシュ，サントンジュ，アングーモワ	1-1097
ジャン 1 世(1410-34)	⑩1413. 10. 15	ギュイエンヌ	3-13382
シャルル 1 世(1434-56)	⑪1429. 9. 12 親任	シャンパーニュ　(即位前)	2-6581
ジャン 2 世(1456-88)	⑫1451. 9. 28 親任	ギュイエンヌ公領	3-13394
	⑬1465. 11. 19 親任	オルレアン公領，ベリー公領。リヨン，ヴレ，ジェヴォーダン，アルビジョワ，サン=ピエール=ル=ムティエ，モンフェラン，山岳オーヴェルニュの各国王バイヤージュ。ルエルグ，クェルシ，リムーザン，ペリゴールのセネショセ	1-3871b 6-23668 6-23670
	⑭1475. 5. 13 親任	リヨネ，ヴィヴァレ，ヴレ，ジェヴォーダン，高マルシュ，山岳オーヴェルニュ，**ブルボネ**，**オーヴェルニュ**，**フォレ**，**ボージュー**	3-14250
ピエール 2 世(1488-1533)	⑮1472-79	ギュイエンヌ	3-13401
	⑯1486. 5. 31 親任	ギュイエンヌ	3-13405

出典) *G.R.*: G. Dupont-Ferrier, *Gallia regia, ou État des officiers royaux des bailliages et sénéchaussées de 1328 à 1515*, 6 vols., Paris, 1942-66, t. 1, t. 2, t. 3, t. 4, t. 6. 委任地の表記は，できる限り就任者の肩書の表記にしたがった。なお，在位年およびタイトルについては，M. Ornato, *Répertoire prosopographique de personnages apparentés à la couronne de France au XIVe et XVe siècles*, Paris, 2001 を参照。

ては、当主モンフォール家がフランス王国の公―同輩であると同時にイングランド王の家臣でもあるという、ブルターニュ公ないしその公国の立ち位置が関係していると考えられる。(32) 第一章で取り上げた一四二一年、王太子シャルルによるリシャール・ド・モンフォールへの〈a(p)panage〉授与は、こうしたブルターニュ公の立場に終止符を打った出来事と考えることができ、これによりモンフォール家は親王の仲間入りを果たした。それを物語るかのように、国王シャルル七世はブルゴーニュ派から奪還したばかりのイル゠ド゠フランスにおける国王代行官に、当時ブルターニュ公太子であったアルトゥールを親任したのである。以上述べてきたように、一口に諸侯(＝公―同輩)といっても、その王国統治への関与は多様であったといわねばならない。

それでは、国王代行官としての諸侯はその王国奉仕の場として、どのような地域を委任されていたのだろうか。とくにここでは、そうした王権委任地が諸侯国とどのような位置関係にあったのかを明らかにしていく必要がある。これを把握すべく、表4においては委任地に指定された多くの「国」のうち、就任諸侯の支配地をふくみ、これに近接するものには網かけ(▒)を付し、このなかでもとくにその領国内に位置する「国」をゴシック体で記した。表を見渡すと、半分強の事例において、諸侯は支配地近隣の地を委任されていることがわかる(四一件中二二件)。親任数の多いベリー公(表4【4】)やブルボン公家(表4【7】)のリストは、その傾向を明瞭に示すものといえよう。さらにこのうち、委任地に諸侯国内の「国」、すなわち就任諸侯がみずから治めていた地がふくまれる事例は一四件数えられ、全体の三分の一ほどにあたる。このように王権委任地が諸侯国に重なる事例は、トゥレーヌ公領、オーヴェルニュ公領、ブルゴーニュ公領など、親王国に関してより多くみられる。なかには、親王国の設定と相前後して、そこでの国王代行権が王子らに委任されている事例を指摘することができる(表4【3】②、【4】⑤⑥、【5】①)。ただしここで注意すべきは、王が国王代行官親任状とは別に発していた親王領設定文書において、パリ高等法院の管轄権をはじめとする「王冠に属する権利」を王のもとに留保し、国王役人の管轄と定めていたことである。(33) このため、王権委任地と諸侯国が重なったとしても、王権と諸侯権は理論的には区別されており、王はこの区別をふまえたうえで「王冠に属する権利」の代行を委任していたことには注意を要する。一方、王権委任地に諸侯の勢力範囲がふくまれない残り半分弱の事例は、諸侯国から遠く離れた場所での王権代行を意味している。このような委任地としては、パリ、シャンパーニュ、ラングドックなど、一四・一五世紀を通じて、一貫して王領にとどまった「国ぐに」が多くみられるのである。

以上のような王権委任地の分布をふまえて、我々は諸侯の国王代行権への参入と諸侯国の関係をどのように理解していけばいいのか。まずは、かれらが担った国王代行任務については、王権委任地と諸侯国の位置関係から、ふたつのタイプの王国奉仕を想定することができると思う。第一は、諸侯国およびその近隣の統治業務である。これは王国の下位区分として機能しつつあった諸侯国に関して、王のもとにとどめられていた権能をふくめ、強大な権能を諸侯に付与するものであった。第二は、王国の中枢地帯を中心に展開する統治業務である。この場合、諸侯はみずからの支配地を離れ、そこを不在にすることが想定されており、この意味で諸侯はみずからの家門よりも王国の利害を優先した行動を求められた。ただし表4からも明らかなように、諸侯国の近隣と遠方の地が同時に委任されることも多いため、二種の王国奉仕は現実には分かち難く、諸侯は領国内外を行き来する多大な責務を課されたといえよう。それでは、我々はこうして諸侯に期された王国奉仕のあり方を、当時の王国の統治体制のなかにどのように位置づけて考えればいいのだろうか。この問題の解明には、諸侯が国王代行官として実際に授与された権能を具体的に明らかにする必要がある。以下、ベリー公の親任を取り上げ、この問題を分析することとする。

（三）白ユリ諸侯の国王代行権——一三八〇年ベリー公ジャンの親任を例に

一三八〇年一一月一九日、国王シャルル六世は叔父のベリー公ジャンをロワール以南における国王代行官に親任した（表4【4】⑥）。この時のベリー公の親任例を分析対象としたのは、親任状の現存とともに時期的な理由からである。この年からはじまる国王シャルル六世の治世は、諸侯が王の政策決定にもっとも深く関与した時期と考えられている[34]。とくに、ベリー公の国王代行官就任をふくめ一三八〇年に確立した諸侯による王国統治の分掌体制は、一四一〇年代に本格化する内戦の序曲としても考察可能であり、パリでの諸侯抗争を取り上げる第三章への前提ともなる。まずは、当時の王政府そして国王宮廷での出来事を詳しく伝える『サン゠ドゥニ修道士年代記——「シャルル六世伝」』の記述にもあたりながら[35]、ベリー公の親任経緯を跡づけることとする。

（1）親任経緯

一三七四年、国王シャルル五世は死後の王国統治に関してムラン王令を発布し、王太子シャルル（のちの六世、当時五歳）が成年に達するまでの王国を、自身の弟たちで王太子の叔父にあたる四諸侯、すなわちアンジュー公ルイ一世、ベリー公ジャン、ブルゴーニュ公フィリップ、ブルボン公ルイ二世に託した[36]。その具体的な措置の詳細な分析は次章第一節に譲るが、本章に関連する措置のみを述べるならば、まず年長のアンジュー公が幼王シャルルを補佐しつつ王国統治を司り、その不在の場合はブルゴーニュ公が代行する。また、このブルゴーニュ公はブルボン公とともに、王子ルイ（王太子シャルルの弟、のちオルレアン公）の保護者である王妃ジャンヌ・ド・ブルボンを補佐することとされた。ここでは、ブルボン公が四諸侯のひとりであることから、父系・母系を問わず王太子の「叔父」であることが重視された。このため、アランソン公やブルターニュ公の名はあげられていない。また、この六年後にラングドックを中心に国王代行官に就任するベリー公は、王国および宮廷の統治に関しては副次的な役割しか与えられなかった。(37) このように選ばれた四諸侯に関して、「シャルル六世伝」の作者ミシェル・ポァントゥワンは、(38) その第一巻第一章「父王の死去からランス戴冠まで」において、次のように叙述している。(39)「フランス王家の者として、権威、思慮、雄弁においてすべての公に勝るかれらは、幼い王太子を適切に世話し、思慮深く王国の公的責務を導く責務を担う」。(40) 一三八〇年九月、シャルル五世が死去すると、かれらは同二四日にサン=ドゥニでの王の葬礼後、ただちに「王国の公的業務」に関する話し合いをはじめた。(41) 以後、アンジュー公とベリー公はパリ、ブルゴーニュ公はパリ近郊のムランの居城に滞在し、自身の領国を長期にわたり留守にすることとなった。(42) この話し合いの結果下された諸決定は、同年一一月四日のランスにおけるシャルル六世聖別ののち、王令ないし通常の開封王状のかたちで続々と宣言されており、ベリー公に授けられた国王代行官親任状も、新治世を準備するこの一連の国王証書群に位置づけることができる。

　こうしたベリー公の国王代行官就任を考えるうえで、過密スケジュールの諸侯間協議が重ねられた結果、ムラン王令にもとづく王国の分掌体制が修正されるにいたった点は重要である。すなわち、王令執行人であるランス大司教やパリ司教、ならびにサン=ドゥニ大修道院長らと協議を進めるなか、四諸侯は王国統治業務の分担をめぐり、徐々に対立していく。その発端は先代死去の三年前、一三七七年に王母ジャンヌの死去によって空いていた幼王の保護権に関して、アンジュー公が王国の執政権とともにこれを要求したことにあった。この提案に対して、ブルゴーニュ公とブルボン公がムラン王令での決定を根拠に猛反対していく。こうしたなか、一〇月二日のパリ全国三部会が諸侯間の和解仲介を試み、アンジュー公の王国執政権をさしあたりシャルルの聖別までとすることが定められた。しかし、王国政治の主導権をめぐる対立は容易に収まらず、争いは聖別式後の晩餐会にまで持ち込まれた。そこで、アンジュー公は王家の第二子で最年長者の立場から、一方ブルゴーニュ公は旧同輩領を保持するフランス筆頭同輩という立場から、玉座の隣の席次をめぐって争った。ポアントゥワンは、このような対立に関して、人々が「虚しい言い合いではなく、槍の恐ろしい尖によって決着すべし」とまで話していたことを記している。(43)

このように繰り広げられた諸侯の主導権争いに一応の区切りをつけたのが、一三八〇年一一月三〇日の取り決めである。その内容を記した文書は、そのオリジナル・テキストに「王国の統治と運営に関するアンジュー公、ベリー公、ブルゴーニュ公、ブルボン公の協定」という書き込みがあるように、新王の統治体制に関する「四諸侯協定」といえる。(44)この協定にもとづき、アンジュー公の権力は国王顧問会の主宰権と重大決定への同意権に制限される一方で、ブルゴーニュ公は改めて幼王シャルルと王弟ルイの保護者に指名されている。こうして王国統治業務のうちパリに集中する諸権利は、アンジュー公とブルゴーニュ公のもとに分配されることとなった。ベリー公への国王代行官親任状が本協定の約一〇日前の日付をもつことを考えるならば、我々はこの措置を王国統治業務の分担過程のなかに位置づけて考えていく必要があるだろう。これをふまえ、ベリー公の親任に関する「シャルル六世伝」の記述を引用すると、「アンジュー公とブルゴーニュ公が王と王国の監督を責務としたので、かれらの兄弟であるベリー公兼ポワトゥ伯はほかの公に勝る大量の富をもたらす権威を望み、アキテーヌ監督官〈custos Aquitanie〉への就任を王に要求し、これをアンジュー公の懇願と仲介により獲得した。〔中略〕その公〔アンジュー〕は王に、この国〔アキテーヌ〕が王国においてもっとも豊かで、その大地には有名なコンシュラ都市と二二のコミューンが林立すると教え、この地を王家の信頼できるメンバーに委ねるべきであると助言した」〔同伝記第二巻第三章「王の叔父ベリー公がアキテーヌ公領の監督官に親任される」より引用〕(45)。この叙述が明瞭に述べるように、アンジュー公とブルゴーニュ公が「王と王国」、ベリー公が「アキテーヌ」という権力分配に注目するならば、先に検討した国王代行官への諸侯の就任回数の違い、とくに一三八〇年代以降、ベリー公の就任回数に比べて、アンジュー公およびブルゴーニュ公の就任が少なかった事情をよく理解することができる。このようなパリと王国諸地域のあいだでの権力分配を背景に、ベリー公は王政府での主導権を断念する代償として、王国の地方統治における国王代行権を獲得したのである。それでは、この時のベリー公にはいかなる権能が付与されたのか。

(2) 親任状の分析

一三八〇年一一月一九日付の国王代行官親任状には、オリジナルのほかに少なくとも二通の写しが存在したと考えられる。ひとつはオリジナルをもとに作成された第一コピーであり、これは当時パリ会計院の台帳に登記された。もうひとつは、この第一コピーをもとにラテン語で作成された第二コピーである。この第二コピーの末尾には、それがパリ会計院において、オリジナルを写した第一コピーと照合された旨が記されている[46]。これら計三つの文書のうち、一七四一年刊行の『フランス王令集』(以下、『王令集』)第六巻に収録され現存するのは第二コピーであり、それはラテン語で記されている[47]。一方、本『王令集』は親任状の付録文書として先の四諸侯協定文書を親任状と同頁に収録している。これは、『王令集』の編纂時における両文書の保管状態に起因しており、親任状の第二コピーは当時パリ会計院関連文書群 *Mémorial D.* の第二〇九紙葉として、「四諸侯協定」は同二一二紙葉として伝存していた[48]。このような文書伝来の経緯は、ベリー公の国王代行官就任が王国統治業務の分配の一環として行われ、後世においてもそのように認識されていたことを明示している。これをふまえ、親任状本文の分析に入ることとする。

親任状本文は節や条項に区分されておらず、テキスト冒頭の縁に「すべてのオック語地域における、国王陛下のためのベリー公殿の国王代行権に関する文書」と書き込みがあるのみである[49]。そこでまずは『王令集』での段落分けにしたがって、テキストをふたつの部分に分けて考える。前半部分は王の挨拶につづき、「正義と軍事」(justicia et milicia)に関して記した前文がおかれている。当時、国王証書において消滅傾向にあったとされる前文が記された点は、親王領設定文書と同様に特筆すべきである。これに対して、後半部分は親任状の主部にあたり、ベリー公親任の経緯を記した叙述部ののち、これと混ざり合うかたちで、国王代行官としての権能や委任地を記した措置部が記されている。このような構成をふまえたうえで、以下では後半部分を焦点に、(A)親任経緯、(B)委任地、(C)委任事項の順で分析していく。

(A)親任経緯…「余〔国王シャルル六世〕は、若年そのほかの難事に妨げられ、オック語の国ぐににみずから赴くことはできない。そこで余は親愛なる忠実な叔父にして、ベリーとオーヴェルニュの公、ポワトゥの伯であるジャンの威厳、勇敢、剛勇、権力、雅量、誠実、忠誠そしてその優れた統治歴を信頼する。かれはかつて、これらの国ぐにを立派に統治してきた。また余は、親愛なる忠実な叔父であるアンジューとトゥレーヌの公ルイ、ブルゴーニュ公フィリップ、そして大顧問会の適切な助言にもとづく審議をふまえ、オック語の国ぐにの良き統治に全力を尽くすことを望む[50]」。

ここでは、ベリー公の国王代行官就任を促した諸侯対立の詳細は記されず、むしろその経緯が封建法上の助言手続に言い換えられている。ポアントゥワンの伝記とは異なり、親任状の国王証書としての性格が示されている。

(B)委任地…「いま述べた余の叔父を、ドルドーニュ河のこちら側〔パリ側〕ではなく、あちら側〔ピレネー側〕に拡がるアキテーヌ公領、トゥルーズ伯領とその付属地、オック語のすべての地、地方、国ぐに、およびベリー、オーヴェルニュ、ポワトゥの国ぐにを余に代わり、余の地位によって支配し統治すべく、選出、親任し、王の権威により派遣する[51]」。

ここでベリー公への王権委任地は、大きく四つのブロックに分けて記されている。第一のアキテーヌ(ギュイエンヌ）公領は、都市ボルドーを中心に拡がり、シャルル五世による西フランス再征服後もイングランド勢力が残存していた。第二のトゥルーズ伯領は、周知のように聖王ルイのカタリ派討伐以来、フランス王権と接触をもち、一二七一年以来王領となっていた。これら第一・二ブロック間にはアルマニャック伯領が位置する。当時の伯ジャン二世はベリー公妃ジャンヌの兄（弟？……生年不詳）であった。こうした経緯から、ベリー公ジャンは半年後の国王代行任務遂行の際、アルマニャック伯と何度も書簡をやり取りすることとなる。(52) 第三のオック語の地すなわちラングドックは、第二ブロックのトゥルーズ伯領をふくめ、それよりやや広範な地域を指していると思われる。第四のベリー、オーヴェルニュ、ポワトゥは、ベリー公が治めていた親王国である。ゆえに親任状は、ベリー公がみずからの諸侯国に関しても国王代行権を取得したことを示している。一方、これらの委任地は、ブルボン公国をのぞくロワール以南の大半に拡がるといえる。この地の多くがオック語圏であることから、本親任状についてはラテン語文書が作成され、これのみが伝来する点は重要である。この点は、四諸侯間での取り決めのためか、フランス語テキストのみが伝存する「四諸侯協定」とは対照的である。我々が分析する親任状ラテン語コピーは、日常語としてオック語を用いる国王役人や諸身分を意識して作成された証書コピーなのだろうか。

（C）委任事項…「かれに（以下に関する）十全なる権威と職務そして全面的な措置権を付与する(53)」。

これにつづく文言において、親任状はベリー公に対して、きわめて多岐にわたる権力を委任しており、あえて近代的な観念を用いていうならば、ベリー公の「権利」と「義務」が混在するそれらの諸権力の内容は、区切りのない一文のなかに列挙されている。以下では、それらが記された順番にしたがいつつも、その内容を一二の項目に区分するとともに、筆者なりの見出しをつけて、引用する。

① **国王役人の任免**「国王セネシャル、国王バイイ、大裁判官、弁護士、代訴人、収入役と収入総務、ヴィギィエ（王国北部のプレヴォに相当）、通常裁判官、裁判官補佐、城代、部隊長、副隊長、命令伝達人、執達吏、守備隊

と軍の従卒など、身分や地位にかかわらず、すべての国王役人を解任、免職、罷免すること。かれらをほかの職に異動すること。望ましいと思われる場合、新たな常任および臨時の役人、監察官を設置、任命すること。上記の役人や従者の俸給を増減し、新たな額を定めること(54)」。

② **国王文書の授与・確認・更新**「赦免状、司法令状、裁判延期令状、猶予令状、弁済猶予令状、特別保護特許状、安全通行状、そのほかすべての文書を余の敵などに授与、確認、更新し、決定すること(55)」。

③ **科刑**「権力、身分、地位にかかわらず、正義の求めるところにしたがってすべての臣民を矯正し、罰金刑および身体刑に処すこと。身体刑をほかの刑に変更すること。大逆罪をふくむすべての罪刑を減刑、放免、赦免し、王の権威にもとづき、すべての罪に慈悲を与えること。追放を解除すること(56)」。

④ **住民の身分確定**「非合法ないし害ある婚姻から生まれた長子ほか、私生児を準正すること。王の権威にもとづき公証人を選出、設置し、またこれを罷免、解雇すること。世俗の領地およびすべての財の負担を免除し、平民が封土などの貴族財を取得、保有するための特恵と承認と認可を与えること。負担消却され、貴族から平民に譲渡される財について〔手数料を徴収すること――『王令集』第六巻による補足〕。王の封土について、家臣の誓いを受け取ること。貴族身分を授与すること。上記の貴族身分授与と準正について手数料を徴収すること(57)」。

⑤ **特権と自由の授与**「いま述べた国王代行権下のすべてのコンシュラ都市、大学、地所および法人の特権、免属、自由を確認、承認すること。望ましいと思われる場合、余の権威にもとづいて、これらにそのほかの特権と免属を授与し、増大すること(58)」。

〈「さらに余は、いま述べた余の代行官に軍事に関する権能と権威を付与する。すなわち(59)」〉

⑥ **国王軍の召集**「諸侯、バロン、騎士、貴族、そのほかすべての家臣を召集し、軍役に駆り立て、王国とその住民の守護、保護、防衛のために派遣すること(60)」。

⑦　**代表制集会の召集**「高位聖職者、諸侯およびバロンと世俗貴族、住民、大学、各種団体、司教都市、余の優良都市、地元の名士、そのほかすべての人々の会合を催し、一斉ないしは個別に集め、かれらとともに集会を開き、一致し、助言を求めること」[61]。

⑧　**王税の賦課と分配**「かれにとって良く、ふさわしいと考えられる場合に限り、国ぐにの統治に関して、個々にないしはすべてに、租税および再租税あるいはそのほかいかなるものであれ援助金を、いま述べた余の国ぐにのすべての民に、民の財力に応じて通知、決定するとともに、かれらに租税を賦課、要求し、かれにとって時宜にかなうと思われる時に、国ぐにの現状維持とともに防衛のために分配すること」[62]。

⑨　**反王権勢力との和解**「王の敵に対して王への服従下に進んで降るよう促し、かれらをこの服従へと導くこと、かれらと和解すること。その和解金として、終身または一代限りで、国ぐにの国王家産に関する収入ないしは定期金を与え、授与し、このことに必要なことないしは時宜にかなったことをすべて行うこと。ただし、国王家産の割譲は許されない。いま述べた和解を履行し、これを更新するため、かれが行うべきと考えるところにしたがって、どのようなことであれ、かれらによって以前になされた事柄を赦免、減免、放免すること」[63]。

⑩　**教会の保護**「余の喜ばしき即位以来、すべての権利を通じて、国王保護権つまり聖職者任命権そのほかの権利に属し、現在空位あるいはこれから空位となる当地の聖職禄を、かれが望ましいと考える者に授与すること。大修道院の修道士とそのほかの教会関係者、宿泊施設・神の家・施療院の首長、修道士、貧者を、先に述べた余の喜ばしき即位以来の慣例の権利にしたがって配置、任命すること」[64]。

⑪　**国王の統治行為全般**「王みずからが関わり、余の全き国王顧問会とともに行ってきたすべての事柄を全般的になすこと」[65]。

⑫　**国王収入の移転**「かれ〔ベリー公〕の的確な判断と公の顧問会の助言によって行われ、公の印璽が押印された文

書によって確認される限り、余はこれまで述べてきた統治に関して、かれが行い、活動し、決定したことのすべてを承認する。今後、余は純真かつ自由な意思から、諸収入および王領と国王家産そのほかから生じ、王を通じて国王代行職に帰属する収益、そして負担消却、貴族身分授与、準正から生じる手数料を、固有な使用法を有する当文書により、余の叔父に授与し、かれのもとに移転する〔中略〕。さらに余は、余の代行官〔ベリー公〕に対して次のことを承認する。かれは余の王国であれそのほかであれ、どこにいようとも、これまで述べてきた国ぐにに関係する業務に関わる国王代行権を行使し、これを享受する。また、かれによってなされ、さらに命じられたことは、かれみずからがその国ぐににいる場合になされ、遂行されるものとして、有効である〔以下、王国諸機関への通知については略〕(66)」。

以上の委任事項の記述から、王の統治行為を構成する多様な権能がベリー公に委任されていることがわかる。このようなさまざまな委任事項に関して、以下では本節(一)で析出した王国奉仕のふたつのタイプにそくして、分析をくわえようと思う。すなわち、第一に国王代行権は諸侯国の形成にいかなる可能性を与えるものだったか、第二に諸侯は王国レヴェルの責務においてどのような権力をもったのか、である。

第一の問題に関して、委任事項のいくつかはいわゆる国王専決事項(cas royaux)に深く関わっている。すなわち、通常は王に留保される「王冠に属する権利」が、国王代行官としてのベリー公に委任されている。そもそも一四世紀後半の王は、ベリー公国に対して実にさまざまな権利を保持していた。第一章において親王国に対する王権側の留保事項を分析したように、それはよく知られるパリ高等法院の最終的な管轄権や貨幣の鋳造権にとどまらず、公国に点在する教会(とくに教会の俗権に関わる訴訟、聖職禄の授与)、都市(特権授与、定期市開設、国王保護下のギルド・団体への裁判)、そのほか(貴族叙任、ユダヤ人への裁判など)に及び、諸侯国をいわばモザイク状に切り取っていた(67)。とくに一三七〇年代以降、これらの多岐にわたる諸権利は、「主権」(souveraineté)

の名のもとに一括して把握されるようになり、王権と諸侯権の線引きがより明確に意識されるようになった。(68)このなかで、王は各諸侯国に隣接する都市に「管轄権と被免属者のバイイ」(Baili des Ressorts & Exemptions)と称する特別の国王役人(「国王専決事項担当バイイ」)を設置し、諸侯が国王大権を侵害しないように監視していくこととなる。(69)このような国王専決事項の問題をふまえるならば、親任状記載の諸権能のなかから、以下の三点を掘り下げて分析しなければならない。

第一は、国王役人の罷免と異動に関する権力である(項目①)。すなわち、本親任状のように国王代行官の委任地が諸侯国とその周辺をふくむケースでは、諸侯は国王専決事項担当バイイを罷免する権力を代行することとなる。実際、ベリー公はマコンとリヨンの国王代行官であった一三七七年(表4【4】④)、オーリヤックの国王専決事項担当バイイを罷免し、これを東隣するヴレの国王バイイに兼任させた。(70)その意義の大きさは、前述した多岐にわたる国王専決事項からも明らかであり、ベリー公はこれを管轄するポストに、みずからにとってより望ましい人物を補任する権能を有したということができる。

第二は、王に留保されてきた主に刑事面での裁判権の委任である(項目③)。これにより、ベリー公は国王専決事項の監視にとどまらず、国王管轄下の事件を王に代わって裁く権利を委任されるとともに、当時王が独占的に行おうとしていた赦免状の授与も代行することができた。親任状が明記する「大逆罪」(王に対する不敬、忠誠義務違反)にくわえ、「すべての罪」という表現から、ほかの国王専決事項もベリー公の裁きに服したと考えることができる。実際、かれは一三九〇年五月に、国王専決事項のひとつである貨幣偽造に関して、偽造人をポワティエの牢獄に送っている。(71)一方で、当時の王と諸侯の裁判管轄を考慮するならば、こうした国王裁判権の委任は国王バイイの裁判権と同時に、パリ高等法院の裁判権にも影響を与えていた。第四章にて詳しく述べるように、諸侯国の裁判機関はパリ高等法院に従属(直属)している。このため、その領民は正規の手続をふめば、みずからの訴訟を最終的にはパリ高等法院に持ち込むことができた。これに対して、親任状が明記する「司法令状」とは、高等法院そのほかの裁判権を王に回復し、王がこれをみずから行使するための令状である(項目②)[72]。このため、ベリー公はこのような司法令状を用いて、王に代わって高等法院の最高裁判権を代行し、公国からパリに提起される上訴をみずから裁く権利を得たといえよう。これらの点から、本来であれば国王裁判官の管轄とされる多くの事件が、ベリー公の裁定に服すというルートが生じたといえる。

第三は、教会保護権の委任である(項目⑩)。一四世紀以降の王権は、国王専決事項の柱として、諸侯国近郊の司教教会や国王設立教会に保護を与え、保護権の侵害に関する訴訟を国王専決事項担当バイイの管轄としていた。一三八〇年当時、王権はベリー公国に関しても、多くの(大)司教教会・(大)修道院を国王保護下においており、このことは公の支配権の浸透を妨げていた[73]。このような状況下、とくに空位聖職禄の授与権は、ベリー公がその支配領内に点在する王権の拠点に影響力を行使するうえで、大きな契機となったと考えられるのである[74]。

このようにベリー公は、公国をモザイク状に切り取る国王専決事項を、ほぼみずからの影響下においたといえる。この意味で、国王代行権域が諸侯国と重なる場合には、諸侯はその領国における支配権の拡充にむけて、大きなチャンスを得たと考えることができる。ただし、繰り返し述べるように国王代行官は親任官である。それゆえ、諸侯による王権行使は常に持続するものとは限らなかった。このため、国王代行権をテコとする諸侯国の強化には、少なからぬ制約があったことをここで再確認しておかねばならない。

それでは次に第二の問題、王国レヴェルにおける諸侯の責務の分析にうつることとする。一三八〇年当時の王国においては、故シャルル五世期に行われた王国全土への課税に対して、パリ、フランドル、ラングドックなどで蜂起が頻発していた。このため、四諸侯は親任状の発布直前、同年一一月一一～一四日にかけてパリに全国三部会を召集し、事態の鎮静化を迫られていた。この三部会では、パリ商人頭ジャン・ド・フルリと親方衆が協議中の会場に乱入し、王税に対して苦情を申し立てる事件まで起こっている[75]。このように王税に対する暴動が王国全土を揺るがすなかで、親任状はその鎮圧のためのさまざまな権力を記し、これをベリー公に授与している。こうした諸権力は鎮圧の手段とその事後処理という観点から、ふたつに分けて考察することができる。

第一に、「兵士とカネ」を集める権力である（項目⑥〜⑧）。近年の近代国家生成論が重視する「ヒトとモノ」の調達という要求のなかで、ベリー公は具体的にどのような権能を授与されたのか。ベリー公が召集できる軍は、厳密には国王封臣軍に相当する。周知のように、当時の国王軍は国王封臣にくわえ傭兵を主要メンバーとし、その指揮権はフランス大元帥に属した[76]。しかし、親任状は大元帥の指揮権に言及していないことから、ベリー公は大元帥とは別系統で国王封臣軍を召集する権利を与えられたと考えることができる。これにつづき、親任状はいわゆる地方三部会の召集権ならびに王税の賦課・分配権を定めている。ベリー公に委任されたラングドックにおいては、百年戦争の時代、「国」やセネショセのレヴェルで頻繁に代表者会議が召集されており、その主な議題は傭兵暴動を鎮めるための資金調達の問題であった[77]。これを背景に、ベリー公には祖国防衛のために租税を協議する権力が付与されている。このように、国王代行官がパリから離れた場所において王税を交渉する権力を有したことは、一四世紀後半の全国三部会がパリやアミアンなど、北フランスの一定の都市において召集されることが多かったことを考えるならば、その意義は大きい。このなかで、とくに都市代表は三部会の会期中、開催地と代表都市とを少なからぬ日数をかけて何度も往復し、双方の意見調整を図る必要があった[78]。こうした状況をふまえるならば、国王代行官の派遣には、王税を協議する場を王国各地に拡げることにより、軍資金調達の迅速化を進めていく意図があったと思われる。しかしながら、当時の反税ムードは王税のスムーズな調達を決して許さず、むしろ在地の諸身分は国王代行官を務める「白ユリ諸侯」に強い反感を抱くこととなる。こうした傾向は、次節で検証するようにシャルル五世期にアンジュー公が二回、ならびにシャルル六世期にベリー公が三回赴任したラングドックにおいて、典型的に現れることとなろう(表4【3】③⑤、【4】⑥〜⑧)[79]。

第二は、このような「兵士とカネ」を用いて、王の敵対者を鎮める権力である(項目⑨)。親任状における「王の敵」とは、直接には当時反税蜂起を起こしていたルピュイ、ニーム、モンペリエなどのラングドック諸都市を指したと思われる[80]。しかし、ベリー公に委任されたアキテーヌ公領およびベリー公国の情勢をふまえるならば、大西洋岸に拠点をおくイングランド軍や、中央山塊に跋扈していた解雇傭兵なども、王政府を悩ませた勢力であったといえる。ベリー公はこれら王権に対する反乱勢力を鎮めるうえで、大きくふたつの権利を有した。第一は敵対者と交渉し、独自に和平を締結する権利である。この目的のもと、王領収入の分配権がかれに委任されている。ただし、親任状は「国王家産の割譲」を厳格に禁じており、これは親任状における唯一の禁止事項である。第二は敵対者を赦免、あるいはその刑を減免する権能であり、これとの関連で、ベリー公には国王刑事裁判権の代行も認められている(項目③)。こうしてベリー公は王の代理人として、反王権勢力を鎮めるという任務を帯び、それにともなう広範な権力を付与されたといえよう。

このように、ベリー公は王国レヴェルの差し迫った問題に対処するため、国王代行官として強大な権力を帯びたことは明らかである。ただし、かれが召集する軍が国王封臣軍に限定されていた点、さらには王領の割譲が明確に禁止されている点を無視することはできない。そもそも、伝来する親任状コピーの上部には「全権を帯びる任務」という書き込みがある[81]。このため、おそらくパリ会計院の文書保管人と考えられる同時代人が、国王代行官への王権の包括的な委任を意識していたことは否定できない。従来の研究は、ペロワに典型的にみられるように、こうした「全権性」が諸侯による王国の掌握をもたらしたことを強調してきた[82]。これに対して、親任状は国王代行権と王権とが必ずしも一致しないことを明示しているのである。

以上における親任状の分析から、我々は国王代行官への諸侯の就任を王国国制のなかにどのように位置づければいいのか。分析対象とした一三八〇年ベリー公の親任例は、委任地の大きさや当時の王国情勢を考慮すると、非常に特殊な事例といえる。それゆえ、これまでの分析結果を諸侯による国王代行官任務全般に一般化することは許されない。しかし、この時のベリー公が、公国の近隣の地と遠方の地を同時に委任されていることに注目すると、先に明らかにしたふたつのタイプの王国奉仕に関して、その国制上の特質を展望することは許されるだろう。

国王代行権を通じて、諸侯は本来王に帰属する諸権利を付与された。このため、諸侯国あるいはその近隣を中心に展開する王国奉仕の場合には、諸侯国の発展が促されたことは否定できない。これに対して、主に諸侯国の遠方で展開する王国レヴェルの奉仕の場合には、諸侯はこれにともなう強大な権力を帯びる反面、少なからぬ負担を背負わねばならなかったと考えられる。兵や資金の調達さらに反王権勢力との戦闘は、自領から遠く離れた地への遠征を不可欠とし、これは諸侯国における君主不在を招くこととなるからである。それでは、なぜ王権は諸侯にこのような責務を求めたのであろうか。百年戦争の勃発およびその緒戦敗退とともに、国王行政業務が増大していたことを念頭に考えるならば、王権は各地において諸身分の王国奉仕を求めるなかで、王族を中核とする諸侯に対しては格別な奉仕を求めた。王はこうした諸侯の王国奉仕の見返りとして、時に国王代行官への親任を通じて、諸侯国周辺に対する諸権力をも委譲し、諸侯国の維持強化をバックアップしたのではないだろうか。表4の就任一覧を用いて検討したように、諸侯への委任地が諸侯国の近隣と遠方にほぼ二分された点は、こうした王権の立場を表していると考えることができる。諸侯国形成は、諸侯による王国奉仕と不可分の関係にあり、諸侯は時に遠方への遠征を強いられるような王国統治に参画していくなかで、他方ではこれを通じて領国形成を有利に進めるチャンスを得ていたのである。このように国王代行官への諸侯の就任は、王国統治の凝集化が諸侯国の発展を促すかたちで進行したことの仕組みの一端を示すものといえよう。

しかしながら、国王代行官への親任数は諸侯家門ごとに大きく異なり、個人別にみた場合でも王権代行への諸侯の関与の度合いは実に多様であった。このなかで、諸侯への王権委任地が諸侯国の内と外に振り分けられることで、さらには王国統治業務そのものが就任諸侯にパリと王国諸地域の行き来を求めることによって、当時の王国国制においては諸侯国のあまりの強大化に歯止めがかけられていたと考えられる。したがって、我々はこうした諸侯による国王代行任務の実態を検証するにあたり、諸侯国形成の問題にとどまらず、パリをはじめとする王国諸地域での動向にも目を配る必要があるだろう。

第二節　国王代行任務の実態

王国国制史の基本史料集『フランス王令集』の主に第三巻(一七三二年刊)〜第七巻(一七五〇年刊)には、諸侯の国王代行任務に言及した国王証書が数通収録されている。このような証書としては、国王代行官親任状のほか、国王代行官としての諸侯が王の名のもとに発給した証書や、これらに関する王の確認文書などが収録されている。その内容は都市役人の任命[83]、国王役人と教会の裁判管轄の争いをめぐる処置[84]、都市に対する特権授与と王税賦課[85]など多岐にわたり、王国レヴェルでの諸侯の活動内容を伝えている。しかし、前節での親任状分析が示すように、国王代行官の諸権能は非常に幅広い一方でそれらは曖昧にしか記されていない。それゆえ、右にあげた個々の任務を検討したとしても、諸侯の王国統治活動の多様性を確認するにとどまり、そうした諸侯のさまざまな活動が王国の統治体制のなかでいかなる位置を占めたのか、という問題には迫ることができない。むしろ本書の課題にとっては、王権委任地での任務と並行して行われたと考えられる諸侯国統治、そしてパリでの活動をも視野にいれるかたちで、諸侯の国王代行任務を検証する必要があるだろう。そうであるならば、検討対象とする地域ないしは諸侯を限定するのが妥当である。

そこで、本節では前節との連続性も考慮して、一三八〇年ベリー公ジャンの国王代行官親任前後におけるラングドック統治に焦点を絞って、諸侯による王国諸地域の統治が実際にどのように展開したのかの一端を検証することとする。このように限定した理由は、前述した関係史料の性格とともに、ベリー公ないし同公国に関する研究状況に由来する。我が国においてランブール兄弟作『いとも美しき時禱書』の註釈者として知られるベリー公ジャンに関しては、古くから諸侯国内外での統治活動について多くの研究が行われてきた。その出発点は、地方制度史家ルネ・ラクールの大著『ベリー公ジャンの親王領統治――一三六〇～一四一六年』(一九三四年刊)である。(86)公国を構成したベリー公領、オーヴェルニュ公領、ポワトゥ伯領の統治制度に関するこの研究は、伝統的な制度・行政史の手法にもとづくもので、グネによれば、その歴史像はマルク・ブロックやペロワにより「単調」で「人間味のない」叙述と批判されてきた。(87)しかし、ラクールはこの研究のなかで、国立・県立・市立文書館および国立図書館に伝存するベリー公関係の手書史料を渉猟し、その史料状況を整理して示すとともに、その一部を刊行した。(88)フランソワズ・ルウはこうしてラクールによって整理、提示された未刊行史料をもとに、全四巻計一六〇〇頁に及ぶ大著『ベリー公ジャン――その生涯と政治的活動(一三四〇～一四一六年)』(一九六六～六八年刊)を発表し、そのフランス王子としての生涯の足跡を時系列にそって叙述した。(89)ただし、これらの研究は諸侯および諸侯国の意義を再評価する動向以前のものである。これに対して、これらの基礎的な研究および近年の国家史研究の成果を背景に、『ベリー公ジャン――文芸と政治』(二〇〇〇年刊)を著したのがフランソワズ・オトランである。(90)ここでオトランは伝記に特徴的な時系列による叙述ではなく、序章でも取り上げたように近年注目される諸侯国や近代国家といったテーマごとの叙述スタイルをとり、ジャンの諸活動を通じて、百年戦争期フランスのパノラマの叙述を試みたのであった。

このような研究状況から、ベリー公ジャンが一三八〇年代に遂行した国王代行任務は、親任状の発給からその後の活動状況までをたどれる希少な事例のひとつといえる。ここでは、これらの伝記研究ならびに若干の補足的な史料の分析を通じて、ジャンの国王代行官就任前後のラングドックにおける国王統治を検討することとする。ただし、この時の国王代行任務は、その委任地の広さや王の幼齢という特別な状況から、数ある諸侯の親任例のなかでも、非常に特殊な事例である。したがって、本節は諸侯の国王代行任務に関する一素描とならざるをえない。

（一）ラングドックにおける国王代行制の展開

ベリー公ジャンに委任されたロワール以南の王国、とくにラングドックとよばれる地域が、王権の権力基盤であるパリからみて遠方に位置し、オック語(langue d'oc)とよばれる言語をもったことはよく知られている。ピレネー山麓からローヌ河に拡がるこの地の一大勢力であったトゥルーズ伯領は、かつて聖王ルイの異端カタリ派討伐の舞台となった地であり、ベリー公の国王代行任務から約一〇〇年さかのぼる一二七一年に王領化され、これによってフランス王権は地中海沿岸に達した。以来、異端の再発を恐れた王権は「トゥルーズ」という地名を避け、伯領の故地を「オック語の国ぐに」(pays de langue d'oc)とよんでいた。[91] 西方にイングランド領ギュイエンヌ、東方にはアヴィニョン教皇庁が位置したラングドックにおいて、一三八〇年前後、国王代行制はどのように機能していたのか。

(1)　二大伯家の国王代行期(一三四〇～五〇年代)

一三世紀中葉以来のオック語圏においては、イングランドとフランスさらにアラゴンとカスティーリャの王家が領地拡大を進めるなか、在地におけるふたつの有力伯家が各国王との同盟・離反を繰り返し、巧みにその支配域を拡げていた。第一はアルマニャック伯家で、主にガロンヌ河流域のアルマニャック伯領やロデス伯領を拠点にフランス王家と結びつきを強めていた。(92) 第二はフォワ伯家で、ピレネー山麓西側のベアルン副伯領と東側のフォワ伯領を本領とし、一四世紀にはイングランド王権との関係強化を図りつつあった。(93) この「南仏二大伯家」ともよびうる両伯家の王権に対する影響力は、白ユリ諸侯に準ずるものがあり、両伯が繰り広げたラングドックの覇権抗争は、前述のアヴィニョン教皇庁の存在とならんで、当地への王権介入を促す重要な契機となった。(94)

そもそも、このようなアルマニャックとフォワの対立の一因として、国王代行権そのものをめぐる問題があり、その問題は覇権抗争を有利に進めようとする両伯家、ならびにイングランド大陸領を警戒する王政府の思惑が絡んで、複雑な様相を呈した。国王役人総覧 *Gallia regia* によると、両伯家が国王代行官の就任リストにはじめて登場したのは国王フィリップ六世期、百年戦争が勃発する前後の時期である。一三三八年、アルマニャック伯ジャン一世(位一三一一～七三年)とフォワ伯ガストン二世(位一三一五～四三年)は、同時に「ラングドックのすべての国ぐにおける国王代行官」に就任している。(95) さらに一三四六年、クレシーの戦いにつづく英仏最初の激突期に、両伯は再びラングドック国王代行官を名乗り、イングランド軍が押し寄せるガロンヌ河流域の防衛を委ねられた。(96) ただしこの時、フォワ伯はガストン三世(フェビュス)(位一三四三～九一年)に代替わりしていた。こうした国王代行官への就任を通じて、両伯が担った主な任務は傭兵への対処であったと考えられる。戦争勃発以来、ラングドックにおいては他地域と同様に、戦闘期間におけるイングランド兵士の騎行そして略奪とともに、休戦期間においては解雇傭兵の暴動にさらされ、とくに一三五五年エドワード黒太子下の軍隊が地中海に到達すると、暴動は激しさを増した(97)。そこで、フィリップ六世およびジャン二世王権は当地において勢力を伸ばしつつあった二大伯家の軍事力に期待を寄せ、国王代行官への親任を通じて、かれらへの依存を深めつつあったのである。

しかし、こうした最中の一三五〇年代末ころから、両伯はフランス王国統治への関与をめぐって徐々に対立しはじめた。その原因は、アルマニャック伯ジャン一世による国王代行権の分割という出来事にあった。かれはトゥルーズ、ニーム、カルカソンヌという三つの国王セネショセにおける国王代行権を、国王ジャン二世の三男ポワトゥ伯、のちのベリー公ジャンに再委任するという行動に出た(98)。この行動の明確な理由やその根拠は定かでないものの、アルマニャック伯とベリー公の関係に目をむけてみると、両者の婚姻同盟が背景にあったと思われる。国王軍の総指揮官であるフランス大元帥を務めたこともあるアルマニャック伯ジャン一世は、ヴァロワ王家とも深いつながりをもち、ベリー公ジャンの代父でもあった。さらに一三六〇年には、アルマニャック伯の娘ジャンヌがベリー公と結婚し、当伯家は王国政治への発言力をより一層強めることとなるのである(99)。一三五〇年代におけるポワティエ敗戦前後、当時五〇歳をこえていたアルマニャック伯ジャンが遠征そのほかの軍事奉仕によって疲弊し、その国王代行任務の一端をベリー公に委ねようとしたことは想像に難くない。これに対して、フォワ伯ガストン三世はアルマニャック伯の行動をみずからの国王代行権に対する侵害とみなし、パリの王政府に苦情を申し立てた。しかしこの時、ジャン二世王はイングランド軍の捕虜となっていたため、王政府は王太子シャルル(ベリー公の兄、のち国王シャルル五世)の指揮下にあり、シャルルは一三六〇年七月、フォワ伯の苦情を受け入れる旨の回答書を発するとともに、王族をも巻き込んだ二大伯家の抗争を終結させるため、アヴィニョン教皇庁に調停を要請した(100)。この結果、一三六〇年夏にはベリー公が平和を宣誓し、ラングドックを去ることとなった。

しかしながら、この三セネショセ問題が終結したのちも、アルマニャック伯とフォワ伯は主に領地問題で衝突を繰り返し、ついにフォワ伯の宣戦布告をへて本格的な武力対決に突入する。(101)この第一次南仏戦争に勝利し、以後その軍事的名声をラングドック内外に広めることとなったのは、フォワ伯ガストン三世である。ガストンは一三六二年一二月五日、トゥルーズ南西のロナックにおいて勝利を収めると、アルマニャック伯ジャンとかれに仕えた多くの貴族を捕虜とした。この結果、一三六四年四月一四日、フォワ伯領内のサン＝ヴュリュジィアン大修道院において和約が結ばれ、フォワ伯は多くの領地とともに三〇万フローリンという身代金をアルマニャック伯から獲得した。(102)こうしてラングドックでの覇権をめぐる二大伯家の武力抗争は、フォワ伯の圧倒的優勢のなかで一時休戦を迎えるとともに、両伯は国王代行官を罷免されるにいたる。このように緊迫した状況にあった一三六〇年代のラングドックにおいて、新たに国王代行官の重責を担ったのは白ユリ諸侯のひとりアンジュー公ルイであった。

(2)　アンジュー公ルイの国王代行期(一三六〇〜七〇年代)

先代ジャン二世の次男で、シャルル五世王にとっては、そのすぐ下の弟であるアンジュー公ルイ(トゥレーヌ公、メーヌ伯を兼ねる)(位一三五六〜八四年)は、一三六〇・七〇年代において白ユリ諸侯の筆頭格ともいえる人物であった。(103)ルイがはじめて「ラングドック国王代行官」に就任したのは、一三六四年七月ころとされる(表4【3】③)。(104)さらに *Gallia regia* によると、ルイは六年後の一三七〇年、ローヌ河をはさみラングドックの対岸に位置する「ドーフィネ…国王代行官」、一三七七年一一月には「ラングドックの国ぐにとギュイエンヌ公領」の国王代行官を名乗っている(表4【3】④⑤)。(105)以上、三回にわたる国王代行任務のうち、最後の一三七七年以降の任務は一三八〇年五月まで確認されており、これはベリー公就任の半年前にあたる。(106)これをふまえるならば、ラングドックの国王代行権はアルマニャックとフォワの戦争勃発を境に、在地の有力家門から白ユリ諸侯のもとにうつされたといえる。一方、ルイがはじめてラングドックを委任された一三六四年、国王に即位したばかりのシャルル五世は、ルイのほかに前述のフォワ伯ガストン三世を国王代行官の候補者にあげていたことが確認されている。(107) しかし、フォワ伯の就任は実現しなかった。ここでは、ラングドックにおける旧来からの権力バランスが考慮され、二大伯家による家門抗争の再燃が危惧されたためと考えられる。こうした人選をへて、アンジュー公ルイが任地であるラングドックに入ったのは翌六五年一月のことであった。(108) ここで、ルイの国王代行官への就任から任地入りまで、約半年の月日が経過していることに注目しておきたい。このように就任後ただちに国王代行任務に着手していない点は、一三八〇年ベリー公のラングドック任官時についても指摘することができ、諸侯の国王代行任務を考えるうえで重要な論点となるだろう。そのうえで前述した一三四〇～五〇年代の動向をふまえるならば、この時におけるルイの国王代行任務の内容を大きく次のふたつに分けて考察することができる。第一はアルマニャック対フォワの家門抗争の仲介、第二は暴動を繰り返す傭兵への対処である。これらの問題に対するルイの対処とその帰結は、ベリー公の国王代行任務にどのような影響を及ぼしていくのだろうか。

【二大伯家の和解仲介】 アンジュー公の国王代行期において、アルマニャック伯、フォワ伯、フランス王権の三者の関係は複雑に推移しており、このことがルイの任務を方向づけていた。まず、王国奉仕や婚姻を通じて王家と強固な関係を築いていたアルマニャック伯ジャン一世は、国王代行権の分割問題以来、一時的ではあるが、ヴァロワ王権との距離をおいて行動していたと思われる。そのことは、第一次南仏戦争におけるアルマニャックの敗北以後明瞭にみられ、この戦いで捕虜となった伯ジャン一世はフォワ伯への身代金支払にあたり、フランス王ではなく、伯のもうひとりの主君エドワード黒太子に金銭援助を求めた。(109) 一三六〇年におけるブレティィニ＝カレーの和約以来、英仏は休戦中であったものの、早くも一三六〇年代後半には、エドワード黒太子がギュイエンヌ公領での課税問題をめぐって国王シャルル五世と対立しはじめており、黒太子に金銭援助を要請した伯の行為はフランス王政府との関係悪化につながるものだった。[110] それゆえ、国王シャルルは弟であると同時に国王代官であるアンジュー公ルイに、フォワ伯を支持するかたちでの家門抗争の和解仲介を命じ、ルイはこれにしたがって両伯の争いに介入することとなった。しかし、こうしたルイのフォワ寄りの行動は地元の有力勢力とりわけアルマニャック陣営からの反発を招いた。一三七二年の日付で伝来する国王シャルル五世宛ての陳情書によると、ラングドックの「数名の名士たち」は、「アンジュー公がフォワ伯と同盟を結び、アルマニャック伯に損害を与えている」と苦情を申し立てている。[111]

一方、フォワ伯ガストン三世とフランス王権との関係に関しても、とくに伯の国王代行官罷免とそのアンジュー公への親任以来、古くからの対立の火種が再燃するかたちで悪化しつつあった。フォワ伯家は一三世紀末以来、その領地のひとつベアルン副伯領を自有地(alleu)として所有することを望み、フランス王への誠実宣誓を長く拒みつづけてきた。フォワ伯のオマージュないし誠実宣誓は一二九〇年以来行われておらず、とくにガストン三世は一三四六年のクレシーの戦いにおいて、フランス国王軍への勤務を拒否している。[112] 翌年九月二五日、ガストンは国王フィリップ六世が派遣した使節と自領のオルテ城にて会し、ベアルンに対するいかなる上級所有権も認めないと宣言した。[113] こうしたフォワ伯の行動にもかかわらず、一三三八年以来、王がフォワ伯を国王代行官に親任ないしその候補者にあげた背景には、イングランド大陸領に目配りしつつ、ラングドックにおいて勢力を伸ばしつつあった伯家を、フランス陣営にとどめようとする意図があったと考えられる。しかしながら、一三四九年、ガストン三世が王家の宿敵ナヴァール王家との婚姻を成立させたことにより、フォワ伯とヴァロワ王権との対立はより一層深まることとなった。[114] この時、ガストンの妃となったアニェ・ド・ナヴァールの母ジャンヌは、カペー朝国王ルイ一〇世の長女であった。一三二八年カペー王家断絶の際、ジャンヌは女性であることを理由に王位継承者と認められず、以来ナヴァール王家とヴァロワ王家が敵対してきたことはよく知られている。[115] こうした反ヴァロワという共通の利害から、ガストンはこの時期、ナヴァール王に働きかけエドワード黒太子への接近を試みている。国王ジャン二世はこのようなガストンの行為に疑念を抱き、一三五六年かれをパリに召喚した。これら一連の出来事は、フォワ伯と王家のあいだにあった相互の不信感の現れといえる。

こうした状況下、一三六〇年に英仏間で結ばれたブレティニィ＝カレー和約は、王権とフォワ伯の関係にも大きな影響を及ぼすこととなった。[116] この和約によって、王国南西部一帯がイングランド王に割譲されたことはよく知られており、これによりフランス王はフォワ伯家の支配地に対する封主権を喪失した。この結果、誠実宣誓の問題をふくむフォワ伯の服従問題は、ギュイエンヌ公として大陸領を治めるエドワード黒太子の管掌事項となった。こうして黒太子が伯に繰り返し誠実宣誓を要求したのち、フォワ伯のフランス陣営からの離反が決定的となったのは一三六四年一月一二日である。アンジュー公ルイが国王代行官に就任する半年前のこの日、伯ガストンはガロンヌ河沿いの都市アジャン近郊の托鉢修道院において、正式にイングランド王の家臣となった。伯はまずイングランド王エドワード三世、次にエドワード黒太子に誠実宣誓を行い、フランス王への諸義務から解放された（ただしこの時、ベアルン副伯領の自有地問題は解決されずに残る）。これをうけて、シャルル五世はアルマニャック伯との抗争におけるフォワ伯支持を撤回せざるをえなくなった。このなかでルイの国王代行任務はいずれかの伯家を支持するというかたちではなく、イングランドと結びつきを強める両伯家を最低限、フランス陣営に引きとめるという戦略へと変わっていったのであった。[117]

このように王権のラングドック政策が揺れていた一三七〇年代、アルマニャック伯ジャン二世（在一三七三〜八四年）とフォワ伯ガストン三世は再び戦火を交えることとなった。この第二次南仏戦争はそれぞれの領地のあいだに位置するコマンジュ伯領の相続をめぐり、一三七五年一〇月に勃発した。戦乱はラングドックのみならずピレネー山脈を越えて、両伯の配下にあったイベリア系の貴族層をも巻き込み、翌年夏まで膠着状態がつづいた。[118] このような状況のもと、アンジュー公ルイは国王代行官として再び両伯の争いへの介入を試みた。一三七六年一〇月一五日ころより、ルイは停戦と和解を両伯に要請し、同年一一月、ピレネー山麓の都市タルブにおいて両者の直接会談を行うことに成功する。こうして南仏二大伯家は翌七七年二月三日、ルイの臨席のもと正式に休戦協定を結ぶ運びとなった。[119] また、そこでの合意内容は二年後の一三七九年五月、フォワ伯の居城があるオルテでの協定により確認され、和平の証としてフォワ伯の長子ガストンとアルマニャック伯の娘ベアトリスとの婚姻が約束されたのである。[120]

こうしてアルマニャック伯による国王代行権の分割問題以来、約一五年にわたり対立してきた二大伯家は、和解の時を迎えつつあった。この過程において、国王代行官が果たした役割を否定することはできない。アンジュー公ルイは両伯家の和平を仲介し、若干の領地紛争を残しつつも、[121] 家門抗争の鎮静化とそれにもとづくラングドックの平和を再建しつつあったと評価することができる。一方、この抗争の過程でフォワ伯ガストン三世が軍事・経済的に強大となった点は、以後のラングドック情勢そしてベリー公の国王代行任務との関連で重要である。ガストンはアルマニャック伯を捕虜とした第一次南仏戦争以来、その軍事的名声をラングドック内外に広めるとともに、莫大な身代金によって可能となった豪奢な宮廷生活は、のちにフロワサールの年代記にも叙述されることとなる。[122] また、ガストンは新領地の獲得を通じて、ピレネー山麓北側にまとまった支配圏を形成し、これを通じて大西洋と地中海を陸つづきに結ぶことに成功した。かれはこの陸上交通路をピレネーの羊飼いに開放し、いまや新たな収入源を築こうとしていたのである。[123]

【傭兵対策と課税】 英仏が休戦期に入った一三六〇年以降、イングランドおよびシャンパーニュの解雇傭兵団がラングドック各地を襲ったのにくわえ、七〇年代後半アルマニャックとフォワの抗争がアンジュー公の仲介によって終息するにともない、イベリア出身の傭兵が大量に解雇され、ピレネー山麓において略奪を繰り返した。(124)コンシュラというラングドック固有の集団統治体制下にあった在地諸都市は、以来、南北双方から傭兵の脅威にさらされた。こうしたなか、アンジュー公ルイは国王代行官として、コンシュラ諸都市および各国王セネショセから傭兵追放のための資金を調達するため、多額の王税を要求していくのであった。

ここで、国王代行官親任状に記された諸権力を振り返っておこう。前節で検討した一三八〇年一一月一九日付の親任状はベリー公ジャンに発せられたもの(125)、ジャンはこれまで述べてきたようにアンジュー公ルイの後任である。それゆえ、この親任状を通じてルイが帯びた諸権力も垣間見ることができると思う。親任状によると、国王代行官は委任地の諸身分と協議のうえ、租税を賦課・分配する権力を有した(前節の親任状試訳(C)⑦・⑧)(126)。ラングドックの諸身分に対するルイの課税も、こうした王税賦課権を根拠として行われたと考えることができ、かれは任地入り以来、在来の慣習に反するような課税をいく度となく試みている(127)。その最初の標的となったのは、成文法地帯ラングドックに数多く存在した公証人であった。ルイは赴任直後の一三六五年一月、公証人一名につき銀一マルクという課税の実施を決定した。しかし、この決定は公証人たちの猛烈な反発を引き起こしたばかりか、かれらはこの決定の撤回を求める嘆願をアヴィニョン教皇庁に申し立て、それは教皇ウルバヌス五世の介入をもたらすこととなった。教皇はただちに国王シャルル五世にラングドックからの苦情を伝え、国王代行官による法外な課税を停止するよう要求した。こうした教皇庁の介入もあってか、ルイは公証人課税を断念することとなり、戸別賦課税(fouage)という慣習的な賦課方式のもと、改めて各世帯につき銀三グロという金額を要求した(128)。しかしながら、これに関しても、その税額はラングドック地方三部会の同意にもとづいたものではなかった。このように王税をめぐる国王代行官と在地住民の対立が深まるなかで、各都市は傭兵の暴動からみずからを守るため、城壁の修復や民兵の創設といった独自の対策を講じていた。たとえば、地中海沿岸の都市モンペリエは、一三六七年秋ころから、ワイン製造職人とそのブドウ畑を守るため、傭兵団と独自に契約を結んでいる。[129]このような都市自衛の試みは、ルイの国王代行任務に対する不信の現れといえ、とくにその過酷な課税に対する反発は日増しに強まっていったと考えられる。

こうしたなか、一三七四～七五年にかけて地中海沿岸一帯は飢饉に見舞われ、諸都市はそのストレスを反税蜂起というかたちで爆発させることとなった。飢饉の原因は、ラングドックの経済構造とりわけその食料生産のあり方に関係していた。[130]周知のように、地中海沿岸地域はローマ帝政期以来多くの城砦都市や司教都市を擁し、地域全体に占める都市の密度は王国北西部と比べても若干高い。そこは夏に乾燥するため、小麦を中心とした大規模な食料生産に適さず、畑作は都市参事会員がもつ城壁外の農園で小規模に行われるにすぎなかった。ラングドック民の生業は、主にワイン製造用のブドウをはじめとする果物類の生産や、ピレネー山麓では羊の放牧であり、農業と牧畜の兼業もみられた。このため、ラングドック諸都市は食料とくに小麦の供給を王国北西部からの購入に依存しており、都市財政が苦しくなると慢性的な食料不足に陥った。アンジュー公ルイが国王代行官を務めた一三七〇年代、モンペリエ、ルピュイ、ニームなどでは、防衛費が財政を圧迫したことから、都市当局は小麦の購入量をおさえざるをえず、そのひとつの帰結として飢饉が発生したのである。[131]そして、このような飢饉の発生はルイの国王代行任務の遂行にも重大な事態をもたらすこととなった。それは諸都市の王税未払いという事態である。慢性的な食料不足のもと、諸都市は防衛費のほかにも食物購入のための負債を抱えざるをえず、この結果ルイへの納税は滞り、傭兵除去にむけたルイの資金調達の試みは行き詰まることとなった。ここまでの経緯を考えただけでも、当時のラングドック諸都市が抱えた深刻な状況は明らかである。しかしながら一方で、傭兵を追放しようとする王権側の要求が止むことはなく、そのことが都市の困窮にさらなる拍車をかけていった。すなわち、ルイは諸身分の同意を得ないまま課税の告示を毎年繰り返すとともに、課税額の引き上げを行ったのである。[132]

こうしたルイによる王税引き上げを伝える記録として、都市ベジィエの下級役人が残した一覚書を取り上げることとする。ベジィエはラングドックのほぼ中央に位置する人口一万強の都市で、地中海諸都市のなかでは中規模クラスに属していた。[133] 一三七九年、当都市におけるコンシュラ政府の執達吏ヤークム・マスカッロなる人物は、アンジュー公が賦課した戸別賦課税額の変遷を『覚書』(*Liber de Memorias*)に書き残している。[134] これによるとルイの国王代行官就任当初において、一世帯あたりの課税額は二～五フランのあいだで一定していたのに対し、一三七四年の飢饉発生以降は、七七年六フラン、七八年以降は一二フランと大幅に引き上げられていく。[135] この覚書が一体どのような意図から残されたのかは定かではないものの、このような記録の存在により、ルイが飢饉の発生にもかかわらず、租税収入の増大を図っていたことの一端をうかがい知ることができる。一方、記録の最後に記された一三七九年の課税に関しては、同年夏、ラングドック諸都市の代表者らが国王シャルル五世に嘆願書を提出し、ルイの課税について苦情を申し立て、王の直接介入を求めている。代表者らはルイが三部会の同意を得ずに課税したこと、ならびに旧来の慣習に反して一二フランという税額を告示したことを非難し、課税の撤回を訴えた。[136]『覚書』が書かれたのは、この苦情申し立てがなされたころである。こうした経緯を考慮すると、執達吏マスカッロはルイの法外な課税を王に訴える際、その圧政と搾取の証拠を明示するため、『覚書』を作成したと推測することができ、ここには王税に対する諸都市民の反感の大きさが示されているのである。

こうして一三七八年の復活祭以降、地中海沿岸の諸都市に反税蜂起の嵐が荒れ狂った。以下、大規模な蜂起が起こった二都市の事例を述べることとする。[137] まず同年五月、都市ニームにおいて復活祭の饗宴のなかから、反税蜂起が勃発した。都市のブルジョワ代表は、アンジュー公ルイが税額協議のために発した集会召集の命令を退け、はっきりと納税拒否の意思を突きつけた。ルイはこの行為を国王役人への不服従とみなし、国王代行官の権能を根拠に大逆罪を宣告するにいたった。[138] 一方、翌七九年、都市モンペリエの蜂起は大量の死者を出す惨事となった。事件はルイの不在中に勃発する。かれの官房長を団長とする委任官らが、不在のルイに代わりモンペリエのコンシュラ政府と税の交渉を進めるなか、都市側は課税反対の態度を貫き、交渉は平行線をたどった。こうした状況にあった同年一〇月二五日、ルイから委任官らに一通の委任状が届き、前述した一世帯一二フランの課税が告示された。モンペリエの都市民がこの委任状に憤慨し、蜂起を開始したのは、それから間もなくのことであった。このなかで、アンジュー公の官房長をのぞくすべての委任官が殺害されたのみならず、課税交渉に臨席した多くの国王役人が死傷し、死者は約八〇名にのぼった。事態を知ったルイは激怒したものの、都市民の数年来の不満を伝え聞いていたアヴィニョン教皇庁がただちに両者のあいだに介入した。こうした教皇の介入もあってか、ルイは蜂起首謀者の処罰を一三万フランの罰金刑にとどめ、事態は収拾されたのであった。

これら二都市の蜂起は、当時のラングドック都市で多発した反税蜂起の一部にすぎず、王税そしてアンジュー公ルイの王権代行に対する反感は地域一帯に広まっていたと思われる。[139] 国王シャルル五世がモンペリエ蜂起の直後にルイの国王代行任務を解いたのも、こうした反感の高まりと無関係ではないだろう。[140] 王はルイの解任と前後する一三八〇年四月二五日に王令を発し、ルイが告示したすべての王税を撤廃するとともに、租税は戦争のためにのみ徴収され、和平締結とともに停止されることを確認した。[141] こうした経緯ののち、国王シャルルはルイの後任としてブルターニュ出身の軍人ベルトラン・ゲクランやフォワ伯ガストン三世を検討し、ラングドック統治を再び王族以外の者に託そうとした。[142] しかしながら、同年六月におけるゲクランの死や前節(三)で明らかにした経緯のもと、白ユリ諸侯の指導体制が確立され、王国統治をめぐる権力分配のなかで、新王シャルル六世の叔父ベリー公ジャンが当地の国王代行官に親任された。こうしてラングドックは、引きつづき白ユリ諸侯の統治下に委ねられたのである。

ベリー公ジャンは一三五六年から一四〇一年にかけて、白ユリ諸侯のなかで最多の計一〇回、国王代行官に親任されている。この間ジャンに託された委任地の特徴を述べるならば、幼王シャルル六世が即位した一三八〇年を境に、ベリー公国をふくめたロワール河流域から、地中海と大西洋の沿岸部を中心とする王国南部一帯へという傾向を指摘することができる（表4【4】）。それゆえ、ジャンの王国統治活動の重心は諸侯国の近隣から遠方へとうつされたということができ、この重心移動の開始を告げたのが一三八〇年の国王代行任務である。この時、パリから遠方のラングドックという王国の地方統治の重要な一角を担ったジャンの在職期間は、一三八〇年一一月一九日から一三八八年の万聖節（一一月一日）までであった。この八八年万聖節は、二〇歳に達したシャルル六世が親政を開始した日付である。ジャンの国王代行任務が白ユリ諸侯の指導体制の一環として行われたことをふまえるならば、王の親政開始にともなうジャンの解任は当初の計画にそったものといえよう(143)。

（二）ベリー公ジャンの国王代行任務

このようなジャンの国王代行任務を王国国制のなかでの諸侯権の役割という観点から検証する場合、かれが白ユリ諸侯として、王国ならびに諸侯国の双方において多様な統治活動を遂行したことを考慮するならば、次の問題が重要となろう。そもそもジャンは実際にどれほど任地に赴いたのか。またラングドックやギュイエンヌの在地諸身分は、ジャンの赴任と任務遂行にいかなる反応を示したのか。これらの問いは、イングランド王の反逆が王国内に争乱を引き起こすなか、親王諸侯に立脚しつつ形成された王国の統治体制がその運用においていかなる問題を抱え、王国諸地域においてどのように受け入れられたのかを示すものと思われる。それゆえ、ここではこのふたつの観点を重視して、ジャンの国王代行官としての活動を考察することとする。まずはそのラングドックでの滞在期間という問題に注目する。

(1) 国王代行任務、パリ勤務、諸侯国統治

まずはルウの伝記研究に依拠しつつ、国王代行官在職中のジャンの足跡を確認しておく。ルウは王令などの国王証書へのジャンの署名や年代記などの叙述史料から、ジャンの滞在地の変遷をその生涯にわたり跡づけ、これを著作最終巻の末尾に九〇頁に及ぶ「巡行表」(itinéraire)にまとめている。[144] これを検討すると、国王代行官在職中のジャンの巡行路には、大きく三つの拠点があったと考えることができる。第一はパリ近郊である。パリ、ムラン、ヴァンセンヌなどの地は、周知のように王権の中枢地帯であり、王国レヴェルの集会とくに国王顧問会の伝統的な開催地であった。ジャンは、国王代行官を名乗った八年間のうち計四年強をこの地で過ごしており、平均して一年の半分はパリ近辺に滞在した。[145] 諸侯国やパリ遠方での活動に比べ、パリでの活動が記録に残りやすいこと、およびジャン就任時の王政府を取り巻いた特殊な状況を考えたとしても、諸侯国君主であるジャンがこれほど長きにわたりパリに滞在したことは注目に値する。このようなパリの吸引力から、その近代的な「首都」としての性格を直接導くことはできないものの、こうしたパリと諸侯権が有した結びつき方の意義については、以下においても考えていかねばならない。[146] 一方、ジャンの第二の活動拠点は、ブールジュを主邑として拡がったベリー公国(ベリー公領、オーヴェルニュ公領、ポワトゥ伯領など)である。当時のジャンは、公国において諸侯国君主としての権力にくわえ、王権を代行する権利ももっていた。しかし、国王代行官であった八年間、ジャンが公国に滞在したのは計一年半ほどにすぎない。[147] 第三は、トゥルーズ、カルカソンヌそしてアヴィニョンなど王国南部の諸都市である。[148] パリから遠く、ベリー公国からも離れたこの地に、ジャンは国王代行官として約二年間ほど滞在することとなる。これらの三つの拠点のなかで、国王代行官の任地に指定されていたのは第二・第三の地

域群であり、さらにこのうち主に王国レヴェルの統治業務が展開したと考えられるのは、第三のラングドックを中心とした王国南部である。ジャンがこの地を拠点に活動した時期は、国王代行官への就任から半年をへた一三八一年六月以降の一年余の期間、および在職中期の一三八五年六月からの一年間であった。[149]このようにジャンの国王代行任務は常に一定のペースで行われたわけではなく、かれが実質的に国王代行官として活動した期間は長くみても二年半ほどであったと考えられる。さらに、先述した一三八五年のラングドック行はアヴィニョン滞在が中心であり、それはフランス王国統治をふくみつつ、そこに収まりきらない教会外交上の任務が中心であったと思われる。以上のような滞在地の変遷をふまえるならば、ジャンが国王代行官としてもっとも精力的に活動した期間は、就任後はじめてラングドックを訪れたのちの約一年半のあいだであったということができる。以下、この期間に焦点を絞りジャンの活動を検証したい。

表5「ベリー公ジャンの滞在地変遷」はルウの「巡行表」に依拠して、考察時期を中心とするおおよそ二年間のジャンの滞在地をまとめたものである。[150]国王代行官への就任後、ジャンがはじめてパリ周辺を離れたことが確認されるのは、就任三ヶ月目の一三八一年二月一八日であり、かれはこの時、自領ベリー公領の主邑ブールジュにいた。さらに国王代行任務の主要舞台であるラングドック諸都市への入城開始は、ブールジュ滞在から四ヶ月をへた八一年六月二二日、ミヨーにおいてであった。国王代行官への就任から任地入りまで、実に七ヶ月という月日が経過している。このように国王代行任務が親任後ただちに開始されていない点は、前述のアンジュー公ルイの事例と同様である。これと関連して、グネは王国行政の観点から、当時の王国における道路の整備状況をふまえたうえで、主要都市間での人々の移動日数を割り出している。そこでグネは、当時、王の文書伝令人が重大時によく用いた方法として、馬をリレー方式で走らせる最速の移動手段でパリ～ラングドック間を行き来した場合、トゥルーズまでは一二～一三日、カルカソンヌまでは一五日という日数を算出している。[151]こうした移動日数

表5　ベリー公ジャンの滞在地変遷

（明朝体はパリ近郊の王国北部，*網かけ斜体*はベリー公国内，**ゴシック体**は王国南部）

年	月	日	滞在地	活動
1380	11	19	パリ	国王代行官就任
		28	パリ	
		29 et 30	パリ	
	12	5	パリ	パリ国王政府への勤務
		15	ヴァンセンヌ	
		30	パリ	
		31	ヴァンセンヌ	
1381	1	23	パリ	
		25	ヴァンセンヌ	
	2	5	プレザンス	
		11	ヴァル	
		16	サンリス	
		18	*ブールジュ*	公国帰還
	3	22	*クレルモン*	
	4	-18	ムラン	北方へ
		18	*アリィエ*	ベリー公国統治
		21	*リヨム*	
		26	*リヨム*	
	5	2	*ノネット*	
		8	*イソワール*	
		30	*ブリユード*	
	6	10	*ル=ピュイ*	
		22	**ミヨー**	ラングドック入り
		25	**サン=セルナン**	
		30	**ガイヤック**	
	7	11	**ローレ**	
		15 et 16	**ローレ**	
	8	3	**カルカソンヌ**	
		4	**リモー**	
		8	**マルセイユ**	
		12	**カルカソンヌ**	
		26	**カルカソンヌ**	
	9	6	**カルカソンヌ**	フォワ伯との和解交渉
		9	**マゼール**	
		24	**キャペスタング**	
	10	3	**キャペスタング**	
		8	**キャペスタング**	
	11	2	**キャペスタング**	
		25	**キャペスタング**	
	12	18	**キャペスタング**	
		28	**キャペスタング**	
1382	1	4	**ベジィエ**	ラングドック反税蜂起への対処
	2	18	**ベジィエ**	
	3	2	**ベジィエ**	
		20	**ベジィエ**	
		24	**ベジィエ**	
	4	1	**ベジィエ**	
		7	**ベジィエ**	
		10	**モンペリエ**	
		14	**アヴィニョン**	教皇庁行
		22	**アヴィニョン**	
	5	1	**アヴィニョン**	
		14	**アヴィニョン**	
		16	**アヴィニョン**	
		31	**アヴィニョン**	
	6	14	**アヴィニョン**	
		18	**アヴィニョン**	
		28	**ボーケール**	
	7	15	**ボーケール**	
		17	**ボーケール**	
	8	29	**アヴィニョン**	
	10	5	**モンタギィ**	
	11	8	*ポワティエ*	
		23	リール	

出典）F. Lehoux, *Jean de France, duc de Berri. Sa vie, son action politique*, 4 vols., Paris, 1966-68, t. IV, "itinéraire," pp. 424-513 をもとに作成し，「活動」部分を加筆した。

およびラングドックの緊迫した政治情勢を考えたとしても、半年以上をへての任地入りはあまりにも月日を要しているといえる。はたして、ベリー公の迅速な任地入りを妨げたものとは何だったのか。

その最大の要因として、ジャンが国王代行任務のほかにも、パリならびに諸侯国において種々の統治業務を抱えていた点を考えることができる。表5からも明らかなように、ジャンは親任後しばらくのあいだパリ周辺に滞在し、以後おおよそ三ヶ月間はパリを中心に国王顧問官としての仕事に従事しつづけた。(152) 一三八〇年一一月一九日、国王代行官親任状が発せられたのちも、シャルル六世政権における諸侯間の権力分配はいまだ確定せず、ジャンは兄アンジュー公、弟ブルゴーニュ公、義弟ブルボン公との協議を重ねていた。一一月三〇日、以後の王国統治に関する「四諸侯協定」が締結された時、国王代行官就任からすでに一一日がすぎていた。(153) こうして王国統治の基本的な枠組が定まったのちも、ジャンは王国レヴェルで処理すべきさまざまな業務を抱え、パリでの滞在を長引かせていた。こうした業務のうち、当時のジャンが深く関わった問題はふたつあった。ひとつは北フランス諸都市を襲った反税蜂起への対処である。(154) パリのマヨタン、フランドル諸都市、ノルマンディのアレルなどが蜂起した一三八〇年一二月から翌年二月にかけて、ジャンはアンジュー公やブルゴーニュ公とともにラングドイル全国三部会を取りしきり、諸身分との課税の協議に追われた。このようにジャンが国王代行官として引き受けた王国南部ではなく、まずは王国北部の問題に取り組まざるをえなかった点は、国王代行任務とパリ勤務の優先度を考えるうえで重要である。一方、ジャンが深入りしたもうひとつの問題は、シスマに関するパリ大学との話し合いである。ジャンの国王代行官就任に先立つ一三七八年、ローマではウルバヌス六世、アヴィニョンではクレメンス七世が選出され、キリスト教世界にシスマが勃発した。(155) こうしたなか、当時の国王シャルル五世はしばしの躊躇ののち、アヴィニョン教皇クレメンスへの支持を表明した。これに対して、神学研究の総本山であるとともに、当時、王の政策決定に対峙する「世論」の重要な一部を形成したパリ大学が猛反発し、その不満はシャルル五世の死去直後に爆発した。五〇〇〇名をこえる学者と学生らは、アヴィニョン支持を貫く国王顧問会に対して抗議し、故王の治世を「悪しき統治」と非難した。この時、ベリー公ジャンは王政府を代表して大学側の苦情申し立てに対応しなければならなかったのである。[156]

　このように、ジャンは国王代行官への就任当初はパリでの国王政策形成に追われており、ラングドック行のみならず自領への帰還も許される状況ではなかった。しかし、このことはジャンが国王代行官としての責務をおろそかにしたことを意味してはいない。かれは一三八〇年一二月末ころ、その当時ラングドックに派遣されていた国王委任官(gouverneur)らにパリから数通の書簡を送っている。[157]そこでジャンは諸都市の代表者を召集し、王税に関する協議に着手することを委任官らに命じた。かれらは翌八一年一月一二日、ピレネー山麓の都市カルカソンヌにおいて都市ごとに二名のコンシュルを召集し、故王シャルル五世が発した一三八〇年四月二五日王令の確認を求め、王令にもとづく新たな課税交渉を開始した。[158]しかし、都市代表らは王令の確認は承諾したものの、新たな課税には断固反対し、王への苦情申し立てをつづけたのであった。

　ベリー公ジャンはこのようなパリ勤務ののち、ようやく公国の主邑ブールジュに姿を現した。その時期は、遅くとも国王代行官就任から約三ヶ月をへた一三八一年二月中旬と考えられる。このころ、ラングドック二大伯のひとりで、ベリー公の義理の兄弟であったアルマニャック伯ジャン二世がベリー公宛てに書簡を送っている。伯はそこで、前述した都市の反税蜂起やフォワ伯家の強大化を危惧し、ベリー公の一日も早いラングドック入りを要請した。[159]ベリー公の公国帰還が確認される一三八一年二月一八日とは、かれがこの義兄弟の要請に対し回答書を送付した日付であり、発給地はブールジュとなっている。この回答書のなかで、ジャンはしばらくパリに滞在した理由を、「かつて決定された援助金に関して、王国の教会、貴族、優良都市の人々と協議していた」ためと述べている。[160]そののち、ジャンは同年五月までの三ヶ月間、ブールジュのほか、オーヴェルニュ公領のクレルモンやリヨムなどの公国主要都市を巡行し、主に諸侯国君主としての統治活動に携わったと考えられる。当時のベリー公国における切迫した問題は、ほかの王国諸地域と同様に傭兵暴動の問題であった。ジャンはオーヴェルニュを走る中央山塊山麓を中心に、傭兵の略奪を受けた諸都市の苦情に対応するとともに、傭兵団との休戦の締結に奔走した。(161) なお、この時ジャンが公国内部においても国王代行権を認められたことは繰り返し述べてきた通りである。しかし実際、ジャンが公国滞在中のどのような機会に王権を行使したかは定かではない。諸侯が自領内において国王代行権を取得した場合、諸侯国君主と国王代行官のどちらの資格において権力を行使したかは、現実には分かち難いものと認識しなければならないだろう。

このような約三ヶ月にわたる諸侯国統治の最中、ジャンは一時的であれ再びパリ周辺にも姿を現す。ルウの「巡行表」によると、八一年三月二二日にオーヴェルニュ公領の都市クレルモンにいたジャンは、同年四月中旬(〜一八日)、パリ近郊のムランに滞在していた。ルウはこのムラン行の理由をアンジュー公およびブルボン公との会談出席のためとするものの、そこでの白ユリ諸侯の協議内容の詳細までは明らかではない。(162) しかし、当時ラングドック行を目前にひかえたジャンが、なぜ一時的であれパリ近郊に戻ったかの理由は、国王代行任務とパリ勤務の比重という点で考察すべき問題である。ここではその理由の一端を『サン=ドゥニ修道士年代記――「シャルル六世伝」』の一叙述のなかに探ってみる。その第二巻第三章は、「王の叔父ベリー公がアキテーヌ公領の監督官に親任される」と題され、国王代行官への親任から任地入りまでのジャンの行動と、これをめぐる王および白ユリ諸侯の動向を記している。(163) この叙述のなかに、ムラン会談直前の一三八一年四月三日、国王シャルル六世一行がサン=ドゥニ大修道院への巡礼に出かけたことが伝えられている。本伝記のオリジナルの完成はシャルル六世晩年の一四二一年であるが、しかし、作者ミシェル・ポァントゥワンは一三八一〜八五年にかけて、サン=ドゥニ大修道院の俗権を管理する要職にあった。(164) 王のサン=ドゥニ巡礼は、まさに年代記作者ポァントゥワンがこの要職に就いたころの出来事である。このようなポァントゥワンによると、この巡礼はアンジュー公ルイの助言にもとづくもので、フォワ伯ガストン三世に対するベリー公の遠征にむけて、その軍旗を祝福するために行われたものであった。[165]しかし、白ユリ諸侯のひとりブルゴーニュ公フィリップがこのラングドック行に異議を唱え、みずからの治めるフランドルにおける反税蜂起の鎮圧を優先すべしと主張した。同伝記には、フィリップがフランドル遠征にむけてジャンに援助を要請し、ラングドック行の延期を進言したことが記されている。ただし、こうした提案が巡礼のどの時点で発せられたか、またラングドック遠征の指揮官であるジャンがサン＝ドゥニ巡礼に同行したかどうかは、ポァントゥワンの記述からは定かではない。しかし、こうした巡礼前後の王と白ユリ諸侯の動向を考えると、巡礼直後に開かれたムラン会談ではラングドック諸都市の蜂起をふくめて、王国各地を揺るがす反税暴動をどのように鎮静化すべきかの問題が主要議題であったと推測することができる。このような国王代行官就任後のジャンの足跡を考えてみると、当時における王国の政治状況そのものがジャンのラングドック行を妨げたといえるかもしれない。

こうした事情ゆえに、ベリー公ジャンが国王代行任務に活動の重心をおきはじめたのは、ムランでの一時滞在後の一三八一年四月二〇日をすぎたころと思われる。この時点で、計三ヶ月間の公国滞在は半分すぎに差し掛かっており、国王代行官就任からすでに五ヶ月が経っていた。このころ、ジャンはようやくラングドック行にむけた具体的な準備を開始したことが確認されている。そうした準備作業はブールジュを拠点に約二ヶ月の月日を要し、その内容は大きく三つに分かれる。

第一はラングドック遠征軍の組織である。ムランから帰還直後の一三八一年四月二一日、ジャンはオーヴェルニュ公領の主要都市リヨムにおいて公顧問会を開き、国王代行任務を軍事的に支える元帥職(maréchal)を設置した。この「ギュイエンヌおよびラングドックの元帥」には、五日後の四月二六日、バルバザン卿アルヌールが任命された[166]。そののち、ジャンは公国諸身分を召集して、二度にわたり地方三部会を開催した。その第一セッションは同年五月五日、オーヴェルニュ公領の一都市イソワールで開かれ、そこでジャンは諸身分に援助金の提供と兵士の拠出を要請した。次いで五月三〇日以降、ラングドック北端の都市ルピュイにおいて三部会第二セッションが行われ、六月一五日、公と諸身分は兵士数について合意に達した[167]。ここで編成されたラングドック遠征軍は、同年七月一日から四ヶ月間の期間で歩兵四〇〇名と弓手一〇〇名という編成であり、兵士はオーヴェルニュ、ヴレ、ヴィヴァレ、ジェヴォーダン、ヴァランティノワの五つの国ぐにから召集されることが決められた[168]。これらの国ぐにのうち、オーヴェルニュ国以外の国が王領ラングドックを構成していた地域であった点は重要である。すなわち、ジャンはみずからの公国以外からも兵士を召集しており、この決定は国王代行官親任状が記す兵士召集権にもとづいて下されたと考えることができる(前節の親任状試訳(C)⑥)[169]。

第二の準備作業は、ラングドックに関する情報収集である。これに関しては、アルマニャック伯ジャン二世との協力が注目に値する。これまでも、ベリー公と頻繁に書簡のやり取りをしていた義兄弟のアルマニャック伯が、ラングドック西方に領地を拡げていたことを考慮すると、かれからの情報はラングドック統治を責務とするベリー公にとって非常に重要なものであったといえる。ベリー公は、三部会の第一セッション直前の一三八一年五月一日、オーヴェルニュ公領中部の都市ノネットにおいてアルマニャック伯と会談を行っている。そこで、両者はフォワ伯ガストン三世およびアルビやトゥルーズなどの諸都市の状況に関して調査を行うことで合意に達し、翌日アルマニャック伯の代官(sénéchal)が当地に派遣された[170]。このほか、伯は前述のラングドック遠征軍の結成に際し七〇〇本の槍を提供しており、それらは同年六月一〇日、三部会第二セッションにおいて最終協議を行うジャンと諸身分の面前に届けられた[171]。このようにジャンがラングドック行の準備にあたり、親族のアルマニャック伯に支援を求めたことは、王からその叔父に委任された国王代行任務が、さらにその婚姻関係を通じて地元の有力貴族によって支えられている点で、当時の王国統治における王家の血統および姻戚関係の比重の大きさを示している。

最後に第三の準備作業は、国王代行任務中の諸侯国統治に関する措置である。ベリー公ジャンがラングドックに滞在しているあいだ、公国が君主不在の状態におかれることはいうまでもない。前節で明らかにしたように、ジャンに限らず、白ユリ諸侯の国王代行任務は、諸侯国から遠く離れた場所を指定されることが少なくなかった。それでは、こうして諸侯が王国奉仕のため自領を離れる場合、諸侯国はどのように治められていたのだろうか。この点に関して、当時のベリー公国では、ジャンのラングドック行の直前に公の代行官がおかれたことが確認されている。ジャンは一三八一年二～五月にかけての公国滞在中のある時点で、ベリー公国の統治権（「監督権」(le garde)）をサンセール伯に委任し、不在中の公国統治を託した。(172) これはいわば、国王代行官の諸侯国版ということができる。こうした諸侯代行官の設置は、君主不在時のほかの諸侯国においても確認することができる。たとえば、ブルゴーニュ公フィリップは一三八六年、英仏休戦交渉に出席するため公国を留守にした時、公妃マルグリット・ド・フランドルと当時ヌヴェル伯であった長子ジャンを「総代行官にして、代官」(lieutenants généraux et gouverneurs)に任命し、公国の支配権を委任している。(173) これらの諸侯代行官の存在は、諸侯国が王国諸制度をモデルに整備されたことの一端を示すにとどまらず、当時のフランス王国においては君主親族に立脚した支配権の代行体制が王国同様、諸侯国においても展開していたことを物語っているのである。

以上、三つの準備作業を終えたベリー公ジャンは、一三八一年六月二二日、ようやくラングドック都市のひとつミヨーへの入城を果たすこととなる。この時点で国王代行官就任からすでに七ヶ月の月日がすぎようとしていた。ここまでのジャンの活動は、その大半がパリ周辺において展開されたことを念頭におくならば、白ユリ諸侯の果たすパリ勤務は諸侯国統治の少なからぬ犠牲のうえに行われたということができ、さらに国王代行任務はこうしたパリ勤務と諸侯国統治のはざまで遂行されたことを理解しておく必要があるだろう。

（2）地元諸勢力に対する王権代行

それでは、ベリー公の国王代行任務に対して、ラングドックの地元の諸権力はどのように反応したのか。当時、その政治的意思を代表し、当地の秩序形成の担い手となった主要な勢力として、次の三者をあげることができる。第一は有力伯家門フォワ伯家である。とくに伯ガストン三世は、アルマニャック伯との覇権抗争をへて強大化し、いまやラングドックの首領へと成長しつつあった。第二はコンシュラ都市である。その利害はコンシュラとよばれる集団的な統治体によって代表され、諸都市は主に王税の問題をめぐって王権との対立を深めていた。これらのアンジュー公代行期からの有力勢力にくわえ、第三の重要勢力として国王役人セネシャルをあげることができる。王国北部のバイイに相当する国王役人セネシャルが国王代行任務に干渉し、時にこれを妨害した点は、ベリー公の国王代行期の大きな特色といえる。これら三つの勢力は、それぞれの利害を抱えながらベリー公ジャンの国王代行任務に対峙していく。以下、その具体相をジャンの就任からラングドック入りをへて、アヴィニョンに発つまでの時期について検証する。

まず、これらの地元の諸勢力はジャンの国王代行官就任に対して、いかなる反応を示したのか。ジャンの就任に関する知らせがパリから地中海沿岸に届いたのは、その就任から一ヶ月をへた一三八〇年一二月中ころと思われる。[174] そのころ、ラングドック中部の都市アルビのコンシュルたちがジャンの親任に疑念を抱き、国王代行官に就任したのはフォワ伯ガストン三世ではないかと疑いを抱いていた。[175] アンジュー公の解任以来、国王シャルル五世が地元の意向を考慮し、フォワ伯への親任を検討していたことは前述の通りである。[176] しかし、幼王シャルル六世政権に関する権力分配のもと、白ユリ諸侯はアルマニャックとフォワの戦争再開を危惧し、ベリー公ジャンにラングドックを託した。このような経緯をふまえると、フォワ伯就任の噂のみが流れ、国王代行官に関する情報が錯綜していたことは十分に推測できる。[177] こうしたなか、アルビのコンシュルらは一三八〇年一二月一七日付でトゥルーズおよびカルカソンヌの国王セネシャルに書簡を送り、新しい国王代行官はフォワ伯ではないかと問い合わせていた。[178] 二次にわたる南仏戦争の帰結やアンジュー公による度重なる王税賦課の経緯を考えるならば、在地諸身分や都市代表が国王代行官として白ユリ諸侯よりもフォワ伯ガストンを望んだことは、十分に理解できる。課税の重圧は諸都市を困窮させたばかりか、ジャンの赴任時においてもその未払いは後を絶たない状況だった。こうしたなか、ジャン就任時のラングドックにおいては、王税それ自体とともにこれを王の代理人として要求する白ユリ諸侯に対しても反感が高まっていたのである。

このような都市民の感情は、一三七八年以来シスマに揺れる教皇都市アヴィニョンにも伝わっている。よく知られているように、当時のラングドックにおいては、古代ローマ時代以来の伝統にくわえ、公証人制度に裏打ちされた文字文化がほかの王国諸地域に比べ発達していた。このなかで、諸都市は城壁内外で起こる出来事を『年報』(*Annales*)とよばれる記録に書き残し、人々の記憶と歴史を都市ごとに記録していた。[179] こうした経緯からアヴィニョンに伝わる『アヴィニョン年報』(*Annales avignonnaises*)の一三八五年七月の記事は、当時のラングドック都市民が白ユリ諸侯に抱いた感情についても書き残している。「ベリー公がアンジュー公と同じ権力、同じタイトルを帯び、ラングドック国王代行官に任命された。かれは国ぐにに金を要求し、兄アンジュー公と同じことあるいはもっと悪いことをなすだろう[180]」。

一方、ベリー公ジャンが国王代行官に就任した直後の一三八〇年末、アンジュー公ルイの指揮下にあった王政府はフォワ伯ガストン三世のもとに二名の使節を派遣した。国王官房長ジャン・ド・リーとラングル司教ベルナール・ド・ラ゠トゥールである。両使節はシャルル六世王の親書を携え、そこでジャンの国王代行官就任をはじめとする諸事項の交渉を試みた[181]。この時の親書は、ルイ・ドゥエ=ダルクの手になる『シャルル六世期未刊行史料選』(全二巻、一八六三～六四年刊)の第一巻に収められている[182]。ただし、親書の日付は「一三八〇年」としか記されておらず、正確な日付は明らかでない。このため、国王使節の派遣がジャンに対する地元諸勢力の反感を知ったうえでの措置なのか、それとも、こうした反感を予見ないし危惧しての行動なのかは定かでない[183]。しかし、我々はその親書の文言から、王権側とフォワ伯との交渉内容を部分的に知ることができる。その文言は計一三の条項からなり、第一～八項がフォワ伯に対する伝令事項、第九～一三項が王、白ユリ諸侯、アヴィニョン教皇への報告義務など付随事項となっている。このうち、ジャンの国王代行任務と深く関わるのは前半部の伯に対する伝令事項である。そこでは、第一～四項において平和の祈願と使節派遣の経緯が記され、第五～八項において伯ガストンへの要求事項が伝えられる[184]。まず王は第五項において、一二九〇年以来なされていないフォワ伯のオマージュおよび誠実宣誓の呈示を要求する。「同様に、〔フォワ〕伯がこのオマージュ呈示の猶予を望む場合、かれら〔二名の使節〕はその権能にしたがって、誠実の呈示を求めるだろう。さらに、伯が従順にこれらを行うことを望まない場合には、かれらは公的な命令によって内密にこれを求めるだろう[185]」。これを前提条件として、親書第六項はジャンの国王代行官就任に関して、フォワ伯に説明を行うよう使節に命じる。使節らは国王代行官親任状の文言とほぼ同じ表現で、「かれ〔王〕が王国のすべてを治めることはできないその若さにかんがみて、ラングドック国の統治をベリーの叔父殿に委任した」経緯を伝えるとともに、伯に対して、ジャンへの助言と援助を要請するとされた[186]。これにつづくふたつの条項は、王およびジャンに対するフォワ伯の服従を確保するため、王権側が提示した取引条件と考えることができる。第七項においては、ジャンがフォワ対アルマニャック抗争においてアルマニャック側に加担しないこと、第八項においては、ジャンに流れるヴァロワ王家の血統が「道理と正義」(raison et justice)の実現を妨げてはならないことが記されている。しかしながら、フォワ伯が国王使節を介して、誠実宣誓を行った事実は確認されておらず、交渉は決裂したと考えられる。[187] そうであるならば、このことはジャンのラングドック任官への反発にとどまらず、ヴァロワ王権に対するフォワ伯の服従の拒絶を意味しているといえる。

このようにベリー公ジャンの国王代行官就任はその親任時点から、在地諸身分のあいだに物議をかもし、王政府もそうした在地の反発を予想してか対応を迫られた。当時、ブルゴーニュ公フィリップがベリー公のラングドック行の延期を助言したという、『サン゠ドゥニ修道士年代記――「シャルル六世伝」』の記述の背景には、こうした在地の抵抗とそれに対する王政府の戸惑いもあったと推測される。一方、都市アルビがフォワ伯の国王代行官就任を期待したことから、国王代行体制そのものはラングドックにおいても受容されていたということができる。都市および伯にとっては、その人選すなわち白ユリ諸侯の就任が拒否すべき点であった。国王代行官の選定に関して、パリで決定された人選が委任地側の要望に常に合致していたとは限らず、むしろパリでの決定が在地民の強い反発を引き起こすこともあったのである。一三八〇年ベリー公のラングドック任官は、こうした在地の抵抗が王の統治機関を巻き込むかたちで噴き出した点に大きな特色がある。次にこの点を検討する。

主にフランス中央山塊の南側に設置された国王セネショセは、北側の国王バイヤージュと同様に一三世紀以来の王国における常設の国王統治機関である。当時セネシャルは、トゥルーズ、ニーム、カルカソンヌなど計七都市におかれ、パリの王国諸機関に直属するその裁判・財政・軍事行政の管轄域は、北部のバイヤージュに比べると若干広かったといわれる。[188] 百年戦争の勃発以来、国王バイイ・セネシャルをこえて、それらのうえに拡がる国王行政の空間が模索されていたとしても、国王セネシャルはロワール以南における政治秩序の維持を主導し、そのなかで防衛そのほかの目的から管区諸身分の会議を頻繁に開催していた。

一三八〇年一一月、ベリー公ジャンが当地の国王代行官に就任すると、翌八一年初頭、都市トゥルーズの国王セネショセ会議においてジャンの受け入れ問題が議題にのぼった[189]。すでにジャンの就任以前から召集されていたこの会議の目的は、傭兵暴動を鎮圧するための対策を協議することであった。しかし、フォワ伯ガストン三世の使節エメリ・ド・ロシュフォールの登場により協議の焦点は一変する。ガストンはエメリに託した委任状を通じて、金貨一〇〇〇〜二〇〇〇フランおよび兵士への俸給支払を条件に、傭兵鎮圧のための軍隊を提供するという提案を行い、この時すでに都市トゥルーズにむけて軍を進めていた。このような伯の提案と行動はラングドック国王代行官というジャンの任務を先取りし、これと重なるものであり、ジャンの就任に対する明白な拒絶を示すものといえよう。それゆえ、国王セネショセ会議にとっては、フォワ伯の提案を受諾することは間接的とはいえ、王の決定に対する異議表明を意味した。このため、諸身分は伯の軍事援助をただちに受け入れることはなく、諸身分を代表して都市トゥルーズのコンシュルたちが王に親書を送付することで合意した。その王への要請内容とは、ラングドック国王代行官にフォワ伯が就任することを望むというものである。そののち、フォワ伯は同年一月一五日トゥルーズに入城した。

このようにベリー公ジャンの就任に対する異議申し立てが、国王セネショセという王の統治機関を通じて合意形成された点は重要である。このことは国王代行官が有した王国行政体系上の位置づけの一端を物語っている。国王代行官の委任地が多くの場合、国王バイイ・セネシャルの管区のうえに拡がったとしても、親任状が記す委任事項、つまり国王代行官の権能はあまりに漠然としており、それは国王バイイ・セネシャルの権力と錯綜・競合したと考えることができる。こうした事情から、国王バイイ・セネシャルは国王代行官の下位機関として、その任務を補佐するよりも、在地の利害の受け皿として機能することもありえたのであった。

このようにベリー公、フォワ伯、国王セネシャルそして諸都市の利害が複雑に絡むなか、国王シャルル六世の名のもと、トゥルーズ・コンシュルの要請に対して回答書が発せられたのは、一三八一年一月下旬である[190]。回答書は王の文書伝令人ジャン・メスポァンを通じて、都市トゥルーズとフォワ伯ガストンのもとに届けられた。ラングドック国王代行官へのフォワ伯の就任を望むという地元の要請に対して、王政府の回答は否であった。当時アンジュー公の指導下にあった王政府は、ベリー公への親任を撤回しなかった。その理由が、前述したガストンの誠実宣誓の拒否にあることは十分に推測可能である。このような王の回答に対して、ガストンは伝令人メスポァンに返書を託し、ベリー公に服従する意思はない旨を伝えるとともに、国王代行官の人選に関して、「汝〔王〕は悪しき助言を受けた」と述べ、幼い王を取り巻く白ユリ諸侯たちを非難した。こうして王権に対するフォワ伯の敵意が正式に表明されたころ、前述のアルマニャック伯ジャン二世は、公国滞在中のベリー公に一日も早いラングドック入りを要請しているのである。(191)

こうしてラングドックの統治をめぐり王権(王、ベリー公、アルマニャック伯)と在地(フォワ伯、国王セネシャル)が対立を深めるなか、コンシュラ諸都市はみずからの政治的立場を表明する必要に迫られていた。当時の諸都市が、王権側すなわち国王代行官たるベリー公ジャンを支持したか否かを示す事例として、都市マゼールで開催されたラングドック都市代表者会議での動向をあげることができる。(192)この都市代表者会議は、ジャンの国王代行官親任から約五ヶ月、また前述のトゥルーズ・セネショセの管区会議から約三ヶ月をへた一三八一年四月二四日に開催されており、それはフォワ伯ガストンがラングドック諸都市の支持を固めようと召集したものであった。そこには、トゥルーズ、ボケール、カルカソンヌという三つの国王セネショセから、「優良都市」とよばれる一部有力都市の代表者が参集した。このようなマゼール会議は開催以来、二度のセッションをへて翌五月一七日までつづいた。以下、ルウのベリー公伝記に依拠して、代表者会議において示された主要都市の反応を示すこととする。

トゥルーズは国王派として反フォワ伯で一致し、改めて王への誠実を宣誓した。一方で、ボケールは意見分裂、モンペリエはアンジュー代行期には反国王派として前述の反税蜂起を起こしたものの、王から赦免状を獲得し、ベリー代行期には王への服従意思を表明するというかたちで、それぞれ都市内でさまざまな意見がみられた。これに対して、ニームは一貫してフォワ伯派として、ベリー公のラングドック赴任に抵抗し、カルカソンヌもまたフォワ伯派として伯への金銭援助を約束し、両者はともに反王権にとどまった。[193] ここに示したのは、一部有力都市の立場であり、また各都市が国王派ないしフォワ伯派に与するにいたった経緯は定かではない。しかし、マゼール会議が閉会したのはベリー公ジャンが任地入りした一三八一年六月二二日の一ヶ月前である。したがって、ここで表された各都市の立場は、ジャンがラングドックにおいて現実に向き合った各都市の反応に、少なからず重なるものと考えることができる。このように一口に王権委任地といっても、ラングドック諸都市の利害はさまざまであり、それゆえジャンに課された国王代行任務も多様であったことが予想されよう。

こうした推測を裏づけるかのように、任地に入ったジャンが実際に直面した諸都市の状況はさまざまであり、このうち反国王派の都市において国王代行任務は過酷なものとなった。ジャンは一三八一年六月のラングドック入り以来、フォワ伯との和平交渉を進める一方で、都市民の反税蜂起に対処していかねばならなかった。一例として、マゼールにおいて明白に反国王派を表明したニームとカルカソンヌでは、同年七月のジャンの入城以来、激しい反税暴動が起きている。[194] また前述した優良都市以外においても、都市民の反税蜂起が続発し、ジャンは国王代行官としてその鎮静化を一身に担わねばならなかった。具体的には、ナルボンヌがジャンの使節の入城をも拒絶したほか、大規模な反税蜂起が起こった都市として、アンジュー公時代から王税への拒否を表明してきたベジィエをあげることができる。そこでは一三八一年一一月ころより、コンシュルたちが翌八二年一月に予定されていたジャンの入城にむけて、その式典の準備を進めていた。これに対して、多くの都市民は式典の準備そのものを国王派に与する行動とみなし、コンシュラ政府に怒りを示しはじめていた。その怒りが爆発し、蜂起にいたったのは、入城式典の準備が開始されて間もない同年一二月八日のことである。蜂起首謀者たちは都市全域に火を放ち、二〇名以上の有産者が殺害されることとなった[195]。

一方、こうしたベジィエの反税蜂起が勃発したころ、ベリー公ジャンはフォワ伯ガストン三世との和平交渉をまとめつつあった。ジャンは一三八一年九月以降の三ヶ月間を都市キャペスタングに滞在して、そこでガストンと会し、教皇特使の臨席のもとアルマニャック―フォワの戦争の事後処理について協議した[196]。同年一二月二八日、ジャンはこの地で両者の和平を仲介、成立させた直後、キャペスタングを発ち、翌八二年一月四日、一度拒否されていたベジィエへの入城を果たした。そこでのジャンの最初の任務は、蜂起首謀者たちの処罰であった。かれは国王刑事裁判権を代行して、約四〇名もの蜂起首謀者を絞首刑に処したのである。そののち、ジャンは約四ヶ月にわたりベジィエ周辺に滞在し、蜂起の事後処理に追われることとなった。こうしてフォワ伯および諸都市という反王権勢力との和平を結ぶと、ジャンはシスマに揺れる教皇都市アヴィニョンへと足をむけたのであった。

以上、国王代行官就任からその任務が実質的に遂行されるまでの時期に焦点を絞って、ベリー公ジャンの足跡と活動をたどってきた。ジャンがラングドックを中心とする任地に赴いたのは就任後しばらく経ったころで、そこで実際に任務を遂行したのは八年間の在職期間のうち、おおよそ四分の一ほどの期間であった。このように諸侯国内外で多くの統治責務を抱えるジャンが、国王代行官への親任からラングドック入りするまでのあいだにベリー公国に滞在することができたのは、わずか三ヶ月であった。また、かれが国王代行官を名乗った計八年間についても、その公国滞在期間は合計して一年半ほどにすぎない。ジャンが国王代行権を通じてベリー公国の拡大強化を進めることは時間的に難しかったばかりか、公国不在を不可避とするラングドック行は、ジャンを王権と在地諸勢力との対立のなかに深く巻き込んでいった。これらのジャンの活動状況をふまえるならば、国王代行権の取得は必ずしも諸侯国の発展につながるものではなかったといわねばならない。むしろ、こうしたパリ、ベリー公国、ラングドック間のジャンの足跡は、かれが諸侯国統治を少なからず犠牲にしつつ、各地において王国統治活動を遂行したことを表している。一方、ラングドック行の直前、ジャンがベリー公国におけるみずからの代行者を設置していたことは、王国国制のなかでの諸侯国の位置づけを考えるうえでも重要である。当時の公国においては、こうした公の代行者にくわえて、公国が親王国に設定された時以来、王領から引き継がれた種々の統治組織が整備されており、このような公国諸制度はジャンの不在がもたらす権力の空洞化を最小限にとどめるとともに、ジャンの王国レヴェルの活動を陰で支えていたということができるのである。

一三八八年の万聖節にシャルル六世王が親政を開始すると、ベリー公ジャンは国王代行任務を解かれ、一時親王国に帰還する。しかし、四年後の一三九二年、王が病に倒れると、王族を中心とする諸侯層は再び王政府での責務に戻ることとなった(197)。このようにジャンの活動がラングドックから再びパリへとうつったことが、はたしてかれの希望にそうものであったのか、その問題はパリ(第三章)ならびに諸侯国(第四章)という側面を検討したのちに考えるとして、この時には、かれと同じく王の叔父であるブルゴーニュ公フィリップ、ブルボン公ルイ二世、そして王弟オルレアン公ルイもまた、それぞれの諸侯国統治と同時にパリでの統治業務に深く関与することとなる(198)。ただし本章の考察結果から、ほかの諸侯の国王代行任務を一般化することはできない。しかし、ジャンの足跡とともに一三九二年前後の動向をふまえたうえで、諸侯抗争および諸侯国の展開との関連を視野に入れながら、かれらが担った王国統治業務の特質を展望することは許されるだろう。

この時、ジャンが担った国王代行任務は、諸侯国からもまたパリからも遠方の地での任務遂行を課すと同時に、諸侯国内における王権行使に道を開き、ベリー公国の拡大強化にむけて大きな可能性をひめていた。しかしながら、その現実の任務遂行は王権に対する地元の強い抵抗をともないつつ、ジャンを公国の遠方にしばりつけ、その諸侯国統治を妨げる方向で展開したといえる。このように国王代行任務が諸侯国統治の阻害要因ともなりえたという点は、ほかの諸侯の王国統治活動を考察する際にも重要であると思われる。ベリー公ジャンと同様に、諸侯国内外において頻繁に国王代行官を務めたブルボン諸公や、一三六〇・七〇年代にラングドック国王代行官を務めた頃のアンジュー公ルイに関しても、自領統治をある程度犠牲にしつつ王国諸地域での責務に駆り立てられたことが推測される。国王代行任務は諸侯に王国地方統治の一端を担わせながらも、かれらが自領統治に集中することを妨げ、諸侯国のあまりの強大化に歯止めをかける機能を有したといえよう。こうしたなかシャルル六世の即位以来、ブルゴーニュ公家とオルレアン公家が一度も国王代行官に就任していないことは、両公家が最終的に王国内戦の主役となったことと何らかの関係があるのだろうか。両公がパリからもまた自身の諸侯国からも遠方の地での責務を負わなかったことは、かれらの活動がパリと自領の行き来を軸として展開したことを暗示している。そうであるならば、両者の王政府への関与の度合いはほかの諸侯と比べて高かったと推測され、こうした王政府への関わりの深さがブルゴーニュとオルレアンを抗争へと突き動かしたと考えることはできないだろうか。

本章での検討から浮かび上がったこれらの疑問を解くため、我々は白ユリ諸侯のパリにおける活動の検証を行う段階に来たといえる。そして、この検討結果との関連において、再度かれらが果たすパリあるいは王国諸地域での統治活動を王国国制のなかに位置づけ直す作業が必要となる。こうしたパリの王政府での展開については、章を改めて検討することとする。

（1）「公職」(office)あるいは「公僕」(serviteur de l'État)という観念の形成において、シャルル五世期のマルムゼが果たした役割については、Autrand, *Charles VI*, p. 167 et passim.

（2）国王行政と道路状況の関連については、Guenée, *L'Occident aux XIVe et XVe siècles*, pp. 200-201.

（3）国王行政権の移譲に注目する研究として、とくに Autrand, «Un essai de décentralisation» を参照。

（4） Perroy, «Feudalism or Principlities in Fifteenth Century France», pp. 181–185.

（5） A. Esmein, *Cours élémentaire d'histoire du droit français: à l'usage des étudiants de première année*, 14 éd., Paris, 1921, pp. 586–590; Olivier-Martin, *Histoire du droit français*, pp. 567–568（塙訳『フランス法制史概説』八五二～八五三頁）; J.-L. Harouel, J. Barbey, É. Bournazel, J. Thibaut-Payen [éds.], *Histoire des institutions de l'époque franque à la Révolution*, 8éd., Paris, 1998, pp. 332–333; Guillot, Rigaudière, Sassier [éds.], *Des temps féodaux aux temps de l'État*, pp. 265–266.

（6） 前註の諸文献、および入江和夫「フランス・アンシアン・レジームの地方総督(gouverneurs de province)制（一）」『法政論集』第九四号、一九八三年、一～三四頁、（二）同第九五号、一九八三年、四九〇～五二八頁、（三）同第一〇〇号、一九八四年、一八三～二二九頁、とくに（一）、一五～一七頁を参照。

（7） G. Dupont-Ferrier, *Gallia regia, ou État des officiers royaux des bailliages et sénéchaussées de 1328 à 1515*, 6 vols., Paris, 1942–66. また二〇世紀前半の制度史学派に関しては、下野「中世フランスにおける国家と「国民」について」五九九～六〇一頁を参照。

（8） このため、*Gallia regia* はプロソポグラフィにもとづく国制史研究に不可欠の事典であり、我が国では高山博氏が国王バイイ・セネシャルに関する論文「フィリップ四世（一二八五～一三一四）治世下におけるフランスの統治機構」のなかで、一部これを利用している。なお、総覧は各職への就任者に通し番号をつけている。以下、参照箇所の註記にあたり、巻数-通し番号を示す。

（9） 初出は国王フィリップ三世の第二子ヴァロワ伯シャルルで、ラングドックを（*Gallia regia*-3-13645）、最終例は私生児 Jean bâtard du Fay なる人物で、シャンパーニュとブリを委任されている（*Gallia regia*-1-6589）。

（10） *Gallia regia* は地域ごと（主に国王行政管区ごと）の編集であるため、国王代行官への委任地が複数の地域をふくむ場合、一件の親任に関するデータは各章に重複する。本書の数値は、こうした重複を整理のうえ、算出している。

（11） ガストン二世（*Gallia regia*-3-13675）、ガストン＝フェビュス（*Gallia regia*-3-13676; 3-13676 bis）、ジャン（*Gallia regia*-3-13386; 3-13391; 3-13710; 3-13720; 5-20011）。ガストン＝フェビュスの王国政治における動向については、Tucoo-Chala, *La vicomté de Béarn*, esp. Chap. IV.

（12） サン＝ポル（*Gallia regia*-2-6588; 4-16203; 4-17513; 4-17514 bis; 4-17524）、ユー（*Gallia regia*-3-13649; 3-13649 bis; 4-16168; 4-16440; 4-17530）、アングレーム（*Gallia regia*-3-13406; 3-13995, 4-17510; 4-17557; 4-17557 bis）。

(13) Jean bâtard de Bourbon (*Gallia regia*-4-16204)、Mathieu grand bâtard de Bourbon (*Gallia regia*-3-13407)、Jean bâtard d'Armagnac (*Gallia regia*-3-13359)。

(14) 一三三八～四一年ラングドックを委任(*Gallia regia*-3-13659)。

(15) *Gallia regia*-1-1094; 1-2015; 3-13680; 4-14749; 4-16172; 4-16179; 4-17206; 4-17554; 4-22109; 4-22110 ter.

(16) *Gallia regia*-2-6589; 3-13500; 3-14245; 4-16447; 4-17532.

(17) *Gallia regia*-3-13665 ①②⑤⑥⑦.

(18) *Gallia regia*-4-16437; 4-16438; 4-16441; 4-16443; 4-16445, 4-16446; 4-16447.

(19) *Gallia regia*-1-2337 (オーヴェルニュ・セネショセ); *Gallia regia*-4-14511 (マコン・バイヤージュ)。

(20) ただし、〈gouverneur〉の初出、出現頻度は「国」により著しく異なる。また、百年戦争後に多く現れる〈lieutenant du roi et gouverneur〉の肩書が示すように、両者の権力は時に交錯していたことを忘れてはならない。入江「フランス・アンシァン・レジームの地方総督(gouverneurs de province)制(一)」二一頁も参照。

(21) 一四一八年ラングドック(*Gallia regia*-3-13708)、二一年ラングドック(*Gallia regia*-3-13716)、三一年シャンパーニュ、ブリ、ピカルディ(*Gallia regia*-1-6528)、七四年ルション、セルダーニュ(*Gallia regia*-5-20014)、八〇年・八一年パリ(*Gallia regia*-4-16445; 5-19759)、九八年ノルマンディ(*Gallia regia*-4-16207)。

(22) 一三五二年シャンティリィ領主(*Gallia regia*-4-17511)、五三年オーデレム領主(*Gallia regia*-4-16171)、七四年ブランヴィル領主(*Gallia regia*-4-16177)、七四年ヴィエンヌ領主(*Gallia regia*-4-16182)、七五年ヴィエンヌ領主(*Gallia regia*-4-16185)など。

(23) 一三五八年(*Gallia regia*-2-6570)、一三七一年(*Gallia regia*-2-6571)、一三七二年(*Gallia regia*-1-3668)。

(24) 初出は一四三三年一二月三一日。cf. *Gallia regia*-4-16433 sq.

(25) *Gallia regia*-2-6575; 2-6576; 2-6581.

(26) *Gallia regia*-2-6579; 2-6580; 2-6581; 2-6582; 2-6583.

(27) *Gallia regia*-2-6582: "lieutenant ès pays deça la rivière de Seine . . ."

(28) 王族の身分昇格については、本書第一章第一節に詳述。

(29) Leguai, *Les ducs de Bourbon*, p. 16 sq. および本書第一章第一節。

(30) ルイによるシチリア王位継承と地中海進出については、Autrand, *Jean de Berry*, pp. 163-170.

(31) Autrand, *Charles V*, pp. 526-527.

(32) 英仏両属政策については、Jones, *La Bretagne ducale*, Chap. IV.

(33) 「王冠に属する権利」については、本節(三)(2)に詳述。

(34) 当時の諸侯層の動向については、Autrand, *Charles VI*, pp. 9-21 et 75 sq.

(35) 以下本書では、*Chronique du religieux de Saint-Denys: contenant le règne de Charles VI, de 1380 à 1422* (publiée en latin et traduite par M. L. Bellaguet), 3 vols., Paris, 1994 (以下、*Chronique du religieux de Saint-Denys*)を用いた。

(36) *ORF.*, t. VI, p. 45 に所収。

(37) F. Lehoux, *Jean de France, duc de Berri. Sa vie, son action politique (1340-1416)*, 4 vols., Paris, 1966-68, t. II, pp. 11-12.

(38) ポァントゥワンは一三四九年生まれと推定され、一三六八年まではサン=ドゥニ修道士として修道宣誓を終えている。かれは一三八一年から後述する大修道院の俗権を管理する要職を占めたのち、一三九四年から一四二一年二月一六日の死にいたるまでサン=ドゥニ大修道院の聖歌隊長を務めた。cf. Guenée, «Michel Pintoin. Sa vie, son œuvre» pp. 35-36.

(39) なお、同年代記に関する史料批判とポァントゥワンの生涯については、B. Guenée, «Michel Pintoin. Sa vie, son œuvre».

(40) *Chronique du religieux de Saint-Denys*, t. I, Liv. I, p. 6: "Sicut de domo Francie, auctoritate, industria et facundia cuntis ducibus precellebant, sic eis studiosior cura fuit ut regio filio inter annos puberes constituto vigilem curam, quantum conveniebat, impenderent, atque regni negotia publica industrie moderamine regerentur."

(41) 以後の展開に関しては、以下の文献を参照。Lehoux, *Jean de France, duc de Berri*, t. II, pp. 12-17; Autrand, *Charles V*, p. 647 et passim; id., *Charles VI*, pp. 9-21 et 54-119.

(42) 諸侯の居城については、Guenée, *Un meurtre, une société*, pp. 126-127 (佐藤・畑訳『オルレアン大公暗殺』一六四～一六五頁)に掲載された当時のパリの地図を参照。

(43) *Chronique du religieux de Saint-Denys*, t. I, Liv. I, p. 14: "ut res ista alea dubia terminetur, et non inanibus verbis sed lancearum infestis cuspidibus." 一方、ベリー公の伝記を著したルウは、同年代記が諸侯間の対立を誇張していると評する。Lehoux, *Jean de France, duc de Berri*, t. II, p. 12.

(44)　*ORF.*, t. VI, p. 529 に所収。

(45)　*Chronique du religieux de Saint-Denys*, t. I, Liv. II, pp. 90-92: "Sicut in regis et regni regimine, Andegavie atque Burgundie duces singulariter presidebant, sic eorum frater Biturie dux et comes Pictavie, cupiens super reliquos principes auctoritate potiri, et unde sibi ingentes posset coacervare peccunias, precibus et interventu domini Andegavensis, ut custos Aquitanie constitueretur a rege peciit et impetravit . . . ducem ipsum referunt persuadendo dixisse regni uberiorem illam partem, cujus latissimi fines famosis municipiis ac viginti duabus civitatibus decorati, regalis prosapie pocius quam exterorum fidelitati committendam."

(46)　*ORF.*, t. VI, p. 532: "Collacio presentis Copie cum transcripto Litterarum Originalium sub Sigillo Castelleti, facta fuit in Camera Compotorum Par. . . ."

(47)　こうした経緯から，本書では *ORF.*, t. VI, pp. 529-532 を用いた。

(48)　*ORF.*, t. VI, p. 529, note (a) より。

(49)　*ORF.*, t. VI, p. 529, note (a): "Littere Locumtenencie Domini Ducis Bituricensis, pro Domino Rege, in tota Linga Occitana."

(50)　*ORF.*, t. VI, p. 530: "Nos igitur qui nostra juventute, nostris eciam aliis arduis negociis obstantibus, de presenti nequimus ad Partes Occitanas personaliter declinare, de magnitudine, audacia, valitudine, potencia, magnanimitate, diligencia & fidelitate, ac precellenti Regimine precarissimi & fidelis Patrui nostri Johannis Ducis Bituricensis & Alvernie, Comitisque Pictavencis, qui dictas partes noscitur aliâs gubernasse laudabiliter, omnimodo confidentes, predictisque attentis, cum matura deliberacione precarissimorum et fidelium Patruorum nostrorum Ludovici & Philippi Andegavensis, Turonensis & Burgundie Ducum, ac mangnii Consilii nostri, pensatis, de bono regimine Parcium predictarum totis viribus providere cupientes, . . ."

(51)　*ORF.*, t. VI, p. 530: "ipsum prefatum Patruum nostrum ad regendum & gubernandum vice & loco nostris Ducatum Acquitanie; videlicet, in quantum se extendit ultra Rippariam Dordonie, & non circa; Comitatum Tholose cum suis pertinenciis, terras, provincias & partes universas Occitanas, unâ cum Patriis Bitturicensi, & Alvernie, ac Pictavenci, ac juribus & ressortis universis earundem, elegimus, ordinamus, ac eciam regali auctoritate deputamus, . . ."

(52) Lehoux, *Jean de France, duc de Berri*, t. II, pp. 34–39.

(53) *ORF.*, t. VI, p. 530: "cui plenariam damus auctoritatem & partem, ac omnimodam disposicionem . . ."

(54) *ORF.*, t. VI, p. 530: "Senescallos, Baillivos, Judices Majores, Advocatos, Procuratores nostros, Receptores particulares, universales & generales, Vicarios, ordinarios Judices, Accessores, Castellanos, Capitaneos, Constabularios, Porterios, Servientes garnisionum & armatorum, & alios quoscunque Officiarios nostros, cujuscunque status vel condicionis existant, destituandi, deponendi & eciam revocandi, vel de altero Officio ad alterum transmutandi; novos Officiarios ordinarios & extraordinarios, ac Refformatores creandi vel ordinandi, prout sibi visum fuerit expedire; vadia Officiariorum, servitorum & aliorum diminuendi vel augmentandi, vel nova vadia noviter ordinandi . . ."

(55) *ORF.*, t. VI, p. 530: "Litteras universas gracie & Justicie, status, dilacionis, respectus debitorum, Salve gardie, Salvi conductus, inimicis nostris & aliis, & quascunque alias dandi, confirmandi, roborandi & statuendi . . ."

(56) *ORF.*, t. VI, p. 530: "subjectos quoscunque, cujuscunque fuerit auctoritatis, status vel eminencie, corrigendi & puniendi pena pecuniaria vel corporali, prout justicia suadebit; penam corporis in aliam mutandi; crimina quecunque, eciam Lese-Majestatis, remittendi, quittandi & perdonandi, necnon cujuslibet criminis enormitatis indulgenciam auctoritate Regia concedendi; bannitos revocandi . . ."

(57) *ORF.*, t. VI, p. 531: "progenitos ex illicito cohitu vel dampnato, vel aliter illegitimos legitimandi; Notarios publicos auctoritate regali creandi & faciendi, & creatos revocandi & destituendi; terras & aliascunque possessiones temporales admortizandi, ac ignobilibus concedendi graciam sue licentiam Feoda & res alias nobiles à Nobilibus acquirendi, & acquisitas tenendi, & pro admortisatis seu admortisandis, ac de manu nobili ad ignobilem translat. & transferandi; recogniciones Feodorum nostrorum rescipiendi; ac innobiles subjectos nostros nobilitandi, ac pro dictis nobilitacionibus & legitimacionibus financiam recipiendi & levandi . . ."

(58) *ORF.*, t. VI, p. 531: "previlegia, franchisias & Libertates quorumcumque Consultatuum, Universitatum, locorum & personarum sue predicte Locumtenencie, confirmandi & approbandi, ipsa aliaque seu alias de novo eisdem auctoritate nostra, prout viderit expedire, concedendi & ampliandi."

(59) *ORF.*, t. VI, p. 531: "Damus eciam dicto Locumtenenti nostro & tribuimus potestatem & auctoritatem super statu

militari; videlicet, . . ."

(60) *ORF.*, t. VI, p. 531: "Principes, Barones, Milites, Nobiles nostros, alios quoscunque subjectos convocandi, & ad actus militares compellendi, secum ducendi vel alibi mittendi ad Regni nostri & nostrorum Regnicolarum tuitionem, protectionem & deffencionem . . ."

(61) *ORF.*, t. VI, p. 531: "Congregaciones Prelatorum, Principum & Baronum, ceterorumque Nobilium, Popularium, Universitatum & Communitatum, Civitatum & bonarum Villarum nostrarum, notabilium locorum, & aliorum quorumcumque faciendi, congregandi simul vel particulatim, cum eis conveniendi & concordandi vel consultandi . . ."

(62) *ORF.*, t. VI, p. 531: "dum sibi bonum & expediens videatur, super regimine dictarum Parcium, in particulari vel universali, Indictiones, super-indictiones vel alia quecunque subsidia super omnes quoscunque subditos nostros dictarum Parcium, secundum suas facultates indicendi & faciendi, ac indicta levandi & exigendi, tam pro statu suo quam pro deffencione dictarum Parcium distribuendi, prout sibi visum fuerit opportunum . . ."

(63) *ORF.*, t. VI, p. 531: "cum inimicis nostris ad nostram obedienciam venire volentibus tractandi, & ipsos ad dictam obedienciam reducandi, & cum ipsis componendi, & in dictis composicionibus certos reditus sive certas penciones super patrimonio dictarum Parcium, ad vitam vel ad tempus dandi & concedendi, & omnia alia ad hoc necessaria vel opportuna faciendi; excepta alienacione patrimonii nostri, & dictam Compositionem complendi & integrari faciendi, & perdonandi, quodcumque per ipsos forefactum, quittandi & remittendi, sicut sibi videbitur faciendum . . ."

(64) *ORF.*, t. VI, p. 531: "quecumque beneficia in dictis Partibus ad Patronatum, collacionem nostram seu racionem nostri jocundi adventus, & qualitercumque pertinencia, & quomodocumque vacancia vel vacantura, illis quibus sibi videbitur expediens, dandi & conferendi; Monacos & alios viros Ecclesiasticos in Abbatiis, Magistros, Fratres & Pauperes in Cenodochiis & Domibus Dei ac Hospitalibus, more Regio & jure adventus nostri predicti ponendi & ordinandi . . ."

(65) *ORF.*, t. VI, p. 531: "generaliter omnia alia quecumque faciendi, que Nos faceremus vel facere possemus cum toto Consilio nostro, si illuc personaliter interessemus . . ."

(66) *ORF.*, t. VI, pp. 531-532: "ex nunc pro tunc confirmantes quecumque fecerit, egerit vel ordinaverit in predicto regimine; dum tamen de sua certa sciencia processerit, vel sui Consilii deliberacione, per suas Litteras suis sigillis

sigillatas, fuerint approbata; & preterea dicto Patruo nostro, Nos ex nostra mera & libera voluntate, omnes fructus, redditus & proventus, ac omnia & singula emolumenta ex Domanio seu Patrimonio nostro vel aliter, in dicta Locumtenencia Nobis spectancia, & exinde qualitercumque proveniencia, necnon omnes financias que ex admortisacionibus, nobilitacionibus, legitimacionibus & aliis superius dictis, quomodolibet provenientes & proventuras, donamus & in ipsum transferimus per presentes, in suis usibus propriis convertandas . . . Insuper concedimus Locumtenenti nostro memorato, ut presenti Locumtenencie uti & gaudere possit de negociis tangentibus Partes suprascriptas, ubicumque sit in Regno nostro & alibi; & que per ipsum facta fuerint seu eciam ordinata, valeant prout facerent si in dictis Partibus presencialiter existeret & agerentur."

(67) 本書第一章第三節(三)とともに、Lacour, *Le gouvernement de l'apanage de Jean, duc de Berry*, pp. 290-310.

(68) Autrand, «Le concept de Souveraineté», pp. 149-162.

(69) 各諸侯国の国王専決事項担当バイイについては、Lacour, *Le gouvernement de l'apanage de Jean, duc de Berry*, pp. 254 et 299 および本書第四章第二節(一)。

(70) Lacour, *Le gouvernement de l'apanage de Jean, duc de Berry*, pp. 298-299.

(71) Lacour, *Le gouvernement de l'apanage de Jean, duc de Berry*, p. 306.

(72) Olivier-Martin, *Histoire du droit français*, pp. 524-526 (塙訳『フランス法制史概説』七八七〜七八九頁)。

(73) Lacour, *Le gouvernement de l'apanage de Jean, duc de Berry*, pp. 300-301 に列挙された諸教会を参照。

(74) 以上、王と諸侯の裁判管轄ならびに裁判機関の詳細については、本書第四章第一節を参照。

(75) パリとフランドルについては、Autrand, *Charles VI*, pp. 75-85、ラングドックに関しては、Autrand, *Jean de Berry*, p. 154 et passim.

(76) 親任状発布の二ヶ月前、フランス大元帥職が空席となり、アンジュー公の友人でブルターニュ出身のオリヴィエ・ド・クリソンが就任した。この時、ベリー公はクーシー卿ルイ・ド・サンセールを推薦している。cf. Lehoux, *Jean de France, duc de Berri*, t. II, pp. 14-15.

(77) Lehoux, *Jean de France, duc de Berri*, t. II, pp. 30-34.

(78) たとえば、有名な一三五五年のパリ全国三部会における情報交換については、Autrand, *Charles V*, p. 246.

(79) 詳しくは、Autrand, *Jean de Berry*, pp. 151 et 155.
(80) 各都市の蜂起については、Autrand, *Jean de Berry*, pp. 159-160.
(81) *ORF.*, t. VI, p. 529, note (a): "Omnipotentis opus."
(82) Perroy, «Feudalism or Principlities in Fifteenth Century France», pp. 183-184.
(83) *ORF.*, t. III, pp. 153-161:「オック語圏およびガスコーニュの国王代行官ブルボン公ピエール、手数料と引き換えにルエルグの都市サン=ジュニのコンシュルを任命する」(一三五六年三月付国王証書)。
(84) *ORF.*, t. V, p. 483:「ラングドック貴族は王の承認なしには国を出ることができないとする、国王代行官アンジュー公の文書」(一三七二年六月付国王証書)。
(85) *ORF.*, t. III, pp. 496-502: 第六項「ラングドック国王代行官ポワティエ伯およびアルマニャック伯、諸都市の城壁修復とコミューンの諸経費のため、ボケールとニームのセネショセに対する種々の課税を承認する」(一三六一年五月付国王証書)。
(86) Lacour, *Le gouvernement de l'apanage de Jean, duc de Berry*.
(87) Guenée, «L'histoire de l'État en France», p. 343.
(88) Lacour, *Le gouvernement de l'apanage de Jean, duc de Berry*, pp. 5-83 (PIÈCES JUSTIFICATIVES).
(89) Lehoux, *Jean de France, duc de Berri*.
(90) Autrand, *Jean de Berry*.
(91) こうした王権による「地域」の創出に関しては、Autrand, *Jean de Berry*, pp. 174-181.
(92) 一三世紀以降におけるアルマニャック伯の領地集積に関しては、Autrand, *Jean de Berry*, pp. 100-104.
(93) 一三世紀末以降のフォワ伯の台頭に関しては、次のふたつの文献を参照した。Tucoo-Chala, *La vicomté de Béarn*, esp. Chap. IV; Ch. Bourret, *Un royaume "transpyrénéen"? La tentative de la maison de FOIX-BÉARN-ALBERT à la fin du Moyen Âge*, Estandens, 1998.
(94) 両伯の領地および諸タイトルの変遷については、M. Ornato, *Répertoire prosopographique de personnages apparentés à la couronne de France aux XIVe et XVe siècles*, Paris, 2001, «ARMAGNAC» (p. 104) et «FOIX» (p. 156).
(95) アルマニャック伯ジャン一世(*Gallia regia*-3-13658)・フォワ伯ガストン三世(*Gallia regia*-3-13657): "lieutenant du roi dans tous les pays de Languedoc."

(96) アルマニャック伯ジャン一世(*Gallia regia*-3-13675)・フォワ伯ガストン三世(*Gallia regia*-3-13674)。

(97) 当地における傭兵の略奪行為に関しては、Autrand, *Jean de Berry*, p. 152. なお黒太子軍の行路については、Kerhervé, *Histoire de la France*, p. 150 の地図を参照。

(98) 三セネショセ問題については、Lehoux, *Jean de France, duc de Berri*, t. II, p. 17.

(99) 婚姻関係については、Ornato, *Répertoire prosopographique*, ARMAGNAC, Jean[a] (p. 104); FRANCE, Jean[b] (p. 160).

(100) Lehoux, *Jean de France, duc de Berri*, t. II, p. 17.

(101) 以下、両家の領地争いと戦争の経過に関しては、Lehoux, *Jean de France, duc de Berri*, t. II, pp. 17-19; Autrand, *Jean de Berry*, pp. 152 et 155-156.

(102) 和約の内容の詳細は、Bourret, *Un royaume "transpyrénéen"?*, pp. 51-52 を参照。

(103) アンジュー公ルイのタイトルの変遷については、Ornato, *Répertoire prosopographique*, FRANCE, Louis[a] (p. 161).

(104) *Gallia regia*-3-13686: "lieutenant du roi en languedoc." ルイの親任時期に関して、ルウが一三六四年六月と述べているのに対し(Lehoux, *Jean de France, duc de Berri*, t. II, p. 17)、総覧 *Gallia regia* は同年七月としている(*Gallia regia*-3-13686)。なお、ルイはこのラングドック任官以前にも、ほかの地域に関して、二度にわたり国王代行官を務めた。一三五六年一二月、パリにおける国王代行官となったのち(*Gallia regia*-4-16414)、一三六〇年一〇月にはみずからの支配領域であるトゥレーヌ、アンジュー、メーヌを委任されている(*Gallia regia*-6-22110)。

(105) *Gallia regia*-2-7823: "locumtenentis . . . regis-Dalphini"; 3-13362: "parties de Languedoc et duché de Guyenne."

(106) *Gallia regia*-3-13686 の解説部分(p. 447)を参照。

(107) *Gallia regia*-3-13686 の解説部分(p. 446)。

(108) Autrand, *Jean de Berry*, p. 152.

(109) Lehoux, *Jean de France, duc de Berri*, t. II, p. 17, note 4.

(110) ギュイエンヌ公領における課税問題が、シャルル五世の再征服戦争の口火を切ったことに関しては、第四章第二節(二)に詳述。

(111) 引用は、Lehoux, *Jean de France, duc de Berri*, t. II, p. 17, note 3 より。

(112) Bourret, *Un royaume "transpyrénéen"?*, p. 50.

(113) ベアルン副伯領の自有地問題については、Tucoo-Chala, *La vicomté de Béarn*, pp. 79-107.
(114) Lehoux, *Jean de France, duc de Berri*, t. II, p. 17.
(115) cf. Bourret, *Un royaume "transpyrénéen"?*, p. 50.
(116) 以下、詳しくは Tucoo-Chala, *La vicomté de Béarn*, p. 86.
(117) この政策転換については、Lehoux, *Jean de France, duc de Berri*, t. II, pp. 17-18.
(118) 戦争の経緯については、Bourret, *Un royaume "transpyrénéen"?*, p. 54 を参照。
(119) そこで、フォワ伯はコマンジュ伯領への権利要求を放棄する見返りに、ピレネー山麓のビゴール副伯領近隣および都市トゥルーズ近郊の所領を獲得した。cf. Bourret, *Un royaume "transpyrénéen"?*, p. 54.
(120) 協定内容は、Lehoux, *Jean de France, duc de Berri*, t. II, p. 18 に詳述。
(121) 詳しくは、Lehoux, *Jean de France, duc de Berri*, t. II, p. 19.
(122) Bourret, *Un royaume "transpyrénéen"?*, p. 52.
(123) Autrand, *Jean de Berry*, p. 156.
(124) 当時のラングドックにおける傭兵の蔓延状況については、Lehoux, *Jean de France, duc de Berri*, t. II, pp. 27-28; Autrand, *Jean de Berry*, pp. 152-153.
(125) *ORF.*, t. VI, pp. 529-532.
(126) *ORF.*, t. VI, p. 531.
(127) その概要については、Autrand, *Jean de Berry*, pp. 151-155.
(128) 以上、公証人に対する課税については、Autrand, *Jean de Berry*, p. 152.
(129) Autrand, *Jean de Berry*, p. 152.
(130) この飢饉の背景にあったラングドックとプロヴァンスの経済構造については、Autrand, *Jean de Berry*, p. 154.
(131) 以上、飢饉発生までの経緯については、Autrand, *Jean de Berry*, p. 154.
(132) ルイの課税については、Autrand, *Jean de Berry*, p. 154.
(133) オトランはラングドック諸都市を次のように分類する。住民二〇〇〇～一万人の小都市 (petite ville)、一万～二万人の中規模都市 (de seconde ordre…ベジィエ、カルカソンヌ、アルビ)、二万～五万人の大都市 (de premier ordre…モンペリエ、ナルボンヌ、トゥルーズ)。cf. Autrand, *Jean de Berry*, p. 105.

(134) 『覚書』およびベジィエの反税蜂起に関しては、以下の翻訳書が民衆運動史の視点からごく簡単に紹介する。ミシェル・モラ／フィリップ・ヴォルフ著、瀬原義生訳『中世末期の民衆運動――青い爪、ジャック、そしてチオンピ』ミネルヴァ書房、一九九六年、一九五〜一九七頁。

(135) Autrand, *Jean de Berry*, p. 154.

(136) Autrand, *Jean de Berry*, pp. 154-155.

(137) 以下の都市蜂起の具体相に関しては、Autrand, *Jean de Berry*, pp. 154-155 を参照。

(138) 国王代行官による大逆罪宣告の権能については、親任状試訳(C)③(*ORF.*, t. VI, p. 530)。

(139) このほか、王国各地の反税蜂起の概観として、Autrand, *Charles VI*, pp. 85-88.

(140) アンジュー公の解任時期に関しては、*Gallia regia*-3-13686 の解説部分(p. 447)を参照。

(141) Lehoux, *Jean de France, duc de Berri*, t. I, pp. 24-25.

(142) *Gallia regia*-3-13688.

(143) ジャンの国王代行官解任と自領への一時帰還については、Autrand, *Charles VI*, pp. 189-191; id., *Jean de Berry*, pp. 190-192.

(144) Lehoux, *Jean de France, duc de Berri*, t. IV, "itinéraire," pp. 424-513.

(145) 一三八二年一一月二三日リール〜一三八四年五月一七日パリ、一三八七年一一月一九日ルーアン〜一三八八年一一月以降のパリ、など。cf. Lehoux, *Jean de France, duc de Berri*, t. IV, "itinéraire," pp. 463-465, 471-472 et passim.

(146) 一四・一五世紀の王国国制におけるパリの「首都」としての到達度などに関しては、Guenée, «Espace et État dans la France du Bas Moyen Âge» および本書序章第一節に詳述。

(147) 一三八四年一〇月四日ブールジュ〜一三八五年一月一六日ポワティエ、一三八七年二月二四日ポワティエ〜同年一一月二七日リヨム、など。cf. Lehoux, *Jean de France, duc de Berri*, t. IV, "itinéraire," pp. 466-467, 471-472 et passim.

(148) 一三八一年六月二三日ミヨー〜一三八二年八月アヴィニョン、一三八五年六月三日アヴィニョン〜一三八六年五月二七日トゥルーズ。cf. Lehoux, *Jean de France, duc de Berri*, t. IV, pp. 461-463 et 468-474.

(149) Lehoux, *Jean de France, duc de Berri*, t. IV, pp. 461-463 et 468-474.

(150) Lehoux, *Jean de France, duc de Berri*, t. IV, pp. 460-463 に依拠。
(151) Guenée, «Espace et État dans la France du Bas Moyen Âge», pp. 751-752.
(152) その概要として Lehoux, *Jean de France, duc de Berri*, t. II, pp. 25-27 et 31-32; Autrand, *Jean de Berry*, pp. 158-159.
(153) 「四諸侯協定」については、前節(三)および第三章第1節(一)。
(154) 北フランスの都市反税蜂起に関しては、Autrand, *Charles VI*, pp. 76-85.
(155) 一三七八年以降、一四一七年コンスタンス公会議におけるシスマ終結までの経緯は、教会史をはじめさまざまな角度から長い研究史がある。最近の概論として、H. Kaminsky, «The Great Schism», in M. Jones [ed.], *The New Cambridge Medieval History*, t. VI: c. 1300-c. 1415, Cambridge, 2000, Chap. 20, pp. 674-696. またシスマに対するフランス王権および白ユリ諸侯の対応については、Guenée, *Un meurtre, une société*, pp. 152-159; Autrand, *Jean de Berry*, pp. 197-208.
(156) 詳細は、Autrand, *Charles VI*, pp. 76-78.
(157) この時の国王委任官が何者であるかは定かでない。アンジュー公の国王代行官解任後、国王委任官の名でラングドックに派遣された数名の国王顧問官、もしくはアンジュー公代行期に〈gouverneurs gênéral〉の名で派遣されたアンジュー公代理 Jean de Bueil のどちらかであると思われる。cf. *Gallia regia*-3-13687; 3-13723 ②.
(158) Lehoux, *Jean de France, duc de Berri*, t. II, pp. 24-25.
(159) Lehoux, *Jean de France, duc de Berri*, t. II, p. 30.
(160) 引用は Lehoux, *Jean de France, duc de Berri*, t. II, p. 20 より。
(161) 詳しくは、Lehoux, *Jean de France, duc de Berri*, t. II, p. 35.
(162) Lehoux, *Jean de France, duc de Berri*, t. II, p. 36.
(163) *Chronique du religieux de Saint-Denys*, t. II, Liv. II, pp. 90-99.
(164) Guenée, «Michel Pintoin. Sa vie, son œuvre», p. i-lxxxv, reproduit dans id., *Un roi et son historien*, pp. 33-78 を参照。
(165) サン=ドゥニ巡礼に関する記述は、*Chronique du religieux de Saint-Denys*, t. I, Liv. II, pp. 95-97.
(166) Lehoux, *Jean de France, duc de Berri*, t. II, p. 37.
(167) Lehoux, *Jean de France, duc de Berri*, t. II, pp. 37-38.

(168) Lehoux, *Jean de France, duc de Berri*, t. II, p. 38.

(169) *ORF.*, t. VI, p. 531.

(170) Lehoux, *Jean de France, duc de Berri*, t. II, p. 37.

(171) Lehoux, *Jean de France, duc de Berri*, t. II, p. 38.

(172) Lehoux, *Jean de France, duc de Berri*, t. II, p. 34.

(173) Schnerb, *L'État bourguignon*, pp. 106-108.

(174) 当時、王令をはじめ、さまざまなかたちで行われる王の諸決定のうち、より重要度の高い決定は伝令官によって王文書が直接送付された。これに対して、それ以外の諸決定の伝達については次のような方法がとられた。決定内容を記した王文書は、パリ高等法院およびパリ会計院以外にはパリ近郊の数名の国王バイイにしか送付されない。文書を受け取ったバイイは数通の写しを作成し、文書を受け取っていない近隣バイイにこれを送付した。こうしたバイイを通じた伝達方法が王国の境界に達するまでつづけられたのである。cf. F. Autrand, «Géographie administrative et propagande politique. Le ›Rôle des Assignations‹ du Parlement aux XIVe et XVe siècles», dans W. Paravicini et K. F. Werner [publiés par], *Histoire comparée de l'administration (IVe-XVIIIe siècles), Actes du XIVe colloque historique franco-allemand de l'Institut Historique Allemand de Paris (Tours 27 mars-1er avril 1977)*, München, 1980, pp. 264-278. ここで取り上げるベリー公の国王代行官就任に関しては、親任状発給から一ヶ月弱の期間で通知されているため、親任状の写しが直接パリから送付されたと考えることができる。

(175) Lehoux, *Jean de France, duc de Berri*, t. II, p. 28.

(176) Bourret, *Un royaume "transpyrénéen"?*, p. 59.

(177) *Gallia regia*-3-13689 は、一三八〇年七月末フォワ伯が国王代行官に親任されたと記している。しかし、ルウ、オトラン、クリスティヤン・ヴレなどによると、伯は国王代行官の候補者にあげられたにとどまる。

(178) Lehoux, *Jean de France, duc de Berri*, t. II, p. 28.

(179) この時代のラングドックにおける「記憶と記録の世界」に関しては、Autrand, *Jean de Berry*, pp. 179-181 に詳しい。

(180) ルウおよびオトランもこの史料に言及する。史料原文は Lehoux, *Jean de France, duc de Berri*, t. II, p. 47; Autrand, *Jean de Berry*, p. 159 に掲載。

(181)　Lehoux, *Jean de France, duc de Berri*, t. II, p. 29.

(182)　L. Douët-D'arcq, *Choix de pièces inédites relatives au règne de Charles VI*, 2 vols., Paris, 1863-64, t. 1, pp. 4-9.

(183)　この点に関して、ルゥは使節の派遣がベリー公に対する在地の反発を予想して行われたとしている。cf. Lehoux, *Jean de France, duc de Berri*, t. II, p. 29.

(184)　なお、後半部の各条項の内容は次の通り。第九項：伯不服従の場合の処置、第一〇項：伯および在地の城、優良都市の監視、第一一項：王への報告義務、第一二項：アミアン枢機卿への報告義務、第一三項：アヴィニョン教皇庁への報告義務。cf. Douët-D'arcq, *Choix de pièces*, t. 1, pp. 8-9.

(185)　Douët-D'arcq, *Choix de pièces*, t. 1, p. 7: "Item, se ledit conte vouloit prendre dilaction de faire ledit homaige, ilz le requerront de faire féauté ausi comme ilz sera ou povoir. Et ou cas qu'il ne vouldroit faire ces choses gracieusement, ilz le requerront par instrumant publique secrètement."

(186)　Douët-D'arcq, *Choix de pièces*, t. 1, p. 7: "actendu la jonesce de lui qu'il ne pourroit gouverner tout son royaume, il a commis le gouvernement du pais de Langue-Doc à son oncle monseigneur de Berry . . ."

(187)　以降の展開については、Lehoux, *Jean de France, duc de Berri*, t. II, pp. 30-31; Autrand, *Jean de Berry*, p. 158 を参照。

(188)　詳しくは、高山「フィリップ四世（一二八五〜一三一四）治世下におけるフランスの統治機構」一〜三八頁を参照。

(189)　以下、Lehoux, *Jean de France, duc de Berri*, t. II, p. 30 を参照。

(190)　以下、Lehoux, *Jean de France, duc de Berri*, t. II, pp. 30-31 を参照。

(191)　Lehoux, *Jean de France, duc de Berri*, t. II, p. 31.

(192)　Lehoux, *Jean de France, duc de Berri*, t. II, p. 33.

(193)　以上、Lehoux, *Jean de France, duc de Berri*, t. II, pp. 33-34.

(194)　Autrand, *Jean de Berry*, p. 159.

(195)　ベジィエの蜂起については、Autrand, *Jean de Berry*, pp. 159-160 に詳述。

(196)　交渉の流れおよび協定の内容については、Lehoux, *Jean de France, duc de Berri*, t. II, pp. 41-42; Autrand, *Jean de Berry*, p. 160.

(197)　一三八八年以降のベリー公およびほかの白ユリ諸侯の動向については、Autrand, *Jean de Berry*, pp. 182-201.

(198) このころ、アンジュー公家はシチリア王位を継承しており、イタリア統治に重点をおくようになっていた。これをふくめ、英仏休戦交渉およびシスマをめぐる各諸侯の意見対立に関して、詳しくは Guenée, *Un meurtre, une société*, pp. 154-158; Autrand, *Jean de Berry*, pp. 202-218.

第三章　パリにおける諸侯抗争と王国統治観

百年戦争期の諸侯は王族を中心に構成され、かれらは王をその近くで支える特別な家臣としての使命を負っており、前章ではこうした使命の実態を主に王国の地方統治について検討した。それでは、かれらは王国統治の中枢パリにおいて、どのような役割を果たしていたのか。このような問題を具体的に検討するうえで、国王シャルル六世期はひとつの重要な節目となる。王本人の執政がしばしば困難となった百年戦争期にあって、とくに一三八〇～一四二二年という約四〇年間に及ぶシャルル治下においては、王や王太子の若年さらには王の発病のため、白ユリ諸侯が王政府の実質的な運営を担いつつも、(1) 王国政策をめぐる諸侯間の対立はやがて党派抗争から内戦へと発展していく。このようにシャルル六世期とは、親王領設定文書において「王国と国家の繁栄のために骨を折る」と記された諸侯の姿がもっとも顕著となった時代ということができ、そのことは王権のあり方や王国の統治体制に対して、いかなる影響を及ぼしたのだろうか。また、こうした展開は百年戦争やシスマといったヨーロッパレヴェルの動向と、いかなる連関をもっていたのか。

本章では、シャルル六世政府の権力分配に関する一連の国王証書を手がかりに、白ユリ諸侯による王国統治の展開と変容過程を検討することとする。ここで取り上げる計一三通の国王証書とは、王の親政が困難な場合、誰が王の代理人となるかをはじめ、王国の政策決定に関する権能の所在や手順を定めたものである。それらは、シャルル六世の即位に先立つ一三七四年からオルレアン公殺害直後の一四〇九年、つまり内戦勃発の直前までに発せられ、一通をのぞき、「すべての人々」という一般的宛先で発せられた開封王状の形態をもつ。これらの証書は、すべて『フランス王令集』(以下、『王令集』)に収録され、うち九通についてはその刊行当時、国王文書の写しを保管していた「文書の宝物庫」(Trésor des chartes)において、「執政と国王成年期」(*Layette des Régences & Majoritez*)と題する箱に、その写しが保管されていた。(2)

これら一連の国王証書に関するこれまでの解釈は、シャルル六世期に関する国制史像、とくに内戦に関する歴史理解の変遷と結びつきながら、なされてきた。従来、王の即位からオルレアン公殺害をへて内戦にいたる期間は、一三世紀以来の王権拡大を一時停止させた、つまり「フランス史」の「正常な発展」を阻害した期間と考えられてきた。ブルゴーニュ公国史家ベルトラン・シュネルプがまとめているように、そこでは封建的権力の奪回を目指す諸侯の権力闘争とそれによる王権の麻痺が強調され、これによってもたらされた王国政治の混乱は一四一五年のアザンクールにおける大敗の元凶とみなされたのである。(3) このような見方に立てば、一連の国王証書は権力闘争によって生じた王政府の主導権交代を跡づけるものとなる。これに対し、近年、シュネルプとともにフランソワズ・オトランやベルナール・グネは、強調点に若干の違いはあるものの、「国家」の生成という論点を導入することで旧来の理解を根本から修正しつつある。(4) グネは序章で詳述したように、諸侯抗争の水面下において、王権に関する政治理論が逆説的に深化したことに注目し、一連の国王証書をこの議論の中核に位置づけた。とくに、グネは諸侯を「臣民」(sujet)と明記した一四〇三年の一証書を取り上げ、これに対する諸侯の反発と意見対立のなかに、オルレアン公殺害そして内戦勃発にいたる政治過程を理解している。(5)

しかし、これらの国王証書が王の政策決定についての諸侯の権力分配に関わるものである以上、我々は白ユリ諸侯の国制的役割を高く位置づけた当時の王国統治観との関連において、諸証書を分析していく必要がある。第一章において論じたように、聖王の血を引くヴァロワの血統は高貴で特別な血統とみなされ、そのなかで白ユリ諸侯は王国の命運に対して格別の責務を負う存在であった。それでは、このような王家の血統を重視する王国統治観は諸証書のなかにどのように反映され、それが諸侯抗争を通じていかに変容したのか、あるいは変容しなかったのか。この問題を明らかにしなければ、グネのいう新しい王権理論の意義とともに、内戦勃発までの諸侯権の展開を見誤るおそれがある。これをふまえて、以下、国王証書の発給背景と措置内容およびその実態に関して、それぞれの文書を年代順に分析しつつも、これを王政府における諸侯の役割変化を念頭に三つの時期に分けて考察する。

第一節　幼王シャルル六世王権

(一)　一三七四年の三証書

シャルル六世政府において、白ユリ諸侯の役割がかつてないほど高まった原因が、王の年齢とその発病にあったことは前述の通りである。このうち、王の発病については予測困難としても、年齢すなわち王の若さという点は、すでに先代の治世末期から王権周辺で憂慮されていた。ここで分析する最初の国王証書が、シャルル六世の父シャルル五世の発した一三七四年の三証書であるのはこのためである。以下、本章で分析する国王証書の大部分は、それぞれの証書構成部分に分量の差はみられるものの、内容上、次の三つの部分に分けることができ、これにそって考察を進める。第一は冒頭の挨拶につづく主部叙述部であり(時に、かつて前文に用いられたような抽象的な文言も入り混じっている)、その大半は王国の「幸福、利益、名誉」のため、王国統治業務が迅速になされることを祈願している。第二は同措置部であり、王と王太子が成人とみなされる年齢の設定や、王に代わる王国の執政者の任命、それについての権能授与を記しており、主な考察対象となる。第三は印璽と署名の部分で、署名する人物は証書ごとに異なっている。また時には、そこに執政者の宣誓文が付される場合もあった。まずは一三七四年の三証書に関して、その発給背景から考察をはじめる。なお以下で述べる人物については、本書巻頭の王家系図を参照のこと。

一三六〇~七〇年代のフランスにおいては、イングランドに対する緒戦敗退からの回復の兆しが現れる一方で、次世代の王権への不安が広まっていた。シャルル五世と王妃ジャンヌ・ド・ブルボンのあいだには、一三五〇年の婚姻後二〇年近くすぎても、男子が誕生していなかった。このため、王はあらかじめ弟のアンジュー公ルイを王位継承の候補者に指名していたものの、王死後の王国統治は不透明なままであった。そうしたなかで、一三六九年に待望の男子シャルル(のち六世)、さらに一三七二年には次男ルイ(のちオルレアン公)が誕生した。この結果、アンジュー公は王位継承を断念する見返りに、すでに治めていたアンジュー公領・メーヌ伯領にくわえて、新たな親王領としてトゥレーヌ公領を取得し、次世代への王位継承にも一定の見通しがつけられた(6)。しかし、王子の誕生は期待よりも大幅に遅れたため、いつ訪れるか分からない王の死後、長男シャルルが幼少のまま王に即位した場合に、王国統治をどう進めるのかという問題は依然として残っていた。このような状況下、シャルル五世は一三七四年八~一〇月にかけ、その死後の王国統治に関して三通の証書を発したのである。

この時の三証書は、一七四一年刊行の『王令集』第六巻に収録されている(7)。その収録頁順に、三証書をそれぞれ第一・第二・第三証書とし、『王令集』がつけた文書タイトルを示すと、第一証書「フランス王の成年を一四の年に定めた王令」、第二証書「長子が成年に達する前に、王が死去した場合、王国の執政に関する取り決め」、第三証書「長子が成年に達する前に、王が死去した場合、フランス王子たちの後見に関する取り決め」となる(8)。後述するように、これらのタイトルは必ずしも正確とはいえない。しかし、いずれの証書も国王シャルル五世死後の王政府と王家、そしてその安寧のうえに成り立つ次世代の王国統治に関して定めたものといえる。第一証書が定める「一四の年」(以下、満一三歳)という王の成年は、第二・第三証書でも繰り返されるため、ここでは王国の執政者を任命した第二証書を分析する。また、新王の保護権者に王妃ジャンヌ・ド・ブルボンを指名した第三証書については、王子の保護が問題となる一三八〇年の四諸侯協定の分析に際して言及する。

それでは、シャルル五世の治世末年、幼少の新王のもとでの王国統治はどのように構想されたのか。一三七四年の第二証書は、シャルル六世王政府における権力分配を最初に定めた文書として、のちの一三九三年証書の雛型となるとともに、その文言は一四〇〇年代にも継承された。ここでは王政府における白ユリ諸侯の主導権交代という観点から、証書の主部措置部のうち、(A) 王国執政者、(B) その権力、(C) 執政者の代理に関する文言を引用して、分析を進めようと思う。

(A) 王国執政者…「余(国王シャルル五世)は、いとも親愛なる愛すべき弟アンジューおよびトゥレーヌの公ルイに全幅の信頼をおき、その偉大なる善行、良識、勇猛さとともに、余が抱くのと同様に、ルイが余および余の王子に対して絶えず抱く、特別、完璧、誠実そして真の愛情ゆえに、当文書において以下のことを望み、命じる。神の御心ゆえ、シャルル(のち六世)あるいはその時の余の長子が一四の年になる前に、余が死去した場合、その長子が一四の年に達するまで、長子の一四の年に先立つ期間に限り、弟アンジューが余の王国の統治権を保持する(9)」。

ここではまず、フランス王は満一三歳をもって親政を開始するという考え方が記されている。この満一三歳という考え方は、これ以降の内戦にいたる時期はいうまでもなく、後世のブルボン王朝期においても繰り返される考え方となる。そのうえで、シャルル五世は新王がこの年齢に達していない場合に限り、みずからの弟であるアンジュー公ルイに「王国の統治権」(le gouvernement de nostre Royaume)を授与することを定めた。それでは以下、本章で度々取り上げ、諸侯抗争の展開のカギとなる「王国の統治権」とは何か。すなわち、万が一にも即位後の王が幼少の場合、ルイはいかなる権能を付与されるのかを明らかにしておく必要がある。

(B) 王国執政者の権力…「(余はいま述べた弟に対して、今後そのような時に、以下のような権威と十全なる権力を授与する。) 余の王国を統治、保護、防衛する。正義および王国の統治、保護、防衛に関するすべての事柄に関し、役人を設置する。自然に必要と思われ、適切であると思われた時、慣習にしたがってなされてきた方法により、裁判文書、およびレガリアそのほかの理由で余に帰属する聖職禄の推挙と授与に関する文書、罪、軽罪、非行の赦免に関する文書を与え、授与する。王国における通常・臨時の定期金、収入、収益、取得税を徴収、収集、受理させ、これらを用いて王国の統治、保護、防衛にとって必要なことを行い、行わせる。〔中略(ここでは、アンジュー公の権能から除外される諸地域やこれに関わる統治機関などが列挙されている：都市パリとそのヴィコント管区、司教都市サンリス、ムランの城と都市、ノルマンディ公領およびエシィキエの管轄権)〕。ただし、パリの王邸、高等法院法廷、王宮の尋問部と嘆願審理部、会計院、文書の宝物庫ほか、王国の事柄に関して一般的に指定される機関にくわえ、上述の除外された諸領に関する終審管轄権は、余の弟ないし王国統治権を有するそのほかの者に帰属する」[10]。

新王が満一三歳になるまでの期間、アンジュー公ルイには、王の権能の大半が付与されることが定められている。そこでの文言は、前章で示した国王代行官親任状の文言と類似しており、戦争の遂行や身分制議会の召集などを具体的にあげていないものの、王のもつ諸権能について、その中枢となる事柄の大部分を記しているということができる[11]。国王代行官が王国諸地域における「王の代理人」であるとすれば、この時のルイは王国全体、とくにパリの王政府における「王の代理人」に指名されたといっても過言ではない。『王令集』第六巻が付した文書タイトルは、このような王政府の体制を〈Régence〉と表現し[12]、グネのほか、王弟ブルゴーニュ公フィリップの伝記を著したリチャード・ヴォーン、さらにオトランもシャルル五世王に関する伝記叙述のなかでこの時のルイを〈régent〉としている[13]。しかしながら、通常「摂政」と訳される〈régent〉という用語は、本証書において一度も用いられていないことには注意を要する[14]。これが最初に現れるのは、のちに分析する一四〇三年の国王証書においてであり、しかもそこでは〈régent〉の抽象名詞である〈Régence〉が用いられている。こうした抽象名詞形での使用、ならびに「摂政」という用語が日本の平安時代の摂関政治、とくに摂政位が藤原家に独占されていたイメージを連想させるため、本書では王国統治権の保持者に「執政者」という語を用いている。このような王国の執政者としての権能を付与されたルイは、「王国を良くそして誠実に統治すること」に関して、王妃ジャンヌ、ブルゴーニュ公フィリップ、ブルボン公ルイ二世(王妃の兄)の面前で宣誓することを命じられた。

(C) 執政者の代理…「アンジュー公が死去するか、かれが王国の統治権に同意することを望まず、それを行使せず、かつ余の長子が一四の年に達する前に余が死亡した場合、王国の保護、防衛、統治権は、余のいとも親愛なる弟ブルゴーニュ公フィリップに帰属する。その場合、ただちに余は、アンジュー公に代わりブルゴーニュ公に前述の王国統治権を付与し、命じ、指示し、上述した形式と方法にしたがって、王国の保護、防衛、統治に関するすべての事柄を行うための十全なる権力と権能を付与する[15]」。

ここには、シャルル五世王権が次世代の王政府の権力分配を、一体どのような原則にもとづいて行ったのかが示されている。以下、王家系図を参照しながら、その原則を考えていく。まず、証書において想定されているように、長子シャルルが新王に即位した場合、アンジュー公ルイはその時点で王の父方の最年長の叔父であり、この時点では王にもっとも近い男系・男子の年長者である。この男系・男子という血のつながりが、かつてカペーからヴァロワへの王朝交代の決め手となったことを考慮すると、シャルル五世もこの男系・男子の血統を念頭に、次世代の王政府での権力分配を構想したことは十分に推測可能である。引用文(A)における「特別、完璧、誠実そして真の愛情ゆえ」という文言は、王国の執政者の指名にあたって、王家内の愛情の強さすなわち王との血縁関係が重視されたことを、間接的ではあるが示している。しかしながら一方で、このような男系・男子による血縁関係を重視するならば、ルイが王国の執政を放棄した場合、その代行者は同じく王の叔父で王家第三子のベリー公ジャンとなるはずである。しかし実際には、第四子のブルゴーニュ公フィリップが指名されており、さらにルイの職務宣誓の臨席者には女系王族であるブルボン公(王妃の兄)が指名され、ベリー公への言及はみられない。それでは、王政府の権力分配に際して、男系・男子の血統はそれほど重要視されていなかったのだろうか。

この点については、グネとともに、ベリー公ジャンの伝記研究を行ったフランソワズ・ルウは、一三七四年証書の記す権力分配の内容を検討しつつも、ジャンがその中枢からはずれた理由を説明してはいない。[16] 一方、オトランはシャルル五世王の伝記のなかで、王と弟ジャンの「冷えきった」人間関係よりも、ジャンが治めた広大な親王国に注目する必要があると指摘している。[17] この指摘を掘り下げて検討するならば、ジャンの親王国の拡大と縮小が百年戦争前半期の経過と密接に関わっていたことは重要である。一三六〇年、英仏間でブレティニィ=カレー和約が締結され、王国西部の大西洋岸一帯がイングランド王に割譲されたことはよく知られている。この時、ジャンの親王国の一部をなしたポワトゥ伯領(一三五六年授与)がイングランドの支配下に入ったため、ジャンはその代償として、和約締結と同年、王国中部に位置したベリー公領とオーヴェルニュ公領を取得した。そののち、一三六九年、シャルル五世が再征服戦争をはじめると、ジャンはみずから国王代行官として国王軍を率い、さらに再征服軍がギュイエンヌ公領をのぞく割譲地の奪還に成功すると、王はポワトゥ伯領を再び親王領としてジャンに授封している(第一章の表2ジャン二世③)。こうした一連の領地交換の結果、ジャンの親王国はイングランド領として残ったギュイエンヌを取り囲むかたちで分布することとなった。このような経緯をふまえるならば、一三七四年当時のジャンは王政府やパリでの王国統治業務よりも、奪回後間もない王国西部地域の監視という責務を求められたと考えることができる。ポワトゥ奪還がなされた一三六九年から三年間、ジャンがオーヴェルニュ、ブルボネ、トゥレーヌなど王国中西部の国王代行官を名乗っていることは、その具体的な現れといえよう（第二章の表4【4】⑤も参照）[18]。

このように、一三七四年の三証書は新王の叔父たち、すなわちごく近親の王族に依拠する王政府の体制を目指したものといえる。王家の血統を特別視し、王族に王国統治上の格別な責務を求める統治観は、ここにも基本的な前提を与えていたと考えられる[19]。しかし、そこでの権力分配は、当時の王統を支えていた男系・男子という血縁の序列を厳格に適用したものでは決してなく、王国の政治情勢とくにそれぞれの王族が治めた親王国の動向に配慮したものでもあった。このような親王国への目配りという王権の姿勢は、一三七〇年代後半における王国内外のめまぐるしい情勢変化を受けたのち、三証書の執行に際し、より一層明らかとなっていく。

（二）　一三八〇年四諸侯協定

一三八〇年九月にシャルル五世王が死去し、同年一一月四日シャルル六世が戴冠した時、新王は一一歳であった。王は一四の年に達しておらず、ゆえに一三七四年の三証書が執行される運びとなった。ここで、その執行状況を検証するにあたり、シャルル六世即位の時点で、一三七四年からすでに六年の歳月が流れていたことに注意する必要がある。この間、フランス王国を取り巻く状況は刻々と変化しており、このことがパリにおける諸侯の権力関係に変更を迫ることとなったためである。まずは、それらの変更点を検討しておく。

シャルル六世が一一歳で即位した時、一三七四年の三証書のひとつ、第三証書の執行が困難となっていた。この第三証書とは、新王およびその兄弟姉妹の「後見、保護、指導」(tutelle, garde, gouvernement)(以下、総称して「保護権」)を定めたものである。革命以前の諸慣習において、「後見」という行為が未成年者の財産管理のみならずその支配権の行使をふくみ、広い意味で理解されていたことはよく知られている。[20] このため、王や王族の保護権者は王国の政策決定に直接関与しないとしても、王とその兄弟への影響力という点では重要な位置を占めた。一三七四年の第三証書は、この権能を当時王妃で、シャルルの母だったジャンヌに付与し、その補佐役にブルゴーニュ公フィリップとブルボン公ルイを指名していた。[21] しかし、ジャンヌはシャルル六世即位以前の一三七七年に死去していた。この時、アンジュー公ルイが王国統治権とともに、空席となった王の保護権者の地位をも要求したため、ジャンヌの補佐役に指名されていたブルゴーニュ公フィリップとの対立が深まり、一三七四年の諸措置について微調整が不可避となったのである。このような問題をふくめて、先代の死去以来、王族諸侯が過密スケジュールのなかで王国統治に関する協議を進めていたことは前章で述べた通りである。[22] このなかで、ベリー公ジャンが王国南半分での国王代行官に就任したのに対して、王政府での諸権力はいかにして調整されたのだろうか。

これに関して分析する一三八〇年一一月三〇日の一文書は、本章で取り上げている文書のなかで、唯一開封王状の形態をとっていない。[23]『王令集』第六巻の註釈が記すところによれば、そのオリジナル文書には、「王国の統治と業務に関するアンジュー公、ベリー公、ブルゴーニュ公、ブルボン公の協定」というラテン語の書き込みがある。[24] それゆえ、この文書は王国の民にむけての王の決定の通知ではなく、四諸侯のあいだでの「協定文書」といえる。このような文書形態の違いからか、グネは本文書に一切言及していない。これに対して、協定を結んだ諸侯に関する伝記研究においては、本文書も重視されている。ベリー公ジャンの生涯を叙述したルウは、協定文書が「フランスに新しい統治体制を敷き、伝統的君主制に代わる多頭制(polyarchie)を確立した」とし、オトランは国王シャルル六世の伝記のなかで、協定が「多頭政府」(un gouvernement à plusieurs têtes)および「集団統治システム」(un système collégial)を目指したと評した。(25) これらの評価をふまえるならば、一三八〇年の協定文書の分析は白ユリ諸侯が果たした国制的位置の解明にとって不可欠といえる。一方、本協定文書は本章で分析する諸文書のなかで、唯一条項によって区分されている点でも異なっている。筆者なりに各条項に見出しをつけると、第一項：国王顧問会への参勤義務、第二項：顧問官選出と開催地、第三項：顧問会の決定と執行、第四項：国王役人の任命、第五項：王国財の分配、第六項：王領譲渡の禁止、第七項：国王個人財宝の管理、第八項：王と王弟の保護となる。ここでは、一三七四年体制の微調整という観点から、第一項と第八項を以下に引用したうえで、分析する。

第一項：「(我々の望むところにしたがって、以下の事柄が話し合われた。) 第一に、我々アンジュー公、ベリー公、ブルゴーニュ公、ブルボン公は、常に国王顧問会に出席する。もしくは望ましいと思われる場合、その二名ないし三名が出席する。ただし、四諸侯が要請し、それが可能な場合、アンジュー公は常に国王顧問会に出席しなければならない。アンジュー公は最年長者の権力にもとづいて、国王顧問会の主宰権と特権を有す。ほかの三諸侯もそれぞれの権力にもとづき、各々の特権を行使する。アンジュー公が出席できず、また出席を望まない場合、ほかの三諸侯は〔顧問会開催の旨を〕アンジュー公に知らせ、その同意がなければ、重大で緊急の決定を下すことはできない(26)」。

まず、四諸侯は国王顧問会にできうる限り出席することで合意している。未成年の王が実際に即位するなか、諸侯は王の幼さに起因する権力の空白を共同で埋めようとしていることが読み取れる。このためか、一三七四年体制とは異なり、ここでは共同での統治行為という点が前面に出ており、アンジュー公ルイの全般的な王国統治権には触れられていない。すでにいくつかの先行研究が指摘するように、一三八〇年の協定文書がルイの権力拡大要求を退けた可能性は高い(27)。しかし、ルイは四諸侯の長兄として国王顧問会の主宰権および重大決定への同意権を有し、全面的とはいえないまでも、王政府における その主導権を確保しつづけている。一三七四年以来、さまざまな背景のもとで形成されていった王政府の権力編成においては、その権力内容こそ違え、常にトップの地位が存在した。こうしたトップの地位の存在は、諸侯抗争を激化させる最大の要因となっていく。

第八項：「王およびヴァロワ伯(王弟ルイ、のちオルレアン公)に対する保護権は、ブルゴーニュ公とブルボン公に帰属する。これに関して、アンジュー公とベリー公はふさわしい役人をおく(28)」。

ここには萌芽的であるとはいえ、のちの諸侯抗争の基本的な対立図式が現れている。一三九〇年以降、政策対立を繰り広げることとなるブルゴーニュ公フィリップとオルレアン公ルイが保護―被保護の関係におかれた。この時、叔父フィリップは三八歳、甥ルイは八歳であった。一方、ベリー公ジャンは四諸侯協定において、王と王弟の保護のための役人設置権をのぞいて、何ら特別な役割を与えられていない。当時、四〇歳だったジャンは、王政府での地位という点に限っていえば、女系王族であるブルボン公ルイよりも下位におかれ、以後も王政府におけるトップの地位を与えられることはなかった。

このように、一三八〇年の協定文書は一三七四年体制を修正しつつも、基本的にはこれと同様に、ごく近親の王族に依拠した王政府の編成を目指したものといえる。四諸侯と同じ公―同輩のタイトルをもったブルターニュ公や、また男系・男子の王族でも、四諸侯より遠縁の王族であるアランソン伯やナヴァール王などの名はあがっていない。この点については、表1「フランス同輩の交代」(第一章)をみると、一三八〇年の体制がいかに狭い範囲の王族を中核においたものであったかが理解できるであろう。しかし、ここで繰り返しておきたいのは、王との血縁関係を重視した一三八〇年の王政府編成においても、血縁以外の要素が考慮されていることである。四諸侯は政策決定への共同参加を確認しつつも、そこでは一三七四年体制の時と同様にアンジュー公(王家次男)の主導権が維持され、王の保護権者としてブルゴーニュ公(王家四男)とブルボン公(王母の兄)がこれにつづき、ベリー公(王家三男)は副次的な役割しか与えられていない。以下では、このことも念頭に一三七四年から一三八〇年にかけて成立した四諸侯体制の実態をみていく。

(三)　四諸侯指導体制の実態

従来、内戦勃発までの白ユリ諸侯の王国統治活動に関しては、各諸侯の人間性や政治的センス、そして権力と金銭への欲などの観点から説明されてきた。一例をあげると、ブルゴーニュ諸公の伝記を叙述したヴォーンはフィリップ豪胆公の伝記のなかで、アンジュー公ルイが「自身」の地中海進出のためにシチリア王国を獲得し、かれがパリを去ったのちは、「政治的洞察力」に勝るブルゴーニュ公フィリップが王政府の主導権を握り、ベリー公ジャンがこれにしたがったとしている。(29) このような説明に対して、オトランはベリー公ジャンの伝記において、個々の諸侯の人間性や能力という観点ではなく、シスマによって生じた王国情勢の変化という観点から、王政府での権力関係を捉えている。(30) 以下、このオトランの見方を参考に、白ユリ諸侯の王国統治活動をシスマ政策にそって検討する。(31) 一三七八年、カトリック世界にシスマが発生したことによって、イングランド王および神聖ローマ皇帝のローマ支持に対して、フランス王シャルル五世は若干の躊躇ののち、アヴィニョン支持を表明し、スコットランドやイベリア諸国をその陣営に引き込んだ。こうした王のアヴィニョン支持は、四諸侯の王国指導体制にふたつの影響を及ぼすこととなった。

第一は、アンジュー公ルイのイタリア行である。(32) フランス王シャルル五世はアヴィニョン支持にもとづくシスマ政策の一環として、シチリア王妃およびプロヴァンス伯妃であるジャンヌの動向に着目した。シャルルは、ジャンヌがいまだ継承者を残していなかったことに注目し、ローマを南北から挟むその王国を影響下におくことで、ローマ教皇庁を牽制しようと試みた。一方で、時のアヴィニョン教皇クレメンス七世は、当時ラングドック国王代行官としてアヴィニョンとも深い関わりをもっていたアンジュー公ルイを、その支持者に取り込もうとしていた（この時の委任地等については、第二章の表4【3】⑤を参照）[33]。クレメンスはルイにシスマ解決にむけた援助を要請するとともに、一三七九年四月一七日の教皇勅書によって、アドリア王国を教皇レーンとしてルイに授与し、その一日も早いイタリア入りを要請した。このようなフランス王権とアヴィニョン教皇庁の戦略のもと、ルイは王の死直前の一三八〇年六月二九日、正式にジャンヌの養子となった。またこの養子縁組は、一三五〇年代以降、アラゴンやマヨルカの王家とも密接な関係を築きつつあったルイの地中海政策にとっても、少なからぬ意味をもつものであった。そののち、ルイは幼少の王が即位するなかで、パリにおいて四諸侯での協定締結に取り組み、翌年にかけて王国全土に広まる反税蜂起の鎮静化を指揮したのち[34]、王国統治業務に一区切りをつけると、一三八二年二月、プロヴァンスにむけてパリを出発したのであった。

第二は、ブルゴーニュ公フィリップによる王政府での主導権確立である。本節(一)で分析した一三七四年の第二証書にしたがえば、アンジュー公が執政困難な場合、王国統治権はフィリップに帰属するとされた。ただし、この主導権交代については、シスマによって生じた国王政策の重心変化という要因も考慮しなければならない。そのきっかけとなったのが、イングランド王の反逆とも密接に結びついたフランドル諸都市の反乱である[35]。当時、毛織物交易で豊かな経済力を誇っていた当地の諸都市は、羊毛の供給地イングランドとの関係を考慮して、シスマ発生以来ローマ支持を表明していた。当時のフランス王政府は、フランドルの富がイングランドの軍事力に流れ込んでいたことを危惧していたことはいうまでもなく、そこでは、一三六九年にフランドル女伯マルグリットと結婚し、同伯領の継承権を確保していたブルゴーニュ公フィリップの動向がとりわけ重要視された。なぜなら、フランドル諸都市の引き留めという王国の利害は、公国拡大というフィリップの利害とも重なったからである。こうして、イングランド大陸領の再征服という目的のもと、大西洋側にむいていた王政府の関心は、シスマ発生とともに、アヴィニョンとローマをのぞむ地中海、そしてフランドルを中心とする北海・バルト海方面へとむかいはじめたのである。一方、ロワール河以南においてイングランド大陸領の監視も責務としていたベリー公ジャンは、シスマのもとで王国南部を拠点にアヴィニョン教皇庁の保護監視という責務を担うこととなった。ジャンが一三八〇年以降はラングドック国王代行官として、いく度となくアヴィニョンを訪れていることは、第二章で示した表5「ベリー公ジャンの滞在地変遷」も示す通りである。(36) こうして、王政府の主導権を確保したフィリップは一三八〇年代前半、フランドル戦争とも連動しつつ英仏和平交渉を指揮していく。

このように、一三七四年から一三八〇年にかけての王政府を担っていた諸侯は、これと同時に王国各地に領域支配を拡げる勢力でもあったことから、かれらの諸侯国の分布やそこでの政治情勢が逆に王政府の権力編成を方向づけることともなった。それゆえ、そこで生み出される王国政策も諸侯の家門政策に連動して進められる側面を有したのである。こうした体制のもと、王国統治権を代行したブルゴーニュ公フィリップはもちろん、ラングドック国王代行官を務めたベリー公ジャンも、一三八〇年代においては、平均して一年の半分以上をパリで過ごしていたといわれている。(37)

一三八八年の万聖節(一一月一日)、国王シャルル六世が二〇歳となり、親政を開始した。この「二〇歳」という年齢の根拠は曖昧であり、グネやオトランも明確な説明を行っていない。一三八〇年の協定文書が王の成年を明確に規定しなかったためか、またほかの理由があるのかは不明である。いずれにせよ、王の親政開始にともなって、フィリップは王国執政者の責務を離れるとともに、ジャンもその国王代行任務を解かれた。両者はこのころより親王国に帰還し、パリの王政府には、後世マルムゼとよばれることとなる先代シャルル五世期の国王顧問官らが復帰した。[38] しかしながら、諸侯による王国の指導体制は、王国内外の情勢ならびに諸侯国の展開と密接に連動しつつ成立したものであり、それゆえに王の親政開始とともに、ただちに解消されるようなものではなかった。フィリップの主導で進められた英仏和平交渉において、イングランドの代表ランカスター公ジョン・オブ・ゴーントは和平交渉に際して、フランス側代表への諸侯の出席を求め、かれら抜きでは話し合いを進められないと主張している。[39] このような事態は、当時の王国情勢そのものが、王国の政策決定への諸侯の関与を要請したことを示しているといえる。こうして王政府における王の主導権が安定しないなか、一三九二年、そこに重大な危機が訪れる。

第二節　諸侯抗争下の王国統治観の転換

(一)　一三九二・九三年の三証書

一三九二年、シャルル六世政権を揺るがした背景として、まずは次のふたつの出来事を確認しておかねばならない。ひとつは、王弟ルイの台頭である。一三八〇年、四諸侯協定の締結時、ルイはヴァロワ伯を名乗り八歳であり、ブルゴーニュ公とブルボン公という二名の叔父の保護下におかれた。そののち、一三八六年、一四歳となったルイは親王国としてトゥレーヌ公領を取得した(その時の設定文書については、第一章第三節(四)にて検討)。親王国の授与が王の家父長権からの解放を意味したことを考え合わせると、ルイはこの公領授与を境に叔父の保護権から解放されたと考えられる。[40] さらに一三九二年、二〇歳となったルイはトゥレーヌ公領を王に返還したうえで、パリ南方のオルレアン公領を取得し、北方のヴァロワ伯領とともに、パリを囲むかたちで親王国形成を進めた（表2シャルル五世②と本書巻頭の関連地図を参照）。このようにルイが諸侯国君主としての頭角を現した一三九二年、かつてその保護権者であったブルゴーニュ公は五〇歳となっていた。もうひとつの出来事は、いうまでもなくシャルル六世王の発病である。その病の原因は、医師と呪術師の博識をもってしても解明されず、シャルルの親政は再び困難となった。[41] この時の王家には、誕生間もない王太子シャルル（一四〇一年死去）がいるのみで、[42] 白ユリ諸侯が再び王政府の中枢に復帰することとなった。しかし、王家の世代交代にともなって一三八〇年の指導体制がもはや維持できない状況下において、王国の政策決定方式はどのように定められたのか。これに関して、一三九二年一一月から翌年一月にかけて発せられた三通の国王証書を分析することとする。[43]

王の発病直後に作成された三通の国王証書の文言は、一三七四年の三証書の文言と酷似しており、王族諸侯が緊急事態に対処すべく、一三七四年の諸証書をもとに三つの証書を作成したことを読み取ることができる。また、一三九二・九三年の三証書の署名欄は同一であり、「国王顧問会における王により。顧問会には、ベリー公、ブルゴーニュ公、オルレアン公、ブルボン公が列席した。汝（フランス尚書局長）、バイユー司教、ノワイヨン司教、オセール司教、アラス司教、ムラン副伯、ギョーム・デ・ボルドゥ殿、フィリップ・ド・サヴォワ殿、喜捨役オダール・ド・ムラン師、そのほか多くの人々がそこに居合わせた」と記され、[44] すでに地中海に拠点をおいたアンジュー公家をのぞく王族のほか、多数の高位聖職者がその場に居合わせたことが分かる。このような三証書を『王令集』第七巻での収録順に第一・第二・第三証書としたうえで、その内容を一三七四年の三証書にそれぞれ対応させて示すならば、第一証書が王の成年、第二証書が王子女の保護権者、第三証書が王国の執政者を定めている。[45] ただし、一三七四年から一三九二年にいたる王家メンバーの世代交代をうけて、諸権力の担い手が変わっていることは重要である。そこで以下では、一三七四年と一三八〇年に関する検討結果を念頭におきつつ、一三九二〜九三年体制における王太子の保護権者および王国の執政者に関して、そこでの権力分配がいかなる考え方にもとづいて行われたのかを検討する。

まず、王太子シャルルの保護権者は一三七四年の時と同様に、王妃に帰属した。シャルル六世王の王妃イザボー・ド・バヴィエールは、神聖ローマ帝国ヴィッテルスバハ家の分家であるバイエルン公家―インゴールシュタット系の出身である。一三八五年、イザボーがフランス王妃となった背景には、シスマとともに神聖ローマ皇帝位をめぐる帝国内の対立があったと考えられる(46)。このころの帝国においては、金印勅書のドイツ王選挙規定を尊重しないかたちで、父カール四世から王位を継承したルクセンブルク家ヴェンツェルへの不満が高まっていた。帝国諸侯と諸都市は、ヴィッテルスバハ家の出身でライン宮中伯のループレヒトのもとに結集し、最終的にかれを対立国王とした。当時、パリの王政府を指揮していたブルゴーニュ公フィリップはこうした帝国の政治状況に注目し、ローマ教皇を支持するルクセンブルク家を牽制するためにもヴィッテルスバハ家に接近し、国王即位後五年目のシャルル六世とイザボーとの婚姻を成立させたのであった。一方、一三九二年の第二証書においては、王太子シャルルに対する王妃イザボーの保護権行使が困難な場合、ベリー公ジャンとブルゴーニュ公フィリップがその代行者に指名された。先代治下の一三七四年の第三証書においては、当時の王妃ジャンヌ・ド・ブルボンに代わる保護権代行者として、その兄であるブルボン公ルイ二世が指名されていた。しかし、王の代替わりとともに、ブルボン公は王政府の中枢から退き、一三九二・九三年の三証書においては、何ら特別な権能を与えられていない。また、王妃イザボーの代理人としてベリー公とブルゴーニュ公に対等な権力が付与された点は、一三七四年証書そして一三八〇年四諸侯協定との大きな違いであり、このこととベリー公のラングドック国王代行任務の終了との関連は定かでないものの、注目に値しよう。それでは、病に伏す王に代わり、王国の全般的な統治権を付与されたのは誰なのか。

一三九三年の第三証書が王国の執政者に指名したのは、王の弟オルレアン公ルイであった。ここに、王政府における世代交代ないしルイの成長が反映されていることは明らかである。この時、ルイが取得した「王国統治権」の内容は、一三七四年の第二証書によってアンジュー公ルイに付与された権能と同一で、その権能に関する証書文言もほぼ踏襲されている(47)。それでは、オルレアン公ルイの執政が困難な場合、その代理人となるのは誰か。一三九三年第三証書はこれに関して、「その時、この王国統治権を有する者」としか記していない(48)。シャルル五世王の治世と異なり、この時のシャルル六世にはルイのほかに弟がいなかったためなのか。それとも、一三七四年以降における現実の王国統治の展開から、ブルゴーニュ公フィリップが代行者となることは自明だったのか。あるいは、国王発病という緊急事態のなか、詳細を詰める時間的余裕がなかったとも考えられる。

以上より、一三九二・九三年の三証書もまた、ごく近親の王族に依拠するかたちで、王の発病がもたらす王権の空白を埋めようとしたと理解することができる。さらに、このたびの発病という事態が緊急を要したためか、この時の王政府の編成には王家の世代交代が反映されつつ、王との血縁関係という要素が一三七四年体制よりも一層前面に出ている。王弟ルイが王国の執政者となったほか、ベリー公とブルゴーニュ公の二名の叔父は王妃の代理人という地位にとどまり、アンジュー公に関しては、すでにルイ二世(王の従兄弟)に代替わりしていたため、何ら特別な権能を与えられていない。これらの点を考えるならば、一三九三年における王政府の権力編成においては、一三七四年・一三八〇年よりも厳格に王家の血縁の序列が尊重されていたといえる。そこに、王国の対外情勢や各諸侯の家門政策への特別な配慮を読み取ることはできない。しかし一方で、一三九二・九三年の三証書が王発病に対する緊急措置として作成されたがゆえに、それらが一三七四年証書の踏襲というかたちをとったことはきわめて重要である。グネも指摘するように、一三九二・九三年の三証書は一三七四年証書における「余

〔先代シャルル五世〕が死去した場合……」という文言を引き継ぎ、ゆえにそれは国王シャルル六世が近い将来に死亡することを想定した措置となっている。つまり、王の存命中の王国統治については何も定めていないのである。(49)実際、シャルルは断続的な発作に襲われながらも、内戦勃発とアザンクールの大敗さらにトロワ和約をへて、一四二二年まで生きつづけた。王が存命である限り、一三九二・九三年の三証書は適用されない。それでは一体、このあいだ、パリの王政府を頂点とする現実の王国統治はいかにして運営され、誰がそこで主導権を握っていたのだろうか。以下、王国政治の現実のなかで、白ユリ諸侯がどのように政策決定に関与したかの一端を検証することで、この問いを検討していこうと思う。

(二) 白ユリ諸侯の王国政策

一三九二・九三年の三通の国王証書が、国王存命中の王国統治について何も定めていなかったことの意味に関して、グネはこれ以後、一四〇三年までのフランス王国においては、王国統治権がひとりの王族に帰属するのか、それとも王族ないしそのほかの者たちがこれを共同行使するのかが不明確なままであり、王国はその統治体制に関して重大な問題を抱えつづけたと述べている。(50)これをより具体的に言い換えるならば、王ともっとも近い男系・男子の王族という点を重視して、王弟ルイが王国の執政者になるのか、それとも一三八〇年代の慣例にしたがって、叔父のうちのひとりが、あるいはまた叔父たちが王弟ルイとも協力しつつ、共同で王国の政策決定を担うのかという問題である。当時においては、このような王権のあり方の根幹に関わる問題が浮かび上がるなか、白ユリ諸侯は王政府の主導権をめぐって徐々に対立しはじめた。以下、グネの大著および各諸侯の伝記研究の成果に拠りつつ、この過程を検証し、一四〇三年に発せられた諸措置の背景を析出する。

この対立状況は各諸侯の人間性、趣味、教養の違い、さらには妃をはじめとする女性の美の競い合いなど、あらゆる点に及んだ。[51]しかし、こうした諸侯の対立の様相をすべての側面から考察することは難しいので、ここでは王国国制という本書の課題にそくして、王国の重要政策をめぐる意見対立という観点から検討することとする。これに関して、オトランは当時のフランス王国における重要政策として、①シスマ、②英仏講和、③ブルターニュ公領没収、④神聖ローマ皇帝選挙の四つをあげている。[52]いずれも、当時のフランス王国のあり方を左右しかねない重大事項といえ、かつ相互に関連しているものの、ここでは前節とのつながりと問題そのものが帯びた重要性を考慮して、シスマの終結方法をめぐる諸侯対立に注目していく。シスマへの対処はほかの②〜④、とりわけ英仏講和の問題にも密接に関わってくる。白ユリ諸侯はシスマ終結にむけて、いかなる構想を抱き、その政策の背景にはどのような要因があったのか。王政府の主導権交代も考慮し、ブルゴーニュ公フィリップを中心とする叔父世代から検討する。

シスマの発生以来、シャルル五世王がアヴィニョン支持を表明したことにともない、アンジュー公ルイはローマをのぞむ地中海に拠点をうつし、ベリー公ジャンは前章で明らかにしたように国王代行官として、数度にわたりアヴィニョンを訪れた。[53]これに対して、王とアンジュー公の死後、王政府における国王代行権者となったブルゴーニュ公フィリップは、これとは異なるシスマの終結方法を構想していた。それは、パリ大学の公会議主義者が主張した「譲位の方法」であり、周知のようにローマとアヴィニョンの双方の教皇を自発的に退位させ、新教皇を改めて選出するという方法であった。国王シャルル六世とヴィッテルスバハ家との婚姻同盟にはじまり、フィリップは「譲位の方法」の実現にむけ、王国内外においてさまざまな行動を起こした。ここでは、このような行動のうち、一三九〇年代に進められた三つの政策を取り上げる。

第一は、オスマン帝国に対する十字軍遠征である。聖地奪還というスローガンは、ローマ対アヴィニョンという対立図式を乗りこえていくうえで、きわめて有効な手段であった。なかでも、フィリップは一三九二～九六年にかけての英仏和平交渉において、ローマ支持国のイングランドにも聖地奪還をよびかけた。とりわけ、フィリップはイングランド王リチャード二世がローマ教皇ウルバヌス六世に譲位を要請することの確約と、二八年間という長期にわたる英仏休戦という成果を得た。[54] こうして結成されたのが、一三九六年の有名なニコポリス十字軍であり、十字軍士を率いたのは当時ヌヴェル伯を名乗っていたフィリップの長子ジャンであった（一四〇四年公位継承）。一四〇七年、オルレアン公ルイの殺害を計画した、その張本人である。[55] 第二は、アヴィニョンへの大使節団の結成である。[56] フィリップは、アヴィニョン教皇ベネディクト一三世に譲位を迫るため、アヴィニョン寄りの兄ベリー公を説得したうえで、一三九四年末の国王顧問会においてこの使節団派遣を決定した。使節団は翌九五年四～五月にかけて、ベリー、ブルゴーニュ、オルレアンの三名の白ユリ諸侯に率いられ、当地を訪れることとなった。第三は、いわゆる「ガリカニスム」の建設、すなわち教皇庁に対するフランス教会の従属を断ち切ろうという試みである。この試みはカノン法上、「服従解除」(substractio obedientiae)とよばれ、具体的には、教皇がフランス教会に対して保持する聖職禄授与料や初年度税など、財政上の権利を無効とすることである。[57] フィリップはこれを実現するため、一三九五・九六・九八年の三回にわたり、パリにおいて王国聖職者会議を開催し、そこで約二五〇名に及ぶ聖職者の支持を取り付けた。[58] その直後の一三九八年七月二七日には、国王シャルル六世の名のもとに王令が発布され、教皇庁からの離脱が正式に宣言されている。こうして、シスマ問題に一応の区切りをつけたフィリップとベリー公ジャンは、一三九八～九九年初頭にかけ、それぞれの親王国に帰還したのであった。[59]

それでは、こうした叔父世代のシスマ終結構想に対して、王弟ルイのシスマ政策とはいかなるものだったのか。ルイは一四〇七年の死にいたるまで、アヴィニョン教皇を正統と認める立場をとったことで、ローマ教皇とその支持国に敵対するとともに、それはフィリップのシスマ政策とも衝突した。しかしながら、ルイのアヴィニョン支持の明確な理由は定かではない。これに関して、グネおよびオトランはミラノのヴィスコンティ家との婚姻関係を重視する。(60) ルイは、一三九二年にオルレアン公のタイトルを取得する三年前、一三八九年にヴァランティエンヌ・ヴィスコンティと結婚しており、その父ジャン・ガレアッツォは一三九〇年代当時、ミラノ公への昇格問題をめぐり、神聖ローマ帝国の諸侯、とくに前述したヴィッテルスバハ家のバイエルン公ステファン三世と対立状態にあった。ステファンは、ブルゴーニュ公フィリップが国王シャルル六世の妃に迎えたイザボーの父である。(61) このようなミラノを中心とする複雑な家門関係をふまえるならば、ルイは叔父フィリップとの政権抗争あるいはみずからの地中海進出を進めるうえで、教皇庁がアヴィニョンに存在することに何らかのメリットを見出したと思われる。では、ルイは前述したフィリップの三つのシスマ政策に対して、どのように行動したのだろうか。

ヴィスコンティ家との婚姻締結後、ルイが明確にアヴィニョン支持の行動を起こしたのは一三九五年以降である。同年四～五月にかけてのアヴィニョン使節団に同行したルイは、教皇ベネディクト一三世との密会に成功し、そこで同教皇と聖体拝領をともにした。この時、ベネディクトはルイのアヴィニョン支持に期待を寄せたとされる。(62) こうした白ユリ諸侯の不一致のためか、アヴィニョン使節団は結局失敗に終わり、教皇は「譲位」を拒絶したばかりか、これを強く主張するパリ大学を「サタンの娘」と罵った。さらに翌一三九六年、ニコポリス十字軍がオスマン＝トルコ軍に大敗を喫すると、ルイとアヴィニョン教皇庁の連携はより密接なものとなる。とくに、ブルゴーニュ公主導で発せられた一三九八年七月の「服従解除」宣言後の一三九九年四月、教皇ベネディクトはルイをブルゴーニュ陣営から保護することを約束するにいたる。(63) このようなアヴィニョンからの動きにも後押しされたルイは、フランス王の名のもとにいくつかの国王証書を発し、フィリップの政策決定を次々と撤回した。まず一四〇〇年一〇月一八日、シャルル六世の名のもとにフランス王国のアヴィニョン支持が王国内にむけて宣言されるとともに、病身の王に代わり、ルイが教皇保護の任務を担うこととなった。[64] さらに翌一四〇一年八月一日、ルイはシャルル六世に対して、この決定を国王証書に記したうえで、アヴィニョン教皇庁に送付すべきことを求めたのである。[65]

このように、ルイが立てつづけにアヴィニョン支持の国王証書を発することができた背景として、当時の国王顧問会の人的構成を考えることができる。一三九八年七月の「服従解除」後、ブルゴーニュ公フィリップとベリー公ジャンがパリを去り、[66] 自領に一時帰還したことは先にみた通りである。当時フィリップはフランドル伯領(とくにアラス〜アルトワ)に、一方ジャンはベリー公領のブールジュからオーヴェルニュ公領のリヨムに滞在し、[67] 諸侯国統治に携わっていた。このため、当時の王政府はルイとその配下によって占められており、一三九九年二月、半年間の自領滞在をへてパリに戻ったジャンは、オルレアン配下の占める王政府において半ば孤立状態を強いられることとなった。[68] フィリップが「服従解除」の撤回を進めるルイの動きを知ったのも、このような状況においてであった。フィリップは一三九九年五〜八月にかけて、低地地方からパリ滞在中のジャンのもとに頻繁に書簡を送り、重要政策への助言を行うとともに、ルイの行動を非難しつづけたのである。[69]

以上、一四〇三年の三証書が発給されるまでの時期に関して、白ユリ諸侯が進めたシスマ政策とその衝突の具体相をみてきた。ここで検討した諸侯間の対立状態をより一層激化させるとともに、両者のシスマ政策の違いがより顕在化した事件として、同時期に起こったイングランド王朝革命をあげることができる。ルイのアヴィニョン政策が優勢となりつつあった一三九九年九月二九日、イングランド王リチャード二世が議会によって廃位され、[70] ランカスター家のヘンリ四世が新王朝を創始した。そして、リチャードは翌一四〇〇年二月、死にいたる。この事件に対して、フィリップは同年七月、ただちに新王ヘンリを承認し、故リチャードと締結した二八年間の休戦和約を更新した。[71] これに対して、ルイはイングランド大陸領ギュイエンヌにも手を回したうえで、ヘンリ四世との開戦を主張し、当時ルイの指揮下にあった国王顧問会においても開戦ムードが高まっていた。こうした両諸侯の対英外交および前述したシスマ政策を通じて浮かび上がってくるのは、フィリップがあくまで戦争回避の和平路線に立ったのに対して、ルイは徹底した対外強硬路線を主張したことである。このような王国の対外関係をめぐる構想の違いは、一体、何に由来しているのだろうか。

ブルゴーニュとオルレアンの対立の根幹に関わるこの問題を検討するうえで、王国政策が分岐していった背景を、両者の治めた親王国の動向との関連から掘り下げて考察することは、これまでなかったと思われる。実際、ブルゴーニュ公国史家シュネルプもごく簡単に言及している通り、フィリップの対英和平路線の背景には、フランドル伯領の問題があり、諸都市の毛織物生産のためにも、羊毛の輸入元であるイングランドとの関係悪化は避けねばならなかった(72)。しかし、こうした局地的な利害への注目をこえて、ブルゴーニュ公とオルレアン公の諸侯国が当時の王国の地政上どのような位置を占めたかを考察する必要があるだろう。このような観点に立つならば、ブルゴーニュ公国が王国東部から低地地方へと拡がる王国最大の諸侯国であったことはいうまでもなく、これにくわえて、この公国を治めたフィリップが当時六〇歳近くに達していたことを忘れてはならない。すでに公国継承問題を案じはじめていたフィリップが対外勢力との戦争回避を貫くことで、自領統治の時間を確保しようとしたことは想像に難くないのである。これに対して、対外勢力との徹底抗戦を主張したルイの親王国は、当時オルレアンからヴァロワやソワソンと、パリを取り囲むかたちでコンパクトに分布していたことの意味を改めて考えなければならない。このようなオルレアン公国のあり方、そして一三七二年生まれで、一四〇〇年において三〇歳間近というルイの年齢が、親王国とパリとの往来や対外遠征を可能とし、ルイを対外強硬路線へと突き動かしたと考えられるのである。このように親王国の展開は、ルイ殺害の序曲となった一三九〇年代の諸侯抗争のあり方を、少なからず規定していたと考えることができる。こうして諸侯の抗争が激化し、王政府がイングランドとの開戦ムードに傾くなか、一四〇三年四月二六日、再び三通の国王証書が発せられ、白ユリ諸侯の国制的な位置づけに大転換が引き起こされることとなったのである。

（三）一四〇三年の三証書

一四〇三年四月二三日、王妃イザボーはベリー、ブルゴーニュ、オルレアンの三公にパリから緊急の書簡を送り、シャルル六世王が危篤であることを伝えた。これに対して、オルレアン公ルイはパリに現れず、その不在のなかで、三日後の同年四月二六日の日付で三通の国王証書が発せられた。以下、これらを一七五〇年刊行の『王令集』第八巻における収録順に第一・第二・第三証書として分析を進める。(73)諸侯抗争が激化するなかで、王政府における白ユリ諸侯の役割はどのような影響を受けたのだろうか。この一四〇三年の三証書がオルレアン公不在のなかで作成された事情は、文書にも残されており、第二証書の署名欄および第三証書オリジナル文書の折り返し部分には、「ここに臨席する王、ベリー公、ブルゴーニュ公によって」と記されている。(74)オトランはこうした経緯から、王の死後、王太子は未成年であっても王に即位すると定めた第三証書を重視している。そのうえで、孫娘マルグリットと当時ギュイエンヌ公を名乗った王太子ルイの婚姻締結に成功したブルゴーニュ公の政治的手腕に注目する。(75)シュネルプもこうした理解を受け継ぎ、一四〇三年の三証書はオルレアン公の専制阻止のため、叔父世代によって考案されたと述べている。(76)これに対して、グネは三証書の保管状況をふまえつつ、かつ一三九〇年代との対比から、三証書が王国統治における王の決定力を強化したことに注目した。(77)すなわち、『王令集』第八巻の刊行当時、第一証書は「文書の宝物庫」中の箱「執政と国王成年期」の第一三文書、第三証書がそのひとつ前の同第一二文書として伝来していたのに対し、第二証書のみは高等法院関係文書の冊子のなかに保管されていた[78]。グネはこれをふまえ、『王令集』の収録順でいうと、第三→第一→第二証書の順で三証書を取り上げ、諸侯を「臣民」と明記した第二証書を重視した。ここでは、これらの先行研究を念頭に、グネと同じ順序で三証書を分析し、白ユリ諸侯に期された王国統治上の役割を検討していく。

まず第三証書は一三七四年および一三九二・九三年の諸証書と同様に、シャルル六世王が死亡した場合を想定したものである。それは三証書のなかでもっとも長く、前文と叙述部が融合したような簡潔な前置きにつづき、措置としては大きく、（A）王太子の国王即位とその王国統治権、（B）新王が未成年の場合の政策決定という二本柱からなり、王国の政策決定の基本手順を定めている。

（A）王太子の国王即位と王国統治権…「いまここにいる長子、あるいは多少年齢が満たなくてもその時長子である者は、余の死後、ただちに遅延なくフランス王とよばれ、かれは余の王国を継承し、できうる限り遅延することなく早くフランス王に戴冠され、王としての権能を行使する。余のいかなる血族であれ、かれらがいかに近親の者であっても、長子の後見や王国の執政、王国の統治を試みることはなく、いかなる妨害、どのような方法、いかなる理由であれ、王国は自然法にもとづく長子の権利として長子に与えられ、〔他者による〕王国の執政や統治という影の もとで長子に帰属するのではない[79]」。

まずは、ふたつの史料用語の意味を明確にしておかねばならない。第一は「血族」である。原語は〈nostre Sang〉であり、王と血縁関係を有する者およびその配偶者、つまり王族を指す。以下分析していく大半の国王証書では、このような国王「血族」として、歴代王の兄弟の血を引く白ユリ諸侯とともに女性王族やその配偶者もみられる。これと関連して後出の〈Lignage〉および〈Parenté〉は、この「血族」をふくんで、これと姻戚関係にある人々を指す語として「親族」と記す。第二は、ここではじめて現れた「執政」で、原語は〈Régence〉である。本証書での用い方をふまえるならば、この語はさまざまな理由から親政が困難となった王に代わって、ほかの者があくまで一時的に王国統治権を代行する体制ということができ、本書ではその権力保持者を「執政者」と訳してきた。そのうえで、この第三証書はシャルル六世を継承した新王がたとえ未成年者であっても、王族は決して王国統治権を行使することができないと定めた。これまでの経緯を想起するならば、ここでいう王の血族とは白ユリ諸侯を中核とする男性王族を指すと考えられ、そうであるならば、かれらが王国の執政を行う体制はここで明確に放棄されているといえる。この点は、ギュイエンヌ公を名乗っていた当時の王太子ルイは六歳であり、満一三歳以前での国王即位が十分に予想された。このような場合、一体誰が王政府を指揮し、政策決定をリードすることとなるのか。

（B）新王が未成年の場合の政策決定…「余の長子とそのほかの王子が余の死後も年齢を満たさず、未成年の場合、王妃がかれらの保護、教育、養育権を保持する。〔中略〕王妃は、彼女が召集した余の叔父たちと弟のほか、その時いる余の血族と親族、余がみずからの死亡の日に開く国王顧問会の者たちとともに、長子の名のもとに統治し、もし余の長子が年齢を満たさず、その時未成年である場合は、かれの名のもとに、フランス王として、この王国のすべての事柄を治める。〔中略〕王国の責務に関してなされ、得られる協議と決定は、いかなる方法であれ、いま述べた王妃、叔父たちと弟、そのほか余の血族と親族、その時そこにいて、かれらに助言するために召集された国王顧問会の者たちの、より大きく健全なる部分の発言と意見にしたがって、助言、獲得、決定され、各人の年齢、権威、地位ではなく、ただ王国責務の幸福、福利、利益のために発言、助言されたことのみが考慮されねばならない(80)」。

こうして新王が未成年の場合、王国の全般的な統治権は王の保護権とともに、王妃イザボーに帰属する。フランス王国では、聖王ルイ九世の王母、カスティーリィヤ出身のブランシュが幼少のルイに代わり、王国の執政を担ったという前例がある。ヴァロワ王朝の成立とともに、男系・男子による王位継承原則が確立したのちにおいても、非常時とはいえ、王権の行使に女性しかも外国出身の女性が関与したという点は、フランス王権の特質を考えるうえで非常に興味深い。こうした王妃の王国統治参入を根拠に、グネはこの一四〇三年第三証書によって「王妃と国王親族が中枢を担う国家」が現れたと述べ、オトランも王妃と白ユリ諸侯による王権の「集団行使」を論じた。(81) しかし、王妃と国王親族の役割を同列に捉えるこれらの理解は、やや単純ではないだろうか。新王が未成年の場合、王国統治権を代行するのは王妃ひとりで、グネが「国王親族」のカテゴリーにふくめたと考えられる「叔父たちと弟」は、政策協議のために王妃によって召集され、助言を与える存在にすぎない。すなわち、王妃が王政府のトップに位置したのに対して、白ユリ諸侯は王国統治権の代行から排除され、遠縁の国王親族や顧問官と同等に位置づけられたといわねばならないのである。我々はここに、王政府に占める王族の位置づけの大きな変化、すなわち王の政策決定に対するその圧倒的な影響力が後退しはじめたことを読み取らねばならない。その証左に、引用文につづく文言は、王妃が王国業務に従事できない場合に限り、白ユリ諸侯に王妃を代行する権能を認め、その場合、諸侯はかれら以外の「国王親族」や王宮の高官とともに権力を行使すると定めた。このように考えると、引用文(B)の「年齢、権威、地位ではなく……」という文言は、王との血縁関係に由来する年齢差や王家出身という権勢といった要素が、王国の政策決定に反映されてはならないという新たな考え方の表明を物語るものと捉えることができるのである。

このような第三証書に対して、第一証書は王の存命中について定めたものである。グネはこの国王存命中という点をとりわけ重視しており、王が病に伏しつつも、依然として生きつづけている期間の王国統治を想定せず、諸侯抗争を激化させた一三九二・九三年の三証書との違いを強調した。(82) このような第一証書はごく簡潔な叙述部につづき、措置部としては、(A) 王が「不在の場合」の政策協議者、(B) 王への報告義務、(C) 国王役人への政策遂行命令を定めている。このうち、グネも引用する政策協議者については、第三証書とほぼ同様で、「余の伴侶〔王妃〕および彼女とともに」という文言につづき、「叔父たちと弟」(＝白ユリ諸侯)とそのほかの「血族」、「国王顧問会」、さらに「大元帥」と「尚書局長」があげられている。[83] グネはこの文言からも、「王妃と国王親族が中枢を担う国家」の姿を読み取ったと考えられる。しかし第三証書と同様、ここでも「余の伴侶および彼女とともに……」という文言から、王妃と白ユリ諸侯のあいだには一定の距離が存在したと考える必要がある。

それでは、このような白ユリ諸侯の役割後退をふまえたうえで、我々は王族諸侯を「臣民」と記した第二証書をどのように位置づければいいのか。グネがもっとも重視したこの一四〇三年第二証書は、まず王に対する「忠誠と誠実」の重要性を謳った叙述部ののち、ふたつのグループの人間たちに臣民宣誓を義務づけている。それは、(A)王妃と白ユリ諸侯と、(B)そのほかの王国諸身分である。このうち、グネは(A)のみを引用し、そこでは王国最高貴族である諸侯にも王への「服従」(sujétion)が義務づけられたことから、「国家」の存在感が高まったことを強調する。この理解を念頭に(A)(B)両方を引用する。

(A)王妃と白ユリ諸侯の臣民宣誓…「王妃、余のいとも親愛なる愛すべき叔父たちと弟、すなわちベリー公、ブルゴーニュ公、オルレアン公、ブルボン公、および余のすべての血族と親族、国王顧問会の者たちは、余に対して良き、真の、誠実な臣民であり、生き、そして死んでいくすべての者に敵対し、抗しても、服従するという正式な宣誓を行う[84]」。

(B)王国諸身分の臣民宣誓…「余は以下のことを望み、命じている。すべての高位聖職者、伯、バロン、騎士、エスキュイエ、優良都市のブルジョワ、そのほか王国の諸身分は、余のいとも親愛なる愛すべき従兄弟でフランス大元帥のル・ブレ卿シャルル、余の親愛なる忠実なフランス尚書局長、そしてかれらとともに召集された、適切な人数の顧問会におけるいとも高貴な者たちを通じて、同様の宣誓を行う[85]」。

引用文(A)から、王妃とともに、白ユリ諸侯が王の忠実な「臣民」たることを求められたというグネの理解に間違いはない。一方、引用文(B)も考慮すると、これ以外の諸身分も国王顧問会を介してではあるものの、王妃・諸侯と同様の臣民宣誓を求められており、このことは逆に、王妃・諸侯が王国のほかの身分と同列に位置づけられたことを示しているといえよう。これは、それまで王国統治権を直接代理することのできた諸侯が、そうした権能から遠ざけられた結果、王家の血統に立脚した王国統治観がどのように変容しつつあったのかを理解するうえで、きわめて重要である。すなわちここには、王妃や白ユリ諸侯から騎士や優良都市民にいたるすべての身分が、同一の「臣民」として把握され、この「臣民」が王と対置するという政体の理想像が現れている。そこには、王家出身か否かという血縁の要素はもちろん、身分間での地位や権力の差は一切考慮されていない。だが、この一通の国王証書に記された王国統治観が、身分制的な編成をもった当時の政治構造をただちに解体しはじめたとも考えにくい。しかし少なくとも、白ユリ諸侯とその治める諸侯国の動向が常に国王政策と連動してきたそれまでの王国国制にとって、革新的であったことはたしかである。

以上、一四〇三年の三証書の分析から、我々は改めて次のような王国統治観を析出することができる。すべての身分が「臣民」として王に服従するフランス王国では、王の親政が困難な場合、一部の「臣民」が王国の政策決定を担う。この一部の「臣民」のうち、王国統治権は王妃に帰属し、そこで白ユリ諸侯は非常時において王国統治の一端を担う「臣民」の一員にすぎない。王政府における諸侯の役割は一三八〇・九〇年代と比べて大きく後退している。ここで、この一四〇三年証書がブルゴーニュ公とベリー公の主導で作成されたことをふまえ、これを重視するならば、王の二名の叔父はみずから王国統治権を放棄することによって、同時に甥のオルレアン公ルイからもこれを奪い取り、その専制を阻止しようとしたということができる。しかし一方、王国統治に対する王族の関与が完全に無となったわけではないことも見逃すことはできない。王の叔父と弟を中核とする王族は、王国統治権を直接行使することのできる位置から排除されたとしても、またそのほかの国王親族と同程度の重要性しかもたないとしても、政策協議に関わる権能を依然として保持した。一四〇三年証書は、王国統治に占める王家の血縁という要素を大きく後退させる一方で、国王政策への部分的な関与を諸侯に求め、王と白ユリ諸侯の新しい関係を目指したものと考えることができる。グネやオトランは、「王妃と国王親族」による「集団統治」という表現に示されているように、王妃の権能と白ユリ諸侯の権能を明確に区別しなかったことによって、両者の権力のあいだにおかれた微細な違いとともに、王国の統治体制における諸侯の役割変化を曖昧にしか捉えていないと思われるのである。しかしこの時、白ユリ諸侯が王国国制のなかにどのように位置づけ直されたのかという問題は、のちに王弟ルイを殺害するブルゴーニュ公ジャンの行動とともに、内戦にいたる各諸侯の行動やその根拠をいかに評価するかという問題と深く結びついてくると思われる。次節では、このような白ユリ諸侯の役割の変化をふまえ、内戦勃発にいたる政治過程とともに、そこでの王政府における諸侯の権力のあり方を引きつづき検討していく。

第三節　王族殺害事件と王国国制

（一）一四〇三年体制への反応

オルレアン公殺害の事件経過については、グネの大著の邦訳が公刊されたことで、我が国でもかなり詳しく知られるようになったことから、ここでは、一四〇三年の三証書にもとづく王国統治のあり方が、その四年後における殺害事件とどのような関係を有し、この事件によっていかなる影響を受けることとなったのかを焦点に検討する。具体的には、一四〇三年証書に対するブルゴーニュ公フィリップとオルレアン公ルイの反応を検討し、これを通じて、殺害直後に発せられた諸国王証書を分析するための背景を考えておきたい。

まずフィリップは、一四〇三年の三証書を作成した中心人物である。オトランによると、この時のフィリップはみずからに王国統治権が帰属するか否かではなく、現実にこれを取得し、行使する人物すなわち王妃や王太子と、証書の措置をこえたところで関係を強化していく戦略をとった[86]。とくにフィリップは、ブルゴーニュ公位の相続をひかえていた長子ジャンの子供たちに目をつけ、証書発給直後の同年五月四日、ヴァロワ本家と三組の婚姻同盟を成立させた(本書巻頭の王家系図を参照)。こうした行動には、王国統治の中枢に少しでも接近しようというフィリップの意図を読み取ることができ、これらの婚姻同盟はのちに公位を継承したジャンにとって大きな意義をもつこととなる。このことを考慮するならば、一四〇三年の諸決定は白ユリ諸侯の王国統治活動に対して、表面的にしか打撃を与えなかったようにも思える。むしろ、王国統治に対する影響の及ぼし方が従来とは質的に変化しており、ここでは王政府での国王代行権がどの諸侯に帰属するかは重要ではなく、諸侯がいかにして国王代行権者に近づくかということが重視されている。

これに対して、オルレアン公ルイは三証書発給から一五日後の一四〇三年五月一一日、フランス王シャルル六世の名のもとに三証書の撤回を宣言し、病の王に代わり、王国統治権を行使しつづけようとした[87]。この時、ルイの念頭には、一三九二・九三年のとくに第三証書の措置があったことは十分に推測できる。こうして当時の王政府においては、シュネルプが「王令闘争」(La lutte sur ordonnances)と的確に表現したように、ルイとフィリップが相反する内容の国王証書を発給し合い、かつ互いにこれを撤回し合うという状況がつづいた[88]。まず、ルイが同五月二六日、イングランド王ヘンリ四世に対して宣戦布告を宣言するとともに[89]、二日後の二八日には、フィリップが進めてきた「服従解除」についての証書を撤回した。これに対して、フィリップは一四〇三年証書の撤回を宣言したルイ主導の国王証書を無効とし、改めて一四〇三年の三証書を確認した。ここでのルイとフィリップの対立は、一三九二～九三年体制と一四〇三年体制との対決、すなわち、白ユリ諸侯は王国統治権を単独行使することができるか否かをめぐる対立であったと言い換えることができる。

こうして王国統治の根本をめぐる問題が未解決の状況のもと、世代交代といういわば偶然の出来事が発生する。一四〇四年四月二七日、ブルゴーニュ公フィリップが死去し、長子ジャンが公位を継承した。以後、ルイの殺害にいたる経緯についてはグネの大著の叙述に譲るとして、以下の考察との関連から最低限重要な点のみを指摘しておく。ニコポリス十字軍を率いたジャンへの世代交代は、ブルゴーニュ対オルレアンの抗争に「軍事力」という要素を持ち込む出来事であったともいえる。(90)フィリップの死後、ルイがブルゴーニュ公ジャンへの定期金授与額を大幅に削減すると、ジャンは一四〇五年八月、その軍隊を率いてパリに入城した。ジャンは王太子ルイを連行したのち、同年八～九月にかけてパリ高等法院を占拠し、「王国改革」の名のもとにルイの専制を痛烈に非難する演説を行った。(91)ここでは、王国の統治や政策をめぐる諸侯の意見対立が、軍事力を背景に再燃していった様子を指摘することができる。そののち一四〇六～〇七年にかけ、ジャンが先代フィリップの遺志を受け継ぎ、ルイと王国政策をめぐる対立を繰り広げた末、一四〇七年一一月二三日、ジャンの刺客ラウル・ドクトンヴィルによって、ルイの殺害が決行されたのである。(92)このような王族による王族の殺害事件は、王政府におけるその役割にいかなる影響を及ぼしたのか。事件後に発せられた二通の国王証書を通じて、この問題を考えていく。

(二) 一四〇七年末と一四〇九年初頭の二証書

ここで分析する二通の国王証書は、ともにオルレアン公の殺害後に発せられ、その発給日を示せば、ひとつが一四〇七年一二月二六日付で事件の約一ヶ月後であり、もう一通は一四〇九年一月一八日付で、事件から約一年余りをへた日付である。[93] このように約一年という期間をおいて発せられた国王証書をここでまとめて取り上げる理由は、両者は二通が合わさって一四〇三年の三証書を確認するという役割を果たしているからである。具体的には、一四〇七年一二月の国王証書が一四〇三年第三証書に対応するかたちで、国王死後の王国統治について定めるとともに、王族に臣民宣誓を課すことによって同第二証書を更新する。一方、一四〇九年一月の国王証書は一四〇三年第一証書をもとに、王が生きているあいだの王国統治について定めている。こうして、王政府における諸侯の位置づけという観点でみるならば、両証書は補完関係にあるといえ、一四〇三年の三証書に若干の修正をくわえて成立した、その要約版といえる。両証書の署名欄には、王太子ルイ、ベリー公とブルボン公にくわえて、シチリア王（＝アンジュー公ルイ二世）、ナヴァール王シャルル三世、王妃の兄バイエルン公、アランソン伯、クレルモン伯などの王族、さらにサンス大司教やアミアン司教といった高位聖職者など、両証書作成に関わったと思われる数多くの人々が名を連ねている。かれらはすでに、ブルゴーニュ公ジャンの自白から、ルイ殺害の経緯を聞かされていた。[94]

こうした二証書が定めた白ユリ諸侯の王政府での権力を検討するにあたり、シャルル六世王が一四二二年まで生きのびたことを考慮するならば、さしあたって効力をもったのは王の存命中について定めた一四〇九年一月の証書である。しかし、グネは一四〇七年一二月の証書しか取り上げていない。本証書が殺害事件直後に発せられているためか、それともその伝来ならびに刊行状況をふまえてのことなのか。この一四〇七年一二月の国王証書は一七七五年刊行の『王令集』第九巻に収録された当時、「文書の宝物庫」中の箱「執政と国王成年期」の第一四文書として保存されていたのに対して、一四〇九年一月の国王証書はパリ会計院の元監査人によって保管されていたところ、一七七七年刊行の『王令集』第一二巻に収録された。(95)これらの先行研究をふまえつつ、まずは一四〇七年証書に関するグネの理解を検討し、そのうえで一四〇九年証書の分析をするという順序で考察を進めることとする。

一四〇七年証書に関して、グネはこれを一四〇三年の諸決定と比較しながら、次のような文言の修正〔傍線により示す〕がなされたことに注目する。「現在ここにいる余〔王〕の長子、あるいは将来長子である者は、余の継承者の長子と同様に、余および余の継承者の死亡時にいかに年少であっても、余および余の継承者の死去後、ただちにフランス王とよばれ、フランス王とみなされ、命名される。かれらは、余の王国を相続したのち、余ないしは前述の継承者の死去ののちに、ただちにあるいは少なくともできうる限り早く王に戴冠され、聖別され、フランス王とその王冠に帰属するすべての諸権利、優先権、権威、諸特権を行使し、享受する。そこでは、誰であれほかの者、それがかれらの血統にごく近い者であっても、後見や執政ほか、どのような形態であれ王国の統治と行政を試み、また国王に試みさせることはできない(96)」。ここから、グネは一四〇三年の三証書の決定内容、とくに白ユリ諸侯に対して王国統治権の代行を禁止するという措置が、シャルル六世期にとどまらず、その継承者の治世にいたるまで一般化されたことを重視する。(97)王政府の中枢から諸侯を遠ざけた一四〇三年体制の方向性が、王族殺害事件をへてより一層強まったことは否定できない。しかし他方で、シャルル六世が死去したのちにおいても、「余は次のように望み、命じる。かれら〔王の長子たち、新王〕が未成年である場合は〔中略〕、王国の事柄、業務、責務は、前述〔した王の長子〕のほか、余の継承者たちの息子たち、かれらの権威と名のもと、その存命中においては、かれらの母である王妃、およびその時いる国王の親族と血族のなかのもっとも近親の者たちが行う良き助言、協議、諮問によってなされる(98)」。白ユリ諸侯は王族殺害事件ののちにおいても、政策協議というかたちではあるものの、王国統治への部分的な関与を認められたことには注意を払わねばならない。それでは、シャルル六世が生きているあいだに関して、王国統治への諸侯の関与はいかに定められたのか。

前述のように、殺害事件から内戦勃発にいたる時期において効力をもったのは、一四〇九年一月一八日付の国王証書である。本証書は一四〇三年の第一証書と同様、王が「不在」の場合は、王妃に王国統治権を授与し、さらに王妃が統治業務に従事できない場合に限り、白ユリ諸侯を中心とする王族に政策協議への関与を求めている。しかし、そこには一四〇三年と比べ、ひとつの重要な違いがある。「今後、余の伴侶が不在、または彼女が余と余の王国に関わる重大な事柄や業務の処理と対処に意をむけることができず、それを望まない場合、余の長子〔王太子ルイ〕が余に近い血族と親族、長子の親族の者たち、余のいとも親愛なる愛すべきフランス大元帥シャルル・ド・ル・ブレ、余の親愛なる愛すべきフランス尚書局長、そのほかこれを行うのにふさわしい数の余の顧問官を召集し、余のため、余に代わって、余の名のもと、必要と考えられ、状況が要請するならば、余と余の王国の善、名誉、利益のために召集された者たちの、より大にして健全なる部分によって助言された諸決定と諸決議を、まずは王妃に報告したのちに行う。この長子によって、いま述べたようになされたことすべては、あたかも余によって、余がそこに居合わせるかのように、効力と力をもつ」(99)。一三九七年一月二二日生まれの王太子ルイは当時一一歳であり、近い将来満一三歳となる(100)。これを念頭におくならば、満一三歳をもって王としての統治能力を認めた一三七四年以来の考え方が、ここにいたって王太子にもあてはめられたと考えられ、王太子は王妃が不在の場合に、政策協議において王として行動するよう定められている。王太子の成長にともなって、白ユリ諸侯は王国統治権の行使からまた一歩遠のいたことが分かる。ただし、ここでもまた、政策協議者の一員という諸侯の役割は温存されている。

以上、オルレアン公の殺害直後においても、白ユリ諸侯は以後、王国の執政者となることを禁じられる一方で、王国の政策を協議する権能を保持しつづけた。たしかに、事件直後に発せられた一四〇七年一二月の証書が一四〇三年体制の考え方をシャルル六世治世以降にも一般化したことで、諸侯による王国統治権の代行が以後永久に禁じられたことは、王国統治に対する諸侯の影響力の一層の低下を物語っている。しかし一方で、王族は以後も高貴な生まれという資格のみで、王国の政策を生み出す一員でありつづけた。これらの点を考え合わせるならば、王家の血縁を重視する王国統治のあり方は、オルレアン公殺害をへても完全に否定されることはなく、国制を支える一要素としての位置を失わなかったといえよう。それでは、このような白ユリ諸侯の国制的位置はその後の王国の政治過程にいかなる影響を及ぼし、内戦勃発とどのような関連があるのか。

(三) 一四〇九年王政府の再編成

殺害事件の翌一四〇八年二月、ブルゴーニュ公ジャンは民の歓喜に迎えられてパリに入城し、以後、王国統治機関の掌握に着手していった。グネは、このようなジャンの台頭をふまえて、先に分析した一四〇七年一二月の国王証書が束の間の措置にすぎなかったと捉えている。[101] 本証書が一四〇三年の第二・第三証書を確認したものであることを考えると、この評価は一四〇三年の諸措置がオルレアン公の殺害後、それほど意味をなさなかったという理解にもつながる。以下、こうした理解を念頭に、この当時のパリ近郊における諸侯層の動向を検討したうえで、再度王政府の編成を定めた一四〇九年一二月三一日付の国王証書の背景を考えることとする。

そもそも、ブルゴーニュ公ジャンによるオルレアン公ルイの殺害は、同時代人にとって「良き厄介払い」という側面をもっていた。[102] なぜなら、ルイは王の発病という状況下、イングランドに対する強硬路線を推し進めた人物であり、一三九〇年代以降、ブルゴーニュ公フィリップを中心とする叔父世代のみならず、重税に苦しむパリの民衆にとっても圧政者と映った。ジャンがパリに入城した直後の一四〇八年三月にパリ大学神学部教授ジャン・プティが行った演説にうかがえるように、当時においては、ルイを殺害したジャンの行為を「暴君殺害」の観点から正当化しようとする雰囲気が優勢であった(103)。こうした主張に対して、パリ大学学頭のジャン・ジェルソンがプティの説を異端とみなし、この主張を王太子ルイと白ユリ諸侯の前で表明したのが翌〇九年二月、さらにこれをパリ大学やコンスタンス公会議において披露したのは、一四一三・一四年以降のことであった(104)。この間、国王一家はパリ、ムラン、トゥールと王宮をうつしながら、オルレアン公家の遺児たちとブルゴーニュ公ジャンとの和解を試み、ベリー公ジャンも国王顧問会での協議ののち両陣営の仲介に動き出していた(105)。また、シチリア王ルイ二世も殺害事件の報を受けて、急遽パリに帰還し、オルレアン公の臣下が復讐に走ることを阻止しようとした。こうして一四〇九年五月八日、オルレアンとブルゴーニュの両陣営はシャルトルの聖堂において、王と王妃、白ユリ諸侯、高位聖職者らの前で和平を締結した(106)。このようなオルレアンとの歩み寄りと並行しつつ、ブルゴーニュ公ジャンは一四〇八年以来、パリを中心とする王国の要職に次々とその臣下を配置していた。代表的な例をあげると、フランス元帥(amiral de France)、パリ・プレヴォ、王邸長(grand maître d'hôtel)などの要職に、ジャンの臣下が任じられると同時に、オルレアン公ルイおよびベリー公ジャンの臣下がそこから罷免されていった(107)。こうして、王国統治の要職を固めたジャンは王妃イザボーとの関係も修復し、一四〇九年一二月二七日の証書によって、成年間近の王太子ルイの保護権を獲得するにいたる(108)。

このようなジャンの行動をふまえるならば、一四〇七年一二月の国王証書を束の間の措置と評することには、たしかに一定の妥当性があるといえる。これを裏づける同時代の証言として、たとえば高等法院書記ニコラ・ド・ベィは日々高等法院に入ってくるニュースを記した日記のなかで、ジャンの王政府掌握の最中に結ばれたシャルトルの和が「偽装平和」にすぎないと記している(109)。オトランはこれを引用し、ルイ殺害後のジャンが王や王太子そして顧問会を牛耳っていたと述べている。しかしながら、そうした行動が王国統治権をテコに次々と重大決定を下した一四〇三年以前の白ユリ諸侯の行動とは、質的に異なっていることも見逃すことはできない。それは、みずからの利害を達成するため、あくまで王国の役職や王太子といった権力体を自身の影響下におこうとするものであり、みずからが王の代わりになることを目指した行動とはいえない。このようなジャンの行動の背景に、一四〇三年以降の王政府における白ユリ諸侯の役割低下があったことは想像に難くない。これまで検討してきた一四〇三年、〇七年、〇九年の諸証書が、諸侯に対して王国統治権の代行を禁じて以来、王権が発動する統治機関や王権を行使する人物との関係強化こそが、王国統治に対する諸侯の影響力を確保するための重要な回路となりつつあったと考えられる。一四〇三年証書の発給直後、ブルゴーニュ公フィリップが王家と三組の婚姻を成立させた試みはその端的な現れであり、さらにジャンによる王太子の保護権取得は、近い将来フランス王に即位する人物に接近し、王国統治に確固たる影響を及ぼす道を確実にしようとする行動であった。そうであるならば、このころのジャンの行動は一四〇七年証書のみならず、一四〇三年以来の国制の方向を決して拒絶するものではなく、むしろこの方向に乗りながら、これを戦略的に利用したものであったということができる。こうして、王権へのアプローチ方法が変質し、王太子の保護権がジャンに帰属した四日後、王政府の権力分配に関する新たな国王証書が発せられたのである。

この一四〇九年一二月三一日付の国王証書は、シャルル六世王が生きているあいだの王国統治に関する決定であり、一四〇三年以来の国制の方向をふまえて、大きくふたつのことを定めている。(110) ひとつは、(A) 王太子ルイ(当時ギュイエンヌ公を名乗る)の国王顧問会への参加、もうひとつは、(B) 国王と王妃がともに「不在ないし多忙な場合」、誰が王国の執政および政策協議を行うかについてである。グネはこのうち(A)についてのみ言及し、本証書が成年間近の王太子に政策決定に参加する権能を付与し、これによって、その保護権者であるジャンが王国統治の事実上の監督者となったと述べている。ここでは、このグネの理解を継承したうえで、(B)を取り上げることとする。

（B）王と王妃が「不在」の場合の王国執政…「今後、余および余の伴侶が不在で、忙しく、余および余の王国に関わる事柄、労務、業務の処理と対処に携わることができない時、王太子は余のごく近親の血族、すなわち「従兄弟」（敬称）と叔父たちであるシチリア王、ナヴァール王、ベリー、ブルゴーニュ、ブラバン、ブルボンの諸公、およびバイエルン公ルートヴィッヒのうちもっとも近親の者たち、ないしはその時余の近くにいる者たち、余の尚書局長ほか、十分でふさわしいと思う数の顧問官を召集したうえで、かれらとともに、余の代行を担い、顧問会を主宰し、必要な時、余のため、余に代わり、余の名のもと、余および余の王国におけるすべての事柄、労務、業務に関する処理、対処、決議、命令に専念する」(111)。

王とともに王妃の執政が困難な場合、王太子ルイが王国の執政者に指名されている。そのうえで、本証書は王太子が召集する政策協議者を、何よりもまず「ごく近親の血族」と記している。一四〇三年以降、王族による王国の執政が原則として禁じられたことによって、王家の血縁に立脚した統治体制は縮小されながらも、ここに部分的であれ、生きつづけていることに注目しておこう。このことを念頭に、まずは本証書に固有名詞を用いて記された王族がそれぞれどのような人物なのかを確認しておく。

最初に指名された王族は、当時シチリア王位を兼ねていたアンジュー公ルイ二世（位一三八四〜一四一七年）である。ルイは、国王シャルル六世の男系の「従弟」にあたる。しかし、アンジュー公家の拠点はすでにイタリアにうつされており、ベリー公やブルゴーニュ公に比べ、パリの王政府への関与は当時それほど密接ではなかった。次の王族は、ナヴァール王シャルル三世（位一三八七〜一四二五年）である。かれは王の叔母ジャンヌ（先代シャルル五世の妹）とナヴァール王シャルル二世の子で、国王シャルル六世からみると女系の「従弟」にあたった(112)。このナヴァール王位は一三二八年以来、カペー王朝の親王家エヴリュ伯家に帰属し、同伯家は聖王ルイの血を引いていた。このことを重視するならば、白ユリ諸侯にふくめることができる。しかし、ナヴァール王家は第二章でも述べたように、カペー王朝断絶の際、王位継承から排除された王女ジャンヌの血も引いており、ヴァロワ王家とは長く敵対関係にあった。さらに、これまで何度も取り上げてきたベリー公とブルゴーニュ公につづくブラバン公は、ブルゴーニュ公ジャンの弟で、当時ブラバン公領を継承し、統治していたアントワーヌ（位一四〇六～一五年）である。国王シャルルの男系の「従弟」である。[113] ブルボン公につづき、唯一名前入りで記されているバイエルン公ルートヴィッヒは、王妃イザボーの兄であり、ゆえに王の「義理の兄」である。ただし、一四〇九年当時、バイエルン公位は前述したイザボーの父ステファン三世のもとにあり、証書がわざわざ「ルートヴィッヒ」と記した理由もここにあると思われる（一四一三年ルードヴィッヒ七世として継承）。[114]

それでは、これらの人々に対して、王と王妃が「不在」の場合に国王政策に関する協議を求めたという措置を、我々はどのように考えればいいのか。何よりもまず、ここには王家との血縁関係にもとづき、非常に広い範囲から王族が集められていることを指摘することができる。その権能こそ異なるものの、王の四名の叔父のみが王政府の中枢にあった一三八〇～九〇年代と比べるならば、その範囲は格段に広い。では、本証書における君侯の選定にはどのような考え方や背景があるのか。そこには、男系・男子の王族かどうか、王国出身か否か、そしてヴァロワ本家との利害関係は良好であったかなどの問題は、さして問われておらず、ヴァロワ家との血縁・婚姻関係を最大限に利用して、王国内外のフランス王族がパリに結集している。[115] 実際、バイエルン公ルートヴィッヒをのぞく王族が、この一四〇九年一二月証書の署名欄にその名を記している。これらの点をふまえるならば、オルレアン公の殺害という緊急事態を通じて、王家はそれまでの内部対立をこえ、再び結束を迫られていたのではないだろうか。しかし一方で、こうして再結集したヴァロワの王族の権能が一三八〇～九〇年代とは大きく異なっており、それは王の「臣民」として、王国統治に部分的な影響力をもつにとどまることも忘れてはならない。

以上、オルレアン公ルイの殺害後、一四〇七年末から一四〇九年にかけての三証書を分析してきた。殺害事件という現実の政治状況をへて、一四〇三年体制が目指した王国統治のあり方は基本的には維持されつつも、そこから大きくふたつの方向性が分岐していったことが分かる。そして、それぞれの方向性は一四〇七年から〇九年にかけて、ともに強化されていったと考えられる。第一は、白ユリ諸侯の国制的意義の後退という方向である。かれらは以後、王国統治権の代行を禁じられるとともに、王太子の成長によって王政府の中枢からより一層遠ざけられた。ここに王国国制において王の統治行為の骨組が強化され、かつそれが明文化されることで、より明確にされたことを指摘することができる。これに対して第二は、王国統治に対する白ユリ諸侯の影響力を部分的に維持しようとする方向である。かれらは、王妃や王太子が不在の場合、王国の政策協議を求められたほか、そうでない場合にも、王権が発動する統治機関や王権を担う王太子との関係を強化することによって、王国統治に間接的な影響力を行使することができた。このうち、第一の方向性が後世のフランス国制に及ぼした意義は決定的であり、グネはこうした王権理論の深化を「国家」の生成という観点からきわめて高く評価する。しかし他方で、第二の方向性もまた、内戦にいたる諸侯権の展開を考えるうえで無視することはできない。すなわち、白ユリ諸侯がもちつづけた王国統治への関与の可能性は、一方で王家の再結集を促すとともに、他方ではブルゴーニュ公ジャンによる多少強引ともいえる王政府掌握に道を開き、これによって王国の役職を追われた勢力が、ジャンへの不満を共有する素地を作ったと考えられる。このことは逆に、王国統治権を代行する権能を拒否された以上、白ユリ諸侯はもはや独力では王国統治に大きな影響力を及ぼすことはできず、それゆえ臣下や同盟者との協力を通じて、王権に接近する志向を強めていったのではないだろうか。そうであるならば、以後の諸侯抗争が王国執政権および重大政策をめぐる諸侯間の対立から、諸侯を中心とする党派対立へと図式転換していく、その不可欠の背景をここに読み取る必要があるだろう。ベリー公の居城ジャン城において、アルマニャック派が結成され、ブルゴーニュ公ジャンに対する宣戦布告がなされたのは、一四〇九年一二月の国王証書発給から四ヶ月後のことであった。(116)

以上、本章においては、一三七四年以降における一連の国王証書の分析を通じて、白ユリ諸侯に立脚した王国統治に関して、パリの王政府における諸侯間の権力分配とその実際の展開を考察してきた。一三七〇〜八〇年代、王政府の諸権力はごく近親の王族間に分配され、とりわけ王ともっとも近親の白ユリ諸侯のひとりが王国の全般的な統治権を代行した。このため、当時の国王政策には各諸侯の家門的利害が強く反映され、そのなかで、王国各地における親王国の情勢が逆に王政府の編成を規定し、そこに血縁関係以外の要素が持ち込まれることとなった。これに対し、一四〇三年以降、王国統治における王家の血縁の意義は大きく後退した。同年の第二証書は、「王―臣民」という王権と諸侯権の新しい関係のもと、王国統治権の代行を諸侯に禁止する一方で、かれらに政策協議というかたちで王国統治への部分的な関与を認めつづけた。ここには、王家の血縁という要素を国制から排除しようとする方向と、これを維持する方向とが並存しており、このふたつの方向はオルレアン公の殺害後も温存され、さらに明確化されていった。こうして、王国統治権の中枢から諸侯を遠ざけつつも、かれらに王国統治への関与の余地を残したことが、諸侯の党派形成を促し、内戦勃発の不可欠の前提をなしたといえる。

このように一連の国王証書を、王国統治に占める王家の血縁という観点から分析することで、「王―臣民」という観念が当時の国制に与えたインパクトのみならず、諸侯抗争が政策をめぐる意見対立から殺害事件、そして党派対立へとかたちをかえて展開した経緯をよりよく理解することができる。グネは王権論の深化という点を重視するあまり、百年戦争期の国制がなぜ、そしていかにして内戦を生み出したのかを説明しきれておらず、これとの関連で、当時の王国国制の特質に関わる次の重要な問いを見落としていると思われるのである。すなわち、王国統治への諸侯の関与は、なぜオルレアン公殺害後も完全に払拭されなかったのか。より具体的にいうならば、殺害事件後の諸措置が王族の政策決定への関与を認めつづけた理由は何か、という問いである。この重要な問いについては、節目となった一四〇三年の三証書が、白ユリ諸侯の主導で作成されたこと、病弱の王とともに王妃や王太子にも補佐が必要なことなど、さまざまな理由を考えねばならないだろう。しかしここでは、本書のこれまでの検討結果をふまえて、王国の内と外という観点から要因を考えてみる。

まず対外的な要因として、白ユリ諸侯が深入りしてきたシスマおよび百年戦争が、オルレアン公殺害後も継続していたことは重要である。このため、これらの解決をめぐって諸侯と交渉し、かれらと行動をともにしてきた王国内外の諸勢力にとっても、王政府における諸侯の存在は必要であり、かれらの政策決定への関わりをただちに拒否することは現実的ではなかったと考えられる。一三八〇年代末のシャルル六世による一時的な親政期に、イングランドの代表が和平交渉へのベリー公とブルゴーニュ公の臨席を要請したことは、本章第一節にて述べた通りである。一方、対内的な要因としては、白ユリ諸侯が治めた親王国のあり方が関係していたのではないだろうか。第一章において明らかにしたように、当時の王権は親王国の領域的・制度的な拡充を通じて、王領の支配体制を再編しつつあった。このため、王政府における政策協議者としての白ユリ諸侯の役割は、諸侯自身にとってはもちろん、王政府あるいは王権の立場から考えてみても、さまざまな地域から構成される王国をパリを拠点に治め、これを動かしていくうえで不可欠であったと考えられるのである。王政府中枢への諸侯の関与は、なぜオルレアン公殺害後も維持されたのか。この問いに解答を与えるためには、個々の諸侯の王国統治活動をこえて、かれらが治めた諸侯国という空間が王国の統治体制のなかでいかなる位置を占め、どのような役割を果たしたのかを明らかにしなければならない。次章では、裁判権という角度からこの問題の究明を試みたい。

（1）　シャルル六世期の王国史に関しては、オトランによる伝記 Autrand, *Charles VI* が有益であり、本書でもしばしば参照しているとともに，ほかに Caron, *Noblesse et pouvoir royal en France*, Chap. 2 および Chap. 3，とくに諸侯層の動向については同書 pp. 100-115 et 143-185 を参照。

(2) *ORF.*, t. VI, t. VII, t. VIII, t. IX, t. XII. 各文書の収録頁については，文書ごとに註記する。

(3) Schnerb, *Les Armagnacs et les Bourguignons*, pp. 11-13.

(4) オトランの見解については，前掲のシャルル六世伝のほか，Autrand, *Jean de Berry* を参照。

(5) Guenée, *Un meurtre, une société*, pp. 159-165 suiv.（佐藤・畑訳『オルレアン大公暗殺』二〇七～二一四頁）。

(6) Ornato, *Répertoire prosopographique*, FRANCE, Loius[b] (p. 161).

(7) *ORF.*, t. VI, pp. 26-32 et 45-54.

(8) それぞれ *ORF.*, t. VI, p. 26 note (a), p. 45 note (a), p. 49 note (a) を参照。

(9) *ORF.*, t. VI, p. 46: "confianz à plain de nostre très-chier & très-amé Frere Loys Duc d'Anjou & de Touraine, tant pour le grant bien, sens & vaillance de luy, comme pour la très-singuliere, parfaitte, loyal & vraye amour qu'il a toujourz eu à Nous & à noz Enfanz, a & aura, si comme de ce Nous tenons pour touz certains, voulons & ordenons par ces presentes, que ou cas que par le plaisir de Dieu, Nous irions de vie à trespassement avant que Charles ou autre nostre ainsné Filz pour le temps, fust entrez ou quatorzieme an de son aage, nostre dit Frere d'Anjou ait le gouvernement de nostre Royaume, jusques à ce nostre dit ainsné Filz soit entré oudit XIIII.[e] an de son aage, pour le temps precedent yceluy XIIII.[e] an de l'aage de nostre dit ainsné Filz tant seulement."

(10) *ORF.*, t. VI, pp. 46-47: "(auquel nostre dit Frere, Nous dès maintenant pour lors donnons auctorité & pleniere puissance de) gouverner, garder & deffendre nostre dit Royaume pour le temps dessus dit, de créer Officiers pour le fait de Justice, & pour toutes choses touchans les dicte garde, defense & gouvernement, toutesfoiz qu'il sera besoings & appartendra à faire selon raison, tout en la maniere qu'il a esté acoustumé de faire ou temps passé, donner & octroïer Lettres de Justice, de presentacions & collations de Benefices à Nous appartenanz tant à cause de Regale comme autrement, Lettres de remissions de crimes, deliz & malefices, faire cuillir, lever & recevoir toutes les rentes & revenuës, proffiz & emolumenz ordinaires & extraordinaires de nostre dit Royaume, & sur icelles prendre ou faire prendre ce qui sera necessaire pour la despanse du gouvernement, garde & deffense d'icelluy Royaume, sauf . . . , . . . saufz & exceptez

tant seulement nostre Palais Royal à Paris, la Court de nostre Parlement, les Chambres des Enquestes & des Requestes du Palais, des Comptes, du Tresor, & autres ordenées generalment pour le fait du Royaume; & aussi le darrenier ressort en toute les Terres ci dessus declairées; lesquelles choses Nous voulons appartenir à nostre dit Frere ou autre qui auroit ledit gouvernement du Royaume.”

(11) 詳しくは、本書第二章第一節の親任状委任事項の試訳を参照。

(12) *ORF.*, t. VI, p. 45.

(13) Guenée, *Un meurtre, une société*, pp. 159-160; Vaughan, *Philip the Bold*, p. 40. オトランは、史料中に〈régent〉が用いられていないことを認めつつも、この語を用いる。cf. Autrand, *Charles V*, p. 635. またグネの邦訳においても、〈régent〉には「摂政(職)」という訳語があてられている(佐藤・畑訳『オルレアン大公暗殺』二〇七頁)。

(14) 西洋史学における“régent”＝「摂政」の用法については、黒田編『歴史学辞典　第一二巻　王と国家』「摂政」(安成英樹)、四〇八～四〇九頁。

(15) *ORF.*, t. VI, p. 48: “ou cas que nostre dit Frere d'Anjou iroit de vie à trespassement, ou ne voudroit & pourroit entendre audit gouvernement de nostre Royaume, s'il avenoit que Nous mourissiens avant que nostre dit ainsné Filz fust entrez oudit XIIIIe an de son aage, Nous voulons & ordenons que la grade, defense & gouvernement d'icellui Royaume, viegne & appartiegne à nostre très-chier & amé Frere Philippe Duc de Bourgoigne dessus dit; & en celui cas le commetons, ordenons & establissons dès maintenant pour lors au dessus dit gouvernement du Royaume, ou lieu de nostre dit Frere le Duc d'Anjou; & li donnons plain povoir & auctorité de faire toutes les choses appartenanz à la grade, defense & gouvernement dussus diz, tout en la fourme & maniere que dessus est contenu.”

(16) Lehoux, *Jean de France, duc de Berri*, t. II, pp. 11-12.

(17) Autrand, *Charles V*, p. 635.

(18) 委任地の詳細については、本書第二章第一節(二)を参照。

(19) 設定文書の前文が記す王国統治観については、本書第一章第三節で分析。

(20) Olivier-Martin, *Histoire du droit français*, p. 265 (塙訳『フランス法制史概説』三九五～三九六頁); 山口俊夫編『フランス法辞典』東京大学出版会、二〇〇二年、“garde”(二四八頁)および“surveillance”(五八〇～五八一頁)を参照。

(21) *ORF.*, t. VI, pp. 49-54, esp. p. 50.
(22) 本書第二章第1節に詳述。
(23) *ORF.*, t. VI, p. 529 に所収。
(24) *ORF.*, t. VI, p. 529, note (a): “Ordinacio facta per Dominos Duces Andegavensem, Bitturicensem, Burgondie, Borbonii, super regimine Regni et negociorum Regni.”
(25) Lehoux, *Jean de France, duc de Berri*, t. II, p. 21; Autrand, *Charles VI*, p. 20.
(26) *ORF.*, t. VI, p. 529: “(C’est ce qui a esté parlé, s’il plaist à Noss.) Premierement. Que au Conseil du Roy seront tousjours Noss. les Ducs d’Anjou, de Berry, de Bourgoingne & Bourbon, ou les trois ou les deux d’eulz, s’il leur plaist, dont Mons. d’Anjou sera tousjours l’un, quand il y vendra & pourra estre; & que ledit Mons. d’Anjou aura la presidence, & prérogative, selon son gré, de ainneesce; & nos trois autres Seigneurs chascun selon son gré; & quand ledit Mons. d’Anjou ne y pourra ou voudra estre, ne se delivreront aucunes grosses & pesantes besoignes sens lui faire savoir, & avoir son consentement.”
(27) たとえば、Lehoux, *Jean de France, duc de Berri*, t. II, pp. 11-12 et passim; Autrand, *Charles VI*, p. 20 を参照。
(28) *ORF.*, t. VI, p. 529: “Item. La Garde de la personne du Roy & de Mons. de Valois, demoura à Mons. de Bourgongne & de Mons. de Bourbon; & pour ce mettront environ eulz telz Officiers comme bon leur samblera, par le gré de Noss. d’Anjou & de Berry.”
(29) Vaughan, *Philip the Bold*, p. 40.
(30) Autrand, *Jean de Berry*, pp. 164-165, 183-187 et 196-208 etc.
(31) なお、コンスタンス公会議におけるシスマ終結までの経緯に関する近年の概論として、Kaminsky, «The Great Schism». シスマをめぐる王国内の動向については、Guenée, *Un meurtre, une société,* pp. 152-159 に詳しい。
(32) 以下、イタリア行までのルイの動向については、Autrand, *Jean de Berry*, pp. 164-165.
(33) 国王代行官としてのルイのラングドック周辺での活動については、本書第二章第二節（一）を参照。
(34) 当時の都市反税蜂起に関しては、Autrand, *Charles VI*, pp. 76-85.
(35) 以下、当時の王国政治の重心変化については、Autrand, *Jean de Berry*, pp. 183-184 を参照。

(36) 本書第二章第二節(二)を参照。
(37) Vaughan, *Philip the Bold*, p. 40; J. Teyssot, «Pouvoir et contre-pouvoir en Auvergne durant l'apanage de Jean de Berry», dans Société des Historiens Médiévistes de l'Enseignement Supérieur Public, *Les princes et le pouvoir au Moyen Âge*, Paris, 1993, pp. 247-260, esp. p. 257 sq.
(38) 当時のマルムゼ復帰の諸相について、Autrand, *Jean de Berry*, pp. 190-195 を参照。
(39) 詳しくは、Autrand, *Jean de Berry*, p. 190 を参照。
(40) 一三七四年証書が国王の成年を「満一三歳」としたのと並行して、王家次三男が一人前の支配者として認められる年齢は、一四～一七歳前後だったと考えられる。アンジュー公とベリー公は一七歳、ブルゴーニュ公は一八歳の時にそれぞれ最初の親王国を取得している。
(41) 国王の病状に関する同時代の記録については、Guenée, *Un meurtre, une société*, pp. 138-141.
(42) Ornato, *Répertoire prosopographique*, FRANCE, Charles^{c}-Charles^{d} (pp. 158-159).
(43) 以下、*ORF.*, t. VII, pp. 517-522, 530-535 et 535-539 を用いた。
(44) たとえば、*ORF.*, t. VII, p. 522: "Par le Roy en son Grand Conseil, ouquel Messrs les Ducs de Berry, de Bourgogne, d'Orléans & Bourbonnois, Vous, les Evesques de Baieux, de Noyon, d'Aucerre & d'Arraz, le Vicomte de Meleun, Mess. Guillaume des Bordes, Mess. Philippe de Savoisy, l'Aumosnier, Maistre Odard de Moulins, & plusieurs autres, estiez."
(45) Guenée, *Un meurtre, une société*, pp. 159-160（佐藤・畑訳『オルレアン大公暗殺』二〇七頁）には、三証書の決定内容がごく簡単に整理されている。
(46) この婚姻について、詳細はVaughan, *Philip the Bold*, p. 41; Guenée, *Un meurtre, une société*, pp. 154-155 を参照。
(47) *ORF.*, t. VII, p. 535: "desirans de tout nostre cuer pour iceluy temps pourveoir au bon gouvernement de nostre Royaume, Confians à plain de nostre très-chier & très-amé Frere Loys Duc d'Orliens, Conte de Valoys & de Beaumont . . ."
(48) *ORF.*, t. VII, p. 537: "celuy qui auroit ycelui gouvernement, soit tenuz de faire & face ledit Serement en la fourme & maniere que notredit Frere d'Orleans le devroit faire par nostre Ordennance, . . ."
(49) 詳しくは、Guenée, «Le roi, ses parents et son royaume», pp. 320-321 を参照。

(50) Guenée, «Le roi, ses parents et son royaume», p. 320.
(51) こうした人間的な側面をめぐる争いについては、Guenée, *Un meurtre, une société*, pp. 131-151（佐藤・畑訳『オルレアン大公暗殺』一六八～一九五頁）を参照。
(52) 本論で触れる①②とともに、③④については Autrand, *Jean de Berry*, pp. 202-205.
(53) 具体的に、ジャンは一三八一年八月からの八ヶ月間、八二年四月からの半年間、八四年四月からの三カ月間、八五年六月からの約一年間、アヴィニョンを中心にラングドック近郊に滞在している。cf. Lehoux, *Jean de France, duc de Berri*, t. IV, pp. 461-469.
(54) この休戦の印として、イングランド王リチャード二世とフランス王女イザベルの結婚が取り決められた。cf. Guenée, *Un meurtre, une société*, p. 154.
(55) 以上、ニコポリス十字軍については、I. Metin Kunt, «The rise of the Ottomans», in Jones [ed.], *The New Cambridge Medieval History*, t. VI: c. 1300-c. 1415, Cambridge, 2000, Chap. 26, pp. 839-863; P. Edbury, «Christians and Muslims in the eastern Mediterrean», in *ibid*., Chap. 27, pp. 864-884 を参照。
(56) 以下、アヴィニョン行の経緯に関しては、Autrand, *Jean de Berry*, pp. 198-202 に詳しい。
(57) とりわけ、シスマ期に問題となった教皇税に関して、詳細は Kaminsky, «The Great Schism», p. 674.
(58) 聖職者会議における投票は以下の通り。「服従解除」の即時実行：二四七票。ベネディクト一三世に譲位を要請するまで、「服従解除」の実行を待つ：一八～二〇票。教皇に譲位を要請し、これが拒否された場合、教皇の罷免を公会議に諮る：一六～一八票。cf. Kaminsky, «The Great Schism», p. 690.
(59) 以上、服従解除王令までの動向については、Autrand, *Jean de Berry*, pp. 203-204.
(60) Guenée, *Un meurtre, une société*, pp. 153-156; Autrand, *Jean de Berry*, p. 195.
(61) Guenée, *Un meurtre, une société*, p. 157（佐藤・畑訳『オルレアン大公暗殺』二〇四頁）に掲載のヴィスコンティ家系図を参照。
(62) Guenée, *Un meurtre, une société*, p. 153（佐藤・畑訳『オルレアン大公暗殺』一九八～一九九頁）; Autrand, *Jean de Berry*, p. 202.
(63) 以上の経緯に関しては、Autrand, *Jean de Berry*, pp. 203-204 を参照。

(64) Guenée, *Un meurtre, une société*, p. 153.
(65) Autrand, *Charles VI*, pp. 388-389.
(66) Autrand, *Charles VI*, p. 389.
(67) Lehoux, *Jean de France, duc de Berri*, t. IV, pp. 487-489 に掲載の「巡行表」を参照。
(68) このような当時の王政府の状況については、Autrand, *Jean de Berry*, p. 204 et passim.
(69) Autrand, *Jean de Berry*, pp. 206-208.
(70) 廃位事件の詳細については、Schnerb, *Les Armagnacs et les Bourguignons*, pp. 40-42 を参照。
(71) フィリップおよびルイの反応については、Autrand, *Jean de Berry*, pp. 204 et 209 を参照。
(72) Schnerb, *Les Armagnacs et les Bourguignons*, p. 43.
(73) *ORF.*, t. VIII, pp. 577-578（第一証書）、pp. 579-580（第二証書）、pp. 581-583（第三証書）。
(74) *ORF.*, pp. 579 et 583.
(75) Autrand, *Charles VI*, pp. 394-395.
(76) Schnerb, *Les Armagnacs et les Bourguignons*, pp. 54-55.
(77) Guenée, *Un meurtre, une société*, pp. 163-165（佐藤・畑訳『オルレアン大公暗殺』二一一〜二一三頁）を参照。
(78) *ORF.*, t. VIII, p. 577 note (a), p. 579 note (a), p. 581 note (a).
(79) *ORF.*, t. VIII, p. 581: "que nostre dit ainsné Filz qui est à present, ou cellui qui le sera pour le temps, en quelque petit aage qu'il soit ou puisse estre, soit après Nous incontinent sanz aucune dilacion appellé Roy de France, succéde à nostre Royaume, & soit couronné Roy le plustost que faire se pourra, & use de tous droiz de Roy, sanz ce que aucun autre tant soit prouchain de nostre Sang entrepreigne le Bail, Régence ou Gouvernement de nostredit Royaume, & sanz ce qu'il puist estre donné à nostre dit ainsné Filz en son droit qui lui est deu par droit de nature, aucun empeschement soubz umbre de Régence ou Gouvernement de nostredit Royaume, ne autrement pour quelque raison que ce soit ou puist estre."
(80) *ORF.*, t. VIII, pp. 581-582: "que s'il advient que nostre dit ainsné Filz & nozdiz autres Enfans demeurent après Nous mendres d'ans, en quelque monorité que lors soient, nostredicte Compaigne ait & lui appartiengne la Garde, nourrissement & gouvernement d'eux, . . . icelle nostre Compaigne, appellez par elle & avecques elle noz diz Oncles & Frere, &

autres prouchains de nostre Sang & Lignage, qui pour lors seront, & aussi les Gens de nostre Conseil que Nous aurons au jour de nostre trespas, gouverne au nom de nostredit ainsné Filz, s'il advient qu'il demeure soubz aagé, & en quelque minorité qu'il soit lors, comme di test, tous les faiz de ce Royaume ou nom de lui & comme Roy, . . . que toutes les délibérations & conclusions qui seront lors faictes & prinses ès besongnes dudit Royaume, en quelque manière que ce soit, soient advisées, prinses & concluses selon les voix & oppinions de la plus grant & saine partie, de nostre dicte Compaigne, de nozdiz Oncles & Frere, & des autres de nostre Sang & Lignage, & de ceulx dudit Conseil qui lors seront présent & appellez pour les conseiller, sanz avoir regard à la Grandeur, auctorité & estas des personnes, mais seulement à ce qui sera dit & advisié pour le bien, utilité & proussit desdictes besongnes."

(81) Guenée, *Un meurtre, une société,* pp. 164-165（佐藤・畑訳『オルレアン大公暗殺』二一三頁）; Autrand, *Charles VI*, p. 394.

(82) Guenée, *Un meurtre, une société,* p. 163（佐藤・畑訳『オルレアン大公暗殺』二一一〜二一二頁）。

(83) *ORF.*, t. VIII, p. 578.

(84) *ORF.*, t. VIII, p. 579: "que nostre très-chiere & très amée Compaigne la Royne, noz très-chiers & très améz Oncles & Frere les Ducs de Berry, de Bourgongne, d'Orléans & de Bourbonnois, & tous autres de nostre Sang & Lignage, & les autres Gens de nostre Conseil, Nous facent solennel Serement de Nous estre bons, vrais & loyaulx Subgés & obéissans envers tous & contre tous qui pourroient vivre & mourir, . . ."

(85) *ORF.*, t. VIII, p. 579: "que tous Prélaz, Contes, Barons, Chevaliers, Escuiers, Bourgois des bonnes Villes, & autres Gens d'Estat de nostredit Royaume, feront le Serement dessusdit pour Nous, ès mains de notre très-chier & amé Cousin Charles Sire De Le Bret, Connestable de France, de nostre amé & féal Chancelier, appellez avecques eulx des plus notables Gens de nostre Conseil, telz & en tel nombre que bon leur semblera."

(86) 以下、フィリップの行動については、Autrand, *Charles VI*, p. 394.

(87) 以下、ルイによる諸証書撤回については、Guenée, *Un meurtre, une société,* pp. 165-166 を参照。

(88) Schnerb, *Les Armagnacs et les Bourguignons*, pp. 54-55.

(89) Autrand, *Jean de Berry*, p. 204.

(90) この世代交代が諸侯抗争に及ぼした諸影響については、Autrand, *Jean de Berry*, pp. 215-216 を参照。

(91) 詳しくは、Guenée, *Un meurtre, une société*, pp. 167-171.

(92) 殺害事件直前の王政府の状況、およびブルゴーニュ公ジャンによるルイの殺害計画とその実行過程については、Guenée, *Un meurtre, une société*, pp. 176-179 (佐藤・畑訳『オルレアン大公暗殺』二二九〜二三三頁)を参照。

(93) それぞれ、*ORF.*, t. IX, pp. 267-269; *ORF.*, t. XII, pp. 227-229 に所収。

(94) Autrand, *Jean de Berry*, p. 217.

(95) *ORF.*, t. IX, p. 267, note (a); *ORF.*, t. XII, p. 227, note (a).

(96) *ORF.*, t. IX, pp. 267-268: "que nostredit ainsné Filz qui est à present, ou qui le est pour le temps, & aussi les ainsnez Filz de nozdiz Successeurs, en quelque petit aage qu'ilz soient & puissent estre ou temps du decez de Nous & d'iceulx noz Successeurs, soit & soient incontinant après Nous & nozdiz Successeurs Roys, diz, appellez, tenuz & reputez Roys de France, & à icellui Royaume succedans, soient couronnez & sacrez en Roys, incontinent aprez le decez de Nous & de nozdit Successeurs, ou au moins au très-plutost que faire se pourra, & usent & joïssent de tous droiz, preminences dignitez, & prerogatives appartenans à Roys de France & à ladicte Couronne, senz ce que quelconque autre, tant soit prouchain de leur linaige, entrepreigne, puisse, ne doye, ou lui foise entreprendre Bail, Regence, ou autre quelconque gouvernement & administracion dudit Royaume, . . ."

(97) Guenée, *Un meurtre, une société*, pp. 181-182 (佐藤・畑訳『オルレアン大公暗殺』二三六〜二三七頁)。

(98) *ORF.*, t. IX, p. 268: "voulons & ordonnons que en ce cas ilz soient durant leur minorité, . . . les faiz, affaires & besongnes d'eulx & du Royaume, traictiez, deliberez & appoinctiez par nostredit, & autres ainsnez Filz de nozdiz Successeurs, de leur auctorité & en leur nom, par les bons avis, deliberacion & conseil des Roynes leurs meres, se elles vivoient, & des plus prouchains du Lignage & Sang royal qui lors seroient."

(99) *ORF.*, t. XII, p. 228: "que toutesfoiz que doresnavant il adviendroit que nostredite Compaigne seroit absente ou si empeschée ou occuppée que elle ne peust ou voulsist entendre à l'expedition & provision desdits grands faiz & affaires touchans Nous & nostredit Royaume, icelui nostre Fils, appellés à ce les dessusdits de nostre Sang & lignage qui seroient lors devers ou près de Nous, & de ceux de son lignage, & nostre très-cher & amé Cousin Charles de Lebret, Connestable

de France, nostre amé & féal Chancelier, & des autres de nostre Conseil, tels & en tel nombre qu'il semblera estre expedient à faire, entende pour Nous, de par Nous, & en nostre nom, & toutefois que besoin sera & le cas requerra, à l'expedition & provision desdits grans besognes, au bien, honneur & proffit de Nous & de nostredit Royaume, & y puisse prendre, après ce que tout aura premierement esté rapporté à nostredite Compaigne, tels appoinctemens & conclusions comme par la plus grand & saine partie des dessusdits qui seront lors presens & à ce appellés, sera advisé, & voulons que tout ce qui par nostredit Fils, sera ainsi fait que dit est, ait force & vigueur, comme si par Nous & en nostre presence estoit fait."

(100) Ornato, *Répertoire prosopographique*, FRANCE, Loius[c] (p. 161).

(101) Guenée, *Un meurtre, une société*, pp. 181-182（佐藤・畑訳『オルレアン大公暗殺』二三七頁）。

(102) Guenée, *Un meurtre, une société*, pp. 180-181（佐藤・畑訳『オルレアン大公暗殺』二三五～二三六頁）。

(103) ジャン・プティの演説内容については、Guenée, *Un meurtre, une société*, pp. 190-201（佐藤・畑訳『オルレアン大公暗殺』二四七～二六二頁）。

(104) 王宮：Guenée, *Un meurtre, une société*, pp. 216-217; パリからコンスタンス：Guenée, *Un meurtre, une société*, pp. 239-256.

(105) Autrand, *Jean de Berry*, p. 217.

(106) シャルトルの和については、Guenée, *Un meurtre, une société*, p. 201; Autrand, *Charles VI*, p. 426.

(107) 王国人事の詳細については、Guenée, *Un meurtre, une société*, p. 182; Autrand, *Charles VI*, p. 437.

(108) Autrand, *Charles VI*, pp. 439-440.

(109) Autrand, *Jean de Berry*, p. 218.

(110) *ORF.*, t. XII, pp. 229-231 に所収。

(111) *ORF.*, t. XII, p. 230: "que toutefois que doresnavant Nous & nostre Compaigne serions absens ou occupés en maneire que Nous ne pourrions vacquer ne entendre à l'expedition & provision des faiz, besongnes & affaires touchans Nous & nostredit Royaume, iceluy nostre Fils, appellés avecques lui les dessusdits plus prochains de nostre Sang, c'est à sçavoir nos très-chers & très-améz Cousins & Oncles les Roys de Cicile & de Navarre, les Ducs de Berry, de Bourgongne, de

Braban, de Bourbon, & Louis Duc de Baviere, ou ceux d'eux qui seroient lors devers ou près de Nous, & nostre Chancelier, & autres de nostre Grand-Conseil, tels & en tel nombre comme bon & expedient lui semblera, tiegne nostre lieu & preside en nos Conseils, entende, vacque & se employe pour Nous, de par Nous & en nostre nom, toutefois que mestier sera, en l'expedition, provision, conclusion & ordonnance de tous les faiz, besongnes & affaires de Nous & de nostredit Royaume, . . ."

(112) Ornato, *Répertoire prosopographique*, NAVARRE, Charle[b] (p. 196).

(113) Ornato, *Répertoire prosopographique*, BOURGOGNE, Antoine[a] (p. 126).

(114) Ornato, *Répertoire prosopographique*, BAVIÈRE, LOUIS[b] (pp. 115-116).

(115) *ORF.*, t. XII, pp. 230-231: "Ainsi signé: Par le Roy, le Cardinal de Bar, les Roys de Cicile, de Navarre, Messeigneurs les Ducs de Guyenne, de Berry, de Bourgongne, de Braban, & de Hollande, Vous, l'Archevesque de Reims, & plusieurs autres Prelats, le Comte de Tancarville, & grand multitude d'autres grands Seigneurs, presens."

(116) ジャン同盟結成の詳細については, Autrand, *Charles VI*, p. 442 を参照。

第四章　国王裁判権と諸侯国

百年戦争における緒戦連敗以来、王族諸侯はパリおよび王国諸地域において、さまざまな王国奉仕に携わる一方で、王国各地においてみずからの領域支配を拡げていた。かれらはそこでどのような諸侯国支配を展開し、諸侯国は王国の統治体制のなかでいかなる位置づけを占めていたのか。本章では、王にとっても諸侯にとっても支配権の要であった裁判権を通じて、この問題を検討する。なぜなら、ある社会において生じた紛争や社会的逸脱が、いかなる方法で、どのように解決されるかという問題は、その社会のあり方の本質に関わる問題であり、とりわけ、それが「裁判」という方法をとり、いかなる権力がどのような機関を通じて紛争の解決を図り、また逸脱を除去したかの問題は、社会が生み出した権力秩序の特質を物語るためである。ここでは、百年戦争下の王国国制における諸侯裁判権の位置づけを考察する切り口として、聖王ルイ以来、フランス王国を特色づけた上訴という訴訟手続に注目する。

周知のように、上訴（［羅］appellatio/［仏］appel）とは裁判官の措置を不服とし、上級の裁判権保持者にその再度の審判を求め、最終的には王の法廷へと訴え出る手続である。このような上訴はとくに一三世紀後半、聖王ルイ九世の治世以来、伝統的な紛争解決手段である私戦に対して、それらの元となった紛争や不和を実力行使ではなく、国王宮廷の裁きに服させることを通じて、王国平和の樹立のために導入されたものである。このため、王国全土への上訴の普及とその確立は、平和の保護を責務とする王権の伸張に画期的な役割を果したと理解されている。(1) 我が国においても、古くは堀米庸三氏や塙浩氏が諸侯層に対する王権側の重要な統制手段のひとつとして、上訴の国制史的意義を評価し、この評価は現在も基本的には受け入れられているといえよう。(2) したがって、王および諸侯の裁判権に関して、上訴がどれほど普及していたのか、そして実際の上訴案件の処理において両者がいかなる措置を講じたかという問題は、王と諸侯の権力関係の根本に関わり、さらに王国上訴体系における諸侯裁判権の位置は、王国国制における諸侯国の位置づけを端的に示すものとなるだろう。

このような上訴の意義を念頭に、百年戦争の勃発以降の時代に目をむけるならば、理論上ではあれ、パリ高等法院を頂点とする上訴体系が成立するなか、そこでは諸侯国が特別な位置を占めていたことに注目することができる。それは、第一章において取り上げたフランス同輩特権とともに、(3) 上訴法廷(cour d'appel)と総称される諸侯法廷の存在によって示されている。この上訴法廷とは一四世紀中葉以降における諸侯国の最上級法廷であり、諸侯のフランス同輩特権を背景に、パリ高等法院を模範として設置された組織である。それは諸侯国における「国家」的な統治組織のひとつに数えられている。(4) なぜなら、この法廷の設置によって、従来はパリ高等法院に上訴された案件が、原則として諸侯のもとに持ち込まれることとなったからである。そして、このような上訴法廷のいくつかは、諸侯国が王領に編入された一五世紀末以降、王国の地方高等法院に再編されている。(5) 以下、このような上訴法廷の創設とその実際の機能という問題を焦点に、第一節では一三世紀末以降の王国上訴体系の成立を、第二節ではその実態を検討する。なお、以下本章においては、上訴法廷創設後の国王裁判権と諸侯国に関して作成した理念図として、図2「国王裁判権と諸侯国」を参照。

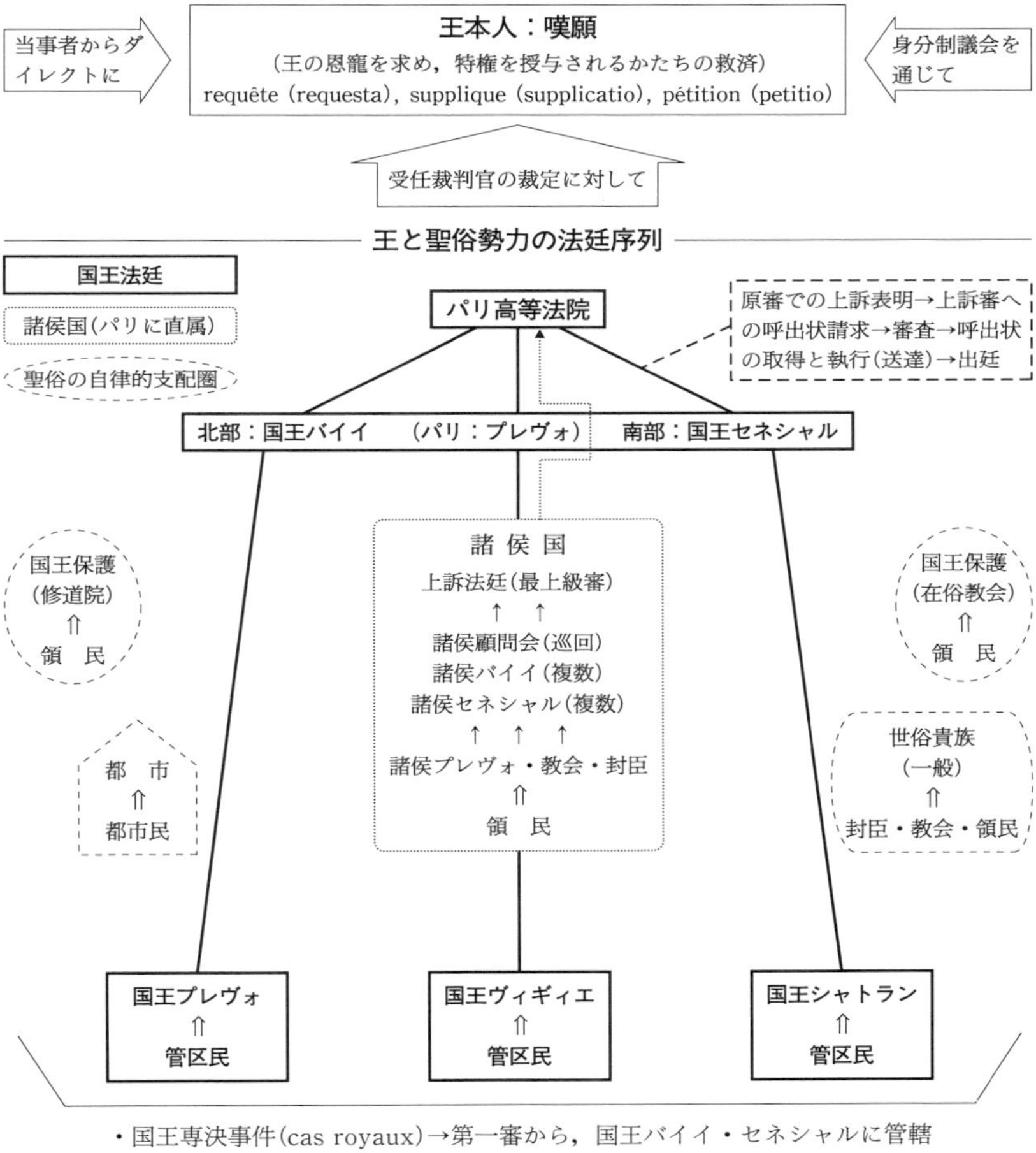
当事者からダイレクトに
王本人：嘆願
(王の恩寵を求め，特権を授与されるかたちの救済)
requête (requesta), supplique (supplicatio), pétition (petitio)
身分制議会を通じて
受任裁判官の裁定に対して
王と聖俗勢力の法廷序列
国王法廷
諸侯国(パリに直属)
聖俗の自律的支配圏
パリ高等法院
原審での上訴表明→上訴審への呼出状請求→審査→呼出状の取得と執行(送達)→出廷
北部：国王バイイ　(パリ：プレヴォ)　南部：国王セネシャル
国王保護
(修道院)
⇑
領　民
都　市
⇑
都市民
諸　侯　国
上訴法廷(最上級審)
↑　↑
諸侯顧問会(巡回)
諸侯バイイ(複数)
諸侯セネシャル(複数)
↑　↑　↑
諸侯プレヴォ・教会・封臣
⇑
領　民
国王保護
(在俗教会)
⇑
領　民
世俗貴族
(一般)
⇑
封臣・教会・領民
国王プレヴォ
⇑
管区民
国王ヴィギィエ
⇑
管区民
国王シャトラン
⇑
管区民
・国王専決事件(cas royaux)→第一審から，国王バイイ・セネシャルに管轄

図2　国王裁判権と諸侯国

第一節　諸侯国から国王裁判権への上訴

(一)　王と諸侯の裁判管轄

上訴法廷設置の意義とそこに現れる諸侯裁判権のあり方をよりよく理解するためには、これが創設される以前の王と諸侯の裁判管轄権を整理しておく必要がある。ここではこの問題を、諸侯国の諸身分や領民がパリ高等法院に達するまで、諸侯および王の裁判機関をどのような順序で用いたのかという観点から検討する。

一三世紀以降とりわけ聖王ルイ以来の王国では、国王封臣の法廷において「裁判懈怠」(défaut de droit)あるいは「偽判」(faux jugement)が生じた場合、訴訟当事者はその裁判官を相手取るかたちで、王に再度の審判を求める手続が普及しはじめた。このうち「裁判懈怠」とは、裁判官が判決を言い渡すにいたらないこと、あるいは判決を発見するための裁判そのものを行わないことを指す。一方、「偽判」とは裁判官が悪意から不正な判決を下した(とみなされる)ことを指した。こうした、「封建的上訴」(appel féodal)とよばれる手続が普及したことによって、国王宮廷(クーリア・レギス)の裁判業務が増加した結果、王が不在であっても裁判を開催するような仕組みが必要となり、後世パリ高等法院とよばれる組織がクーリアから専門分化したことはよく知られている(6)。これと並行して、王の地方統治においても、そもそもは国王代官プレヴォの監視を主な任として設置された国王バイイの裁判権が強化されていった。このなかで、通常の領主・貴族の法廷に対する上訴は、まずは国王バイイの管轄とされた(7)。さらに、そこでも終結しない案件については、国王バイイからパリ高等法院への上訴が認められた。このように、国王封臣の裁判権が徐々に国王バイイに従属するなか、諸侯はバイイ裁判権を免除され、パリ高等法院への直属を許されていた。こうした諸侯のパリ直属の根拠となったのが、フランス同輩の裁判特権だったのである。

それでは、その特権とはいかなるものであり、とくに第一章で明らかにした同輩団の変質のなかで、その特権はどのような影響を受けたのか。フランス同輩の裁判権に関する特権は、同輩団そのものの形成とともに、一二世紀末〜一三世紀はじめころに明確化したと考えられている。かれらはみずからが当事者となる訴訟を、通常の国王レーン法廷や国王バイイ法廷ではなく、国王主宰のもと、一二名の同輩が構成し、かれらが判決発見人となる同輩法廷に持ち込む特権を有した。(8)しかし、そうした特権のあり方は一三世紀末以降における同輩団の再編のもと重要な変化を遂げ、次の二点において、フランス同輩のパリへの直属性がより明確となる。(9)第一は、同輩法廷が徐々にパリ高等法院法廷に吸収され、同輩は同身分者の訴訟に関して、高等法院法廷に臨席する権利をもつのみとなった。そこで、同輩法廷は王による有力諸侯の弾劾の場としても利用されていく。(10)一方、第二は同輩の支配領からの上訴に関する特権であり、ここでの考察と密接に関わる。すなわち、同輩領から提起される上訴は、以後パリ高等法院に直接管轄されることが、さまざまな場面で明確となったのである。

たとえば、当時同輩のひとりだったブルゴーニュ公ユード四世(位一三一五〜五〇年、ヴァロワ家ブルゴーニュ公以前)(11)は、一三二五年以来、公領に隣接するサンスの国王バイイの所在地に、そして四三年にはマコン・バイイのもとに、みずからの代訴人(procureur)を派遣するようになった。(12)これにより、ユード四世は公領の裁判官に対して提起された上訴が国王バイイのもとに持ち込まれないように監視したのである。さらに、レイモン・カゼルは「同輩特権の性格は変化した。かつて同輩位は、古く強大な封土の保有と結びつけられていた。しかし、以後同輩の権力は諸侯あるいは高級バロンの人格に結びつき、かれによって保有されるすべての領地に適用されたのである」と述べている。[13] すなわち、かつて同輩の権力は特定の公領・伯領(三つずつ)に付属したが、しかし一四世紀後半となると、同輩たる諸侯が獲得した新領地に関しても同輩の諸特権が及ぶようになり、パリへの直接上訴の特権が適用されるようになったのである。一例をあげると、ブルボン公ルイ二世は一三七三年にフォレ伯領を獲得している。当伯領が伝統的な同輩領でない点は、第一章で述べた通りである。しかし、ルイはこのようなフォレ伯領からマコンの国王バイイとリヨンの国王セネシャルの裁判権を排除しようと、シャルル五世王に対して、同伯領がパリ高等法院に直属することを確認する特許状の発給を求めている。[14] このように、フランス同輩の支配域すなわち諸侯国は一四世紀中葉以来、国王裁判官への上訴という点においても、ほかの貴族・領主領とは明確に区別されていったのであった。

一方このような同輩特権を有する一三世紀末以降の諸侯国において、諸侯は王国諸制度ときわめて類似する裁判組織を整備しつつあった。[15] 何よりもまず、当時の諸侯国におけるもっとも重要な裁判官として、国王バイイに比すべき諸侯バイイ(baillis ducaux ou comtaux. オーヴェルニュやブルターニュではセネシャル(sénéchaux)の名称をもつ)をあげることができる。この諸侯バイイは国王バイイと同様に、その管轄域において年に五〜六回、巡回裁判集会を開催し、そこでは、諸侯とその封臣のあいだで生じた案件あるいは諸侯の封臣間の紛争(以上、レーン裁判)、一定額以上の罰金を科される事件、一部の流血事件などを第一審として管轄した。次いで諸侯バイイは、諸侯国の最末端に位置する領主(城主)ならびに都市の法廷、さらには諸侯バイイの下役人である諸侯プレヴォの法廷などから起こされる上訴を受理した。このように諸侯バイイは同時代の国王バイイと非常によく似た裁判業務を担っており、こうした点は王領時代に整備された裁判組織をほぼそのままのかたちで継承した親王国において、顕著である。これに対して、家産諸侯国の伝統のなかで形成されてきた裁判組織は、どのような形態をもち、そこで上訴はどの程度発達していたのか。

その一例として、かつてイングランド王権下に服したこともあり、フランス王国におけるその独自性が予想されるブルターニュ公国を取り上げることとする。そこでは、公の地方統治を担当する基本的な枠組として、カロリング時代の伯管区に起源をもつ「バイイ」(baillie)とよばれる八つの裁判管区がおかれていた。それぞれの所在地は、レンヌ、ナント、ボルエレ、プレルメル、トゥレギィエ、ゲロン、レオン、コルヌアイユである。[16]その管区長は「セネシャル」とよばれており、ブルターニュ公の裁判権を代表した。このようなブルターニュ・セネシャルは、ほかの諸侯国のバイイとほぼ同様の裁判業務を担う一方で、セネシャルらのあいだには独特の序列が存在し、八つの裁判管区のうち、レンヌとナントのセネシャルの裁判権は特別な地位を有した。すなわち、このふたつのセネシャルをのぞく六つのセネシャルの判決や措置を不服として起こされる上訴は、まずはレンヌ・セネシャルのもとに持ち込まれた。そして、レンヌにおいても処理が困難な案件については、国王裁判官が管轄するとされた。これに対して、ナント・セネシャルの方には、ほかのセネシャルが従属することはなかったものの、レンヌと同様に公の裁判権を直接的に代表し、ナント・セネシャルからの上訴も国王裁判官のもとに管轄されたのである。このようなブルターニュの裁判組織の特異性は、ブルターニュ伯(一二九七年、公に昇格)の直轄領形成の過程に由来すると考えられる。都市レンヌは、カロリング帝国崩壊以来、伯管区の中心都市として、ブルターニュ伯権の拠点であった。これに対して、ナント伯領がブルターニュ伯家に帰属したのは一二世紀後半であり、それまではイングランド王位を兼ねるプランタジュネット家領のひとつであった。このため、比較的遅くに伯領に併合されたナントは、そののちも伯領の裁判組織のなかで自律性を保ちつづけたのである。[17]このように、一口に諸侯国といっても、王権の関与の度合いに応じて、一方で親王国のように王国諸制度を継承し、これを模範とする諸侯国から、各地の伝統や領国形成の過程にもとづき独自の裁判組織を備えていた諸侯国まで、さまざまであった。

このような諸侯バイイ(セネシャル)の裁判権とならんで、諸侯国の「法と平和」を担った重要な組織として、諸侯クーリア(curia ducis または comitis)も無視することはできない。一四世紀以降、諸侯クーリアは王のクーリア・レギスと同程度とはいえないまでも、ある程度の専門分化を遂げるなかで、諸侯の政策決定を主な任務とする顧問会(Conseil du duc または comte)の名称が現れる。この諸侯顧問会はとくに重要な事件や処理の難しい案件に関しては、法廷としても機能しつづけた。そこでは、諸侯の人身に関わる事案、諸侯の直接保護下にあった教会領の案件、さらに一部の大貴族が当事者となった事案などが管轄された(18)。

以上から、我々は上訴法廷と総称される裁判権が形成される以前に関して、諸侯裁判権から国王裁判権への上訴について次のようにまとめることができる。諸侯の裁判権を代表していた主な組織は、諸侯バイヤージュ(セネショセ)と公(伯)顧問会であった。これらの法廷からの上訴は、諸侯のフランス同輩特権にもとづいて、直接パリ高等法院に管轄された。つまり、通常の貴族・領主が服しつつあった国王バイイ・セネシャルは、諸侯国からの上訴案件に関与することはできないのである。ただし、このような諸侯国からの上訴に関するパリ直属という特権は、パリに行くまでの旅費や時間などを考慮するならば、諸侯国の住民にとって望ましいものであったかは定かではなく、この問題については実際にパリまで持ち込まれた訴訟案件のなかで具体的に考えていく。一方で、これまでみてきた諸侯およびその裁判官は、領国内で起こるすべての事件を管轄したわけではなかった。なぜなら、一三世紀中葉以降のフランス王権は、一定の重大事件を国王裁判権の専属管轄下におきつつあったためであり、この国王専決事項という考え方についても、最後に改めて確認しておかねばならない。

第一・二章でも述べたように、国王専決事項とは国王裁判官のみが管轄権を有した事柄の範囲を指すのである。王権側はこの種の事案として、大逆罪、国王保護権の侵害、武器携行、国王印璽および貨幣の偽造、国王役人の不正など、王の大権と人身に関わるものを主張し、その範囲は時代とともに多岐にわたった(19)。一四世紀中葉以降、王はこれらの国王専決事項をテコに諸侯国の統制を図った。このなかで、諸侯国において発生した国王専決事件は通常、その最寄りの国王バイイのもとに管轄された。国王裁判官の最下級審であるプレヴォは、国王専決事件を裁く権力を付与されていない。たとえば、王国最西端のブルターニュ公国に関しては、その北方に位置したコタンタン・バイイと東方のトゥレーヌ・バイイが国王専決事件の発生を監視し、その管轄権を有した。[20] 親王国についても同様に、国王専決事件の管轄権は近隣の国王バイイに属した。しかしながら、一四世紀中葉とりわけ国王ジャン二世期以来、王は男系・男子による相続規定を中心として、親王国に対する統制を強化するにともない、国王専決事件についてはこれを扱うための特別な国王バイイを設置した。[21] 前述したベリー公国のほか、ブルゴーニュ公国に関してはサン＝ジャングー＝ル＝ロワイヤルに、またオルレアン公国についてはスポワ＝モンタルジィに国王専決事項担当バイイが設置されている。[22] さらに、次代シャルル五世は一三六九年、イングランドからポワトゥ伯領周辺を奪回したのち、都市シノンに国王専決事項担当バイイを設置した。このシノンはポワトゥ伯領とともに、王弟のアンジュー公ルイの親王国を構成したアンジュー公領とトゥレーヌ公領にも隣接していたことから、シノン・バイイはポワティエ司教領やトゥール大司教領に関わる事案など、ふたつの親王国で発生した国王専決事件を管轄したのである。[23]

それでは、一四世紀中葉以降に本格化した諸侯上訴法廷の整備は、以上で明らかにした国王裁判権と諸侯国の関係をどのように再編するものだったのだろうか。

（二）　諸侯上訴法廷の創設

一三世紀末から一四世紀後半にかけ、各地の諸侯国に上訴法廷が設置された時代においては、王国レヴェルにおいても、百年戦争の勃発さらに激化にともなう治安悪化のなか、裁判や法を取り巻く状況が変容しつつあった。[24]戦闘が本格化した一四世紀中葉以来、王のみならず諸侯も治安の乱れがもたらす社会不安という事態に直面し、クロード・ゴヴァールの表現にしたがうならば、王国や社会の「浄化」(purification)というテーマが重要性を増していた。[25]そうした状況に対応するかたちで、南フランスの成文法圏から北フランスの慣習法圏への学識法の流入が進み、上訴の形態についても新たな方法が普及しつつあった。それは、下された判決そのものに異議を申し立て、その見直しのための再度の審理と判決を求める上訴が、王国北部にも拡がりはじめていたのである。[26]この形態の上訴は、前述した「封建的上訴」に対して、「ローマ・カノン法的上訴」(appel romano-canonique)とよばれ、そこでは判決に不服を抱く当事者は、かつてのように原審における裁判官ではなく、その相手当事者を訴えるかたちで上訴を提起した。[27]これらの背景のもと、一四世紀中葉のパリ高等法院においては、当時の高等法院の人員では裁ききれないほどの上訴が、王国全土から押し寄せていたといわれる。フランソワズ・オトランはこの一四世紀という時代について、これを「訴訟人精神」の高揚の時代と捉えている。[28]このような事態は、諸侯国レヴェルにおいても認識されていたことは想像に難くない。それでは、こうした状況下の王国において、諸侯国にその最上級裁判権として上訴法廷が導入されたことは、どのような意義を有したのだろうか。これを本章冒頭で立てた問いにそくしていえば、当時の王権は上訴法廷の創設にいかに関わり、そのことはまた諸侯の支配権にどのような影響を及ぼしたのか、ということになる。以下、これらの問題を、(1)家産諸侯国、(2)親王国の順で検討していく。

(1)　家産諸侯国

上訴法廷と総称される諸侯裁判組織は、諸侯国の最上級裁判権という点では共通しつつも、その名称・創設時期・内部構成などの点で実に多様である。家産諸侯国についていうならば、当時イングランド王の大陸領であったギュイエンヌ公国は別に考えねばならないとしても、英仏の小競り合いがはじまった一三世紀末のブルターニュ公国にパルルマン、これと同じころのカペー家ブルゴーニュ公領には上訴事件法廷、また一三四四年にはブルボン公国に全土法廷という名の諸侯法廷が整備された。以下、これらの家産諸侯国の上訴法廷については、その多様性を考慮して、諸侯国ごとにその由来や創設過程、裁判権、内部構成などを対比しながら、検討していくのが妥当であろう。

一三世紀中葉以降のブルターニュ公国(一二九七年までは伯領であったが、ここでは公国で統一)においては、諸侯統治を司る顧問会とは別に、イングランドのパーラメントから強い影響を受けて、公領諸身分による代表制集会が開催されていた。(29) 主に公の政策決定への助言を任としたこの集会は、パルルマン(Parlement)とよばれた。そこには当初「ブルターニュの司教、大修道院長、バロン、封臣」(一二四〇年)が召集されており、(30) 一二七九年以降は、ここに都市代表がくわわっている。(31) 一三世紀末ころ、公ジャン二世(位一二八六年~伯、一二九七~一三〇五年公)はこのようなパルルマンに数名の司法官を引き連れて臨席するようになり、以後そこでは法廷としての専門組織が生まれつつあった。

それでは、このパルルマンの司法部門はどのような裁判権を有したのか。その主な機能は、前述したレンヌとナントのセネシャルに対する上級裁判権としての機能であり、ふたつのセネシャルからの上訴を受理、審理することとされた。(32) ブルターニュ公国の制度史家マルセル・プラニオルは、このような上訴法廷としてのパルルマンの成立時期を、一二八〇年代後半~九〇年代と理解している。(33) その根拠は、レンヌ・セネシャルからフランス王の宮廷に提起された上訴が史料的に一二六九年まで確認されるのに対して、パルルマンが下した判決文が一二八八年、八九年、九一年の日付で残されていることである。ブルターニュ公はこのようなパルルマンを法廷として開くたびに、公顧問会のなかから裁判官を選出し、かれらに俸給を支払っていた。[34] ただし、そこで選出される裁判官の人数はパルルマンの開催のたびに異なり、一定していない。たとえば、一三九八年には四名、一四〇五年には七名の裁判官がそれぞれ選出、派遣されている。[35] さらに一三八二年、公ジャン四世は以上の構成員にくわえ、パルルマンに一名の長官職(Président et Juge universel de Bretagny)を設置している。長官は数名の裁判官を指揮し、裁判を進行するパルルマンの最高責任者であった。この長官も公によって選任されたものの、しかし終身の裁判役職であった点で顧問会選出のほかの裁判官とは異なっていた。[36] なお初期の長官職には、主に現職のセネシャル裁判官が選任されていたが、こうした兼任は一五世紀以降減少する。[37] このように一三世紀末以来、パルルマンが公国の最上級法廷としての機能も帯びていった過程には、王国に関してクーリア・レギスから高等法院が分化した経緯との類似を指摘することができる。しかし当初、パルルマンが法廷として開かれるのは、あくまで代表制集会の召集に合わせてであるとともに、法廷としてのパルルマンは公の政策や立法を行う顧問会とも明確に区別されていたわけでなく、そうした専門分化は一四世紀末ころまで待たねばならない。[38] すなわち、このころより、公の顧問会が立法そのほかにおいてパルルマンへの助言・同意を求める回数は減少していく。

このようにやや複雑な経緯をたどったブルターニュ公国と同様に、そのほかの家産諸侯国に関しても、諸侯の旧来からの統治組織が専門分化するなかから、上訴法廷が成立し、各地の諸侯裁判官に対する上級審として整備されたことを確認することができる。カペー家ブルゴーニュ公領ならびにブルボン公国において、上訴法廷は諸侯クーリアから分化するかたちで成立した。たとえば、カペー家ブルゴーニュ公は一三世紀末ころから一四世紀初頭にかけて、顧問会における裁判業務の増加にともない、顧問会から二名の裁判官を選出し、裁判業務の遂行を命じた。かれらが開催した上訴事件法廷(Auditoire des causes d'appellaux)の業務は、その名の通り、同公領の種々の裁判権の措置を不服として上訴された案件を受理し、これを裁くことであった。ブルゴーニュ公領においては、五つの諸侯バイヤージュ(それぞれ主邑はオータン、オーソワ、シャロン、ディジョン、ラ・モンターニュ)のほか、いくつかの特別裁判権(森林役(gruyer)、大市監督官(maître des foire)など)も存在しており、これらからの上訴が上訴事件法廷に持ち込まれた。また、この上訴事件法廷は一年に五回開かれ、その開廷期間は六日間と定められており、以下検討するそのほかの諸侯上訴法廷に比べるならば、安定した裁判組織であったといえよう。(39)

一方、王国の中央部に拡がり、のちにフォレ伯領やオーヴェルニュ公領を併合していくブルボン公国においては、ピエール一世期(一三四二～五六年)以来、顧問会の裁判権が強化されていた。本領であったブルボン公領においては、公バイイとよばれる諸侯裁判官が諸侯の基本的な裁判業務を担っていた点では、ほかの諸侯国と共通するものの、同公のバイイはブルボネ・バイイの一名しかおかれていなかった。この点は、親王国をふくめ、平均して四～六名ほどの諸侯バイイ(セネシャル)がおかれたほかの諸侯国とは異なっている。そのなかで、一三四四年以来、ブルボン公の顧問会は各地を巡行しつつ、ブルボネ・バイイに対する不服申し立てを受理するようになった。(40)こうして顧問会が上訴法廷として開かれる場合、それは全土法廷(Jours généraux)の名のもとに開かれ、ムラン、スーヴィニー、モンリュッソンといった公国の主要都市を巡回したことが実証されている。(41)このように、カペー家ブルゴーニュ公領とブルボン公国にみられた上訴法廷は、同時代のブルターニュ公国とはやや異なり、諸侯クーリアがその直接の母胎となって設置された点に特色があり、パリ高等法院の出現に関する王国レヴェルでの展開により類似しているということができる。創設経緯を重視するならば、上訴事件法廷および全土法廷は主に公とその顧問官らによって構成される法廷といえ、このような点は、諸身分が召集される議会としての側面と依然分かち難い状態にあったブルターニュ・パルルマンとは一線を画している。

以上の検討から、家産諸侯国の上訴法廷について、次のふたつの点を確認することができる。第一は、各諸侯国に設置されたパルルマン、上訴事件法廷、全土法廷が、諸侯バイイ(セネシャル)あるいは顧問会からの上訴を管轄する裁判権として成立した点である。このような上訴法廷の創設によって、それまで諸侯バイイ(セネシャル)から直接パリ高等法院に起こされた上訴が、さしあたっては諸侯の裁判権のもとで裁かれることとなった。第二は、家産諸侯国の上訴法廷は、諸侯の統治組織の専門分化に応じて、諸侯みずからがイニシアティヴをとるかたちで設置された点である。一口に上訴法廷といっても、裁判官の構成や開催期間などの点で、それらが多様な姿を示したのはこのためであろう。それでは、このような諸侯上訴法廷の設置に、王はどのように対応したのだろうか。この問題を、上訴案件が実際に処理されていく法廷の序列という観点から言い換えれば、それまでパリ高等法院に管轄されてきた訴訟案件が、諸侯裁判権のもとに持ち込まれるという状況のなかで、王権はどのように対応したのかとなる。家産諸侯国における上訴法廷の多様性を考慮すると、王は個々の諸侯国ごとに別々の対応を迫られたと考えねばならない。ここでは、史料上の制約とともに、ブルボンおよびブルゴーニュと比べて、歴史的に王権との関わりが相対的に希薄であるという事情を考慮して、ブルターニュ・パルルマンに対象を絞り、その裁判管轄権に言及したいくつかの国王証書を分析することとする。

ブルターニュ・パルルマンの創設に対する王権の立場を読み取れる初期の史料のひとつとして、カペー王ルイ一〇世が一三一五年五月付で発した開封王状をあげることができる(42)。ラテン語で記されたその簡潔な叙述部によると、本証書発給のそもそものきっかけは、その死後、公国継承戦争がはじまったブルターニュ公ジャン三世からの嘆願申し立てにあった。そこでは、王の役人や裁判官が同公の諸権利を侵害しているという苦情が述べられており、このため公国に関する王と公の権利領域を確認することが本証書発給の直接の背景となった。こうした背景から、証書は公の苦情内容に対する王の回答を述べるかたちで、それらを全一三項にわたり箇条書きで書き記している。ここで検討対象となるのは、公国から王の裁判官への上訴手続に関わる第三項から第一二項までである。[43]以下、訴訟当事者が王および諸侯の法廷をどのような順序で用いるかを記した第三項と第七項を引用したうえで、ほかの項目については必要に応じて言及するかたちで検討する。

第三項：「同様に。いま述べた公は以下のような不平を訴えている。ふたりあるいは複数の領民が、一方当事者が他方当事者に対するかたちで互いに、あるいは他の事柄に関して、同公に対して争う場合、ないしはかれらのあいだで訴訟や争いごとが起きた場合、これについては、同公、かれの裁判官あるいは役人の面前で順を追って争わねばならず、つまり、ナント・セネシャルをのぞくすべてのセネシャルから、異議申し立ての方法を通じて、レンヌ・セネシャルに管轄され、このナントとレンヌのセネシャルから同公のもとに、最終的には同公のもとから余〔王〕の部局に上訴されねばならない。〔それにもかかわらず、〕王の配下の者たちと役人らは、同公、公の裁判官および役人を飛ばして、それがあたかも管轄の方法であるかのように、いま述べた訴訟人らを区別することなく受け入れている。〔この苦情に対して、〕王は同公に回答する。先に述べた委任官を通じて、管轄の方法について真実を探らせ、この委任官らは明瞭なことを明らかにする権能を有し、疑念や不明瞭な事柄はかれらの印璽のもとに報告されるべきで、この間に生じた案件については未解決案件とする」。[44]

第七項：「同様に。同公は次のように不満を訴えている。王のクーリアが公の役人、封臣およびかれらの領民の諸法廷から、古来より最初に上訴されなければならず、またそうすることが慣例であった同公を飛ばし、王に対して表明された上訴を区別することなく受理している。これに関しては、今後このような上訴は一切受理されないと回答されるだろう」。[45]

まず公の苦情とは、二ヶ所のセネシャル→ブルターニュ公→王（の役人、ただし、「部局」と訳した Camera は curia の誤記か）という法廷の序列にしたがわない上訴が、当時多発していた点にあり、とくに「同公……を飛ばして」と記された公セネシャルから王のもとへの直接上訴が、公の不満の原因であることが分かる。さらに、王の裁判官や役人が、あるべき法廷の序列を考慮せずに、このような上訴を受理しているという事態によって、公の不満は強まっているといえよう。本証書の日付が一三一五年五月であることを考えると、「同公……を飛ばして」という文言が、先に検討した法廷としてのパルルマンの管轄を想定していることは十分に推測することができ、そうであるならば、パルルマン法廷が当時、ブルターニュ公の領民またはその裁判組織のなかに十分に定着していなかったと理解できる。その理由は現実の訴訟の流れとの関連でさまざま考えねばならないが、何より当事者側の利害や思惑が大きかったと考えられる。かれらは証書に記された領民間の紛争の場合はともかく、「公に対して」争う場合には、公の裁判官の判決に期待を寄せることは難しく、セネシャルやパルルマンを飛ばして、王の裁判官のもとに事案を持ち込もうとしたことが十分に予想される。プラニオルも指摘する通り、一三世紀末～一四世紀前半のブルターニュ公国においては、領民が一度、公の法廷からパリ高等法院に上訴すると、その領民は以後、すべての事案を第一審から国王裁判官に訴える傾向があったとされる(46)。他方で、訴訟がもたらす裁判手数料の問題を考慮すれば、国王裁判官がこうしたブルターニュ公の意に反する上訴を手放そうとしなかったことも理解できる。

このような公の苦情申し立てに対して、証書は「委任官を通じて、管轄の方法について真実を探らせ」(第三項)、「今後このような上訴は一切受理されない」(第七項)と回答する(47)。さらに、王はほかの条項においても、国王裁判官の管轄に帰属しないブルターニュ公領民からの上訴(第四項)や、領民がブルターニュ公の裁判権を逃れるために国王裁判官に提起した上訴(第八項)についても(48)、今後は受理しないと回答している。これらの条項から、王は委任官の派遣と調査という留保を付しつつも、基本的には公の苦情を受け入れているということができる。これによって王は、パルルマンの存在をいわば事後的に承認し、これをブルターニュ公国の最上級法廷として、その裁判権を確認したということができる。

一方で、このようなブルターニュ・パルルマンの上訴法廷化によって、それまでレンヌとナントから国王裁判官のもとに上訴されていた案件が、以後はブルターニュ公のもとに管轄されたことは、先述の通りである。このため、パルルマンの存在は国王裁判官の管轄権に対して、これを侵蝕したとまではいえないにしても、その訴訟業務を縮小する可能性を有するものだった。一三一五年の国王証書に記された「訴訟人らを区別することなく受け入れている」という国王役人の行動は、このような可能性に対する拒否の現れと考えられる。それゆえ、同地のパルルマンを事後的であれ認めようとした王は、パリ高等法院をはじめとするみずからの裁判官に対しても、何らかの措置を講ずる必要に迫られていた。こうした経緯から、王朝交代直後の一三二八年六月、フィリップ六世王はパリ高等法院とそのほかの国王裁判官に宛てて、一通の開封王状を発している。フィリップは本証書発給の経緯として、その叙述部に、ブルターニュ公が次のような苦情を申し立ててきたことを述べている[49]。

「余〔王〕の親愛なる忠実なブルターニュ公の苦情申し立てによって、余が解しているように、何人かが同公のセネシャルの法廷から上訴する場合、この上訴は公ないしは、ブルターニュの国ぐにではパルルマンとよばれ、古来このために導入されたグラン・ジュールに帰属し、そこで裁定されることが慣わしであり、そして、いま述べた公ないしパルルマンもしくはグラン・ジュールから上訴が提起された時には、このような上訴は余の高等法院に到達してきたし、到達する慣わしである。このことについて、同公およびかれの先代たちは、同公領を十分にさらにほぼ完全に所持してきたし、その権威と法を保持してきた。それにもかかわらず、ある者たちがいま述べたセネシャルないしその配下の者たちあるいはそのほかの者から、時折、前述の公、すなわちこの国ぐにではパルルマンとよばれるグラン・ジュールを飛ばして、余の高等法院に上訴し、その上訴案件がこの高等法院において解決されることに満足し、公の審理のもとに戻ることを拒んできており、いまも拒んでいる。そして汝ら〔パリ高等法院評定官およびそのほかの国王裁判官〕は、かれらを何度も拒否してきたし、繰り返し受け入れてはいないものの、〔しかし〕現実には、このような上訴の管轄を掌握し、かれら上訴人には、このような上訴を口実として、免属を享受させており、〔このことは〕同公およびその裁判権に対して多大な損害と損失をもたらしている[50]」。

この経緯説明から、先の一三一五年当時と同様、ブルターニュ・パルルマンを飛ばす上訴が後を絶たず、パリ高等法院もまた、こうした上訴を依然として受理していたことを読み取れる。本証書が一三二八年六月の日付をもち、かつフィリップ六世の国王即位つまりはヴァロワ王朝創始が同年二月であったことをふまえるならば、同王は王朝交代に対するブルターニュ公の支持を取り付ける一環として、同公の苦情を聞いていくなかで、公国からの上訴に関する問題が焦点のひとつとなったと考えられる。しかし、こうした王の姿勢に反して、パリの裁判官は従来と同様に、パルルマン創設以前の公セネシャルからの上訴を手放そうとはしていなかった。なお、この一三二八年の国王証書は一三五二年七月、ジャン二世王のもとで確認されていることを考えると、一部のブルターニュ領民とパリ高等法院は、パルルマンが上訴法廷として機能しはじめて以降も、その存在を長く拒みつづけた様子をうかがえる[51]。一三二八年証書は、このようなパリ高等法院に対して、措置として次のような命令を下している。

「それゆえ、同公の諸権利を侵すことなく保護することを望む余〔王〕は、このことに関して、余の高等法院においてさらに十全な審議をもち、たしかな認識にもとづき、汝らに以下のことを命じる。このように、同公ないしは、これらの国ぐににおいてパルルマンとよばれているグラン・ジュールを飛ばして、余のクーリアに提起された上訴を、当事者とともに同公のもとに回送すること、ないしはいま述べたグラン・ジュールに〔このような上訴を回送すべし〕。決して、先に述べたような免属、拒絶、掌握がその妨げとなってはならず、同時にそれらのことがかれに損害を及ぼすことを余は望まない。しかしながら、もし同一の案件に関して、二回目の上訴が起こされた場合には、この案件は余のクーリアに帰属することが留保される[52]」。

王はパリ高等法院に対して、ブルターニュ公ないしそのパルルマンを通過しないでパリに行われた上訴を、ただちに当事者とともに公のもとに回送することを命じ、これを通じてセネシャルからパリへの直接上訴を明確に禁じている。ただし、パリ高等法院の最高裁判権を留保することを忘れてはいない。くわえて、本証書においては、上訴法廷の名称として、〈Parlamentum〉の名称がいわば意図的に避けられていることにも注目する必要があるだろう。これに代わり、大裁判集会ないしその開催期間ほどの意味しかもたない〈magni dies〉という名称があてられている。ここには、〈Parlamentum〉は王の最高法廷にのみ用いられるべき名称であるという王権サイドの考え方がにじみ出ており、ブルターニュ公の地元側がこれを諸侯法廷の名称として用いることを暗に非難しているといえよう。こうした王と諸侯の序列をふまえてではあるものの、王は本証書によって、王国の裁判体系を司るパリ高等法院にブルターニュの上訴法廷の存在を承認させ、これによって、同公国におけるその機能の定着を図っていたといえよう。

以上、ブルターニュ・パルルマンの創設過程とこれに対する王権の関わりを検討してきた。一三世紀末、法廷としての活動が分岐しつつあったパルルマンが、レンヌとナントのセネシャルに対する上訴法廷として機能するには多くの時間を要したと考えられる。その大きな要因としては、諸侯領民とともに王権の内部からも、パルルマンの創設に批判的な声があがっていたことを指摘することができる。これに対して、王政府は領民と高等法院がパルルマンの権利を侵害しているとする公の苦情を受け入れ、上訴法廷の創設に好意的な立場をとった。このように上訴法廷を飛ばす上訴が長期にわたりつづいたという点は、ブルターニュ公国に限らず、ほかの家産諸侯国においてもみられた現象である。たとえば、全土法廷の設置後のブルボン公国においても、ブルボネ・バイイから直接パリに行われる上訴は長く絶えることがなかった。ここにおいても、王がこうした不当な上訴を、ブルボン公のもとに送り返していたことが確認されている(53)。諸侯主導のもとに設置された上訴法廷がその機能を十分に果たすうえでは、王国における至上の裁判権者である王権、しかもこれを構成した王政府やパリ高等法院の、時に相反する利害の調整が必要であった。このことをふまえるならば、王は家産諸侯国における上訴法廷に関して、諸侯国内の反対勢力とパリ高等法院の利害をおさえるかたちで、その創設に積極的な立場を示したということができる。しかし一方、王が諸証書のなかで、諸侯上訴法廷からの上訴がパリ高等法院に管轄されることを明記していることは重要である。王は諸侯裁判権の強化を容認する一方で、これをパリ高等法院の裁判権下におき、王国の裁判体系の枠内に繰り返し位置づけていたのである。

(2) 親王国

それでは、家産諸侯国とは異なって、王領から創設され、その統治組織の大半を引き継いでいた親王国において、諸侯上訴法廷の導入はいかにして行われたのだろうか。親王国の上訴法廷はその創設経緯という点から、大きくふたつに分けることができ、これにそって検討することとする。

第一は、王によって親王領が設定される以前に、のちの上訴法廷にあたる裁判組織がすでに整備されていた場合である。ブルゴーニュ公領の展開がこれにあたり、そこでは先に検討した上訴事件法廷にくわえて、パルルマン(Parlement)あるいは全土法廷(Jour généraux)とよばれた法廷が一四世紀中葉から組織された。このパルルマンは、同公領がたどった特殊な政治的経緯のなかで形成された裁判権であった。公国の本領であったブルゴーニュ公領は、カペー王朝期以来、王家の遠縁の家門(本書ではカペー家公の名でよんでいる)が治めたのち、一三六一年に一度王領となる。しかしその二年後、国王ジャン二世がこれを第四子フィリップの親王領に設定し、ブルゴーニュ公国の基礎がおかれた。[54] このような過程のなかで、国王ジャン二世は最後のカペー家公フィリップ＝ド＝ルーヴルの保護者(baile)という地位を利用し、すでに一三五〇年代から実質的に公領統治に携わっていた。[55] そこでは、王の命を受けた国王顧問官が公領の統治慣行を調査し、財政・司法の分野において王国諸制度の導入を進めた。(56) このなかで、王が一三五七年に創設した法廷がパルルマンである。この法廷は名称からも分かる通り、ジャンがフランス王国をモデルに導入したものであり、これによって、先の上訴事件法廷はパルルマンが開催されない時期に、その補助組織として開かれるようになった。その業務は、五つの公領バイイ法廷からの上訴および上訴事件法廷における未決案件を処理することであり、開催地はソーヌ河を境に区分され、西側の事案についてはボーヌ、東側に関してはサン゠ローラン゠レ゠シャロンにおいて管轄された。(57) 一三六一年、前述のフィリップ゠ド゠ルーヴルの死去により、公領が正式に王領となる前までは、パルルマンからパリ高等法院への上訴が可能であった。これに対して、ジャン二世王は公領の継承、すなわちその王領化を宣言した同年一二月二八日の王令のなかで、この上訴を廃止している。(58) ただし、この時代の王国レヴェルにおいては、一〇〇年後に本格化するような王領内における最高法廷の複数化、すなわち地方高等法院の設置はみられなかった。(59) それは本書の考察範囲をこえるため、今後の課題とするものの、このように家産諸侯国時代に充実した裁判組織を備えたブルゴーニュ公領が、親王領に設定されたのは、王領化から二年後の一三六三年九月のことであった。この時、王はその親王領設定文書において、公領に対して再度、パリへの上訴と国王専決事件の管轄を厳格に留保している。(60) 以上のように、ブルゴーニュ公国については、その諸領のうちでフランスの親王領であった同公領において、諸侯バイイからの上訴を受理する裁判組織がふたつ存在したことになる。この体制は、一四七七年における国王ルイ一一世によるブルゴーニュ公・伯領征服、およびその直後における高等法院の設立まで維持された。(61) しかし、こうした展開は、高度に整備された家産諸侯国が王領への併合後、ただちに親王国に設定された場合の特殊な例であり、ほかの親王国ではみられない展開である。

これに対して、第二のというよりも、大半の親王国における諸侯上訴法廷は、親王領の設定後に設置されている。ここにおいては、上訴法廷が王のイニシアティヴのもとに設置されたことが特徴である。このような親王国の上訴法廷は、通常グラン・ジュール(grands jours)という名称をもった。[62] 先に検討したブルターニュ公国に関して、フィリップ六世王がその諸侯上訴法廷をこれと同じ名称で記したことを振り返るならば、王権側はパリに直属した諸侯国の最上級法廷を、親王国か否かを問わず、まとめて捉えようとしたと考えることができる。フィリップ六世王は一三四八年オルレアン公フィリップに、その後、シャルル五世王は一三六六年にベリー公ジャンに、そして一三七一年にはアンジュー公ルイに、このグラン・ジュールの開催権を授与している。このようなグラン・ジュールの権能などを知ることのできる史料として、グラン・ジュールの創設を承認した国王証書が数通伝存している。先の三親王はすべてこの創設文書を受け取っており、その内容や文言は類似している。ここでは、まず時期的に早いものから、オルレアン公に発せられた創設文書を取り上げ、グラン・ジュールの裁判権とその機能を検討する。

フィリップ六世王は一三四四年、その第二子である同名のフィリップに、オルレアン公領を中心とする親王領を授与している(第一章の表2フィリップ六世②を参照)。[63] その四年後、一三四八年五月八日付でモヴュイソンにおいて発せられたグラン・ジュール創設文書は、定型の挨拶につづき、叙述部においてオルレアン公領、ヴァロワ伯領、ボーモン・ル・ロジェ伯領など、フィリップの支配地が親王領であると同時に、フランス同輩領としてパリ直属であることを確認する。[64] ここには、上訴法廷の保持が同輩特権と深く関連することが示されている。そのうえで、措置部では当法廷の裁判権と開催地が次のように記されている。

「〔王は〕取り消すことのできない認可により、以下のことをいま述べた余〔王〕の息子に永久に認める。余の王国における同輩領として、かれ〔親王オルレアン公フィリップ〕の名のもとに、あるいは余のいとも親愛なる愛すべき、かれの伴侶ブランシュそのほかの名のもとに、かれが現在保有し、将来も保有し、保有するだろう前述のすべての領地、すなわち公領、伯領およびそのほかのあらゆる領地に関して、かれはグラン・ジュールを開催することができ、あるいはほかの者に開催させることができる。人々は、かれのバイイたちとそのほかの裁判官をはさむことなく、そして余ないしは王の法廷ではなく、そこ〔グラン・ジュール〕に管轄されるだろう」(65)。

まずは、引用部分の後段から、グラン・ジュールが諸侯バイイよりも上位の裁判権として設置されたことを確認することができる。王はこれを通じて、それまでオルレアン公の裁判官からパリ高等法院など王の裁判官に訴えられていた訴訟の管轄を、公の名のもとに開かれるグラン・ジュールにうつしている。つづいて創設文書は、このような裁判権をもつグラン・ジュールの開催地に関して、次のように記している。

「ボーモン伯領、およびポントルソンの領地とかれがノルマンディにおいて同輩領ないしは先に述べたそのほかの名のもとに保有し、保有するだろうすべての領地に関しては、ボーモン・ル・ロジェもしくはノルマンディにおいて、ひとつないしそれ以上のふさわしい場所で、グラン・ジュールを開催あるいは開催させるだろう。ここで、グラン・ジュールについてのノルマンディでの開催場所は、ノルマンディから出てはならない。同様に、前述した〔オルレアン〕公領、ヴァロワ伯領、およびかれがノルマンディ以外の余の王国において先に述べたように保有し、将来も保有するだろうすべての領地に関しては、パリのどこかの場所、もしくはこれらの領地のどこかにおいて、ひとつないしそれ以上のふさわしい場所で、グラン・ジュールを開催あるいは開催させるべし」(66)。

ここで、王はグラン・ジュールの開催場所を親王国の分布状況に応じて指定しており、とりわけ親王国を構成する「国」の枠組が重視されている点に注目することができる。「ノルマンディから出てはならない」という文言に注目するならば、王は公国のそれぞれの地の民が、その行動範囲において訴訟を起こし、これを進めることができるよう配慮したと思われる。従来パリに持ち込まれていた上訴は、これによって、親王のもと、地元民がアクセスしやすい場所において管轄されることとなった。したがって、こうしたグラン・ジュールの新設により、先にブルターニュ・パルルマンについてもみられたように、一方でパリ高等法院の訴訟業務が削減され、その反発を引き起こす可能性もまた存在した。それゆえ、国王フィリップはオルレアン公の支配地から起こされる上訴に関して、創設文書の三日前、一三四八年五月五日付で同じモヴュイソンを発給地として、「余の高等法院を開催する親愛なる忠実な人々」に宛てて国王証書を発している。王は証書前半を占める叙述部において、オルレアン公国にグラン・ジュールを創設する意思を表明したのち、措置として以下のように命じた[67]。

「余は汝ら〔パリ高等法院評定官〕に以下のことを命じる。汝らは、汝らの前に訴えられた、あるいはこれから訴えられうるすべての訴訟を、そのままの状態で訴訟当事者とともに、本文書をみたならば遅延することなく、余の息子であるオルレアン公のために、前述のグラン・ジュールを開催すべく選ばれた余の親愛なる忠実な人々のもとに回送する。この結果、先に述べたように、訴訟当事者はかれらの面前〔グラン・ジュール〕で、訴訟の形式と内容にしたがって訴訟手続を行い、理にかなうところにしたがって先に進むことができる。そして今後、汝らはそれが国王専決事件である場合をのぞき、前述の領地〔オルレアン公領、ヴァロワ伯領、ボーモン・ル・ロジェ伯領等〕の案件の管轄に関わってはならない[68]」。

王は国王専決事件（本証書では、〈cas de souveraineté〉という表記）の管轄を留保しながら、パリ高等法院に対し、オルレアン公国から起こされる上訴案件を公のもとに送り返すよう命じている。王はこうして王国の最高法廷に対して、みずからが創設したグラン・ジュールの機能を保障しているといえる。しかしながら、ここで検討したオルレアン公国のグラン・ジュール開催に関する国王証書、およびその権能をパリ高等法院に対して確認した証書の、二通の国王証書を通して、いくつかの点で疑問が残る。まずは、両証書のなかではグラン・ジュールからパリ高等法院への上訴については明言されていない。このことは、改めて記されなくとも、すでに自明のことと考えられたのであろうか。あるいは当時〈cas royaux〉と互換的に用いられたとされる〈cas de souveraineté〉は、パリ高等法院の最高裁判権をふくむ用語と考えられていたのだろうか。次の疑問は、パリ高等法院宛ての証書に記された以下の文言である。「余の息子であるオルレアン公のために、前述のグラン・ジュールを開催すべく選ばれた余の親愛なる忠実な人々のもとに」(傍線筆者)。この文言を厳密に読むならば、オルレアン公国のグラン・ジュールは、国王裁判官かもしくは王によって選任された人々によって開催、構成されると理解できる。しかし一方で、創設文書には「かれ〔オルレアン公〕はグラン・ジュールを開催することができ、あるいはほかの者に開催させる」と記されていた。はたして、親王が開催権を授与されたこの上訴法廷は、王の裁判官によって開かれることを想定したものだったのか。これらの疑問点を念頭に、シャルル五世期の検討にうつりたい。

　オルレアン公国に関する創設文書から約二〇年後、アンジュー公国およびベリー公国に関しても、グラン・ジュールの創設文書が発せられた。それらにおいては、フィリップ六世期のオルレアン公国に関する文言がほぼ踏襲されつつも、具体的な措置に関しては文言がやや詳細になっている。ここでは、アンジュー公国とベリー公国に関する創設文書の類似性をふまえて、まずはアンジュー公国に関する創設文書にあたりながら、グラン・ジュールの機能や開催頻度などを明らかにする。[69] アンジュー公国に関しては、同公領やメーヌ伯領の親王領設定がジャン二世期の一三五六年であるのに対して、グラン・ジュール創設文書は一三七一年一一月二二日の日付で発せられている。したがって、この約一五年の期間に関しては、親王領の設定後もその住民は諸侯バイイ・セネシャル法廷の判決に不服な場合、パリ高等法院に上訴を提起するとされ、こうした法廷の序列は親王領設定以前の王領時代と同じであった。このなかで発せられた創設文書においては、叙述部において、オルレアン公の場合と同様にアンジュー公の支配する親王国がフランス同輩領としてパリ直属であることや、王がそこでの正義の実現を望んでいることが記されたのち、措置部では次のように述べられている。

「〔余(王)は、〕特別な恩寵によって、いま述べた余の弟に対して、取り消すことのできない認可により、以下のことを認めてきたし、永久に認める。余の王国における同輩領として、かれ〔親王アンジュー公ルイ〕の名のもとに、あるいは余のいとも親愛なる愛すべき〔義理の〕妹で、公夫人のかれの伴侶、ないしそのほかの名のもとに、かれが現在保有し、将来も保有し、保有するだろう前述の公領、伯領およびそのほかのあらゆる領地に関して、パリあるいはかれが望む公領、伯領、そのほかの領地のどこかの都市において、いま述べた余の弟にとって望ましいと思われる方法と時間で、かれはみずからグラン・ジュールを開催することができ、あるいは、このために十分な数のほかの者に開催させることができる。かれがこのジュール〔裁判集会〕をそれぞれの年に開催し、あるいは開催させ、このジュールから上訴の必要が生じた場合には、人々は余の高等法院に上訴するだろう」。(70)

一三六六年、ベリー公国におけるグラン・ジュール開催を承認した国王証書においても、引用文とほぼ同様の文言が記されている。(71)これらから、親王たちはグラン・ジュールを年一回(「それぞれの年」)、パリあるいは親王国における特定の場所において開催する権利を授与されたことが分かる。これについて、たとえばベリー公国に関しては、ルネ・ラクールの研究によって、グラン・ジュールが諸侯バイヤージュ・セネショセの所在地を巡回していたことがすでに明らかにされている。(72)すなわち、ベリー公領のブールジュ、オーヴェルニュ公領のオーヴェルニュおよび山岳オーヴェルニュ、ポワトゥ伯領のポワティエの四つのバイイ・セネシャルの所在地(都市)が、その開催地となった。さらに、ラクールの研究を参照する限り、これらの都市において実際にグラン・ジュールを構成したのは、国王役人たちであった。かれらは各都市当局から食料や宿泊施設を世話してもらいながら、約一五日間にわたってそれぞれの都市に滞在し、そこで未決案件の処理にあたった。そして先の引用によると、このような年一度のグラン・ジュールにおいても、当事者が満足を得られないケースについては、パリへの上訴が認められていたのであった。

このようにオルレアン公、アンジュー公、ベリー公が開催するグラン・ジュールは、何よりも王権のイニシアティヴのもと、王みずからが創設した法廷であったといえる。このため、それは開催回数および裁判官構成という点で、王権側の意向が強く反映された。グラン・ジュールの開催権は親王に帰属するものの、その支配領での巡回は年一回と具体的に定められ、さらに国王役人に準ずる裁判官が法廷を構成した。たとえば、ベリー公ジャンは法廷を開くにあたり、国王顧問会あるいはパリ高等法院から二〜三名の司法官を招き、かれらに法廷の開催を依頼し、かれらへの俸給を準備した。[73] このように、グラン・ジュールは家産諸侯国の上訴法廷と同一の機能を担いつつも、国王主導のもとで創設された点で、家産諸侯国とは著しく異なっていた。グラン・ジュールは親王国の裁判組織である一方で、パリ高等法院の裁判業務の委任機関、あるいはこれを担う裁判官構成を重視するならば、高等法院の出張法廷という性格を帯びていた。こうした上訴法廷の性格との関連でいえば、百年戦争後、諸侯国の王領編入にともなって、その故地に高等法院が設立された地域が、ブルゴーニュ公国とブルターニュ公国に限られたことは興味深い。両公国の上訴法廷は国王主導で設置されたものではなく、すでに家産諸侯国の時代にある程度まで整備されていた。これに対して、大半の親王国に設置されたグラン・ジュールは王によって創設されたためか、諸侯国併合と同時に廃止され、その裁判権はパリ高等法院に吸収されるにいたる。あるいは吸収というよりも、親王領設定以前の状態に戻ったという方が適切かもしれない。このような点にも、親王国と家産諸侯国の違いを指摘することができる。我々はこうした特徴をもつ親王国のグラン・ジュールに対しても、王は依然としてパリへの上訴裁判権と国王専決事件の管轄を厳格に留保した点を忘れてはならない。

以上みてきたように、一三世紀末から徐々に現れ、百年戦争のなかで発展した諸侯国の上訴法廷とは、諸侯バイイ(セネシャル)および諸侯の顧問会の上級審としての機能をもった。これにより、従来までパリ高等法院になされてきた上訴は、いったんは諸侯のもとに持ち込まれることとなった。こうした上訴法廷の創設に対して、王は法廷の創設者か否かの違いにかかわらず、おおむね協調的・積極的に関与していたと考えることができる。一方、王は諸侯国に対して、国王専決事件の管轄およびパリへの上訴を手放すことはなかった。このため、上訴法廷は諸侯国内で生じた国王専決事件を裁くことはできず、また上訴法廷においても当事者が満足にいたらなかった案件については、パリへの上訴が可能だったのである。こうして上訴法廷はパリ高等法院の業務を引き継ぐかたちで、諸侯裁判権を強化する一方で、至上の裁判権者としての王の地位を決して揺るがすものではなかったのである。それでは、なぜ当時の王国においては、諸侯国レヴェルでの裁判権が強化され、それまでパリに集まっていた訴訟案件が各地に分散されていったのか。この問題については、上訴法廷の二面性を念頭におきながら、その実際の活動を検討するなかで考察することが不可欠である。

第二節　パリ―上訴法廷体制の構築

大半の諸侯国に上訴法廷が登場した一三四〇〜七〇年ころは、対イングランド戦争において、二度の敗戦から和約締結をへて、シャルル五世による西フランス再征服の時期にあたる。このころのヴァロワ朝国王は、王の身代金調達や戦費獲得のため頻繁に全国三部会を開き、王国全土への直接・間接税の賦課について諸身分と協議を重ねていた。このように各地の王国住民が参加する集会の機会が増えたことで、人々はさまざまな「国ぐに」とパリを中心とする北フランス諸都市のあいだをそれまでよりも頻繁に往来することとなり、王国住民の一体感がより意識されるようになったといわれている(74)。だが一方で、このような居住地とパリとの往来は、税の協議の際に限られたわけではなく、何らかのトラブルを抱えた民が諸侯や王の法廷に解決を求め、最終的にパリ高等法院に上訴する際にもありうる行動であった。学識法とくにカノン法における上訴観念の影響を強く受けたフランスでは、上訴は裁判官が言い渡した終局的な判決のみならず、現行法律用語でいうところの中間判決に対しても認められ、訴訟人は法廷のさまざまな措置に対して上訴を表明、そして提起し、時にパリにまで足を運んだ(75)。こうした手続も念頭に、上訴法廷の設置によって緻密化した諸侯国からパリにいたる上訴ルートは、現実にはどれほど機能したのか。また諸侯、パリ高等法院、王は、実際の訴訟案件にどのように対処していたのか。以下、諸侯国の最上級法廷が多様な名称をもつことを考慮し、これらを「上訴法廷」と総称して考察を進める。

(一)　上訴ルートと上訴件数

フランス同輩特権の保持ならびに上訴法廷の創設によって、王国における諸侯裁判権の位置が明確にされるとともに、そのことは王や諸侯といった裁判権者の立場からいえば、諸侯国とパリ高等法院のあいだに単一の上訴ルートを敷くことを意味した。しかし実際、訴訟当事者は王と諸侯のもろもろの裁判機関をさまざまな順序で利用していた。このため、諸侯国とパリ高等法院のあいだには、実に多様な上訴ルートが存在し、我々はこうした多様な上訴ルートを次のふたつに大別することとしよう。第一は、フランス同輩特権と上訴法廷にもとづく裁判機関を順々に用いたのちに、パリへといたるルートである。第二はこのような上訴ルートを通過せずに、パリにいたるルートである。この二種類の上訴の件数や比率は、上訴法廷のみならずその設置を促した諸侯国のパリ直属特権、そしてこれにもとづく王と諸侯の権力関係が、実際にはどれほど機能したかを示すであろう。

当時のパリ高等法院は、王国全土からもたらされる上訴案件を、国王バイヤージュ、国王セネショセ、諸侯国ごとに振り分け、それらを別々の期間に審理していた。このような地域ごとの振り分けは毎年必ず行われ、各地域に設けられた審理期間は「割当期間」(jours)とよばれた(76)。このため、パリを訪れる訴訟当事者あるいはその代訴人は、規定の割当期間内に判決言い渡しにむけて訴訟手続を進める必要があった。したがって、前述した上訴件数およびその比率という問題を明らかにするためには、高等法院が定めた各諸侯国の割当期間内に、どれだけの上訴案件が受理・審理されたかを検討する必要がある。しかし、パリ高等法院関係の史料(史料類型として裁判記録、判決文書、和解調書等)の刊行状況から、この時代のパリへの上訴件数やそれらにおいて用いられた上訴ルートを精確に知るのは、現時点では難しいといわざるをえない(77)。それゆえ、ここでは詳細な地方史研究にも依拠しつつ、諸侯国からパリへの上訴について、あくまでその大まかな傾向を把握することに努めようと思う。そのうえで、具体的な上訴案件の処理を史料にもとづいて検討することとする。

諸侯上訴法廷の設置とともに、諸侯国とパリ高等法院のあいだには、諸侯プレヴォテ(あるいは領主裁判所)↓諸侯バイヤージュ・セネショセ↓上訴法廷の順で訴訟を行ったのちに、はじめてパリ高等法院に上訴を提起するというルートが形成された。本書ではこれを、上訴法廷の設置後に生じた法廷の序列という意味合いで、「上訴法廷ルート」と記すこととしよう。

前節で明らかにしたように、王は諸侯に対して上訴法廷の開催を承認した大半の証書のなかで、上訴法廷の判決に対するパリ高等法院への上訴を明記してきた。しかしながら、いくつかの地方史研究の成果を参照するならば、上訴法廷からパリへの上訴は実際にはほとんど行われなかったと考えられる。たとえば、王国最西端に位置したブルターニュ公国に関して、プラニオルは公国制度史を扱った大著のなかで次のように述べている。「ブルターニュのほとんどの訴訟事件は、公のパルルマンで止められた。国(pays)の人々は、パルルマンを完全に最高裁判所と認めていたのである(78)」。これによれば、ブルターニュ公国においては、上訴法廷の判決や措置に対して、パリに上訴する者はほとんどいなかったと推測される。このような傾向は親王国についても、たびたび指摘されるところである。たとえば、ベリー公ジャンが治めた親王領のひとつ、オーヴェルニュ公領に関して、ジョジアーヌ・テイソーは公領統治を扱った論文において、「パリ高等法院への上訴は理論上存続したが、実際には完全に消滅していた。国立文書館の高等法院裁判記録冊子は、オーヴェルニュからの訴訟にほとんど言及していない」と述べている(79)。この指摘は、ラクールの研究を参照する限り、ベリー公のほかの親王領であるベリー公領やポワトゥ伯領についてもおおむね妥当するということができる(80)。さらに、エルネスト・シャンポーは後世のディジョン高等法院の制度史的な系譜という観点から、ブルゴーニュ公の上訴法廷の活動を検討するなかで、ごく短期間に関してではあるが、非常に興味深い数値を明らかにしている。すなわち、一五世紀初頭、ジャン無畏公の治世初期に限って、上訴法廷からパリに行われた上訴の件数は、一四〇八年一件、〇九年二件、一〇年二件、一一年一件、一三年一件、一五年四件、このうち高等法院が棄却した案件をのぞくと、一四〇七〜一五年で七件という数字である(81)。この数字をふまえるならば、一五世紀初頭のブルゴーニュ公領について、上訴法廷ルートを用いた上訴は年間平均一〜二件、多くても年間四件と非常に少数であることが理解できる。

このように、一四世紀後半から一五世紀初頭にかけて、諸侯国の上訴法廷からパリ高等法院に提起された上訴の数はきわめてわずかであったことが予想される。そのことは、諸侯バイイ・セネシャルのもとでの裁判や判決ののちに上訴法廷へと上訴された案件については、そこでの裁定を通じて、大半が終結していたことを意味している。この点に関して先のテイソーは、ベリー公の上訴法廷の裁判官(＝グラン・ジュールを開催する高等法院司法官ないしは国王顧問官)が、パリ高等法院への上訴を望む訴訟当事者に働きかけ、このような時間も費用もかかる上訴を断念させていた可能性を指摘している(82)。これらの点から、プラニオルは「ブルターニュのフランスへの司法的従属は、一四世紀にも一五世紀にも現実には存在しなかった。まさにこの点に、フランスとブルターニュの関係が偽りで曖昧であると感じることができる」と述べるにいたっている(83)。これに対して、上訴法廷ルートを用いないケースにも目をむけてみると、諸侯国からパリ高等法院に行われる上訴の件数は、たちまち膨れあがることとなる。すなわち実際には、訴訟当事者は上訴法廷ルートにもとづく法廷の序列とは異なる順序で、さらに上訴法廷ルート上にはない裁判権を利用するかたちで、みずからの案件の手続を進めていたようである。次にこの点を検討することとしよう。

ただし、上訴法廷ルートに服さないケースといっても、当事者がどのような順序で諸侯および王の法廷を用いていたかはきわめて多岐にわたる。そこでここでは、本書全体の課題をふまえて、王国の政治構造における諸侯国の位置づけに深く関わるふたつの観点、つまり諸侯上訴法廷の存在とフランス同輩特権の保持という観点から、上訴法廷ルートを利用しない上訴をふたつに大別して考えることとしよう。第一は、当事者らが上訴法廷を飛びこえて、パリ高等法院に上訴を提起するケースである。第二は、当事者が同輩領に固有なパリ高等法院への直属特権を尊重せず、パリ以外の王の裁判官に上訴を行うケースである。

第一の上訴法廷を飛ばす上訴について、その典型的なかたちを述べるならば、当事者が諸侯バイヤージュから直接パリ高等法院に上訴を提起するケースであった。なぜなら、このルートは上訴法廷の設置以前においては、通常の上訴ルートとして、諸侯領民によって長く用いられてきたものであったからである。このほか、諸侯バイイの下位裁判権である諸侯プレヴォテや領主裁判所から直接パリに上訴する場合、あるいは諸侯領民が第一審からパリに訴訟を起こす場合も、上訴法廷を飛びこえる上訴として扱うことができる。このように上訴法廷の審理に服することなく、直接パリ高等法院に提起される上訴は、一四世紀以降の王と諸侯にとって決して無視できない問題となっていた。これに関して、プラニオルはブルターニュ公国の上訴法廷に関して、一二九〇年以降のその活動状況に言及したうえで、「直接パリになされる上訴を防ぎ、法廷と裁判権の列を尊重させることが、ブルターニュ諸公の最大の関心であった」と述べている(84)。また、一五世紀初頭のブルゴーニュ公領に関して、シャンポーは「公領の上級裁判権を免れ、パリ高等法院に直接訴えを起こす傾向があり、その治世初期以来ジャン無畏公を悩ませていた」と述べ、さらに次のような興味深いデータを提示した[85]。すなわち、公のバイイからであれ、在地領主や都市の法廷からであれ、一四一六～一七年にかけての六〇件以上は例外としても、年間平均三〇～四〇件の案件が上訴法廷を飛びこえて直接パリに上訴されていた[86]。この数値と先に示した上訴法廷ルートを用いた場合の数値を比較すれば、上訴法廷を用いない上訴数がこれを用いた場合の上訴数をはるかに上回っていたことを理解できるのである。このような数字は、訴訟当事者が王および諸侯によって設定された上訴法廷ルートよりも、旧来からの慣習的な上訴ルートを選択する傾向を有したことを示している。そして、このことは諸侯の上訴法廷が十分に機能していなかったことをも暗示している。

このようにひとつまたは複数の法廷を飛びこえて、より上位の法廷に上訴することを、フランス法史においては、教会法の訴訟手続で用いられる用語にならって、“omisso medio”(「あいだを飛ばす」)とよぶ[87]。すでに一三世紀後半のフランスにおいては、法学の文献とともに国王証書においても、レーン法廷であれば直接の封主に、直轄領の役人組織であればひとつ上位の役人に上訴すべしという考え方が認識されつつあった。たとえば、一二八〇年ころの作成とされる有名なフィリップ・ド・ボーマノワール『ボーヴェジ慣習法書』第六一章第一七七四項は、「……一段一段順を追って、すなわちオマージュが降りるのと逆の順序で、より低身分の主君からより高身分の直近の主君に、プレヴォやバイイが裁定する法廷においては、プレヴォからバイイに、バイイから王に上訴することが望ましい」と記している[88]。こうした上訴観念の普及のもとで、裁判権者らは法廷間の上下の序列を遵守しない“omisso medio”をみずからの裁判権への侵害とみなした。このなかで、プラニオルやシャンポーも指摘するように、百年戦争期、支配域の裁判権を強化しつつあった諸侯も“omisso medio”の抑制に大きな関心をむけたのである。このような背景をふまえるならば、上訴法廷を飛びこえる上訴は、諸侯領民にとっては旧来からの慣習的な上訴の手順である一方で、上訴法廷を設置した諸侯および王にとっては、「正規」の手続をふまない「不当」な上訴とみなされたのであった。以下、諸侯上訴法廷を飛びこえてパリ高等法院になされる上訴を「飛ばし上訴」と記すこととしよう。

それでは、なぜこのような飛ばし上訴が当時多発していたのだろうか。その背景として、ここでは上訴法廷の開催のあり方という制度的な問題を考えてみたい。まず開廷の期間や時期といった点に注目するならば、諸侯国の上訴法廷は、その大半が一五世紀中葉までその開催日が固定されることはなく、年間の開催回数が定められるにとどまっていた。具体的には前節で明らかにしたように、親王国では不定期に年一回、[89] ブルゴーニュ公国においても大抵の場合一〇～一一月に年一回、[90] ブルターニュ公国では代表制集会の召集にともなって不定期に開催されたにすぎない。[91] こうした不定期の開催という点にくわえ、とりわけ家産諸侯国の場合はクーリアから分化したばかりの上訴法廷は、諸侯臨席のもとで開かれることが多く、また親王国についても、裁判官への依頼をはじめその開廷準備は親王に委ねられていた。このため、諸侯が長期間の遠征や戦争、また第二章で詳しく検討したように、国王代行官としての王国奉仕によって長期間パリに滞在する場合には、長いあいだ法廷が開かれないという事態がたびたび生じた。たとえば、一三四一年に勃発したブルターニュ継承戦争期の公国統治について考えてみる。[92] ブルターニュ公ジャン三世が男子を残さずに死去すると、ブロワ伯シャルルとモンフォール伯ジャンのあいだで公位争奪戦がはじまった。戦乱は百年戦争と密接に関わるかたちで英仏王家を巻き込んで展開し、フランス王は姻戚関係を有したブロワ派を、イングランド王は家臣のモンフォール派を支持した。最終的には、一三六五年フランス王シャルル五世がモンフォール伯を公として正式に承認したことにより、戦争は終結する。このような継承戦争は、一方でブルターニュ公国における上訴法廷の開催にも重大な影響を及ぼしていた。戦争が行われた約二五年間、公の上訴法廷の機能はほぼ完全に停止していたといえる。この期間については、史料的にもその代表制集会としての活動がわずかに伝えられるのみで、法廷としての活動を示す史料は一三八〇年代後半まで伝来していない。(93) このように上訴法廷が長期にわたり開かれないという現象は、ブルゴーニュ公国においても確認することができる。たとえば、フィリップ豪胆公はイングランドとのブレティニ＝カレー和約の締結後、一三六〇年代においては、一方では盗賊化した解雇傭兵の暴動の対処に、他方ではパリにおける国王政府での責務に忙殺されたため、公国を留守にすることが多かった。(94) このため、その上訴法廷は一三六六年および一三六七年と再三にわたる開廷宣言にもかかわらず、一三七〇年一二月まで開かれず、それ以降の一〇年間も開催は断続的なものでしかなかったのである。(95)

このように、諸侯上訴法廷の開催そのものが、諸侯のおかれた個別的かつ偶発的な状況によって大きく左右された点に、飛ばし上訴が多発した大きな要因があったと考えることができる。そして、このような開催のあり方が同時代のパリ高等法院の状況と著しく異なっていたことは、諸侯国から提起される上訴の傾向を考えるうえで重要である。高等法院は王国の中心都市パリに固定されていたばかりでなく、その開催日は前述のように毎年行われる割当期間の設定とその告示を通じて、王国各地の住民に公表されていた。(96) すなわち、パリ高等法院長は毎年、閉廷宣言後に次年の割当目録を作成し、これをパリ近郊の数名の国王バイイに送付する。かれらは目録を送付されなかったほかの国王役人に、今度はその写しを送り、各地域への割当期間を通知することとされた。たしかに、オルレアンをのぞく諸侯国の主要都市がパリ近郊とはいえない位置に分布していたことを考えると、パリへの上訴提起と訴訟遂行は、当事者にとって少なからぬ負担を強いるものであった。しかし、パリ高等法院が開廷の日程やその期間といった点で、制度的に安定した裁判機関であったということに、上訴人が諸侯の上訴法廷を飛ばしてパリ高等法院を選択する、その主たる要因があったと考えることができる。(97)

こうしてさまざまな要因のもと、上訴法廷設置後の王国においては、諸侯国とパリ高等法院を結んできた旧来からの上訴ルートが根強く残り、諸侯側からいえば「不当」な上訴が後を絶つことなく、次に述べるフランス同輩特権を侵害する上訴とともに、王国における諸侯国の位置づけを侵蝕しつづけた。

これまで繰り返し述べてきたように、同輩領からの上訴は国王バイイに服さず、直接パリ高等法院に管轄されることとされた。このような同輩領からの上訴の手順に服さない上訴とは、諸侯国で起きた事件や紛争を、パリ高等法院以外の国王裁判官や、あるいは数は少ないと思われるものの、ほかの聖俗貴族の法廷に持ち込んだ場合を指す。こうした上訴の典型的なケースとしては、諸侯の法廷から国王バイイのもとへの上訴というかたちで現れた。その理由は、諸侯国に隣接する国王バイイが国王専決事件を管掌したことにくわえ、諸侯がフランス同輩に昇格する以前は、諸侯国からの上訴は原則として国王バイイに管轄されてきたことと関係している(98)。ブルターニュ公国についてはトゥレーヌとコタンタンの国王バイイ(99)、ブルゴーニュ公国についてはサンスとマコンの国王バイイ(100)、ブルボン公国についてはマコンの国王バイイとリヨンの国王セネシャルが、そうした諸侯国近隣の国王裁判権として機能していた(101)。このため、同輩領の諸身分や民がみずから抱えるトラブルを諸侯の上訴法廷に訴えたとしても、その判決に対する不服をパリ高等法院ではなく国王バイイに訴え出たならば、これは同輩特権を侵害する上訴とみなされた。このほか、国王プレヴォテへの上訴をはじめとして、パリ高等法院以外の王の裁判機関への上訴は、すべて同輩領からの上訴手続に服さない訴えということができる。このような上訴は諸侯の同輩特権を侵害する行為として、飛ばし上訴と同様に諸侯による統制の対象となったのである。以下、諸侯国からパリ高等法院以外の王の裁判機関への上訴を「同輩権侵害上訴」、そこで利用されるルートを「同輩権侵害ルート」と記すこととしよう。

以上の検討から、諸侯国への上訴法廷の設置後においても、旧来からの上訴ルートが依然として用いられ、機能していたと理解することができる。上訴法廷ルートおよびこれにもとづく王と諸侯の裁判管轄は、諸侯領民が抱える現実の訴訟においては、十分に機能していなかったということができる。それでは、王と諸侯はこのような状況にどのように対処したのか。同輩特権と上訴法廷にもとづくパリ─上訴法廷体制が各地に敷かれたにもかかわらず、依然として旧来の上訴ルートに固執する訴訟当事者の行動は、王と諸侯が形成しようとした権力秩序に触れる行動ということができ、これに対する両者の対処のあり方には、王権と諸侯国の権力関係が如実に示されることとなるだろう。このような問題を具体的な上訴案件にそくして検討することとしたい。

（二）　諸侯、パリ高等法院、王

ひとつの上訴案件に対する諸侯、パリ高等法院、王の、三者すべての対応や措置を跡づけることは、史料的にきわめて難しい。そこで以下では、次のような方法をとる。まず、三者の対応が完全ではないにしても、少なくとも訴訟当事者が用いた法廷の順番などを史料的に再構成することのできた、ベリー公ジャンが当事者ともなった一三九八年のジャン・アロノーの飛ばし上訴と、ブルゴーニュ公ジャンが関わった一四〇五年のサン＝ベニーニュ大修道院の飛ばし上訴を中心に考察を進める。しかし、時代・地域的なバランスを考慮し、地方史の成果にも依拠して、一四三〇年代までに諸侯裁判権とパリ高等法院のあいだを行き来したそのほかの上訴案件に関しても、断片的ではあるが言及していく。このような方法のもと、この時代の王国における裁判権のあるべき序列を念頭に、諸侯、パリ高等法院、王の順で、訴訟当事者に対するそれぞれの行動を検討する。

（1）　諸　侯

まずは、諸侯は上訴法廷ルートに服さない上訴、つまりみずからの裁判権を侵害する上訴にいかに対処したのか。これに関して、エドゥモァン・テグジェは、ブルターニュ公の飛ばし上訴に関する対応策を、「暴力、王への苦情」という点にまとめている。[102] 一方、シャンポーは同輩権侵害上訴へのブルゴーニュ公の対策として、上訴審において上訴人側が敗訴する「愚かなる上訴」(のちに詳述)に対する罰金の増額、王への同輩特権の確認、訴訟当事者本人への対処という三点をあげている。[103] 我々はこれらの見解を参考にしつつ、諸侯の具体的な対応策を次の三つに分けて考えることとする。第一は上訴人への直接対処、第二は王への苦情申し立て、第三は上訴法廷の整備・拡充である。ここではこのうち、第一の上訴人への直接対処を史料にもとづいて分析することとする。第二の王への苦情申し立てについては、諸侯の要求に対する国王側の反応と合わせて、のちの(3)において検討したい。また、第三の制度的対処すなわち一五世紀中葉以降に活発となる上訴法廷の拡充と最高法廷への昇格の試みについては、本書の考察時期をこえるため、高等法院の増設という問題との関連で今後の課題としたい。[104]

ここで取り上げる上訴人への直接対処とは、上訴法廷ルートに服さなかった訴訟当事者に対して、直接かつ個別に上訴の取り下げを求め、時に何らかの圧力をかけることである。上訴法廷の拡充強化を制度化による対処とするならば、この方法は制度外の人的な交渉にもとづく対処であったといえる。我々は、かような対処をさらにふたつの形態に大別することができる。ひとつは上訴人に対して明白な暴力を行使する形態であり、もうひとつは実力行使ではなく、文書等を通じて対処する形態である。

最初の形態について、諸侯は上訴法廷ルートに服さなかった上訴人に対し、身柄を拘束あるいは財産を没収することによって、法廷の外において上訴の取り下げを迫るという方法をとることがあった。このような方法が用いられた非常に興味深いケースとして、ベリー公ジャンの親王領ポワトゥ伯領が舞台となったジャン・アロノーの捕縛・監禁事件をあげることができる。[105]

一四世紀末、フランス西海岸の一諸侯法廷からなされたジャン・アロノーという人物の上訴は、ポワトゥというひとつの「国」にとどまらず、ベリー公ジャンとかれの役人、さらにはパリ高等法院をも巻き込む複雑な紛争に発展した。ポワトゥ伯領は当時、ベリー公領やオーヴェルニュ公領とならび、ベリー公の親王国の一部であり、一三六六年九月一〇日には、これらにおける上訴法廷の開催権がベリー公に授与されている。(106) この上訴法廷は、創設文書の規定にしたがってほぼ毎年開かれたとされる。(107) このような状況下、ジャン・アロノーなる人物（以下、ベリー公ジャンとの混同を避けて「アロノー」と表記）の行動とそれに対するベリー公の対処について、一三九八年六月六日付のパリ高等法院裁判記録を手がかりに検討する。(108) それによれば、アロノーはポワトゥ伯領のフォントゥネ＝ル＝コントのプレヴォの判決を不服として、これを直接パリ高等法院に上訴した。ポワトゥ伯領における、領主ないしは公プレヴォテ→公セネショセ（一部、コミューン都市）→上訴法廷という上訴ルートを考慮するならば、アロノーは公セネシャルと上訴法廷のふたつの諸侯法廷を飛びこしたといえる。(109) このような飛ばし上訴に対して、ベリー公ジャンは当該案件が高等法院に持ち込まれるのを未然に防ぐため、アロノーを捕縛・監禁するという行動に出た。すなわち、ジャンは原判決を言い渡した公プレヴォとともにアロノーの訴訟相手も巻き込んで、数名数名の者にアロノーの身柄確保を命じ、命を受けた公プレヴォらはアロノーを捕縛するにいたる。そして、かれらは飛ばし上訴というかれの行為を非難しながら、原判決が拒絶されたフォントゥネ＝ル＝コントの地までかれを連行した。以下、そこまでの経緯とこれに関するアロノー（現実には代訴人）の言い分に関して、裁判記録における経過説明の部分を引用する。

「ジャン・アロノーが（フォントゥネ＝ル＝コントの公プレヴォテから）パリ高等法院に上訴した。それは次のことに関してである。ベリーとオーヴェルニュの公、ポワトゥの伯である殿下（ベリー公ジャン）は諸文書によって、このアロノーを捕らえ、監禁することを命じ、通達した。この結果、（中略）ギョーム・ロベール（アロノーの訴訟相手の代訴人）、当時フォントゥネ＝ル＝コントの公プレヴォであったシモン・パジュローなど、その国におけるベリー公の委任官と代表らが、公のために公文書の名のもと、アロノーに責任のあるいくつかの事件、そしてアロノーがこれについて正当に提起し、手続を進めている上訴を理由に職務を進め、アロノーに手をかけた。同様に、これについてアロノーは先のギョーム・ロベールを高等法院法廷に召喚させ、これに関わりうる事柄について、王の代訴人とみずからに回答させようとしたが、アロノーが述べるところによれば、ロベールとそのほかの者たちは、この上訴がなされたのちに、この上訴に対抗しようとして、アロノーを捕らえ、囚人用の馬でフォントゥネまで連行し、ポワティエにいたって、かれを殺すか生かすかと協議し、この上訴にさらなる非難をくわえたという」[110]。また、裁判記録後半の記述によれば、ベリー公の役人らはアロノーの身柄を拘束した際、かれの財産を没収していた[111]。

ここに記された上訴人アロノーの捕縛・連行を命じたベリー公の行動をどう評価すべきかは難しいものの、それと並行して行われた財産差押・没収という手段は、広くほかの諸侯のもとでも用いられていた。一四一〇年、ブルターニュ公国に位置するサン＝マロ司教座の聖堂参事会は、レンヌ・セネシャルの判決を不服として上訴法廷を通過せずに直接パリに上訴した。これに対して、当時のブルターニュ公ジャン五世(位一三九九〜一四四二年)は参事会財産の没収を宣言することにより、上訴取り下げを迫っている[112]。これらの行動は、諸侯が上訴法廷ルートを定着させるためには実力行使も辞さず、時にはむき出しの暴力行使に出たことを物語っているといえよう。

しかしながら、諸侯は上訴法廷ルートに服さない上訴人に対して、常に暴力を行使したわけではなかった。先の高等法院裁判記録では、ジャン・アロノーの身分については一切触れられていないものの、裁判の第一審が公のプレヴォテで行われていることから、アロノーはポワトゥ西部のブルジョワか下級貴族であったと推測される[113]。これに対して、より高貴な身分の保持者が上訴法廷ルートに服さなかった場合、諸侯は実力行使に訴えず、より穏健な方法を用いることもあったように思われる。これが直接対処の第二形態といえる文書を用いた方法である。上訴法廷ルートを侵害する上訴が起きた場合、諸侯は王もしくは上訴人本人に、その案件を自身の裁判権に回送するよう、たびたび文書によって要求していた。このような対処方法については、史料的には教会関係者が当事者となった案件を通じて、検討することができる。

ブルゴーニュ公国においては、一五世紀初頭のジャン無畏公の治世期に、飛ばし上訴が多発し、公を困惑させていたことは先に述べた通りである。まさにこの時代、同公領の主邑ディジョンに本拠をおき、公の即位式を挙行するサン＝ベニーニュ大修道院長と修道士ら（以下、「大修道院」）が起こした飛ばし上訴をめぐり、ブルゴーニュ公とパリ高等法院が管轄権を争っていた。(114) オルレアン公ルイとの権力抗争の最中でパリにいたジャンは、都市ディジョンの使節からこの飛ばし上訴の報告を受けたのち、先のベリー公とは対照的に、大修道院長に書簡を送ることで、上訴の取り下げを懇願した。ここでは、この時に公が発した一四〇五年二月二〇日付の書簡を手がかりに、大修道院およびブルゴーニュ公の行動を検討する。(115)

まず、書簡に記された出来事を時系列に整理し直しつつ訴訟の経過を述べると、この飛ばし上訴の背景には、大修道院と都市ディジョンとのあいだの、時には暴力沙汰もふくんだ長年の抗争があった。大修道院はこの抗争の過程で、都市当局と都市民を相手取り、ディジョンの公バイイのもとに一四～一五件の訴訟を起こしていた。ディジョン・バイイは、大修道院長の同身分者であるシトー大修道院長やラングル大助祭などを召喚し、両当事者に和解を勧告する「要点判決」を言い渡していた。(116) 書簡中、〈appointemens〉という用語で現れる「要点判決」とは、中世フランスの各種法廷における裁判官の措置のひとつであり、判決にむかって案件の要点を「一点一点」(appointer) 確認ないし確定していく措置のことを指す。当時、これに関しても上訴が許され、それは一六世紀中葉のフランソワ一世期まで統制されなかった。(117) しかし、大修道院はこの和解勧告を受け入れず、長年の争いについてパリ高等法院への訴えを表明し、実際に提起した。では、このような飛ばし上訴はどのように行われたのか。史料の文言を示したい。

「この要点判決は、前述のように汝〔大修道院長〕が選出した人々の協議によってなされ、それらは決して汝に苦痛を与えるものではないと思われるにもかかわらず、汝はその受諾を望まなかった。その後、汝は前述の者たち〔都市当局ほか〕に関する内密の調査をサンスの国王バイイの代行官を通じて、行わせた。この調査ののち、先に述べた〔パリへの〕呼出がなされた。これらは、余と余の役人に対する軽視と侮辱、余の正義と裁判に対する侵害であり、余を非常に不快にさせ、前述の陳述人たちの名誉を貶めるものである」[118]。この「先に述べた呼出」に関する大修道院長らの行動については、書簡冒頭において、都市ディジョンから公ジャンへの報告内容が記されている。「余〔公ジャン〕の都市ディジョンの市長、参審人たち、コミューンは、余のもとに送られた伝書を通じて、以下のことを明らかにした。汝および汝の修道院は、彼ら〔市長等〕を相手取った一四ないし一五の訴訟に満足せず、改めて彼らを呼び出した。そして、国王陛下のパリ高等法院において、前述のコミューンとともに、ディジョンにおける四八名の乱暴な者たちと、そのほか彼らの多くの者たちの名前を根こそぎ聞き出し、いくつかの案件について汝および陛下の代訴人に回答させようとした」[119]。

このような大修道院の行動について、公バイヤージュ→上訴法廷→パリというブルゴーニュ公領の法廷序列と照らし合わせるならば、これが上訴法廷ルートに服さないことは明らかである。とりわけ、大修道院がパリへの上訴を断行するうえで、近隣の国王バイイに援助を求めたことには注目しなければならない。この飛ばし上訴は、同輩権侵害上訴の背景となる諸侯領民と国王バイイとのつながりを利用した行動だったのである。このような上訴に対して、ブルゴーニュ公ジャンは決して暴力に訴えることなく、書簡を通じた上訴取り下げの懇願という手段を用いたのである。

「余は、汝がいま述べた〔市長、参審人、コミューンに対するパリ高等法院への〕呼出を停止し、王の代訴人にこれを断念させ、そこでかれらに対して、いかなる抗議もなされないことを願う。〔中略〕これらの件について、余は、余がこれに関する命令を下すまで、何らかの新たなことや何らかの手続がなされることを望まない。余は、ディジョンにおいて次に行う入城の時に、神が望むところにしたがって、紛争を首尾よく終結させ、友好的な合意をもたらす」[120]。ここでは、パリ高等法院がジャンの望むように、大修道院の飛ばし上訴をブルゴーニュ公に送り返したとしても、一体どの諸侯法廷がこれを受理し、審理するかについては一切言及されていない。この背景には、当時ブルゴーニュ公の顧問会と上訴法廷とのあいだで起きていた、公国の最上級審をめぐる対立があったと思われる。公の統治全般に関わる協議の場であったディジョン顧問会は、上訴法廷がほとんど開かれなかった一五世紀初頭以来、その裁判業務を実質的に引き継ぐようになっていた[121]。この間、顧問会長(chef du Conseil)と上訴法廷長官(Président du Parlement)は、しばしば同一人物のもとで兼任されるにいたった。その結果、一四三〇年代には上訴法廷の定期的開催(年二回)を望むブルゴーニュ地方三部会と顧問会とのあいだで、公国の裁判制度をめぐる意見対立が表面化していくのである[122]。このような諸侯裁判権の状態をふまえるならば、「余がこれに関する命令を下す」という文言は、公ジャンが本案件を管轄する裁判権を指定するので、あるいはジャンみずからが不服を聞き、裁定するので、上訴を取り下げてほしいと読むこともできる。しかしながら、このような書簡送付にもかかわらず、これと前後して、大修道院への国王保護権が再度確認されている[123]。この結果、ジャンの試みは失敗に終わった。

以上のような大修道院の飛ばし上訴とこれに対するジャンの行動に関して、シャンポーは大修道院に対する公の行動を、「国王保護下の有力な大修道院がもつ王への直接上訴権を、かくも激しく攻撃する不用意」と評した[124]。しかるに、同時期におけるジャン・アロノーの捕縛・監禁事件と比較すると、このような評価はやや一面的ではないだろうか。なぜなら、ベリー公が関わったアロノーの訴訟においては、上訴取り下げにむけて明白な暴力が行使されているのに対し、サン=ベニーニュ大修道院に関しては、書簡による要請というより穏便な方法がとられているからである。ブルゴーニュ公の書簡の文言がいかに命令的な口調であったとしても、大修道院長という高位聖職者に対する公の行動は、きわめて慎重であったといえる。

我々は、以上のような飛ばし上訴に対する諸侯の行動のなかに、かれらが上訴法廷ルートに服さない上訴をいかに危険視したかをみることができたと思う。諸侯は飛ばし上訴に敵意を示し、それは時にむき出しの暴力に発展することもあった。だが一方で、諸侯は上訴人の身分などにも配慮しつつ、個々のケースごとに法廷内外において対応したと思われる。しかし、いずれの行動においても、上訴法廷ルートに服さない諸侯領民の行動は、諸侯の支配権にとって無視できないものであるとの認識が背景となっているのである。

(2) パリ高等法院

王の最高法廷である高等法院は一四世紀前半にはその所在をパリに定め、そこでは王みずからが判決を下す親裁座(lits de justice)の場合をのぞき、原則として王が臨席しなくとも裁判が行われ、判決が言い渡された(受任裁判権)[125]。以後、高等法院はさらなる専門化を遂げ、一四世紀後半には国王役人のなかのエリート集団たる意識をもち、王権に対しても独自の政治的利害を主張していくようになる[126]。さらに、百年戦争による財政圧迫のもと、王から高等法院評定官への俸給支払が困難になると、こうした傾向は一層顕著となった[127]。それでは、このようなパリ高等法院は諸侯国から多様なかたちで提起される上訴、とくに諸侯の支配権を軽視するような上訴に、どのように対応したのだろうか。

まずは、国王証書に現れる高等法院の対応から検討するならば、そこには「区別することなく受け入れる」あるいは「すべてを受理する」と訳すことのできる、〈indifferenter admittit〉という文言がしばしば用いられている。たとえば、前節で分析した一三一五年五月の国王証書は、この文言をブルターニュ公国からの飛ばし上訴に対するパリ高等法院の対応を批判的に記すなかで、用いていた[128]。これは、高等法院が上訴法廷ルートに服すか否かを認識することもなく、パリに到達したすべての上訴を受け入れ、審理しようとした様子を暗示している。一件の訴えの受理から判決言い渡しにいたる手続が、文書発給費用、謝礼金(epice)、罰金など、多くの裁判収入を生むことを考慮すれば、パリの裁判官のかような態度も十分に理解できよう[129]。しかしながら、このようなあらゆる上訴を掌握しようとする態度は、上訴法廷ルートの定着を望む諸侯の非難を惹起したばかりではない。王もまた、国王証書そのほかの文書のなかで、「すべてを受理する」パリの裁判官の態度をたびたび攻撃した。そこでここでは、パリ高等法院のこうした態度や行動が王国政治や王権のあり方にいかなる影響を及ぼしたのかを確認し、それをふまえて、実際の上訴案件に対する高等法院の具体的な措置を検討する。

「すべてを受理する」という高等法院の姿勢は、諸侯や王によって攻撃されつつも、一方では王や諸侯の利害にそうかたちで王国政治に有利に働くこともあったことを述べておきたい。なぜなら、当時の高等法院は飛ばし上訴や同輩権侵害上訴のように、訴訟手続の点で問題のある訴え以外にも、フランス王の裁判管轄外からの訴えを、政治的な観点から受け入れることもあったからである。このような点は、一三六八年のいわゆるガスコーニュ人の上訴(Les appels gascons)において典型的に現れる。ポワティエの戦いののち、一三六〇年ブレティニィ=カレーの和約において、イングランド王エドワード三世がフランス王位の継承権を放棄する見返りに、ガスコーニュの「国」がイングランドに割譲された[130]。それゆえ、本和約によって、ガスコーニュはパリ高等法院の裁判管轄権からはずされることとなった。このガスコーニュにおいて、一三六八年、当時アキテーヌ公に任命されたばかりのエドワード黒太子が、一世帯に付き一〇ソリドゥス(solidus（スー sou)を五年間という課税を、領民に対して強引に承認させようとする事件が起こった。在地の領主層と諸都市はこの課税に憤慨して、黒太子に課税要求の取り下げを求めつつも成功せず、そのなかで何らかの法的アクションを起こすことを模索した。しかしながら、イングランド王に訴えたとしても、望ましい判決を期待することはできず、しかしまた、フランス王はガスコーニュに対する裁判管轄権を喪失したばかりであった。フランス王の裁判機関による訴えの受理は、ブレティニィ=カレー和約の違反を意味したのである。そうしたなか、ガスコーニュ諸身分はより良い判決を期待できるパリ高等法院に訴訟を起こすことを望み、南フランスのアルマニャック伯や当時ラングドック国王代行官であったアンジュー公ルイに支援を求めた。この結果、国王顧問会における度重なる審議の末、高等法院はガスコーニュ人の訴えの受理を断行し、黒太子に対して同法廷への呼出状を送付するにいたったのである。しかし一方で、黒太子がこの呼出に応じないことは明らかであり、実際かれはこの時、パリ高等法院への呼出状をもってきた執達吏を殺害している。(131) こうしてパリ高等法院の行動により英仏の対立が再燃し、シャルル五世による大陸領再征服の口火が切られることとなったのである。

このように王国政治の方向性と合致するような行動の反面、パリ高等法院の「すべてを受理する」という姿勢は王領の割譲などにより、高等法院の司法業務が削減されることが危惧された場合には、これに強く反発するという行動をもたらすこととなった。このような国王政策のひとつとして、一四三六年のトゥルーズ高等法院設置案をめぐる動きをあげることができる。聖王ルイのカタリ派討伐とトゥルーズ伯領の王領化以来、南フランスの王国住民も王の最高法廷としてパリ高等法院を利用することができた。これに対して、一四三六年、シャルル七世王の臨席のもとモンペリエに召集されたラングドック三部会は、パリまでの距離、公道の危険、さらに慣習法と成文法という法体系の違いを理由に、南フランスにも王の最高法廷を設置するよう要求した。当時、イングランドからパリを奪還したばかりの王はこの要求を受け入れ、一四三七年四月一八日、トゥルーズにパリと同格のもうひとつの高等法院を創設することを宣言した。(132) しかしながら、パリの裁判官はこれに対して、「パリ高等法院以外のいかなる場所においても、高等法院は設立されない」と主張し、この設置案に強く反発した。このため、トゥルーズ高等法院の設置は一四四三年まで延期されることとなった。[133] このような主張は、一五世紀末以降のブルゴーニュ公国とブルターニュ公国における高等法院の創設時にもみられ、パリ高等法院はみずからの高等法院のみが王国民に正しい「習俗」(mœurs)を伝達できると主張していくのであった。[134] 以上のようなパリの裁判官らの態度を、「パリ中心主義」といっても過言ではないだろう。このような自意識を有したパリ高等法院が、諸侯の上訴法廷さらにはこの設置に積極的だった王政府に対しても、高等法院の増設に対する反発ほどではないにしても、不満を抱いたことは十分に理解できるところである。「すべてを受理する」という姿勢は、そうした不満が具体的な上訴案件をめぐって表面化したものと考えられるのである。

それでは、このような高等法院は実際の飛ばし上訴・同輩権侵害上訴にどのように対処したのか。以下、これを具体的な事件、すなわち前述のジャン・アロノーとサン゠ベニーニュ大修道院の上訴について、検討していく。

ベリー公ジャンは、飛ばし上訴を行ったアロノーを捕縛・監禁し、財産まで没収した。これに対して、アロノーの代訴人の代理ジャン・ラバトーは公のプレヴォテで争われた案件とともに、ベリー公側の行為についてパリ高等法院に改めて訴えを起こした。このうち、後者の案件に関しては、ベリー公がフランス同輩であるので、高等法院はこれを第一審として管轄し、審理した。これらの案件が混ざり合ったアロノー側の要求について、パリ高等法院では以下のような合意がなされた。「パリ高等法院の望むところにしたがって、当事者らのあいだで、以下のように合意された。先の上訴と上訴された事柄は、いま述べたもろもろの非難とともに、罰金と訴訟費用を支払うことなく、無効とされる。これとともに、アロノーは前述のいくつかの事件によって強いられていた捕縛の身から解放され、同様の理由で没収され、差し押さえられていた財はかれに返還される」[135]。まず、アロノーの飛ばし上訴は却下されている。ここには、ひとつでも多く訴訟を掌握しようとする高等法院の態度はみられない。一方、高等法院はアロノーに対して、ひとつの恩恵的措置を講じている。本件のアロノーのように、上訴を表明、提起したものの、それが上級法廷で却下あるいは棄却された場合、こうした上訴はフランス法制史上「愚かなる上訴」(fol appel) とよばれ、当事者には罰金が科された。この場合であれば、アロノーは原判決を言い渡したフォントゥネ=ル=コントのプレヴォとともに、上訴を却下したパリ高等法院に罰金を支払わねばならない。(136)このような慣習にもかかわらず、和解内容を記した裁判記録によると、高等法院は「愚かなる上訴」を行ったアロノーの罰金および訴訟費用を免除している。身柄拘束と連行というベリー公側の行為の残忍さが考慮されたためであろうか。高等法院はこれらのことをふまえ、ベリー公側にアロノーの身柄解放と財産返却を命じるとともに、以後アロノーが進めるべき訴訟手続を命じている。「それは以下のことを条件とする。アロノーはポワトゥの公セネシャルあるいはかれの代行官の面前で、次のサン=レミの祝日の後にフォントゥネ=ル=コントの地で開催される巡回裁判集会において、公殿下の代訴人とかれがアロノーに責任のある事件に関して行うすべての質問に回答し、理にしたがって訴訟を行う」(137)。これによって、高等法院はアロノーがそもそも抱えていた案件を諸侯裁判官に回送した。以上より、パリ高等法院は捕縛・監禁事件について、ベリー公とアロノーの和解を図る一方で、上訴案件については、訴訟を上訴法廷ルート上に戻したということができる。

このように、パリ高等法院が飛ばし上訴を上訴法廷ルート上の諸侯裁判権に回送する例は、アロノーの案件のほかにも、諸侯国研究においてたびたび指摘されている。(138)たとえば、家産諸侯国のブルボン公国を扱ったアンドレ・ルゲの研究を参照すると、(139)一三九二〜一四四〇年の期間について、実際に少なからぬ数の飛ばし上訴が高等法院からブルボン公のもとに回送されていたことが分かる。ただし、この期間のうち一四一〇年ころから約二〇年間、パリはブルゴーニュ派やイングランドといった反ヴァロワの勢力に占拠されている。このため、当時アルマニャック派に擁立された王太子シャルルは、一四一八年のニオール王令によって、高等法院をパリからポワティエに移動した。この時、高等法院は従来と同様、その割当目録に王国全土のバイヤージュ・セネショセと諸侯国を記入することにより、イングランド支配下にあった北西フランスにも最高裁判権を主張していた。[140] このような時期をふくむ期間において、一三九二年四月、一四三九年六月、一四四〇年一〇月にそれぞれ一件（以上、三件はパリからの回送）、一四二八年五月一八日と二〇日、一四三四年八月、一四三五年七月、一四三六年八月にそれぞれ一件（以上、五件はポワティエからの回送）という件数で、高等法院はいわば管轄違いの訴えをブルボン公のもとに回送しているのである。ただし、ポワティエ高等法院は一四三二年七月に、ブルボネの公バイイからの飛ばし上訴を受理し、回送を拒否しているが、その背景については定かではない。[141]

このようなパリ高等法院からの上訴回送の背景のひとつとして、そこでの諸侯の代訴人（procureur）や弁護士（avocat）の活動を考えることができる。かれらの任務のひとつに、もろもろの法廷で行われる裁判において、諸侯の諸権利や利害を擁護することがあった。たとえば、一四一三年四月一四日ベリー公の総代訴人（procureur général）は、上訴法廷を飛びこえて公セネシャルから直接パリに上訴したジャン・エムレという男の件で、高等法院にみずからの調査結果を提出し、当該案件の上訴法廷への回送を承認されている。[142] こうした諸侯役人の存在が、高等法院での裁定に少なからぬ影響を及ぼしていたと考えることができる。

それでは、サン＝ベニーニュ大修道院の飛ばし上訴に対し、高等法院はいかなる行動をとったのか。ブルゴーニュ公ジャンが大修道院の飛ばし上訴に対し、書簡送付によって上訴取り下げを懇願したことは先述の通りである。この書簡には、「汝〔大修道院長〕は国王陛下のパリ高等法院において、前述のコミューンとともにかれら〔ディジョンの乱暴な者たち〕を呼び出した〔中略〕いくつかの案件について汝および陛下の代訴人に回答させようとした。それらの案件とは、余と余の役人が汝に正義と公正を与えることを、決して怠ってはいないものである」[143]と、都市ディジョンからの報告が記されている。パリ高等法院は大修道院が行った上訴について、実際に審理に入ったのかは定かでないとしても、これを受理していることが分かる。ジャン・アロノーの捕縛・監禁事件においては、ベリー公の要求に応じて飛ばし上訴が回送されたのに対し、これと同時代の大修道院の上訴は高等法院によって受理されている。この違いはなぜ生じたのだろうか。この背景には、国王保護権侵害訴訟の問題があると思われる。一四世紀以降のフランスでは、(大)司教、(大)修道院長などの高位聖職者や聖堂参事会員、修道士は、原則として王の特別保護下(sauvegarde royale)におかれていった。このため、かれらに対する攻撃や損害は国王保護権に対する侵害とみなされ、とくに一三世紀末以降、国王保護下の人々に関する訴訟は国王専決事件として、国王裁判権の管轄とされた。この場合、国王裁判官が扱うことのできた事案は、土地所領や財産など教会が保有する俗権に関わる事柄に限られていた。[144]以後、王は保護特許状を頻繁に発給・確認するとともに、国王保護下の人々とその物権を国王専決事項担当バイイの管轄下においていく。たとえば、ジャン二世王はベリー公領とオーヴェルニュ公領を親王領に設定した翌年に、別個に国王証書を発給することで、ベリーのサン=シュルピス大修道院への国王保護権を確認し、その所領・財産がベリー公の親王領から排除されることを明記した。一三六一年四月付の国王保護特許状によると、「王が設立したベリーのサン=シュルピスの親愛なる大修道院長と修道士は、その教会の創建以来、〔中略〕この王国の国ぐにおける裁判権とすべての財産とともに、余と余の先代たるフランス王の保護と特別保護のもとにあり、これまでもそうであった。そして常に、かれらは上訴案件と封主権に関わるすべての案件において、あいだを飛ばして、国王裁判官と役人に訴えることができる……[145]」(傍線筆者)。

このような有力教会に対する国王保護権の問題をふまえるならば、ブルゴーニュのサン=ベニーニュ大修道院からの上訴がパリ高等法院に持ち込まれたこと自体は、王権サイドからみれば、「正規」の手続に則ったものといえる。本来の第一審は、ブルゴーニュにおける国王専決事項担当バイイであるサン=ジャングー=ル=ロワイヤルの国王バイイの管轄とも考えられるが、いずれにしても、国王専決事件の手続にもとづき王の裁判官のもとに持ち込まれている。ジャン・アロノーの場合とは異なり、高等法院が大修道院の訴えを受理した理由も、大修道院が国王保護下にあったためと思われる。しかしながら、書簡の報告によれば、大修道院は実際には訴訟の第一審として、ブルゴーニュ公の裁判組織であるディジョン・バイイを利用している。このため、公バイイからの上訴がパリではなく、諸侯上訴法廷に提起されることこそが、ブルゴーニュ公側からいえば「正規」の手続であった。まさにこの点に、公ジャンが大修道院の行為を「余と余の役人に対する軽視と侮辱、余の正義と裁判に対する侵害」として非難し、わざわざパリから書簡を送付して、その取り下げを願い出た背景があったのである。

ところで、サン゠ベニーニュ大修道院の上訴より一世紀ほどさかのぼる一三世紀末〜一四世紀前半においては、諸侯国の近隣に位置する教会の訴訟に対して、王はいくぶん異なる対応をとっていた。すでに一三世紀末の王権周辺において、大逆罪や貨幣偽造とともに、国王保護権侵害も国王専決事項のひとつと考えられていた。[146]しかし、これ以降においても、司教や修道士が国王裁判官のもとに持ち込んだ多くの訴訟案件が、王自身の命令により諸侯裁判権に送り返されていることを確認できる。たとえば、一三三〇年にブルターニュ公領で起きたサン゠ニコラ大修道院と在地貴族オリヴィエ・ド・セメゾンとの、修道士に対する死刑執行をめぐる争いをあげることができる。大修道院はこの争いをパリ高等法院に訴えたが、しかし、高等法院におかれたブルターニュ公の総代訴人が当該案件に対する公の管轄権を主張し、案件を公のもとに送るよう要求した。これに関して、フィリップ六世王は翌三一年、公の総代訴人の要求を受け入れ、公のもとへの案件の回送を高等法院に命じた。[147]さらに、一四世紀前半のブルターニュ公国の修道士は高等法院にとどまらず、公の同輩特権を侵して国王バイイにも頻繁に訴訟を起こしている。一三〇二年ころ、都市レオンのマルムーティエ派の修道士らは公の裁判管轄権に服することを拒絶し、数多くの訴訟をトゥレーヌとコタンタンの国王バイヤージュ下に持ち込んでいた。このため、当時フランス同輩に昇格したばかりのブルターニュ公ジャン二世は、これについて王に苦情を申し立て、修道士らが侵害した同輩特権の回復を嘆願している。[148]このような状況のもと、フィリップ四世王は公の苦情と嘆願を受けて、訴訟内容を調査することなく、国王バイイにブルターニュ公国の諸事件の管轄を禁止したのであった。[149] このように一四世紀前半のブルターニュについては、同公から訴訟の回送要求があれば、もちろんそこで争われていた内容にもよるが、王は国王専決事件の対象となりうる教会関係者の訴えを受理せず、大抵の場合これを諸侯のもとに送り返していた。このことは、英仏間での中立を志向したブルターニュ公の独特の地位を示しているのかもしれない。しかし、より大きく王権の発達過程に目をむけたうえで、約一世紀後のサン゠ベニーニュ大修道院の上訴と比較するならば、王権は一四世紀後半以降にいたって、国王専決事項という考え方をより強く主張するようになったと考えられる。我々は、これまでたびたび触れてきた国王専決事項担当バイイの新設を、このような国王裁判権の厳格化という問題のなかに位置づけて、考える必要があるだろう。[150]

以上の検討から理解できるのは、上訴法廷ルートに服さない上訴がパリ高等法院に到達したとしても、高等法院がこれを実際に受理し、審理するか否かに関しては、諸侯とともに王権側の利害が何らかのかたちで入り込んでいたということである。とくに、諸侯の要求を受け入れる場合であれ拒否する場合であれ、王の介入はそのちの訴訟手続に決定的な影響を及ぼしたと思われる。ここでは、そのうち上訴法廷ルート以外の上訴に関して、高等法院とともに数名の王の対応を実際の訴訟案件のなかで垣間見ることができたと思われる。以下では、このような王の対応のあり方を、王の証書レヴェルにおいて検討することとしよう。

（3）王

先述のように、諸侯は上訴法廷ルートに服さない上訴を阻止するため、上訴人本人に対して個別にそして直接的に対処するとともに、これに関する苦情や不満を王に直接申し立てるという手段も用いた。飛ばし上訴および同輩権侵害上訴が、パリ高等法院や国王バイイなど、ほかならぬ国王裁判官のもとに持ち込まれるものであることを改めて考えると、王への嘆願という手段は、諸侯裁判権の機能を確保するうえで、きわめて効果的であったと考えられる。そこで、諸侯はみずからの苦情を王に表明するとともに、これに対する王の回答を国王証書のかたちで獲得しようと試みた。そして、諸侯は上訴法廷ルートを侵害する上訴人や国王裁判官に対して王のサイン入りの証書を提示することによって、みずからの管轄権を主張したのであった。(151)このため、かような性格をもつ国王証書には、飛ばし上訴や同輩権侵害上訴に対する諸侯の苦情とともに、これに関する王権側の一般的な態度が現れているといえよう。以下、このような問題関心から、諸侯の苦情申し立てにもとづいて発せられた国王証書を、飛ばし上訴、同輩権侵害上訴の順で検討することとする。

我々は飛ばし上訴に言及する国王証書として、一三一五年五月と一三二八年六月の証書をあげることができる。(152)この二証書は前節において、ブルターニュ公国における上訴法廷の創設という観点から分析したものであるが、これらが発せられた時期は、当地の司教や修道士が頻繁に飛ばし上訴および同輩権侵害上訴を行った時期と重なっている。それゆえ、こうした時代背景との関連を念頭におきながら、飛ばし上訴に対する諸侯の苦情と王の態度に関して、二証書の要点を振り返っておきたい。

ブルターニュ公の苦情の重点は、次の二点にあった。第一は、訴訟当事者が七つのセネショセ→レンヌとナントのセネショセ→上訴法廷という公国内の法廷序列を無視し、「(ブルターニュ)公、公の裁判官および役人」(一三一五年証書第三項)ないしは「公、すなわちこの国ぐにではパルルマンとよばれるグラン・ジュール」(一三二八年証書)を「飛ばして」、王の宮廷に上訴している点。第二は、高等法院がこのような飛ばし上訴を、そのたどってきた手続を調査することなく受理し、ブルターニュ公への回送を拒否している点である。王はこのような公の苦情を受け入れるかたちで、飛ばし上訴がパリに持ち込まれた場合、これを訴訟当事者とともに公に送り返すよう高等法院に命じた。両証書の内容から、高等法院が飛ばし上訴を掌握しようとしていたこと、および王が諸侯の苦情申し立てを受け入れようとしていることが理解できる。ここで重要なことは、飛ばし上訴への対応をめぐり、王とその最高法廷である高等法院の立場が明確に対峙していることである。しかし一方で、一三二八年の国王証書は、飛ばし上訴の公への回送を命じたのち、諸侯上訴法廷判決に対して不服を抱く当事者にパリ高等法院への上訴を認めていた。王は、あくまでブルターニュ公の裁判権がパリの最高裁判権に服す限りにおいて、上訴法廷と公国の法廷序列を保護する立場をとっていたのである。(153)

このように、諸侯上訴法廷を飛ばす上訴が諸侯の領国内における権威に触れる行為であるとすれば、同輩権侵害上訴とは、まさに王国レヴェルでの諸侯の地位に触れる行為であったということができる。以下、同輩権侵害上訴に関する国王証書のうち、これまで検討してきた一四世紀前半のブルターニュ公国との比較、ならびにサン＝ベニーニュ大修道院の上訴との同時代性などを念頭に、一四世紀末のブルゴーニュ公の嘆願に関する国王証書を取り上げようと思う。

ブルゴーニュ公国においては一四世紀初頭以来、公の裁判組織からの上訴がパリだけでなく、サンスやマコンの国王バイイに頻繁に持ち込まれていた。このため、当時フランス同輩であったブルゴーニュ公ユード四世は一三二五年と一三四三年に、それぞれサンスとマコンの国王バイヤージュにみずからの代訴人をおいて対応していた。(154) しかし、これまでみてきたように同輩特権を尊重しない上訴もまた絶えることはなく、一四世紀末、フィリップ豪胆公は同輩権侵害に対して王に苦情を申し立て、王に嘆願して同輩特権の確認を得ようとした。この時、フィリップは聖界同輩のひとりであるラングル司教ベルナール・ド・ラ・トゥールとともに、シャルル六世王の顧問会に出向いている。この嘆願にもとづき、王がサンスとオセールの国王バイイに宛てて発した文書が、ここで検討する一三九二年一二月一七日付の国王証書である。(155) 本証書はジャン・アロノーやサン＝ベニーニュ大修道院の上訴とほぼ同時期のものであるのに対し、前述したブルターニュ公の苦情に回答した国王証書の半世紀後に発せられている。一方、一四世紀末ころに発せられた王令などの国王証書を検討する場合、次の点に留意する必要がある。すなわち、第三章で詳しく検討したように、一三九二年以来、病の王に代わって、王族諸侯らが国王顧問会を実質的に運営していたということである。まさに一三九二年は、ブルゴーニュ公フィリップが王政府のトップにあった時期であった。このため、当時下された「王の諸決定」には、王族を中心とする諸侯層の利害が大きく反映されていると推測されるのである。(156) このような背景を念頭に、一三九二年の国王証書をみるならば、それは節や条項のかたちで区分されていない当時よく用いられた開封王状であり、挨拶および確証定式をのぞいて、その記述は大きくふたつの部分に分けることができる。証書発給の経緯として、叙述部はブルゴーニュ公とラングル司教の苦情と嘆願の内容を記し、後半の措置部は王の回答を述べている。以下、苦情から回答の順で分析する。

【ブルゴーニュ公とラングル司教の苦情と嘆願】 本史料では、「嘆願者」であるブルゴーニュ公とラングル司教の言い分が、王の言葉で記されている。我々はこのような苦情を諸侯の立場から理解すべく、この部分をさらに次の四つに大別して検討する。それは、(A) フランス同輩特権の確認、(B) 上訴人による同輩特権の侵害、(C) 国王バイイの反論、(D) 公と司教の裁判権への損害である。(B)と(D)は内容上重なるので、ここでは(A)(B)(C)の分析を通じて、同輩特権侵害に対する諸侯の苦情内容を明らかにし、聖界同輩であるラングル司教についての記述は必要が生じた時にのみ言及する。

(A) フランス同輩特権の確認においては、二名の嘆願者がフランス同輩であり、とくにブルゴーニュ公が〈Doyen des pers〉であると述べられている。一四世紀中葉以降に出された王令や国王証書においては、大抵の場合ブルゴーニュ公に〈Doyen des pers〉とともに、ラテン語で〈Par Franciae primus〉というタイトルが付されている。我が国ではこれらの用語の定訳はないが、あえて訳すとすれば「最古参同輩」あるいは「筆頭同輩」

となる。このタイトルの背景については、第一章において詳述した通りで（表1「フランス同輩の交代」を参照）、旧同輩領を保持したブルゴーニュ公は新参の同輩とは明確に区別され、一定の地位を有した[157]。これらをふまえて、証書は「かれら〔二名の嘆願者：公と司教〕はフランス同輩であり、とくに余〔王〕の叔父〔ブルゴーニュ公〕はその公領ゆえに筆頭同輩であるので、同輩領とその高貴および特権ゆえに、かれら嘆願者とその役人らは、とりわけ上訴の場合、余の高等法院法廷に直接管轄され、管轄されなければならず、そのほかであってはならない。ただし、当公領において余の叔父に属する裁判管轄権の序列は、かれあるいはその先任者らが慣習的に保持してきたように、維持される[158]」と、公領のパリへの直属性ならびに公領内の法廷序列を確認する。

これに対して（B）上訴人による同輩特権の侵害においては、同輩特権にもとづきパリ高等法院に管轄される上訴が、頻繁にサンスやオセールといった近隣の国王バイイのもとに持ち込まれていることが、記されている。なかでも、上訴人がブルゴーニュ公ないしはその役人を、国王バイイの法廷に呼び出そうとしていることについて、苦情が記されている。「上訴人らはその上訴案件において、汝ら〔サンスとオセールの国王バイイ〕の面前への公と司教の呼出を提起し、汝らのたんなる委任状を通じて、嘆願者〔公と司教〕とかれらの役人を呼び出させた。その委任状は、嘆願者らが同輩領の特権をまったく有していないかのごとく与えられた。さらに、嘆願者の代訴人が、このような上訴を余の高等法院法廷に回送することを求めた時、上訴人と国王バイイ法廷の代訴人はこれに反論し、これにつき多くの抗議を行った[159]」。ここに記された上訴人の行動や国王バイイ法廷の措置が、筆頭同輩であるブルゴーニュ公の怒りをかったことは想像に難くない。しかし、このような同輩権侵害上訴が起こされた場合、国王バイイージュにおかれた公の代訴人が、当該訴訟のパリへの回送を求めたであろうことは推測され、本証書にもそのことが明記されている。しかしながら、国王バイイは上訴人に科せられる罰金という点に着目し、公の代訴人の要求に対して抵抗していたのであった。

（C）国王バイイの反論には、諸侯国に特別な位置を付与したフランス同輩特権とパリ―上訴法廷体制に関して、王の地方役人層がこれをいかに捉えていたのかが如実に示されている。このため、少々長くなるが、まずは証書の文言を示しておきたい。「このような〔一度国王バイイに持ち込まれた〕上訴が余〔王〕の高等法院に回送され、そこで上訴人が愚かなる上訴をしたと言い渡され、宣言された場合、かれらは余と、上訴を提起された同輩ないしはその役人に、六〇ソリドゥスの罰金を支払わねばならないと主張する。一方、そうすることが義務であるように、上訴の場合、上訴人が正当にも余の高等法院法廷に嘆願者らの呼出を提起したにもかかわらず、かれらがこの上訴に敗訴した場合には、六〇リーヴル〔ソリドゥスの二〇倍〕の罰金を科せられるだろう。同様に、汝ら〔国王バイイ〕の面前に持ち込まれた上訴が、余の高等法院法廷に回送され、そこで、上訴を提起されたところの同輩の役人が悪しき判決を下していたと言い渡された場合、その役人は六〇リーヴルの罰金を余に支払うだろう。したがって、上訴人もまた同様の罰金を支払うのでなければ、公平は守られない[160]」。

　パリ高等法院が上訴を棄却ないしは却下する「愚かなる上訴」の場合を想定すると、諸侯側にとって「正規」である上訴法廷ルートを通過してきた上訴人は、六〇リブラ（リーヴル（livre））の罰金を科せられる。これに対して、同輩特権を侵害しつつ国王バイイを経由してきた上訴人は、その二〇分の一の六〇ソリドゥスを支払えばよい、という反論である。本書で用いてきた表現を使って、あえて簡略化していえば、同輩特権を侵害してパリに上訴した方が、上訴法廷ルートを用いるよりも、パリで敗訴した際の罰金額が安くなる、ということである。このような罰金額の差については、シャンポーも説明を試みており、国王バイヤージュを経由した同輩権侵害ルートの場合の六〇ソリドゥスという額は、国王法廷におけるかつての罰金額に由来するという[161]。つまり、通常の貴族や平民身分のように、国王バイイ法廷からパリ高等法院に上訴したのちに、パリにおいて上訴を棄却・却下された場合、上訴人は王と国王バイイにそれぞれ六〇ソリドゥスを支払ってきた。これに対して、ブルゴーニュ公国においては、こうした「愚かなる上訴」の罰金はこの当時、六〇リブラと定められていた[162]。当時の国王バイイはこのような罰金額に関する了解の不一致を逆手にとって、同輩領からの上訴を不当にも確保せんとしていたということができる。このように諸侯の同輩特権を尊重すると、上訴人に不利益が生じるという点に、ブルゴーニュ公側の回送要求に対する国王バイイの反論の論拠があったのである。

以上、一三九二年一二月付の国王証書のうち、その叙述部の分析から、同輩権侵害上訴に対するブルゴーニュ公の苦情とこれに対する国王バイイの反論を検討してきた。我々は、ここから生じるであろうブルゴーニュ公の王に対する嘆願内容を、次のふたつにまとめることができる。第一は、公国からの上訴が同輩特権にもとづきパリ高等法院以外の法廷に持ち込まれることのないように、諸侯国と国王バイイをつなぐ旧来の上訴ルートを切断すること。第二は、これを実現すべく、国王裁判系列に残る六〇ソリドゥスという罰金額を改定することである。はたして、王はこのような嘆願に対し、いかなる回答を行ったのだろうか。

【王の回答】「汝ら〔サンスとオセールの国王バイイ〕に対し、本文書において以下のことを固く禁ずる。今後、嘆願者らの裁判官や役人、ないしは同輩領におけるその各々から上訴を提起する者に対して、上訴の際の呼出状を交付してはならない。余は、それらが無効であり、何ら価値をもたないものであることを望み、命じる[163]」。国王バイイに対して、同輩領から起こされた上訴に関して、上訴案件における相手方の呼出を禁じている。これによって、王は同輩領とパリを一直線で結ぶ上訴ルートを遮るような国王バイイの行為を以後禁じた。一方で王は、同輩領民がこのような定めを遵守せず、国王バイイを経由してパリに上訴した場合について、今度はパリ高等法院に次のように命じている。

「同じく、余は余の高等法院を開催する者たち、あるいは将来、余の高等法院を開催するだろう者たちに対し、汝ら〔サンスとオセールの国王バイイ〕ないしその後任らによって交付された呼出状が無効であり、何ら価値をもたないものであることを宣言すること、およびフランス同輩領から上訴を提起し、その上訴に敗訴した者から、然るべき罰金を徴収することを命じる」。[164] ここで証書は、高等法院が同輩領からの正規の上訴を棄却・却下した際に科す「然るべき罰金」に関して、その額を明記していない。しかし、ここでは、「愚かなる上訴」に科される罰金額が国王バイヤージュと同輩領のあいだで違うことが、問題視されている。実際には、国王裁判系列で慣例となっていた罰金額六〇ソリドゥスはこのころ、徐々に六〇リブラに改定されつつあった。[165] ただし、このような措置の内容にくわえて、本証書で確認された王の措置発令には、諸侯層とりわけ苦情を申し立てた本人ブルゴーニュ公フィリップの利害が、少なからず入り込んでいることも忘れてはならない。

以上、飛ばし上訴と同輩権侵害上訴に関する国王証書の検討から、次の二点を指摘できると思われる。第一は、上訴法廷ルートに服さない上訴を阻止しようとする諸侯の立場、第二はパリ高等法院や国王バイイなどの国王裁判官による不当な上訴掌握をおさえようとする王政府の立場である。この両者を合わせて考えるならば、上訴法廷ルートの定着を望む諸侯が、国王裁判官の態度を非難し、これについて王政府が上訴法廷ルート支持の立場に立つという、諸侯、国王裁判官、王の三者の絡み合いを指摘することができる。そして、この絡み合いは、一四世紀前半のブルターニュ公と同世紀末のブルゴーニュ公からの苦情申し立てに対する王の回答に、共通してみられるものである。このなかで注目すべきは、諸侯国からの上訴に関して、国王裁判官と王自身ないし王政府が異なる立場に立っていたことである。これらの点を考慮するならば、王はみずからの裁判機関の意向を退けるとともに、諸侯がパリの最高裁判権に服す限りは、上訴法廷ルートを保護し、諸侯裁判権の正常な機能とその強化を図ったということができる。しかし他方では、王は諸侯裁判権に関するすべての要求に、好意的な態度を示したわけではなかったことも見逃すべきではないだろう。ブルゴーニュ公が同輩特権の保護を嘆願した一三九二年証書の直後に起きた、サン＝ベニーニュ大修道院の訴えにおいて、王はパリ高等法院の見解を支持して、大修道院の国王保護権を確認し、ブルゴーニュ公の要求を退けている。そしてこの時、王がこの訴えを確保しようとしたことの背景には、国王専決事件の掌握という当時高まりをみせていた王権側の姿勢を指摘することができる。我々は、一四世紀中葉以降の王が、パリ—上訴法廷体制の整備によって諸侯裁判権の拡充を図るのと並行して、上訴体系の枠をこえる国王専決事項の厳格な適用を通じ、国王裁判権の拡大を進めていたことも看過することは許されないのである。

以上みてきたように、王権の直接的ないしは間接的な働きかけによって創設された諸侯国の上訴法廷は、それまでパリ高等法院が担ってきた訴訟業務を軽減させつつ、これを担い、結果として諸侯権の強化を促すものであった。しかしながら、飛ばし上訴の多発をふまえるならば、諸侯上訴法廷が実際の紛争処理などにおいて十分に機能したとは言い難い。この原因として、訴訟業務の削減を危惧するパリ高等法院ほか国王裁判官の反発とともに、さらにその背景となっていた諸侯領民のパリ志向を考えることができる。こうした傾向は、当時の諸侯領民が諸侯裁判権よりも、国王裁判権に対して、どれほどの信頼を寄せていたかを物語っている。したがって、上訴法廷およびこれと不可分のフランス同輩特権が正常に機能するには、王からの働きかけがきわめて重要であった。諸侯が王に苦情を申し立て、上訴法廷の裁判権や同輩特権の確認を嘆願したのは、その証左といえるだろう。こうしたなか、王は上訴法廷の創設以来、その実際の運用においても、諸侯裁判権の自律およびその機能の維持を図っていたことに注目する必要がある。王がパリ高等法院の最高裁判権と国王専決事件を確保しながらも、訴訟当事者がたどってきた上訴の手続を区別しない国王裁判官を非難し、とくにパリ高等法院との対立を深めつつあったのは、その何よりの現れである。このように当時の王国上訴体系においては、パリへの国王裁判権集中と並行して、諸侯の裁判権を拡充していく方向性もまた進行していたのであった。我々はこうした王国上訴体系の展開のなかに、諸侯国が王国統治業務の受け皿のような存在として、国家的様相を帯びていったことの一端を読み取ることができるのである。

（1）代表的な制度史研究として、Olivier-Martin, *Histoire du droit français*, pp. 224-231（塙訳『フランス法制史概説』三三六～三四五頁）; Guillot, Rigaudière, Sassier [éds.], *Des temps féodaux aux temps de l'État*, pp. 187-217 などを参照。

（2）堀米庸三「中世後期における国家権力の形成」同『ヨーロッパ中世世界の構造』岩波書店、一九七六年、二一〇～二六〇頁、塙浩「フランス法史上の権力と刑事法」法制史学会編『刑罰と国家権力』創文社、一九六〇年、四三一～五四七頁（塙浩著作集〈西洋法史研究〉四『フランス・ドイツ刑事法史』信山社出版、一九九二年、一～一一九頁）。近年の邦語文献として、渡辺節夫『フランス中世政治権力構造の研究』東京大学出版会、一九九二年、五七～五九頁、志垣嘉夫『フランス絶対王政と領主裁判権』九州大学出版会、二〇〇〇年、五九～六二頁を参照。

（3）本書第一章第一節および表1を参照。

（4）上訴法廷に関する研究文献は、以下の通りである。諸侯国の裁判組織の概観として、封建領主領の諸制度を中心に扱ったLot et Fawtier [s. dir.], *Histoire des institutions françaises au Moyen Âge*, t. I 所収の諸論文。ブルターニュ公領のパルルマンについては、E. Téxier, *Étude sur la cour ducale et les origines du Parlement du Bretagne*, Rennes, 1905; Planiol, *Histoire des institutions de la Bretagne*, t. IV: La Bretagne ducale. ブルボン公領の全土法廷(Jours généraux)については、Mattéoni, *Servir le prince*, pp. 142-144 が詳しい。ブルゴーニュ公領のパルルマンについては、Champeaux, *Ordonnances des ducs de Bourgogne*; Petot, *Registre des Parlements de Beaune*; Schnerb, *L'État bourguignon*, Chap. 16: Le gouvernement de L'État bourguignon, pp. 237-252. 親王国のグラン・ジュール(grands jours)のうちベリー公国については、Lacour, *Le gouvernement de l'apanage de Jean, duc de Berry*, pp. 200-226 et passim.

（5）こうした諸侯国の上訴法廷のうち、ブルターニュ公領およびブルゴーニュ公領に現れたパルルマンとよばれる裁判権が、諸侯国の王領化をへて王国の高等法院に再編された（一五五四年レンヌ高等法院および一四七七年ディジョン高等法院の設立）。一五世紀後半以降における高等法院の複数化の問題については、佐藤猛「一五・一六世紀フランスにおけるいくつもの高等法院」一～二九頁において、筆者なりの展望を示した。

（6）こうしたクーリア・レギスの分離については、古くから知られている。ただし、このうち王の裁きという分野については、王がその場に居合わせずに、その裁判官が裁きを行うことに対して、訴訟当事者らの反発は強く、さらにそうした反発がパリ高等法院の判決に対する非常救済手段として、国王顧問会への嘆願や、後世においては「破棄申請」の手続を発達させた。詳細については、J. Hilaire, «La grâce et l'État de droit dans la procédure civile (1250-1350)», dans H. Millet [s. dir.], *Suppliques et requêtes. Le gouvernement par la grâce en Occident (XII*^{e}*-XV*^{e} *siècle)*, Rome, 2003, pp. 357-369.

（7） 国王バイイ・セネシャルの裁判権強化について、Olivier-Martin, *Histoire du droit français*, p. 516 (塙訳『フランス法制史概説』七七八頁)。

（8） フランス同輩の裁判籍特権に関する一般的な理解については、Olivier-Martin, *Histoire du droit français*, p. 228 (塙訳『フランス法制史概説』三四一頁); J.-F. Lemarignier, *La France médiévale: institutions et société*, Paris, 1970, pp. 325-356.

（9） 一三世紀末以降の同輩団の変質については、R. Cazelles, *La société politique et la Crise de la royauté sous Philipe de Valois*, Paris, 1958, pp. 377-382; Desportes, «Les pairs de France et la couronne», pp. 305-340.

（10） 詳しくは、佐藤猛「中世後期におけるフランス同輩と紛争解決」二〇二～二〇四頁。

（11） 一三六三年の親王領設定を境に、それ以前をカペー家ブルゴーニュ、以後をヴァロワ家ブルゴーニュとよぶ理由については、Schnerb, *L'État bourguignon*, pp. 15-16 および本書第1章第三節(三)を参照。

（12） Cazelles, *La société politique*, pp. 381-382; J. Richard, «Les institutions ducales dans le duché de Bourgogne», dans Lot et Fawtier [s. dir.], *Histoire des institutions françaises au Moyen Âge*, t. I, pp. 185-208.

（13） Cazelles, *La société politique*, p. 380.

（14） A. Leguai, «Les ducs de Bourbon (de Louis II au connétable de Bourbon): Leurs pouvoirs et leur pouvoir», dans Société des Historiens Médiévistes de l'Enseignement Supérieur Public, *Les princes et le pouvoir au Moyen Âge*, Paris, 1993, p. 214.

（15） 以下、各諸侯国のバイイ(セネシャル)裁判所については、主に以下の諸文献を参照した。ベリー・オーヴェルニュ公領、ポワトゥ伯領：Lacour, *Le gouvernement de l'apanage de Jean, duc de Berry*, pp. 206-212; ブルゴーニュ公領：Richard, «Les institutions ducales dans le duché de Bourgogne», pp. 226-228; ブルボン公領：Perroy, «L'État bourbonnais», pp. 289-318, esp. p. 311; A. Leguai, «Baillis et sénéchaux du Bourbonnais la fin du Moyen Âge», *Bulletin de la Société d'Émulation du Bourbonnais*, 1951, pp. 70-72. なお、この諸侯バイイの下位に位置する下級裁判官については、プレヴォという名称のほ

かに、ブルゴーニュ公国ではシャトラン(châtelain)、ブルターニュ公国ではヴィコント(vicomte)とよばれていた。

(16) ブルターニュ公領のバイイに関しては、以下の文献を参照した。Poquet du Haut-Jussé, «Le grand fief breton», pp. 276-277; Planiol, *Histoire des institutions de la Bretagne*, pp. 427-448.

(17) ブルターニュ公の領国形成と、そのなかでのレンヌおよびナント・セネシャルの特別な地位については、Planiol, *Histoire des institutions de la Bretagne*, pp. 6-8 et 428-429.

(18) 諸侯クーリア(顧問会)に関しては、Lacour, *Le gouvernement de l'apanage de Jean, duc de Berry*, p. 217; Mattéoni, *Servir le prince*, pp. 142-144, etc.

(19) 国王専決事項の理論の発展に関しては、Guillot, Rigaudière, Sassier [éds.], *Des temps féodaux aux temps de l'Êtat*, pp. 194-197; E. Perrot, *Les cas royaux. Origine et développement de la théorie aux XIIIe et XIVe siècles*, Paris, 1910; 堀米「中世後期における国家権力の形成」二四四〜二五〇頁を参照。

(20) Poquet du Haut-Juss, «Le grand fief breton», p. 272; Le Patourel, «The Kings and the Princes in the XIVth Century France», p. 165. なお、国王の直接保護下におかれていた人々や団体、とくに教会領民や聖堂に関わる案件については、パリ高等法院が第一審から管轄したものも存在した。

(21) これについては、本書第二章での記述のほか、A. Leguai, «Fondement et problème du pouvoir royal en France (autour de 1400)», in *Das spätmittelalterliche Königtum im europäischen Vergleich*, Sigmaringen, 1987, pp. 43-49を参照。

(22) Autrand, *Charles V*, p. 665.

(23) Lacour, *Le gouvernement de l'apanage de Jean, duc de Berry*, p. 299.

(24) 百年戦争の開始が諸侯国の「国家的発展」の大きな契機となったことについては、Leguai, «Les 〈Êtats〉 princiers en France», pp. 136-138; id., «Royauté et principauté», pp. 122-123.

(25) 王国の浄化とその手段としての社会的逸脱行為の「犯罪」化については、さしあたり本書序章でも紹介したGauvard, «Le roi de France et le gouvernement par la grâce à la fin du Moyen Âge», pp. 385-388を参照。

(26) こうした上訴形態の多様化についての法制史研究として、Olivier-Martin, *Histoire du droit français*, pp. 226-227 (塙訳『フランス法制史概説』三三九〜三四〇頁); Guillot, Rigaudière, Sassier [éds.], *Des temps féodaux aux temps de l'Êtat*, pp. 191-192およびエルンスト・グラソン／塙浩訳「フランス民事訴訟法の法源と史的発展」塙浩著作集〔西洋法史研究〕六『フランス民事訴訟法史』信山社出版、一九九二年、二三五～三六三頁、とくに三二〇～三二一頁を参照。

(27) なお、この形態の上訴が当初、封建慣習上の「偽判」の延長あるいは「偽判」の口実のもとになされたことについては、Olivier-Martin, *Histoire du droit français*, p. 227（塙訳『フランス法制史概説』三四〇頁）。

(28) Autrand, *Charles V*, p. 664.

(29) 中世ブルターニュにおける代表制集会の発達に関しては、Peter S. Lewis, «The failure of the French medieval estates», *Past and Present*, 23 (1962), p. 7.

(30) Poquet du Haut-Jussé, «Le grand fief breton», p. 274.

(31) Jones, *La Bretagne ducale*, p. 60.

(32) 以下、ブルターニュ・パルルマンの成立過程、裁判官の構成などについては、主に Planiol, *Histoire des institutions de la Bretagne*, pp. 411-425 を参照。

(33) Planiol, *Histoire des institutions de la Bretagne*, p. 412.

(34) Planiol, *Histoire des institutions de la Bretagne*, p. 417.

(35) Planiol, *Histoire des institutions de la Bretagne*, p. 416.

(36) 法廷の基本的な構成員にくわえて、しばしばセネシャルなど現職の公役人も法廷への臨席を求められていた。たとえば、一四〇五年のパルルマンには、長官、顧問官、諸身分のほかに、セネシャルや会計監査員などの役人が法廷に現れている。cf. Planiol, *Histoire des institutions de la Bretagne*, pp. 416-417.

(37) Planiol, *Histoire des institutions de la Bretagne*, p. 418.

(38) この過程に関しては、B. Poquet du Haut-Jussé, «La genèse du législatif dans le duché de Bretagne», *Revue historique de droit français et étranger*, 4 Série, 1962, pp. 351-372 を参照。

(39) 以上、カペー家ブルゴーニュ公領の上訴事件法廷については、Richard, «Les institutions ducales dans le duché de Bourgogne» p. 222; Vaughan, *Philipe the Bold*, pp. 120-121 を参照。

(40) Perroy, «L'État bourbonnais», p. 315; Leguai, «Un aspect de la formation des États», pp. 50-72, esp. pp. 60-61.

(41) Mattéoni, *Servir le prince*, pp. 143-145.

(42) 本書では、*ORF.*, t. I, pp. 620-623 を用いた。

(43)　一三一五年五月証書の構成は、第一項：ブルターニュ教会の保護権の帰属について、第二項：ブルターニュ公領における武器携行者の処罰について、第三〜一二項：公領から国王裁判権への上訴について、第一三項：公領における国王執達吏の駐在について、である。cf. *ORF.*, t. I, pp. 621-623.

(44)　*ORF.*, t. I, p. 621: "Item. Super eo quod dictus Dux conqueritur, quod quando duo, vel plures subditi sui, ad invicem unus contra alium, aut contra dictum Ducem de aliquâ re contendunt, vel litigium inter se, seu debatum habent, super quo tenentur coram dicto Duce, vel ipsius judicibus, seu officialibus litigare gradatim, cum ab omnibus Senescallis dicti Ducis, excepto Senescallo Nanetensi, ad suum Senescallum Redonensem per via contradicti ressortiatur, & ab ipsis Redonensi & Nanetensi Senescallis ad ipsum Ducem, ac ultimo ab ipso ad nostram Cameram appelletur, gentes, seu Officiales nostri dictos litigantes, omissis, eodem Duce, judicibus, aut Officialibus ejus, quasi per modum ressorti indifferenter admittunt, Respondemus, ipsi Duci, quod per dictos Commissarios super modo ressortiendi faciemus veritatem inquiri, habebunt iidem Commissarii potestatem liquida expediendi, & referendi, sub suis sigillis, dubia vel obscura, casibus emergentibus interim remanentibus in suspenso."

(45)　*ORF.*, t. I, pp. 621-622: "Item. Conqueritur idem Dux super eo, quod Curia nostra indifferenter admittit appellationes ab officialibus, seu Curiis vassallorum & subditorum ipsius ad nos emissas, omisso dicto Duce, ad quem debet primo, & convenit antiquitus appellari. Super quo respondetur eidem, quod tales appellationes de cetero nullatenus admittentur."

(46)　Planiol, *Histoire des institutions de la Bretagne*, pp. 59-60.

(47)　*ORF.*, t. I, p. 621.

(48)　*ORF.*, t. I, p. 622.

(49)　*ORF.*, t. II, pp. 18-19 に所収。

(50)　*ORF.*, t. II, pp. 18-19: "Cum, sicut ex conquestione dilecti & fidelis nostri Ducis Britanniae accepimus, consuetum sit ab antiquo, quod quando aliquem ab audientia cujus-vis Senescallorum suorum Britanniae appellare contingit, appellatio hujusmodi ad dictum Ducem, vel ejus magnos dies, qui dicuntur in Britanniae partibus Parlamentum, ob hoc antiquo introductos, prout assignari & statui consueverunt, & proinde ut a dicto Duce, vel dictis Parlamento seu magnis diebus appellatum fuerit, appellationes hujusmodi ad Parlamentum nostrum devenerunt & devenire consueverunt. Et de hoc fuerunt dicti Ducis praedecessores & ipse in possessione sufficienti, vel quasi, etiam sui Ducatus auctoritate & jure, licet aliqui a dictis Senescallis, seu eorum aliquibus, vel aliquo interdum appellantes ad nostram Curiam, omisso Duce praedicto, ejusque magnis diebus, qui dicuntur Parlamentum in istis partibus, appellationum suarum causas in ipsa curia nostra decidi satagentes, ad examen dicti Ducis renuerunt redire & renuunt. Vosque ipsos sibi recusastis pluries & recusatis incessanter, cognitonem appellationum hujusmodi retinentes de facto, ipsos appellantes, appellationum hujusmodi praetextu, exemptione gaudere facientes, in ipsius Ducis, suae que jurisdictionis grande prejudicium & jacturam."

(51) 国王ジャンが一三二八年証書を確認している文書は、それぞれ *ORF.*, t. IV, pp. 112-113 および *ORF.*, t. IV, p. 502 に所収。

(52) *ORF.*, t. II, p. 19: "Quocirca Nos ipsius Ducis jura illaesa servare volentes, habita super hoc plenaria deliberatione etiam in Parlamento nostro, ex certa scientia, Mandamus vobis quatenus tales appellationes ad nostram Curiam interjectas, ipso Duce, seu magnis diebus, qui Parlamentum dicuntur in illis partibus, omissis, cum partibus ad dictum Ducem, seu ut dicunt, magnos dies suos hujusmodi remittere nullatenus differatis, dictis exemptione, recusatione, & retentione nonobstantibus, cum eas sibi prejudicari nolumus. Hoc tamen salvo, quod si contingat in eadem causa secundam appellationem fieri, ea ad nostram curiam devolvatur."

(53) Leguai, «Un aspect de la formation des États», p. 61.

(54) この時の親王領設定文書については、本書第一章第三節(三)で分析。

(55) 以上、Schnerb, *L'État bourguignon*, pp. 27-30 et 36-43 を参照。

(56) Le Patourel, «The Kings and the Princes in the XIVth Century France», pp. 177-178.

(57) Richard, «Les institutions ducales dans le duché de Bourgogne», p. 222; Schnerb, *L'État Bourguignon*, pp. 29 et 105.

(58) ブルゴーニュ公領の相続を宣言した一三六一年の王令は、*ORF.*, t. III, pp. 534-536 に所収。

(59) その時代背景などの予備的考察として、佐藤猛「一五・一六世紀フランスにおけるいくつもの高等法院」二一～二三頁を参照。

(60) *RGALF.*, t. V, No. 350, pp. 150-154 (本書第一章第三節(三))。

(61) この間の経緯については、G. Chevrier, «Les débuts du Parlement de Dijon (1477-1487)», *Annales de Bourgogne*, XV,

1943, pp. 93-124、および佐藤猛「一四七七年ブルゴーニュ高等法院の設立」四五〜五五頁を参照。

(62) 中世とりわけ近世のフランス王は、主に重大事件の解決を目的として、王領内に開催期間を限定した特別な法廷を設置することがあった。この種の法廷もグラン・ジュールという名称をもつことがあった。かような法廷として、シャンパーニュ(一三三七年)、モンフェラン(一四五四年、五五年、八一年)やオーヴェルニュ(一六六五年)などのグラン・ジュールが知られている。cf. Olivier-Martin, *Histoire du droit français*, p. 524 (塙訳『フランス法制史概説』七八七頁); Guillot, Rigaudière, Sassier [éds.], *Des temps féodaux aux temps de l'État*, pp. 209-210. ロベール・フォティエは、このように王領内で開催されるグラン・ジュールを「国王グラン・ジュール」(les Grands Jours royaux)と表現したのに対して、百年戦争期の親王たちが保持したそれを「諸侯国または親王領のグラン・ジュール」(les Grands Jours des principautés et apanages)とよぶことによって、二種類のグラン・ジュールを区別している。cf. Lot et Fawtier [s. dir.], *Histoire des institutions françaises au Moyen Âge*, t. II, pp. 467-472.

(63) さらに詳細については、本書第一章第一節。

(64) 史料としては、Cazelles, *La société politique*, PIÈCES JUSTIFICATIVES, XIII, pp. 455-456を用いた。

(65) Cazelles, *La société politique*, PIÈCES JUSTIFICATIVES, XIII, p. 456: ". . . octroyons perpetuellement par concession non revocable a nostre dict fils que, par raison de toutes ses dites terres, duchié et comtez et toutes ses autres terres qu'il tient a present ou tenra ou tenir pourra ou temps avenir en parrie en nostre royaume, tant ou nom de li quant par nom de nostre treschiere et amee Blanche sa compagne, ou autrement, il puisse tenir ou faire tenir par autres ses grands jours aux quieux l'en ressortira sans moyen de ses ballis et ses autres juges et non a nous ou a nostre court, . . ."

(66) Cazelles, *La société politique*, PIÈCES JUSTIFICATIVES, XIII, p. 456: ". . . la dicte comté de Beaumont et pour la terre de Pontorson et toutes ses autres terres qu'il tient ou tenra en parrie ou nom que dessus en Normandie, il tenra ou fera tenir ses dits grans jours a Beaumont le Roger dessus dict ou ailleurs en lieu ou lieux convenables en Normandie, ainsy que ceux de Normandie par raison des dits grans jours ne seront pas tenus d'aller hors Normandie, et aussy par raison des duchiez et comtez de Valois dessus dits et de toutes ses autres terres que il tient ou tenra comme dessus ou temps avenir en nostre royaume hors de Normandie il tenra ou fera tenir ses dits grans jours a Paris en certain lieu ou ailleurs en lieu ou lieux convenables en aucunes de ses dites terres."

(67) 史料はCazelles, *La société politique*, PIÈCES JUSTIFICATIVES, XII, pp. 454-455を用いた。

(68) Cazelles, *La société politique*, PIÈCES JUSTIFICATIVES, XII, p. 455: "... nous vous mandons que tous les procez mues et a mouvoir par devant vous en l'estat qu'il sont avec les parties vous renvoyez tantost et sans delay, ces lettres veues, par devers nos amez et feaux gens et eleus a tenir lesdits grands jours pour nostredict fils le duc d'Orléans, si comme dit est, a ce que par devant iceux lesdites parties selon la fourme et teneur des dits proces puissent proceder et aller avant si comme de raison sera, et desoresmais ne vous entremettez de la cognoissance des causes des dites terres si ce n'est en cas de souveraineté."

(69) *ORF.*, t. V, pp. 435-436.

(70) *ORF.*, t. V, p. 435: "avons octroyé & octroyons perpetuelment, de grace especial à nostre dit Frere, par concession non revocable, que pour raison de toutes ses dictes Duchiez & Conté, & autres terres qu'il tient à présent, tenrra ou tenir pourra ou temps avenir en Parrie en nostre Royaulme, tant ou nom de li, comme de nostre très chiere & très amée Seur, la Duchesse sa Compaigne ou autrement, il puisse tenir en sa personne, ou faire tenir par autres ad ce souffisans, ses Grans-Jours à Paris, ou ailleurs en quelque Ville qu'il lui plaira de ses dictes Duchiez, Conté & terres, par telle maniere & en tel temps comme bon semblera à nostre dit Frere; pourveuque il tenrra ou fera tenir chasucun an, les dits Jours, desquieulx Jours, se appellacion y chiet, on appellera à nostre Parlement."

(71) Lacour, *Le gouvernement de l'apanage de Jean, duc de Berry*, PIÈCE, No. 8, pp. 45-46.

(72) 以下、Lacour, *Le gouvernement de l'apanage de Jean, duc de Berry*, p. 213を参照。

(73) Lacour, *Le gouvernement de l'apanage de Jean, duc de Berry*, p. 212.

(74) 課税に関する協議が王国諸身分をパリに引きつけたことにより、王国の民の一体化が進んだという視点については、Autrand, *Charles VI*, pp. 83-84.

(75) グラソン／塙訳「フランス民事訴訟法の法源と史的発展」三一九〜三二〇頁。なお当時の史料のなかでは、上級の裁判権者に上訴を申し立てる場合、上訴の「表明」(émettre)とその「提起」(relever)という用語が使い分けられている。パリ高等法院に上訴を行う場合、上訴人は原審裁判官のもとで上訴を表明〈emissio appelationis〉したのち、高等法院に相手方を呼び出すための呼出状を申請、取得し〈impetratio〉、高等法院執行人を通じて、割当期間に呼出を執行〈executio adjornamenti〉

しなければならない。上訴はこれをもって提起された〈interjectus〉とみなされる。ヴァロワ初代王フィリップ六世は一三三〇年五月の王令のなかで、上訴表明から呼出執行までの期間を「三ヶ月」と定めた。三ヶ月以内に「表明」から「提起」にいたる手続がなされない場合、原審の法廷は判決そのほかの措置を執行することが許され、上訴人は罰金を科せられた。このような手続の厳格化は、本王令で述べられているように、上訴の表明によって訴訟を進めないことで、原審判決の執行を引き延ばそうとする行為を防止する措置であった(テオドール・シュヴァールバッハ／塙浩訳「一四世紀パリ最高法院の民事訴訟手続」塙浩著作集〔西洋法史研究〕六『フランス民事訴訟法史』三六五〜五二二頁、とくに五一三〜五一四頁)。

(76) 各割当期間の日程や地域ごとに審理の順番を書き記した文書は、割当目録(Rôle des Assignations)とよばれる。この目録には、王が新たに獲得した領地が順次追加されていった。cf. Autrand, «Géographie administrative et propagande politique», pp. 264-278. このオトランの論文は、割当目録において、王が「主権」を及ぼそうとする地域とその地理的配列に注目することにより、国王裁判権のイデオロギー性を論じた論考である。

(77) 本書が対象とする時代のごく一部については、E. Boutaric, *Actes du Parlement de Paris*, 2 vols., Paris, 1986, t. II: 1299-1328; H. Forgeut, *Actes du Parlement de Paris (deuxième série de l'an 1328-1350)*, Paris, 1920 がある。また、上訴法廷関連の史料集として、ブルゴーニュの上訴法廷に関する Petot, *Registre des Parlements de Beaune*, pp. 1-346、ブルターニュの上訴法廷に関する数多くの文書を収録した史料集として、Dom H. Morice, *Mémoire pour servir des preuves à l'histoire ecclésiastique et civile de Bretagne* (tirés des archives de cette province, de celles de France & d'Angleterre, des Recueils de plusieurs savants antiquaires, & mis en ordre), 3 vols., Paris, 1742-64 (Reprint: Hants, 1968) をあげることができる。

(78) Planiol, *Histoire des institutions de la Bretagne*, p. 84.

(79) Teyssot, «Pouvoir et contre-pouvoir en Auvergne durant l'apanage de Jean de Berry», p. 255.

(80) Lacour, *Le gouvernement de l'apanage de Jean, duc de Berry*, pp. 307-310.

(81) Champeaux, *Ordonnances des ducs de Bourgogne*, p. CCXXVIII.

(82) Teyssot, «Pouvoir et contre-pouvoir en Auvergne durant l'apanage de Jean de Berry», p. 255. ベリー公国を構成した公領・伯領の裁判官に関しては、Lacour, *Le gouvernement de l'apanage de Jean, duc de Berry*, p. 212 を参照。なお、パリへの上訴表明に対する各諸侯の対応については、ブルターニュ公領に関して、Téxier, *Étude sur la cour ducale et les origines du Parlement du Bretagne*, pp. 83-87; Planiol, *Histoire des institutions de la Bretagne*, pp. 416-418、ブルゴーニュ

公領に関して、Champeaux, *Ordonnances des ducs de Bourgogne*, pp. CC-CCV et passim.

(83) Planiol, *Histoire des institutions de la Bretagne*, p. 84.

(84) Planiol, *Histoire des institutions de la Bretagne*, p. 64.

(85) Champeaux, *Ordonnances des ducs de Bourgogne*, pp. CCXXVIII-CCXXIX.

(86) Champeaux, *Ordonnances des ducs de Bourgogne*, p. CCXXVIII.

(87) Guillot, Rigaudière, Sassier [éds.], *Des temps féodaux aux temps de l'État*, p. 221など、これまであげてきた法制史の文献を参照。

(88) "car il convient apeler de degré en degré, c'est a dire, selonc ce que li homage descendent, du plus bas au plus haut prochien seigneur après, si comme du prevost au baillif et du baillif au roi es cours ou prevost et baillif jugent." 本文に示した試訳は、一九七〇年のアメデ・サルモンによる刊本、および塙浩氏の邦訳を参考にしている。cf. Philipe de Beaumanoir, *Coutumes de Beauvaisis: Texte critique publié avec une introduction, un glossaire et une table analytique*, par Am. Salmon, 3 vols., Paris, 1970, t. II, p. 399（塙浩著作集〔西洋法史研究〕二『ボーマノワール　ボヴェジ慣習法』信山社出版、一九九二年、六九五～六九六頁）。

(89) 親王国の上訴法廷はとくに固定した開催地をもたなかったが、諸侯バイヤージュ・セネショセの所在地で開かれることが多かった。Lacour, *Le gouvernement de l'apanage de Jean, duc de Berry*, p. 213.

(90) ブルゴーニュ公領においては、一四三一～三二年にかけて、ディジョン三部会が上訴法廷の開催回数と開廷日を固定する要求を提出している。cf. Champeaux, *Ordonnances des ducs de Bourgogne*, pp. CCXLVIII-CCLI.

(91) ブルターニュ公国においても、一五世紀中葉以降、上訴法廷の開催回数と開廷日を固定しようとする要求が高まる。cf. Planiol, *Histoire des institutions de la Bretagne*, pp. 419-421. この上訴法廷も固定した開催地をもたなかったが、代表制集会が召集されることの多かったレンヌ、ナント、ヴァンヌなど、主に公領東部の諸都市で開かれていた。その代表制集会としての活動については、Téxier, *Étude sur la cour ducale et les origines du Parlement du Bretagne*, pp. 87-99を参照。

(92) ブルターニュ継承戦争については、Téxier, *Étude sur la cour ducale et les origines du Parlement du Bretagne*, pp. 80-81; Autrand, *Charles VI*, p. 59.

(93) Téxier, *Étude sur la cour ducale et les origines du Parlement du Bretagne*, p. 81 et passim.

(94) ブレティニィ=カレー和約直後のブルゴーニュにおける解雇傭兵団の暴動については、Schnerb, *L'État bourguignon*, pp. 31-36; Champeaux, *Ordonnances des ducs de Bourgogne*, p. CXXXI.

(95) Champeaux, *Ordonnances des ducs de Bourgogne*, p. CXXXI.

(96) Autrand, «Géographie administrative et propagande politique», pp. 277-278.

(97) 訴訟当事者のパリ志向について、ブルゴーニュ公国史家シュネルプは「フランスへの上訴(appel en France)は、たしかに費用がかかり、手続は長い時間を要する。しかし、パリの裁判官らの高い能力と実務の質は、不平を抱く訴訟当事者が国王宮廷に上訴するうえでの重要な論拠となった」と述べている。Schnerb, *L'État bourguignon*, p. 250. ベリー公の親王領民がパリに上訴するうえで必要となる旅費・裁判費用・訴訟期間などについては、Lacour, *Le gouvernement de l'apanage de Jean, duc de Berry*, p. 307 を参照。

(98) たとえば、ブルボン公は一三七三年まで、ブルボン公領については同輩特権を認められてきたが、フォレ伯領とボージュー領主領については同輩領の資格をもたなかった。このため、後二者からの上訴はマコンの国王バイイとリヨンの国王セネシャルの管轄とされていた。cf. Leguai, «Les ducs de Bourbon», p. 214.

(99) Planiol, *Histoire des institutions de la Bretagne*, pp. 59-60; Téxier, *Étude sur la cour ducale et les origines du Parlement du Bretagne*, pp. 159-160.

(100) Champeaux, *Ordonnances des ducs de Bourgogne*, pp. CCI-CCII.

(101) Leguai, «Les ducs de Bourbon», p. 214.

(102) Téxier, *Étude sur la cour ducale et les origines du Parlement du Bretagne*, pp. 146-172.

(103) Champeaux, *Ordonnances des ducs de Bourgogne*, pp. CCI-CCV. 後段で詳しく論じるが、「愚かなる上訴」とは、上訴を提起したものの、上級の法廷でこれが棄却され、上訴人が敗訴することを指す。

(104) このような試みは、ブルゴーニュ公とブルターニュ公のもとで顕著に現れていた。これに対して、ブルボン公、アランソン公、アンジュー公、ベリー公、オルレアン公のもとでは、上訴法廷をより整備、拡充しようとする目立った動きはみられない。諸侯間のこのような差異は、諸侯の上訴法廷が王領への編入後、王国の高等法院に昇格するか否かに関連していると思われる。

(105) ジャン・アロノーの飛ばし上訴について、関係史料を刊行したラクールはその経緯を簡単に紹介している。cf. Lacour,

Le gouvernement de l'apanage de Jean, duc de Berry, p. 308.

(106) この時の国王証書は、Lacour, *Le gouvernement de l'apanage de Jean, duc de Berry*, PIÈCE, No. 8, pp. 45-46で刊行され、前節で検討した。

(107) Lacour, *Le gouvernement de l'apanage de Jean, duc de Berry*, p. 212.

(108) 史料はLacour, *Le gouvernement de l'apanage de Jean, duc de Berry*, PIÈCE, No. 16, pp. 71-72を用いた。本文書はのちに述べるように、ジャン・アロノーがフォントゥネ＝ル＝コントのプレヴォテにおいて争った案件とともに、飛ばし上訴を阻止しようとしたベリー公らの行動について、高等法院で行われた訴訟上の和解に関する記録である。

(109) 上訴法廷のみを飛びこえて、公セネシャルからパリに起こされた上訴案件に関しては、Lacour, *Le gouvernement de l'apanage de Jean, duc de Berry*, pp. 215 et 307-308で数件あげられている。

(110) Lacour, *Le gouvernement de l'apanage de Jean, duc de Berry*, PIÈCE, No. 16, p. 71: "Sur ce que Jean Allonea avoit appellé a la court de Parlement de ce que Monseigneur le Duc de Berry et d'Auvergne, conte de Poictou, avoit ordené et mandé par ses lettres que ledit Allonea feust pris et emprisonné et de ce que Jehan ou Perre . . . Guillaume Robert et Symon Pageraut pour lors prevost de Fontenoy-le-Conte pour ledit Monseigneur le Duc, eulx disans commissaires ou deputez d'icellui seigneur en ceste partie ou autrement, par vertu desdites lettres, avoient mis les mains oudit Allonea en procedant d'office au autrement pour cause de certains cas imposez audit Allonea, laquelle appellation ledit Allonea a deuement relevee et poursuye et aussi sur ce que ledit Allonea avoit fait adjorner en ladicte court de Parlement ledit Guillaume Robert pour respondre au procureur du Roy nostre sire et audit Allonea, pour tant comme à chascun pevoit toucher, sur ce que ledit Allonea disoit que, après ladicte appellation faicte et en attemptant contre ycelle, ledit Robert et autres l'avoient pris et l'avoient admené sur un cheval prisonner audit lieu de Fontenay en disant qu'il le rendroient mort ou vif à Poitiers et avoient fait autres attemptaz contre ladicte appellation . . ."

(111) 「これとともに、アロノーは前述のいくつかの事件によって強いられていた捕縛の身から解放され、同様の理由で没収され、差し押さえられていた財はかれに返還される」(Lacour, *Le gouvernement de l'apanage de Jean, duc de Berry*, PIÈCE, No. 16, p. 72: "ledit Allonea est mis au delivré de l'arrest en quoy il est pour les cas dessusdiz et aussi lui sont delivrez ses biens qui pour yceulx cas ont esté pris, saisiz ou arretez, . . .")。

(112) Planiol, *Histoire des institutions de la Bretagne*, p. 64.

(113) 諸侯国の第一審を担当する裁判権としては、諸侯プレヴォテや領主裁判所などがあった。しかし、これらは貴族と聖職者の訴訟を裁くことはできなかった。高級身分の事件、同業組合の事件、六〇ソリドゥス以上の罰金をともなう刑事事件などは、諸侯バイヤージュ・セネショセが第一審として管轄した。cf. Lacour, *Le gouvernement de l'apanage de Jean, duc de Berry*, pp. 200-212.

(114) 五一五年設立のベネディクト派修道院であるサン=ベニーニュ大修道院は、シトーやクリュニーとならびブルゴーニュ地方におけるもっとも由緒ある修道院のひとつであり、そこではブルゴーニュ公の即位式も行われた。cf. C. Courtépée et E. Béguillet, *Description générale et particulière du duché de Bourgogne*, 7 vols., Dijon, 1721-81 (3e éd., Paris, 1967-68, par P. Gras et al.), t. II, p. 94 sq. また、一四〇五年四〜五月に挙行されたジャン無畏公の即位式については、Schnerb, *Jean sans peus*, pp. 137-141.

(115) パリから送付された本書簡の文面は、Champeaux, *Ordonnances des ducs de Bourgogne*, pp. CCXXIX-CCXXXI で刊行されている。

(116) 「その事件とは、余〔ブルゴーニュ公ジャン〕と余の役人が汝〔大修道院長〕に正義と公正を与えることを、決して怠ってはいないものである。係争中で、かつて余のディジョン・バイイに訴えられた訴訟、および、その他すでに長い間、汝と彼ら〔都市〕のあいだで未解決の訴訟に関して、以下の人々により友好的な要点判決が助言された。一〇名の申立人が選んだ故シトー大修道院長猊下とともに、余の山岳部バイイであるジャン・ド・フォワシィ、ジャン・ド・ヴァンドゥネス師、ジャン・ペロン師、それから汝のため、余のディジョン・バイイとボーヌ聖堂参事会長によって選出されたラングル大助祭とピエール・ロラン師によって」(Champeaux, *Ordonnances des ducs de Bourgogne*, pp. CCXXIX-CCXXX: "sur lesquelx nous ne nos officiers ne fusmes onques remis ne deffaillans de vous ministrer justice et raison. Et sur la matiere desquelx proces pendant et qui sont meuz par devant notre bailli de Dion, sur lesquelx cas, et les autres proces meuz qui pendent entre vous et eulz, ja pieca, furent advisez amiables appointemens daccort, tant par seu reverend pere en Dieu labbe de Cisteaulx, cui Dieu perdoine, comme par Jehan de Foissy notre bailli de la montaigne, maistres Jehan de Vendenesse et Jehan Perron, et depuis par larcediacre de Langres et maistre Pierre Rolin, esleuz pour vous et par notre bailli de Dion et le doyen de Beaune, esleuz par les diz exposans. . .")。

(117) なお訳語については、塙浩氏に倣った。ルイ・タノン/塙浩訳「一四世紀パリ・シャトレ裁判所の民事訴訟手続」塙浩著作集〔西洋法史研究〕六『フランス民事訴訟法史』五一三〜六一六頁。

(118) Champeaux, *Ordonnances des ducs de Bourgogne*, p. CCXXX: "lesquelx appointemens vous navez volu consentir ja soit ce quilz eussent este faiz par la deliberation de ceulx que vous aviez esleuz, comme dit est, desquelx il nest pas vray semblable quilz eussent ou ayent aucunement vous volu grever. Ains avez fait feire informacions secretes par le lieutenant du bailli de Sens contre les dessus diz; le quel, apres ses informacions faictes, les adiournes comme dit est. Lesquelles choses sont ou contempt et mesprisement de Nous et de nos officiers, en la diminucion de notre justice et juridiction, et en notre tres grant desplaisir et depauperacion des diz expozans."

(119) Champeaux, *Ordonnances des ducs de Bourgogne*, p. CCXXIX: "Les maire, eschevins et commune de notre ville de Diion nous ont fait exposer par leur messaiges quilz ont pour ce envoiez par devers nous, que vous et votre couvent non contens de XIIII ou XV proces que vous avez contre eulz, de nouvel les avez fait adiourner, et, avec la dicte commune, XLVIII personnes perticulieres dudit Diion, les pluseurs en leurs privez nom, ou parlement de monseigneur le Roy a Paris, a respondre a vous et au procureur de mondit seigneur sur certains cas sur lesquelx . . ."

(120) Champeaux, *Ordonnances des ducs de Bourgogne*, pp. CCXXX et CCXXXI: "vous prions que vous cessez et desistez des diz adiournemens, et faites desister le procureur de mondit seigneur, senz souffrir estre faicte aucune presentacion contre eulz . . . , et esquelx nous ne voulons que aucune chose soit faicte de nouvel ne aucunement procede en iceulx jusques ad ce que ordonne y ayons; et Nous, se Dieu plait, mectrons bonne fin et accort amiable a la premiere venue que nous ferons en notre dicte ville de Diion."

(121) Champeaux, *Ordonnances des ducs de Bourgogne*, pp. CCXXXII-CCXXXIII, CCXLIV-CCXLIX et passim.

(122) この間の経緯は、Champeaux, *Ordonnances des ducs de Bourgogne*, pp. CCXLVIII-CCLVIII; Richard, «Les institutions ducales dans le duché de Bourgogne», pp. 221-222 に詳しい。

(123) Champeaux, *Ordonnances des ducs de Bourgogne*, p. CCXXXII, note 1.

(124) シャンポーは一四〇五年書簡の「命令的」な文言に、後世の公ジャンに付された渾名「畏れ知らず」(sans peur)が現れていることを暗示する。本文引用は、Champeaux, *Ordonnances des ducs de Bourgogne*, p. CCXXXII.

(125) Guillot, Rigaudière, Sassier [éds.], *Des temps féodaux aux temps de l'État*, pp. 205-209. 親裁座については、F. Aubert, *Le Parlement de Paris de Philipe le Bel Charles VII (1314-1422), Son Organisation*, Genève, 1974, Chap. VIII を参照。

(126) 「エリート官僚集団」としての高等法院の自意識については、Autrand, *Naissance d'un grand corps de l'État*, Introduction を参照。一四世紀中葉とりわけシスマの時代における王権と高等法院の緊張関係については、Guenée, «Espace et État dans la France du Bas Moyen Âge», p. 750 et passim を参照。

(127) 俸給の財源と支払遅延については、鈴木教司「ヴァロワ期パリ高等法院の社会経済面と司法運用(一)」『愛媛大学法文学論集』第三号、一九九七年、一～二三頁が有益である。

(128) *ORF.*, t. I, pp. 620-621.

(129) 裁判収入の詳細については、Lacour, *Le gouvernement de l'apanage de Jean, duc de Berry*, p. 307 を参照。

(130) 当和約は、ロワール＝クルーズ河以南のフランス南西部に対するフランス国王の封主権を否認している。cf. Autrand, *Charles VI*, pp. 60-61.

(131) 以上、ガスコーニュ人の上訴については、Autrand, «Géographie administrative et propagande politique», pp. 271-272; id., *Charles VI*, p. 62; id., *Charles V*, pp. 544-565 を参照。

(132) この時の創設文書は、*ORF.*, t. XIII, p. 231 に所収。

(133) 以上の経緯については、*ORF.*, t. XIII, p. LXXI、および佐藤猛「一五・一六世紀フランスにおけるいくつもの高等法院」一〇～一二頁。

(134) Guenée, «Espace et État dans la France du Bas Moyen Âge», pp. 750-751.

(135) Lacour, *Le gouvernement de l'apanage de Jean, duc de Berry*, PIÈCE, No. 16, pp. 71-72: "accordé est entre lesdictes parties, s'il plaist à ladicte court de Parlement, que ladicte appellation et ce dont il a esté appellé, ensemble lesdiz attemptaz, sont mis au neant sanz amende et sanz despens et, avec ce, ledit Allonea est mis au delivré de l'arrest en quoy il est pour les cas dessusdiz et aussi lui sont delivrez ses biens qui pour yceulx cas ont esté pris, saisiz ou arretez, . . ."

(136) Olivier-Martin, *Histoire du droit français*, p. 227 (塙訳『フランス法制史概説』三四〇頁)。

(137) Lacour, *Le gouvernement de l'apanage de Jean, duc de Berry*, PIÈCE, No. 16, p. 72: "parmi ce qu'il respondra, devant le Seneschal de Poitou ou son lieutenant et à ses prochaines assises dudit lieu de Fontenoy le Conte qui seront tenues

après la Saint Remy prouchainement venant, au procureur dudit Monseigneur le Duc à tout ce qu'il vouldra demander audit Allonea sur lesdiz cas à lui imposez et ylecques procedera en oultre sicomme de raison sera."

(138) ポワトゥ伯領以外のベリー公の親王国については，Lacour, *Le gouvernement de l'apanage de Jean, duc de Berry*, pp. 307-308 を参照。

(139) Leguai, *Les ducs de Bourbon*, p. 22; id., «Un aspect de la formation des États», p. 61.

(140) 高等法院の移動については，Autrand, «Géographie administrative et propagande politique», pp. 273-276 を参照。

(141) Leguai, «Un aspect de la formation des États», p. 61.

(142) Lacour, *Le gouvernement de l'apanage de Jean, duc de Berry*, p. 215. ラクールはベリー公の代訴人を，通常代訴人（プレヴォテ），封土に関する代訴人（レーン法廷），総代訴人（セネショセ，上訴法廷，高等法院）に分類している。

(143) Champeaux, *Ordonnances des ducs de Bourgogne*, p. CCXXIX: "vous avez contre eulz, de nouvel les avez fait adiourner et, avec la dicte commune . . . , ou parlement de monseigneur le Roy a Paris, a respondre a vous et au procureur de mondit seigneur sur certains cas sur lesquelx nous ne nos officiers ne fusmes onques remis ne deffaillans de vous ministrer justice et raison."

(144) 国王専決事件としての国王保護権侵害訴訟については，とくに Perrot, *Les cas royaux*, p. 98 sq.

(145) *ORF.*, t. III, pp. 493-494: "& dilecti nostri Abbas & Conventus Sancti Supplicii Biturie de Regia fundatione existentes, ab ipsius Ecclesie fundatione, . . . Jurisdictionibus & aliis suis bonis universis in quacunque parte dicti Regni existentibus, & in sub protectione & Salva-gardia nostra Predecessorumque nostrorum Regum Francie, & semperque in omnibus casibus ressorti & superioritatis, ad Judices & Officiarios nostros insolidum habuerint ressortiri, & suum absque medio. . ."

(146) Perrot, *Les cas royaux*, pp. 31-32, 48-50, 101 et passim.

(147) Têxier, *Étude sur la cour ducale et les origines du Parlement du Bretagne*, pp. 158-159. この時に国王が高等法院に発した令書は，Morice, *Mêmoire pour servir des preuves à l'histoire ecclésiastique et civile de Bretagne*, t. III, col. 57 に所収。

(148) ジャンのフランス同輩昇格については，Le Patourel, «The Kings and the Princes in the XIVth Century France», p. 116 および本書第 1 章第 1 節を参照。

(149) Téxier, *Étude sur la cour ducale et les origines du Parlement du Bretagne*, p. 159. なお、同書p. 155 sq. には、王が却下したブルターニュの司教・修道士の上訴案件が多数あげられている。

(150) これと関連して、一三七〇年代における国王専決事項担当バイイの新設の背景について、オトランは次のように述べる。「国王役人と諸侯役人の各々の権限の問題、すなわち高級裁判所〔上訴法廷〕の諸権能、諸侯裁判権からの免属を要求する教会関係者、都市、共同体などの諸問題。王政はこのような古くからの諸問題に、新たな解決策を与えようとした」(Autrand, «Un essai de décentralisation», p. 16)。

(151) Planiol, *Histoire des institutions de la Bretagne*, p. 64.

(152) 以下、前節と同様に *ORF*., t. I, pp. 620-625（一三一五年）と *ORF*., t. II, pp. 18-19（一三二八年）を使用。

(153) 一四世紀においては、ブルターニュ公の苦情への回答というかたちで、同類型の国王証書が数多く発せられている。一三一五年、二八年、五二年のほかには、一三〇二年、〇六年、一六年、九八年の国王証書が刊行されている(Morice, *Mémoire pour servir des preuves à l'histoire ecclésiastique et civile de Bretagne*, t. I, col. 1178, 1244, 1260, 1275 に所収)。

(154) Richard, «Les institutions ducales dans le duché de Bourgogne», p. 228.

(155) 本書では *ORF*., t. VIII, pp. 113-114を用いた。

(156) Caron, *Noblesse et pouvoir royal en France*, pp. 172-173ならびに本書第三章第二節（一）（二）を参照。

(157) 本書第一章第一節および第二章第一節(三)（1）で検討したブルゴーニュ公領の親王領設定文書を参照。

(158) *ORF*., t. VIII, p. 113: "comme ils soient Pers de France, & soit nostredit Oncle à cause de sondit Duchié, Doyen des Pers, à cause desquelles Parries, Noblesse, prérogatives d'icelles, lesdits supplians & leurs Officiers ressortissent & doivent ressortir directement, mesmement en Cause d'Appel, en nostre Court de Parlement, & non ailleurs; réservé les degrês des Ressorts appartenens à nostredit Oncle en sondit Duchié, tels que lui & ses prédécesseurs ont accoustumé d'avoir d'ancienneté, . . ."

(159) *ORF*., t. VIII, p. 113: "aucuns Appellans . . . , ont relevé leurs Adjournemens en Cause d'Appel, pardevant vous, & fait adjourner lesdiz supplians & leurs Officiers, par simples Commissions de vous, donnée commes s'ils n'eussent aucune prérogative de Parrie; & outre, quand les Procureurs desdits supplians ont requis lesdites Causes d'Appel, estre renvoyées en nostredite Court de Parlement, les Appellans & nostre Procureur de nostre Bailliage, l'ont contredit, en ce mis

plusieurs débas."

(160) *ORF.*, t. VIII, pp. 113-114: "ce telles Causes d'Appel estoient renvoyées en nostredite Court, & en icelle étoit dit & déclaré que les Appellans eussent mal appellés, ils voudroient maintenir qu'ils ne seroient tenus de payer à Nous, soixante Sols d'Amende, & autant au Per duquel ou de son Officier, ledit Appel seroit fait; combien que ils relevoient leurs Adjournemens en Cause d'Appel tout droit en nostredite Court de Parlement, ainsi qu'ils sont tenus de faire, & ils descheoient de leurs Appellations, ils l'amenderoient de soixante Livres & aussi, ce telles Appellations introduittes pardevant vous, estoient renvoyées en nostredite Court, en icelle estoit dit qu'il ful mal jugié par l'Officier du Per duquel seroit appellé, indifféremment il l'amenderoit à Nous de soixante Livres, si ne seroit pas égalité gardée, sy l'Appellant ne l'amendoit d'une telle Amende . . ."

(161) Champeaux, *Ordonnances des ducs de Bourgogne*, pp. CCVIII-CCX.

(162) Champeaux, *Ordonnances des ducs de Bourgogne*, p. CCIX. シャンポーはふたつの額のうち六〇ソリドゥスについては、一三六四年一一月王令などの根拠をあげているが、六〇リブラについては、慣習法地域での慣例としている。

(163) *ORF.*, t. VIII, p. 114: "vous deffendons estroittement par ces présentes, que doresnavant à eux qui appelleront des Juges & Officiers desdits Supplians, ou d'aucunes d'eux en leursdittes Parries, ne donniez aucun Adjournement en Cause d'Appel; Nous voulons & ordonnons qu'ils soient nuls & de nulle valleur."

(164) *ORF.*, t. VIII, p. 114: "aussi mandons à noz amez & féaux les Gens tenans nostre Parlement, & qui tendront nos Parlement à venir, que les Ajournemens que vous & vos successeurs donrez aux Appellans dessus dis, déclairent estre nuls & de nulle valeur, & facent lever les Amendes telles qu'il appartiendra, de ceux qui appellent des Pers de France, & déchéent de leurs Appellations."

(165) Champeaux, *Ordonnances des ducs de Bourgogne*, p. CCIX.

終章

以上、我々は一三世紀末から百年戦争の終結までの時期を中心に、フランス王国の統治体制の特質を考察してきた。そこでの課題とは、諸侯とその領国支配をふくめた諸侯権力が、王国統治のなかでいかなる役割を果たしたかの検討を通じて、「近代国家」が胎動する只中において、なぜ諸侯国という地域的な枠組が拡充強化されたかのメカニズムを明らかにすることであった。具体的には、第一章において、親王領の特質変化の考察から白ユリ諸侯という独特な諸侯層の形成を検討したのち、第二章以下では、そこで現れた諸侯の理念的な姿が現実の王国統治においてどのように展開したのかについて、「国ぐに」、「パリ」、「諸侯国」という王国統治の骨組を構成した三つの側面から検討してきた。最後に、本書の検討結果をこの三つの側面の相互連関を念頭におきながら、まとめることとする。

ヴァロワ王朝期における王国統治の大きな特色として、王権が増大する行政・司法等の統治業務を、さまざまな形態のもと、王族を中核とする諸侯に委ねる傾向があったことを指摘しなければならない。そしてその背景には、イングランド王の反逆とこれに連動した諸侯や都市の反王権の動きがあり、これらの勢力への対応とりわけ戦争の遂行上、王族への依存度が高まっていった。そのなかで、一方では一三世紀以来の慣行であった親王領がその規模を増し、諸侯の支配領域は拡大しつつも、他方でかれらは、王国の中心地パリそして各地の国ぐににおいて王国統治業務の遂行に駆り立てられた。ここで、そもそも王権が王国統治業務の遂行を、各地に領域支配を拡げる諸侯権力下に委ねることができた背景として、諸侯の大半が王家の構成員であったという事情を改めて考慮する必要がある。王は白ユリの家紋のもと王族諸侯に特別な忠誠心を求めるとともに、王族以外の家産諸侯についても、かれらを結婚、領地授与、国王統治業務の委任などを通じて、王家のサークルへと徐々に組み込んでいった。戦争下の財政難によって国王役人組織の拡充が困難となるなか、このような王家の結束と拡大が、パリから国ぐににいたる王国統治の伝達と遂行を支えていたといえよう。こうした王国統治の方向性を端的に示したのが、国王代行官への諸侯の就任という現象であり、それは諸侯に過酷な王国奉仕を求める一方で、かれらに諸侯国拡大のチャンスを与えるものであった。それゆえ、諸侯はこうした王国奉仕がもたらす果実を念頭に、時にパリの王政府において王国統治の主導権を目指すとともに、その果実の分配をめぐって次第に対立を深め、ついには王族殺害事件を引き起こすこととなったのである。このように諸侯が王国諸地域およびパリにおいて種々の統治業務に深く関わっていく一方で、かれらの治める諸侯国は王国統治業務分散の受け皿となり、これを通じて「国家的」様相を帯びていった。その傾向は王領から創設された親王国にとどまらず、旧来からの家産諸侯国もまた、王家との婚姻関係や王国統治への参画を通じて、王国統治業務を支える下部空間としての性格を与えられたのである。しかしながら、このように諸侯国そのものが王国の統治体制に深く組み込まれている以上、諸侯は高度な統治組織をもちながらもこれを独力で維持し、十分に機能させることは困難であった。裁判をはじめとする諸侯国制度が機能し、それにもとづく諸侯国の国制上の位置が確保されるには、王権という後ろ盾が不可欠であったことは看過できない。このように諸侯国の「国家的発展」とは、百年戦争遂行にむけての王国統治の効率化のもと、その一翼を担いながら進行したということができる。

以上のような検討結果から、諸侯国形成のメカニズムを考えるならば、王権が断続的につづくイングランド勢との戦乱を遂行するにあたり、国内の諸権力をみずからに吸収・集中することによってではなく、むしろ、多様な制度と慣習をもつ諸地域の枠組を用いることによって、パリおよび王国各地の統治業務を進めていたことが注目される。そこで、パリと王国諸地域を橋渡しする権力として再編されたのが、王族諸侯層であり、かれらの治める親王国であったということができる。そのなかで、王は上訴を軸とする一元的な裁判体系などを通じて、諸侯国の統制を図りつつも、王国の統治業務を処理していくうえでは、諸侯個人のレーン制的な奉仕やこれをこえた行政上の業務への依存はもちろん、各地における諸侯支配の凝集力を高めていく必要に迫られた。このような王権の姿勢を通じて、諸侯権は国制のなかで二律背反的な性格を付与されていった。諸侯は王国の統治業務を担う過程で、自領地拡大のチャンスを獲得しつつも、一方では諸侯国の統治のみに専心することを許されなかった。かれらは自領地の支配を円滑に進めるためにも、王国統治権の分配に与る必要があり、諸侯国統治を犠牲にしながらも王政府での責務に深入りしていった。このように当時のフランス国制においては、諸侯層が担う役割とそれにともなう諸侯個人の王政府での権能、そして諸侯国の支配権が拡大強化されつつも、一方ではこれを統制するという力関係がみられ、そのバランスのうえに、パリから王国諸地域に及ぶ王の統治が進められていたと考えることができる。一四〇七年、オルレアン公ルイの専制とこれに対するブルゴーニュ公によるその殺害という行動は、王政府における権力分配をめぐる争いの結果という表面的な現象にとどまらず、王国の統治体制を成り立たせた王権と諸侯権のバランスの乱れを意味している。そして、その乱れが表面化した一五世紀前半、諸侯権に立脚した統治体制は根本から動揺した。そのなかで、フランドルやブルターニュ、フォワなどの家産諸侯層を取り込んできたイングランド王の対ヴァロワ戦争は、親王家にして最大の諸侯国を治めたブルゴーニュを巻き込んでいくのである。しかしながら、こうした王国統治体制の動揺に対処するなかから、王を中心とする王国統治の手続がより精緻化され、後世につながる王国統治観が結晶化したのである。

このような諸侯国形成のメカニズムを考慮するならば、百年戦争の戦乱が激化した一四世紀中葉以降のフランス国家においては、王政府主導のもと王国統治が多極的な性格を帯び、こうした多極化を通じて王国の政治的な統合が図られていたと考えることはできないだろうか。そこでは、王が国制の頂点として王国全土に支配を及ぼすうえで、その統治業務の重要部分は王族諸侯によって担われ、それに付随した諸権力が各地における諸侯国の拡充強化を促した。こうして王国の権力構造は諸侯権を軸として多極性を深めながら、そのなかで諸侯は、それぞれの領国統治ならびに王国統治上の責務を遂行するために、王国の中心地パリへと不断に引きつけられた。このような多極性原理が王国全土を統べる編成原理として機能しながら、当時のフランスでは、王国レヴェルの一体化と諸侯国の拡大強化が同時進行していくのであった。かつてマルク・ブロックが『封建社会』のなかで示唆し、ベルナール・グネが『アナール』誌上で論じた王国社会の多様な地域と政治構造をパリから治めるとともに、王政府と大小さまざまな諸地域のあいだに立ち、両者を結びつける接着材としての役割が百年戦争期の王族諸侯に期され、こうして諸侯国という地域的枠組が再活性化したのである。

近年、百年戦争が激化した一四世紀中葉前後の時期は国家的システムの胎動期と位置づけられている。このような時期の王権が諸侯権を軸とする多極的な体制をテコとしながら、王国統合の一端を推し進めていたことは、後世のフランス国制のあり方を考えるうえできわめて重要と思われる。すなわち、百年戦争期の王国国制を諸侯権にもとづく多極性という視点から見つめ直すことにより、これ以後の王国の統合プロセスに関しても新たな展望を示すことができるのではないだろうか。たしかに、百年戦争終結後の一世紀のあいだに各地の諸侯国の大半は王領に併合され、以後、諸侯国という地域的枠組が王国統治のなかで主要な役割を果たすことはなかった。しかしながら、我々は一四世紀以降の王国統治を特徴づけた諸制度が、何らかのかたちで一六世紀以降の王国に引き継がれたことを軽視してはならない。国王代行官に委任された広域的な空間は一六世紀後半にいたって地方総督管区として明確なまとまりをもち、王国の軍事行政を担う常設の単位となった。さらに、いくつかの諸侯国の上訴法廷はその王領化をへて、王の最高法廷である地方高等法院に再編されていく。とくに後者の過程においては、国王裁判権の及ぶ範囲が拡大し、国王裁判官が増員される一方で、旧諸侯領民はパリ高等法院と同格の国王法廷をみずからの地元に獲得し、そのなかでパリの最高裁判権から解放された。これは、旧諸侯国地域が王の直接支配下に入ることによって、むしろパリからの自律性を帯びていったことを示している。王国統治の多極化にもとづく統合原理は、諸侯国の時代以降においても、王国の政治体制を支える重要な骨格として、かたちを変えながら生きつづけたのではないだろうか。このような展望をふまえるならば、百年戦争終結後に進行した諸侯国の王領への編入過程は、王国国制の多極的な構造をいかにして後世に継承し、また再編していくかの不可欠の過程として、改めて検討していかねばならない。こうした検討を進めることを通じて、「中世末期」と「近世」における王国国制は、王権と王国諸地域の独特な結合という具体的な論点から、つながりをもつものとして現れるとともに、両時代に関する研究がはじめて議論可能なものとなるだろう。そして、このような議論が、前近代のフランス国制を長期的な展望のもとで把握する可能性を開いていくものと思われるのである。

以上、本書が意図するのは、百年戦争というフランス王国の転換期において、王国の一体化と諸侯国の拡大を同時に促した多極的な統合原理に注目することを通じて、王国の統合プロセス解明にむけての一論点を提示することであった。この終章を、百年戦争期を境に、時代区分をこえた対話が難しい状況にあるフランス国制史研究に対して、ひとつの論点として提示し、本書を終えることとする。

あとがき

本書は、二〇〇五年六月に北海道大学大学院文学研究科より学位(文学)を取得した博士論文に加筆・修正を施し、このたびの書き下ろしもふくめて、まとめ直したものである。既発表論文の原題は以下の通りである。

序　章　百年戦争期王国の多元的構造と国家生成——研究動向と課題——

　第一節〜第三節　書き下ろし

第一章　白ユリ諸侯の形成

　第一節〜第三節　原題「百年戦争期フランスにおける諸侯権と王権——親王領の変質を焦点に」『史学雑誌』第一一五編第九号、二〇〇六年、四一〜六一頁

第二章「国ぐに」における国王統治と諸侯

　第一節　原題「一四・一五世紀フランスにおける国王代行官と諸侯権——一三八〇年ベリー公ジャンの親任を中心に」『西洋史学』第二一七号、二〇〇五年、一〜二一頁

　第二節　原題「百年戦争期フランスにおける白ユリ諸侯の国王代行任務——一三八〇年ベリー公のラングドック行を中心に」『北大史学』第四五号、二〇〇五年、三三〜六三頁

第三章　パリにおける諸侯抗争と王国統治観

第一節〜第三節　原題「シャルル六世期フランスにおける白ユリ諸侯の王国統治——諸侯抗争の国制史的意義に関する一考察」『西洋史研究』新輯第三五号、二〇〇六年、五三〜八五頁

第四章　国王裁判権と諸侯国

第一節　原題「一四・一五世紀フランスの諸侯領における上訴法廷(cour d'appel)の創設」『西洋史論集』第四号、二〇〇一年、四三〜六四頁

第二節　原題「一四・一五世紀フランスにおける上訴制の実態——諸侯・パリ高等法院・国王」『北大史学』第四二号、二〇〇二年、一〜三〇頁、

終　章　書き下ろし

中世末期とくに百年戦争期のフランス王国国制という、オーソドックスとはいえ、非常に捉えにくいテーマに関心をもったのは、北海道大学文学部で学んだ一九九〇年代後半のころである。当時、いわゆる絶対主義国家を社団国家として捉える視点が中央集権的な国家観を大きく修正するなか、王権伸長の画期といわれるカペー王朝中・後期について、樺山紘一『パリとアヴィニョン——西洋中世の知と政治』や渡辺節夫『フランス中世政治権力構造の研究』などの大著が公刊されて間もないころであった。これらとともに中世国家論争に関わる古典的な文献を読みながら考えたのは、古くから論争をよんできた「封建王政」という概念が妥当かどうか、また必要かどうかの判断は難しい、しかし、一三世紀末に一応の安定を得たフランス王権と王国が、百年戦争をへてどう変容したのかを明らかにしなければ、近世にかけての国家形成を論じることはできない、そしてそこでは、地方諸権力の多様な動きが解明の糸口になるのではないか——こう漠然と考えながら、同大学院文学研究科に進学後、フランス本国の研究成果にも学びつつ、王権に対する敵対勢力と考えられがちだった諸侯国の展開に注目し、基

本的な国王証書や裁判記録の分析を通じて、その王権との絡み合いを検討してきたのが前記の諸論考である。そこでは、親王領、諸侯抗争、上訴そしてパリ高等法院など、一見すると関連のなさそうなテーマがならび、本書においてこれらをどのような順番で論じるか、相当悩んだ。しかし、一貫して百年戦争期の王国統治において、なぜ諸侯国が拡充強化され、その役割は何であったのかを考察してきたつもりである。

振り返ると、これまで周囲の先生方や環境に支えられて、本書が生まれたことを実感している。

北海道大学での学部時代以来の恩師である山本文彦先生には、エンドレスでつづくラテン語史料講読のゼミを通じて、国制史家としての基本的な勉強方法や心構え、そして歴史研究の厳しさと魅力をご教示していただいた。先生が学生時代を送られた東北地方に住む今日でも、その厳しくも優しい言葉を思い出さない日はない。同じく同文学研究科西洋史学講座に所属しておられた北原敦、栗生澤猛夫、赤司道和、砂田徹、長谷川貴彦の諸先生、飯坂晃治(ローマ史)、兼子歩(アメリカ史)の両先輩には、授業の場はもちろん、北海道独特の開放的な懇親の場においては公私をこえた悩みや思いに耳を傾けてくださり、数々の教えを賜った。また同大学に所属した最後の数年間に、手探りで勉強しはじめた法制史については、法学研究科の田口正樹、水野浩二の両先生から貴重な助言をいただいた。北海道中部の小さな町で育った筆者にとって、北の都で学んだ歳月は何ものにも代え難く、これらの方々との出会いがなければ本書の出版はありえなかった。心より御礼を申し上げる。

くわえて、西洋中世史をご専門とする全国各地の先生方からも、さまざまな場でご教示を賜っており、この場をお借りして御礼を述べたい。二〇〇二年の日本西洋史学会での研究発表以来、フランス史の江川溫、山田雅彦、金尾健美、鈴木道也、図師宣忠の諸先生には、論文の抜刷をお送りするたびに、ご批評をいただいた。また、イングランド史のご専門ながら、城戸毅先生からは、とくにご大著『百年戦争』の公刊を機に大変貴重なご教示を賜りつづけている。その厳密な叙述を思い返すと、フランス諸侯のひとりイングランド王が古くからの家産諸侯を反王権の方向に勢いづかせるなかで、ヴァロワ王権が親王を中核に新タイプの諸侯層を創造し、こうして王国全土において諸侯国が活発となったという捉え方を、本書で十分に示しきれなかったことは大いに悔やまれる。そして、本書と深く関わる中世フランス国制史の領域においては、とくに渡辺節夫先生に大変お世話になっている。ご自身が代表者をなさっている研究会例会で発表の機会をいただき、堀越宏一、河原温、甚野尚志、加藤玄の諸先生から、より専門的な助言を賜るきっかけをご提供いただいた。その後も、二〇〇七年の西洋史研究会大会シンポジウムにおいて、イングランド法制史の北野かほる先生や前述の田口先生など錚々たる先生方とならんで、筆者を報告者のひとりにくわえてくださった。シンポジウム当日の緊張感はいま思い出しても、胸の鼓動が速くなるほどである。これをご縁に、北野先生からはご自身が代表を務められる研究会に入れていただき、毎年夏に行われるハードな合宿(本年は秋田で開催予定)を中心に、いまだ制度論にとどまる国王裁判権について実際の機能や利用の面から勉強させていただいている。残念ながら、その成果を本書に盛り込むことはできなかったが、北野先生はいうまでもなく、先生をご紹介くださり、本書の出版をもご支援くださった渡辺先生のご恩に応えるためにも、一日も早い公表を目指したい。

本書は出版にあたり、平成二四年度国立大学法人北海道大学学術成果刊行助成の交付を受けている。出版作業においては、北海道大学出版会の今中智佳子さんから、札幌と秋田の距離を感じさせないほど温かいご支援を賜った。校正作業では、同出版会の円子幸男さんとともに、秋田大学教育学研究科二年の佐藤崇君(法学)、加藤駿君(政治学)、同教育文化学部四年の熊谷沙紀さん(西洋史)にご協力いただき、ここに謝意を表したい。そして、秋田大学赴任以来、公私ともに支えてくださる同欧米文化講座の同僚の先生方と、外国語事務室で声をかけてくださる職員の皆様にも御礼を申し上げる次第である。

最後に、大学進学以来、実家そして北海道を離れても、変わらない愛情を注いでくれる母、姉、弟とともに、本書の原型となった博士論文の執筆時以来、いつも応援してくれる妻の明香に心よりの感謝を伝え、本書をこの家族に捧げる。

二〇一二年七月　梅雨明けした秋田市泉にて

佐藤　猛

佐藤　猛（さとう たけし）

1975年　北海道生まれ
1998年　北海道大学文学部卒業
2005年　北海道大学大学院文学研究科博士課程単位取得退学
現　在　秋田大学教育文化学部欧米文化講座講師，博士（文学・北海道大学）
主要論文　「中世後期におけるフランス同輩と紛争解決」（『西洋史研究』新輯第37号，2008年），「15・16世紀フランスにおけるいくつもの高等法院――「地方高等法院体制」をめぐる予備的考察――」（『秋大史学』第56号，2010年），「1477年ブルゴーニュ高等法院の設立」（『秋田大学教育文化学部研究紀要（人文科学・社会科学）』第67集，2012年）等

百年戦争期フランス国制史研究
――王権・諸侯国・高等法院

2012年10月9日　第1刷発行

著　者　佐　藤　　猛

発行者　櫻　井　義　秀

発行所　北海道大学出版会
札幌市北区北9条西8丁目 北海道大学構内（〒060-0809）
Tel. 011(747)2308・Fax. 011(736)8605・http://www.hup.gr.jp

アイワード／石田製本

ISBN978-4-8329-6772-4

人名索引

国王以外の人名については，ファーストネームに支配地をつけて示し，（　）内には主なタイトルとその在位年，後世の渾名などを記す。

ア　行

ヴァランティエンヌ・ヴィスコンティ Valentine Visconti（ルイ・ドルレアン[1世]の妃）　王家系図, 193
エドワード黒太子（英王エドワード3世の子，ウェールズ君公 1343-76，アキテーヌ公 1361-70）　126, 128, 130
エドワード3世（英王 1327-77，プランタジュネット家）　12, 56, 271

カ　行

ガストン・ド・フォワ=ベアルン[2世] Gaston de Foix-Béarn（フォワ伯・ベアルン副伯 1315-43）　125
ガストン・ド・フォワ=ベアルン[3世] Gaston Fébus de Foix-Béarn（フォワ伯・ベアルン副伯 1343-91）　97, 125-131, 135-153

サ　行

シャルル4世 Charles IV（仏王 1322-28，カペー家）　54, 60（表2）
シャルル5世 Charles V le Sage（仏王 1364-80，ヴァロワ家，賢王）　王家系図, 34, 54, 61（表2）, 65, 78, 93, 102, 108, 113, 118, 119, 126-135, 140, 173-179, 183, 186, 191, 232, 235, 248, 254, 260, 272
シャルル6世 Charles VI le Fou（仏王 1380-1422，ヴァロワ家，狂王）　王家系図, 6, 25, 29, 34, 55, 59, 61（表2）, 67, 78, 80, 108, 112, 119, 135, 136, 140, 146, 147, 150, 154, 155, 171-174, 179, 180, 185-188, 190-198, 203, 205-210, 280
シャルル7世 Charles VII（仏王 1422-61，ヴァロワ家，1429までブールジュの王）　25, 29, 35, 37, 62, 100, 101, 106, 272
シャルル・ド・ナヴァール[2世] Charles le Mouvais（ナヴァール王 1349-86，エヴリュ伯 1343-86）　王家系図, 211
シャルル・ド・ナヴァール[3世] Charles le Noble（ナヴァール王 1387-1425，エヴリュ伯 1387-1404）　王家系図, 205, 211
シャルル・ド・ブルゴーニュ Charels le Téméraire（ブルゴーニュ公 1467-77，突進公）　37, 75
ジャン2世 Jean II le Bon（仏王 1350-64，ヴァロワ家，善良王）　王家系図, 21, 29, 54, 59, 61（表2）, 65, 67, 72, 76-78, 82, 89, 102, 103, 126, 127, 130, 235, 244, 246, 247, 276
ジャン・ダランソン[1世] Jean d'Alençon（アランソン伯 1404-，アランソン公 1415）　80, 205
ジャン・ダルマニャック[1世] Jean d'Armagnac（アルマニャック伯 1321-73）　125-128
ジャン・ダルマニャック[2世] Jean II d'Armagnac（アルマニャック伯 1373-84）　113, 130, 141, 144, 151
ジャン・ド・ブルゴーニュ Jean sans Peur（ヌヴェル伯 1384-1404，ブルゴーニュ公 1404-19，フランドル伯・アルトワ伯 1405-19，無畏公）　王家系図, 11, 37, 103, 192, 202, 204, 208, 209, 212, 257, 258, 263, 267, 268, 275
ジャン・ド・ブルターニュ[2世] Jean II de Bretagne（ブルターニュ伯 1286-，同公 1297-1305）　51, 237, 277
ジャン・ド・ブルターニュ[3世] Jean III de Bretagne（ブルターニュ公 1312-41）　240, 260
ジャン・ド・ブルターニュ[4世] Jean IV de Bretagne（ブルターニュ公 1365-99，リッシュモン伯 1372-99）　11, 238
ジャン・ド・ブルターニュ[5世] Jean V de

Bretagne（ブルターニュ公 1399-1442）
62, 266
ジャン・ド・ブルボン［1 世］ Jean I de Bourbon（ブルボン公 1410-34，オーヴェルニュ公 1426-34）　王家系図, 59, 105（表 4）
ジャン・ド・ブルボン［2 世］ Jean II de Bourbon（ブルボン公・オーヴェルニュ公 1456-88）　105（表 4）
ジャン・ド・ベリー Jean de Berry（王家第三子，ポワトゥ伯 1356-60，1369-1416，ベリー公・オーヴェルニュ公 1360-1416）　王家系図, 13, 55, 59, 61（表 2）, 72, 76, 102, 104（表 4）, 108-124, 132, 135-155, 178, 182, 185, 188, 194, 196, 205, 209, 248, 253, 256, 263, 264, 273
ジャンヌ・ダルク Jeanne d'Arc　19, 20, 22, 23, 29, 43, 44, 62
ジャンヌ・ド・ブルゴーニュ Jeanne de Bourgogne（仏王フィリップ 6 世の妃，仏王ジャン 2 世の母）　76, 89
ジャンヌ・ド・ブルボン Jeanne de Bourbon（ブルボン公ルイ 2 世の妹，仏王シャルル 5 世の妃）　王家系図, 108, 109, 174, 177, 180
ジョン（英王 1199-1216，プランタジュネット家）　65

ハ　行

ピエール・ド・ブルボン［1 世］ Pierre de Bourbon（クレルモン伯 1327-56，ブルボン公 1342-56）　105（表 4）, 239
フィリップ 2 世 Philippe II Auguste（仏王 1180-1223，カペー家，尊厳王）　47, 50, 65, 70
フィリップ 3 世 Philippe III（仏王 1270-85，カペー家）　34, 60（表 2）, 95
フィリップ 4 世 Philippe IV le Bel（仏王 1285-1314，カペー家，美麗王）　51, 54, 59, 60（表 2）, 277
フィリップ 6 世 Philippe VI（仏王 1328-50，ヴァロワ家）　王家系図, 54-56, 60-61（表 2）, 89, 103, 125, 129, 243, 244, 248, 277
フィリップ・ド・ブルゴーニュ［1 世］ Philippe le Hardi（王家第四子，ブルゴーニュ公 1363-1404，豪胆公）　王家系図, 55, 61（表 2）, 72, 76, 78, 79, 103, 105（表 4）, 108-110, 112, 140, 143, 145, 149, 154, 177, 178, 180, 182-184, 187, 188, 191, 193-196, 203, 204, 208, 210, 246, 261, 280, 285
フィリップ・ド・ブルゴーニュ［2 世］ Philippe le Bon（ブルゴーニュ公 1419-67，善良公）　王家系図, 37, 103
フィリップ・ドルレアン Philippe d'Orléans（王家第二子，オルレアン公 1344-75）　王家系図, 55, 248
フランソワ 1 世 François I（仏王 1515-47，ヴァロワ家）　3, 267
ヘンリ 4 世（英王 1399-1413，ランカスター家）　194, 203
ヘンリ 6 世（英王 1422-61，ランカスター家，仏王 1422-，1431 パリで戴冠）　100

ラ　行

リチャード 2 世（英王 1377-99，プランタジュネット家）　9, 192, 194
ルイ 8 世 Louis VIII（仏王 1223-26，カペー家）　60（表 2）, 67, 69-71
ルイ 9 世 Louis IX Saint（仏王 1226-70，カペー家，聖王）　王家系図, 3, 6, 24, 34, 55, 56, 60（表 2）, 67, 71, 74, 82, 98, 102, 113, 173, 198, 227, 230, 272
ルイ 10 世 Louis X（仏王 1314-16，カペー家）　60（表 2）, 240
ルイ 11 世 Louis XI（仏王 1461-83，ヴァロワ家）　25, 37, 75, 247
ルイ・ダンジュー［1 世］ Louis d'Anjou（王家第二子，アンジュー伯・メーヌ伯 1356-，アンジュー公 1360-，トゥレーヌ公 1370-，シチリア王 1382-84）　王家系図, 55, 61（表 2）, 98, 103, 104（表 4）, 108, 110, 112, 119, 127-135, 138, 140, 143, 155, 174-176, 180, 183, 184, 235, 248, 272
ルイ・ダンジュー［2 世］ Louis II d'Anjou（アンジュー公・シチリア王 1384-1417）　王家系図, 189, 205, 209, 211
ルイ・ド・ブルボン［1 世］ Louis de Bourbon（クレルモン伯 1317-27，ブルボン公 1327-42）　56

ルイ・ド・ブルボン[2世] Louis II de Bourbon (ブルボン公 1356-1410，フォレ伯 1400-1410)　王家系図, 59, 103, 105(表4), 108-110, 140, 154, 177, 178, 180, 182, 188, 205, 232

ルイ・ドルレアン[1世] Louis d'Orléans (王家第二子，トゥレーヌ公 1386-92，オルレアン公・ヴァロワ伯 1392-1407)　王家系図, 6, 11, 55, 58, 61(表2), 78, 79, 103, 108, 154, 172, 174, 182, 186, 189, 190, 192, 195, 196, 202, 203, 208, 209, 213, 267

ルイ・ドルレアン[2世] Louis II d'Orléans (オルレアン公 1467-98，仏王ルイ12世として 1498-1515)　104(表4)

地名索引

ア　行

アヴィニョン Avignon
——都市　137, 147, 185, 192
——教皇庁　→【事項索引】アヴィニョン教皇(庁)
アキテーヌ Aquitaine
——公領　112, 120, 142
アランソン Alençon
——伯領　54, 71
——公領(1415-)　80
アルトワ Artois
——伯領　51, 69, 70
アルマニャック Armagnac
——伯領　57, 113, 125
アンジュー Anjou
——伯領　70
——公領(1360-)　55, 174, 235
イル=ド=フランス Ile-de-France
——国　100, 106
ヴァロワ Valois
——伯領　51, 187, 248
オーヴェルニュ Auvergne
——国　99, 112, 113, 142, 179
——伯領　70
——公領　10, 55, 59, 72, 106, 137, 141-143, 178, 194, 239, 252, 256, 265, 276
オルレアン Orléans
——都市　62
——公領　55, 79, 187, 248
——公国　58, 195, 235, 250

カ　行

クレルモン Clermont
——伯領　56, 59
ギュイエンヌ Guyenne
——国　99, 124, 136, 194
——公領　20, 21, 49, 50, 56, 102, 112, 127, 128

サ　行

シャンパーニュ Champagne
——国　63, 99, 100, 107, 131
——伯領　49
神聖ローマ Saint Empire
——帝国　9, 11, 188, 193

タ　行

トゥルーズ Toulouse
——セネショネ　126, 147, 149, 151
——都市　127, 137, 138, 144, 272
——伯領　49, 63, 112, 113, 124, 272
トゥレーヌ Touraine
——公領　78, 79, 106, 174, 186, 235

ナ　行

ノルマンディ Normandie
——国　100, 140
——公領　49, 50, 54, 176

ハ　行

パリ Paris
——都市　33, 62, 63, 98, 99, 107, 109-111, 118, 119, 124, 137, 138, 140-142, 145, 149, 153-155, 171, 176, 204, 234, 254, 260, 261, 272, 274, 297
フォワ Foix
——伯領　57, 125, 127
フランドル Flandre
——国　118, 140
——伯領　48, 49, 143, 194, 195
ブルゴーニュ Bourgogne
——伯領　72, 75, 247
——公領　49, 50, 55, 72, 75, 89, 106, 238, 246, 247, 257, 258, 268
——公国　11, 70, 195, 235, 247, 253, 260,

262, 273, 280, 283
ブルターニュ Bretagne
——伯領 51, 233
——公領(1297-) 48, 51, 62, 102, 191, 277
——公国 11, 233, 235, 237, 242, 245, 248, 253, 256, 258, 260, 262, 266, 270, 273, 279
ブルボン Bourbon
——公領 10, 56, 59
——公国 10, 40, 113, 237-239, 245, 274
プロヴァンス Provence
——国 103
ベリー Berry
——国 112
——公領 40, 55, 72, 137, 138, 178, 194, 252, 257, 265, 276
——公国 14, 40, 59, 72, 73, 76, 116, 118, 120, 137, 142, 145, 153, 251, 252
ポワティエ Poitiers
——都市 117, 252, 274
ポワトゥ Poitou
——国 78, 112
——伯領 40, 59, 70, 137, 178, 235, 252, 257, 265

マ 行

マコン Mâcon
——バイヤージュ 117, 232, 262
メーヌ Maine
——伯領 55, 70, 174

ラ 行

ラングドック Languedoc
——国 63, 96, 97, 99, 103, 107, 109, 113, 118-120, 124-154, 188
ランス Reims
——都市(大司教教会) 29, 84, 109
リヨン Lyon
——セネショセ 117, 232

事項索引

原語は原則としてフランス語で記すが，ラテン語での名称が通用しているものについてはこれも示した。

ア　行

アヴィニョン教皇(庁) pape ou cour pontificale d'Avignon　63, 99, 125, 132, 135, 140, 184, 185, 192
アザンクールの戦い bataille d'Azincourt　62, 96, 172, 190
悪しき判決 mal jugé　283
王領 domaine royal　9, 15, 47, 50, 58, 63, 67, 69, 70, 76, 181, 215, 246, 253
王令 ordonnance　25, 68, 135, 141, 168
オック語 langue d'oc　111, 112, 124, 125
愚かなる上訴 fol appel　264, 274, 283, 285

カ　行

会計院 chambre des comptes　12, 73, 111, 168, 176, 205
回送 renvoi　244, 250, 274, 275, 277, 279
家産諸侯(国) prince ou principauté patrimoniale　9, 48, 57, 62, 63, 81, 82, 232, 237, 238, 240, 247, 253, 260, 274
慣習(法) coutume ou droit coutumier　5, 24, 25, 28, 29, 33, 98, 236, 259, 272, 274
偽判 faux jugement　230, 290
近代国家 État moderne　15-18, 20, 28, 29, 119, 123
国または国ぐに pays　4, 21, 33, 54, 58, 63, 65, 93, 98, 106, 112, 249, 254
グラン・ジュール grands jours　243, 248-253, 279, 293
クーリア・レギス［羅］curia regis［仏］cour du roi　230, 234, 287
クレシーの戦い bataille de Crécy　20, 65, 125, 129
高等法院 Parlement
　地方 ——(—— de Province)　29, 228, 247
　ディジョン ——(—— de Dijon)　38, 257, 287
　トゥルーズ de Toulouse ——　272
　パリ de Paris ——　4, 13, 24, 26, 38, 73, 97, 106, 116, 117, 168, 176, 204, 209, 228-286, 229(図 2), 294
　レンヌ de Rennes ——　287
国王顧問会 conseil du roi　29, 110, 115, 137, 181, 187, 194, 198, 200, 210, 253, 272, 281
国王セネシャル(セネショセ) sénéchaux ou sénéchaussées royaux　38, 95, 98, 113, 119, 126, 132, 146, 147, 149, 229(図 2), 232, 234, 255
国王専決事件(事項) cas royaux　76, 116, 229(図 2), 234, 247, 250, 253, 262, 276, 278, 286
国王専決事項担当バイイ baillis royaux des exempts　77, 118, 235, 276, 303
国王代行官 lieutenant du roi　62, 93-155, 191, 260, 272
国王代行官親任状 lettre de comission des lieutenants du roi　106, 111-122, 132, 144, 148, 176
国王バイイ(バイヤージュ) baillis ou bailliages royaux　38, 95, 97, 98, 113, 117, 146, 149, 150, 168, 229(図 2), 230, 232, 234, 255, 262, 282, 283, 285
国王プレヴォ(プレヴォテ) prévôts ou prévôtés royaux　113, 229(図 2), 230, 235, 262

サ　行

裁判懈怠 défaut de droit　230
サン=ドゥニ大修道院 abbaye de Saint-Denis　5, 34, 109, 142, 158
シスマ schisme　78, 140, 184, 185, 191-194, 215
主権 souveraineté　3, 14, 76, 116, 295

上訴 appel　26, 227, 228, 229(図 2), 233, 236, 237, 240, 244, 254-257, 267, 270, 294, 295
上訴事件法廷 Auditoire des causes d'appellaux　237-240, 246
諸侯国 principauté　4, 8-15, 28, 29, 33, 47, 78, 82, 94, 101, 102, 106, 116, 121, 123, 136, 137, 140, 145, 153, 185, 186, 201, 215, 227, 228, 229(図 2), 232, 235, 236, 253-255, 258, 260, 261, 285, 286
諸侯国家 État princier　9, 10, 13
諸侯バイイ(バイヤージュ)・セネシャル(セネショセ) baillis (bailliages), sénéchaux (sénéchaussées) ducaux ou comtaux　229(図 2), 232, 234, 239, 251-253, 256-258, 299
諸侯プレヴォ(プレヴォテ) prévôts ou prévôtés ducaux ou comtaux　229(図 2), 232, 256, 258, 299
叙述部 exposé　66, 73, 78, 80, 112, 174, 197, 199, 200, 243, 248, 281
白ユリ諸侯 prince des fleurs de lys　47, 57, 83, 119, 125, 127, 136, 142, 145, 149, 155, 171, 172, 181, 183, 187, 190-215
親王国 principauté apanagée(主にヴァロワ王朝期)　9, 58, 59, 63, 67, 73-82, 93, 101, 106, 113, 116, 154, 178, 186, 195, 214, 232, 235, 246-254, 256, 260, 265
親王領 apanage(主にカペー王朝期)　6, 47, 48, 57, 60-61(表 2), 67, 69, 71, 73-75, 82, 99, 100, 103, 246, 248, 276
親王領設定文書 acte de constitution des apanages　66, 106, 112, 171, 247
臣民 sujet　6, 16, 26, 27, 114, 172, 197, 200, 201, 212, 214
聖別 sacre　29, 109, 206
絶対王政または絶対主義 monarchie absolue ou absolutisme　2, 13, 18
全国三部会 États généraux　4, 18, 109, 118, 140, 254
全土法廷 Jours généraux　237, 239, 240, 245
前文［羅］arenga［仏］préambule　66, 72-74, 78, 80, 112, 197
措置部 dispositif　66, 68, 73, 79, 112, 174, 175, 199, 248, 251, 281

タ　行

戴冠 couronnement　29, 49, 54, 179, 197, 206
嘆願 requête または supplique　25, 26, 132, 176, 229(図 2), 240, 277-284, 288
地方三部会 États provinciales　18, 132, 144, 269, 272
中央集権 centralisation　1-5, 15, 32
同輩法廷 cour des pairs　49, 231
飛ばし上訴［羅］omisso medio　244, 258-280
トロワ和約 Traité de Troye　23, 62, 100, 190

ハ　行

パリ大学 Université de Paris　140, 191, 193, 208, 209
百年戦争 guerre de Cent Ans　1, 2, 19-26, 65, 72, 75, 77, 82, 93-101, 119, 121, 125, 149, 178, 214, 215, 227, 236, 260, 270
フランス尚書局長 chancelier de France　187, 200, 207
フランス大元帥 connétable de France　100, 119, 126, 200, 207
『フランス大年代記』Les *Grandes Chroniques de France*　5, 34
フランス同輩または同輩領 pair ou pairie de France　12, 49, 52-53(表 1), 57, 62, 71, 72, 75, 76, 80-82, 110, 182, 228, 231, 234, 248, 251, 255, 258, 262, 273, 277, 280-286
ブルゴーニュ・パルルマン Parlement de Bourgogne　246
ブルターニュ継承戦争 guerre de la succession de Bretagne　11, 240, 260
ブルターニュ・パルルマン Parlement de Bretagne　237, 239-245, 279
ブレティニ=カレー和約 Traité de Brétigny-Calais　128, 130, 178, 261
文書の宝物庫 Trésor des chartes　67, 172, 176, 196, 205
封建王政 monarchie féodale　2
封建的上訴 appel féodal　230, 236
ポワティエの戦い bataille de Poitiers　20,

72, 97, 100, 102, 126

ヤ　行

優良都市 bonne ville　115, 141, 151, 200, 201

ラ　行

レスプブリカ［羅］respublica［仏］chose publique　17, 73, 81
ローマ・カノン法的上訴 appel romano-canonique　236
ローマ教皇 pape　140, 188, 192

ワ　行

割当期間［羅］dies［仏］jours　255, 261, 295

文献目録

I 史　料

AVRIL (F.), GOUSSET (M.-Th.), GUENÉE (B.), *Les Grandes Chroniques de France. Reproduction intégrale en fac-similé des miniatures de Fouquet. Manuscrit français 6465 de la Bibliothèque nationale de Paris*, Paris, 1987.

BOUTARIC (E.), *Actes du Parlement de Paris*, 2 vols., Paris, 1986, t. II: 1299-1328.

CHAMPEAUX (E.), *Ordonnances des ducs de Bourgogne sur l'administration de la justice du duché: les origines du Parlement du Bourgogne*, Dijon, 1907.

Chronique du religieux de Saint-Denys: contenant le règne de Charles VI, de 1380 à 1422 (publiée en latin et traduite par M. L. Bellaguet), 3 vols., Paris, 1994.

DOUËT-D'ARCQ (L.), *Choix de pièces inédites relatives au règne de Charles VI*, 2 vols., Paris, 1863-64.

FORGEUT (H.), *Actes du Parlement de Paris (deuxième série de l'an 1328-1350)*, Paris, 1920.

ISAMBERT (G.), *Recueil général des anciennes lois françaises, Depuis l'an 420 jusqu'à la révolution de 1789*, 29 vols., Paris, 1824-33. (=*RGALF.*)

t. I: 420-1270

t. III: 1308-1327

t. IV: 1327-1357

t. V: 1357-1380

t. VI: 1380-1400

t. VII: 1401-1413

LACOUR (R.), *Le gouvernement de l'apanage de Jean, duc de Berry (1360-1416)*, Paris, 1934, PIÈCES JUSTIFICATIVES.

Layettes du Trésor des Chartes, t. IV, Paris, 1902, in-4o.

MORICE (Dom H.), *Mémoire pour servir des preuves à l'histoire ecclésiastique et civile de Bretagne* (tirés des archives de cette province, de celles de France & d'Angleterre, des Recueils de plusieurs savants antiquaires, & mis en ordre), 3 vols., Paris, 1742-64 (Reprint: Hants, 1968).

PETOT (P.), *Registre des Parlements de Beaune et de Saint-Laurent-lès-Chalon 1357-1380*, Paris, 1927.

PHILIPE DE BEAUMANOIR, *Coutumes de Beauvaisis: Texte critique publié avec*

une introduction, un glossaire et une table analytique, par Am. Salmon, 3 vols., Paris, 1970, t. II. (塙浩著作集〔西洋法史研究〕2『ボーマノワール　ボヴェジ慣習法』信山社出版，1992 年)

SECOUSSE (D.-F.) et al. [éds.], *Ordonnances des roys de France de la troisième race*, 22 vols., Paris, 1723-1849. (=*ORF.*)

t. I: Contenant ce qu'on a trouvé d'Ordonnances imprimées, ou manuscrites, depuis Hugues Capet, jusqu'à la fin du règne de Charles le Bel / par M. de Laurier, 1723.

t. II: Contenant les Ordonnances du Roy Philipe de Valois, & celles du roy Jean, jusqu' au commencement de l'année 1355 / par M. de Laurier, 1729.

t. III: Contenant les Ordonnances du Roy Jean, depuis le commencement de l'année 1355, jusqu'à sa mort arrivée le 8. d'Avril 1364, Avec un Supplément pour toutes les années de son Règne / par M.r Secousse, 1732.

t. IV: Contenant différents suppléments pour le règne du Roy Jean, & les Ordonnances de Charles V, données pendant les années 1364, 1365, & 1366 / par M.r Secousse, 1734.

t. V: Contenant les Ordonnances de Charles V, données depuis le commencement de l'année 1367, jusqu'à la fin de l'année 1373 / par M.r Secousse, 1736.

t. VI: Contenant les Ordonnances de Charles V, données depuis le commencement de l'année 1374, jusqu'à la fin de son règne; & celles de Charles VI, depuis le commencement de son règne, jusqu'à la fin de l'année 1382 / par M.r Secousse, 1741.

t. VII: Contenant les Ordonnances de Charles VI, données depuis le commencement de l'année 1383, jusqu'à la fin de l'année 1394 / par M.r Secousse, 1745.

t. VIII: Contenant les Ordonnances de Charles VI, données depuis le commencement de l'année 1395, jusqu'à la fin de l'année 1403 / par M.r Secousse, 1750.

t. IX: Contenant les Ordonnances de Charles VI, données depuis de commencement de l'année 1404, jusqu'à la fin de l'année 1411 / par M.r Secousse, M. de Vilevault, 1755.

t. X: Contenant les Ordonnances de Charles VI, données depuis le commencement de l'année 1411, jusqu'à la fin de l'année 1418 / par M. de Vilevault & M. de Bréquigny, 1763.

t. XI: Contenant les Ordonnances de Charles VI, données depuis le commencement de l'année 1419, jusqu'à la fin du règne de ce Prince, Avec un suplément pour les Volumes précédents / par M. de Vilevault & M. de Bréquigny, 1769.

Table: Table générale et chronologique des neuf volumes du recueil des ordonnances des rois de France de la troisième race / par M. de Vilevault, 1757.

t. XII: Contenant un Supplément depuis l'an 1187, jusqu'à la fin du règne de Charles VI / par M. de Vilevault & M. de Bréquigny, 1777.

II　事典・総覧類

FAVIER (J.), *Dictionnaire de la France médiévale*, Paris, 1993.

DUPONT-FERRIER (G.), *Gallia regia, ou État des officiers royaux des bailliages et sénéchaussées de 1328 à 1515*, 6 vols., Paris, 1942-66.

ORNATO (M.), *Répertoire prosopographique de personnages apparentés à la couronne de France aux XIVe et XVe siècles*, Paris, 2001.

REY (A.) [s. dir.], *Dictionnaire historique de la langue français (Le Robert)*, 3 vols., Paris, 1992 (1er éd.), 2006 (Réimpression).

山口俊夫編『フランス法辞典』東京大学出版会，2002 年

黒田日出男編『歴史学辞典 第 12 巻　王と国家』弘文堂，2005 年

国史大辞典編集委員会編『国史大辞典』第 7 巻，吉川弘文館，1986 年

III　研究文献

(1) 欧文文献

ALLEMAND (Ch.), *The Hundred Years War: England and France at war c. 1300-c. 1450*, Cambridge, 1988 (reed., 2001).

AMADO (J.), «Fondement et domaine du Droit des Apanages», *Cahiers d'Histoire*, t. XIII, 1968, pp. 355-379.

AUBERT (F.), *Le Parlement de Paris de Philipe le Bel Charles VII (1314-1422), Son Organisation*, Genève, 1974.

AUTRAND (F.), «Géographie administrative et propagande politique. Le 〉Rôle des Assignations〈 du Parlement aux XIVe et XVe siècles», dans W. Paravicini et K. F. Werner [publiés par], *Histoire comparée de l'administration (IVe-XVIIIe siècles), Actes du XIVe colloque historique franco-allemand de l'Institut Historique Allemand de Paris (Tours 27 mars-1er avril 1977)*, München, 1980, pp. 264-278.

AUTRAND (F.), *Naissance d'un grand corps de l'État: Les gens du Parlement de Paris, 1345-1454*, Paris, 1981.

AUTRAND (F.), *Charles VI: La folie*, Paris, 1986.

AUTRAND (F.) [éd.], *Prosopographie et Genèse de l'État moderne*, Paris, 1986.

AUTRAND (F.), «Un essai de décentralisation: la politique des apanages dans la seconde moitié du siècle», dans *L'administration locale et le pouvoir central en France et en Russie (XIIIe–XVe siècles)*», dans *Actes du XIe colloque de historiens français et soviétiques (Paris 1989)*, Paris, 1989, pp. 2–26.

AUTRAND (F.), BARTHÉLEMY (D.), CONTAMINE (Ph.), «L'espace français: histoire politique du début du XIe siècle à la fin du XVe», dans G. Duby [préface de], M. Balard [réunis par], *L'histoire médiévale en France: Bilan et perspectives*, Paris, 1991, pp. 101–126.

AUTRAND (F.), *Charles V: Le Sage*, Paris, 1994.

AUTRAND (F.), «Le concept de Souveraineté dans la construction de l'État en France (XIIIe–XVe siècle)», dans S. Bernstein et P. Milza [s. dir.], *Axes et méthodes de l'histoire politique*, Paris, 1998, pp. 149–162.

AUTRAND (F.), «France under Charles V and Charles VI», in M. Jones [ed.], *The New Cambridge Medieval History*, t. VI: c. 1300–c. 1415, Cambridge, 2000, pp. 422–441.

AUTRAND (F.), *Jean de Berry: L'art et politique*, Paris, 2000.

BALARD (M.) [réunis par], *Bibliographie de l'histoire médiévale en France (1965–1990)*, Paris, 1992.

BERNSTEIN (S.) et MILZA (P.) [s. dir.], *Axes et méthodes de l'histoire politique*, Paris, 1998.

BLOCKMANS (W. P.) et GENET (J.-Ph.) [éds.], *Visons sur le développement des États européens et historiographies de l'État moderne (actes du colloque organisé par la Fondation européenne de la science et l'École française de Rome, Rome 18–31 mars 1990)*, Rome, 1993.

BOURRET (Ch.), *Un royaume "transpyrénéen"? La tentative de la maison de FOIX-BÉARN-ALBERT à la fin du Moyen Âge*, Estandens, 1998.

BOVE (B.), *1328: Le temps de la guerre de dent ans*, Paris, 2009.

BOZZOLO (C.) et ORNATO (E.), «Princes, prélats, baron et autres gens notables. A propos de la cour amoureuse dite de Charles VI», dans F. Autrand [éd.], *Prosopographie et Genèse de l'État moderne*, Paris, 1986, pp. 159–170.

BULST (N.), «L'histoire des Assemblées d'états en France et la recherche prosopographique XIVe–milieu XVIIe siècle», dans F. Autrand [éd.], *Prosopographie et Genèse de l'État moderne*, Paris, 1986, pp. 171–184.

BULST (N.) et GENET (J.-Ph.) [éds.], *La ville, la Bourgeoisie et la genèse de l'État moderne (XIIe–XVIIIe siècles)*, Paris, 1988.

CARBONNELL (Ch.-O.), «Les origines de l'État moderne: les traditions historiographiques française (1820–1990)», dans W. Blockmans et J.-Ph. Genet [éds.], *Visons sur le développement des États européens et historiographies de l'État*

moderne (actes du colloque organisé par la Fondation européenne de la science et l'École française de Rome, Rome 18-31 mars 1990), Rome, 1993, pp. 297-312.

CARON (M.-Th), *Noblesse et pouvoir royal en France, XIIIe-XVIe siècle*, Paris, 1994.

CAZELLES (R.), *La société politique et la Crise de la royauté sous Philipe de Valois*, Paris, 1958.

CHAMPEAUX (E.), *Ordonnances des ducs de Bourgogne sur l'administration de la justice du duché: les origines du Parlement du Bourgogne*, Dijon, 1907.

CHEVALIER (B.), «La réforme de la justice: utopies et réalités (1440-1540)», dans A. Stegmann [s. dir.], *Pouvoirs et institutions en Europe au XVIe siècle*, Paris, 1987, pp. 237-247.

CHEVRIER (G.), «Les débuts du Parlement de Dijon (1477-1487)», *Annales de Bourgogne*, XV, 1943, pp. 93-124.

CONTAMINE (Ph.), *La Guerre de Cens Ans*, 1e éd., Paris, 1968 (5e éd., 1989).

CONTAMINE (Ph.), *Guerre, État et Société à la fin du Moyen Age. Études sur les armées des rois de France. 1337-1494*, Paris, 1972.

CONTAMINE (Ph.), *Au temps de la guerre de cent ans: France et Angleterre (La vie quotidienne: Civilisations et sociétés)*, 1e éd., Paris, 1976 (reéd., 1994).

CONTAMINE (Ph.), «La Bourgogne au XVe siècle», dans *La Bataille de Morat* (Actes du colloque internationale du 5e centenaire de la bataille de Morat, Morat, 23-25 avril 1976), Fribourg et Berne, 1976, pp. 91-110, reproduit dans id., *Des pouvoirs en France (1300-1500)*, pp. 61-74.

CONTAMINE (Ph.), «Charles le Téméraire fossoyeur et / ou fondateur de l'État bourguignon?», dans *Le Pays Lorraine*, 1977, pp. 123-134, reproduit dans id., *Des pouvoirs en France (1300-1500)*, pp. 87-98.

CONTAMINE (Ph.), «France et Angleterre de Guillaume le Conquérant à Jeanne D'Arc. La formation des État nationaux», dans F. Bédarida, F. Crouzet, D. Johnson [éds.], *Dix siècles d'histoire franco-britannique, de Guillaume le Conquérant au Marché commun*, Paris, 1979, pp. 23-33 et 425-426, reproduit dans id., *Des pouvoirs en France (1300-1500)*, pp. 27-36.

CONTAMINE (Ph.), «L'action et la personne de Jeanne d'Arc. L'attitude des princes français à son égard», *Actes du colloque Jeanne d'Arc et le cinq centième anniversaire du siège de Compiègne, 20 mai-25 octobre 1430. Bulletin de la Société historique de Compiègne*, 28 (1982), pp. 63-80, reproduit dans id., *Des pouvoirs en France (1300-1500)*, pp. 109-121.

CONTAMINE (Ph.) [textes réunis par], *L'État et les Aristocraties (France, Angleterre, Écosse), XIIe-XVIIIe siècle*, Paris, 1989.

CONTAMINE (Ph.), *Des pouvoirs en France (1300-1500)*, Paris, 1992.

CONTAMINE (Ph.) et MATTÉONI (O.) [s. dir.], *La France des principautés: Les Chambre des comptes XIVe et XVe siècles (Colloque tenu aux Archives départementales de l'Allier, à Moulins-Yzeure, les 6, 7 et 8 avril 1995)*, Paris, 1996.

CONTAMINE (Ph.) et MATTÉONI (O.) [réunis], *Recueils de documents: Les Chambres des comptes en France aux XIVe et XVe siècles*, Paris, 1998.

CONTAMINE (Ph.) [s. dir.], *Guerre et concurrence entre les États européens du XIVe au XVIIIe siècle. Les origines de l'État moderne en Europe*, Paris, 1998.

CONTAMINE (Ph.), «Le concept de société politique dans la France de la fin de Moyen Âge: définition, portée et limite», dans S. Bernstein et P. Milza [s. dir.], *Axes et méthodes de l'histoire politique*, Paris, 1998, pp. 261-271.

CONTAMINE (Ph.) [dirigé.], *Le moyen âge: Le roi, l'église, les grands, le peuple. 481-1514*, Paris, 2002.

COULET (N.) et GENET (J.-Ph.) [éds.], *L'État moderne: le droit, l'espace et les formes de l'État*, Paris, 1990.

COUTY (D.), MAURICE (J.), GUÉRET-LAFERTÉ (M.) [s. dir.], *Images de guerre de Cent Ans*, Paris, 2002.

COURTÉPÉE (C.) et BÉGUILLET (E.), *Description générale et particulière du duché de Bourgogne*, 7 vols., Dijon, 1721-81 (3e éd., Paris, 1967-68, par P. Gras et al.), t. II.

DEMURGER (A.), «L'Apport de la prosopographie à l'étude des mécanismes des pouvoirs (XIIIe-XVe siècles)», dans F. Autrand [éd.], *Prosopographie et Genèse de l'État moderne*, Paris, 1986, pp. 289-301.

DESPORTES (P.), «Les pairs de France et la couronne», *Revue historique*, 572 (1989), pp. 305-340.

DUBY (G.) [préface de], Balard (M.) [réunis par], *L'histoire médiévale en France: Bilan et perspectives*, Paris, 1991.

EDBURY (P.), «Christians and Muslims in the eastern Mediterrean», in M. Jones [ed.], *The New Cambridge Medieval History*, t. VI: c. 1300-c. 1415, Cambridge, 2000, Chap. 27, pp. 864-884.

ESMEIN (A.), *Cours élémentaire d'histoire du droit français: à l'usage des étudiants de première année*, 14 éd., Paris, 1921.

FAVIER (J.), *La Guerre de Cens Ans*, Paris, 1980.

FRÉDÉRIC-MARTIN (F.), *Justice et Législation sous le règne de Louis XI: La norme juridique royal à la veille des temps modernes*, Paris, 2009.

GAUCHET (M.), «Les *Lettres sur l'histoire* d'Augustin Thierry. 〈L'alliance austère du patriotisme et de la science〉», dans P. Nora [s. dir.], *Les lieux de mémoire*, t. II: La nation, vol. 1, Paris, 1986, pp. 247-316.

GAUVARD (Cl.), 〈*De grace especial*〉. *Crime, État et société en France à la fin du*

Moyen Âge, 2 vols., Paris, 1991.

GAUVARD (Cl.), «Le roi de France et le gouvernement par la grâce à la fin du Moyen Âge. Genèse et développement d'une politique judiciaire», dans H. Millet [s. dir.], *Supplique et requêtes. Le gouvernement par la grâce en Occident (XIIIᵉ-XVᵉ siècle)*, Rome, 2003, pp. 371-404.

GAUVARD (Cl.), *Violence et ordre public au Moyen Âge*, Paris, 2005.

GENET (J.-Ph.), «Genèse de l'État moderne en Europe», *Le Courrier du CNRS*, LVIII, 1984, pp. 32-39.

GENET (J.-Ph.) et VINCENT (B.) [prépare par], *État et Église dans la genèse de l'État moderne* (Actes du colloque de Madrid, 30 nov.-1er. déc. 1984), Madrid, 1986.

GENET (J.-Ph.) et LE MENÉ (M.) [eds.], *Genèse de l'État moderne. Prélèvement et Redistribution* (Actes du colloque de Fontevraud, 1984), Paris, 1987.

GENET (J.-Ph.) et TILLIETTE (J.-Y.) [éd.], *Théologie et droit dans la Science Politique de l'État moderne*, Rome, 1990.

GENET (J.-Ph.) et Coulet (N.) [eds.], *L'État moderne: le droit, l'espace et les formes de l'État: le droit, l'espace et les formes de l'État*, Paris, 1990.

GENET (J.-Ph.) [éd.], *L'État moderne, genèse: bilans et perspectives* (actes du colloque tenu au CNRS à Paris, les 19-20 septembre 1989), Paris, 1990.

GENET (J.-Ph.), «L'État moderne: un modèle opératoire?», dans id. [s. dir.], *L'État moderne: genèse*, pp. 261-281.

GENET (J.-Ph.) et LOTTES (G.) [éds.], *L'État moderne et les élites, XIIIᵉ-XVIIIᵉ siècles: apports et limites de la méthode prosopographique* (actes du colloque international CNRS-Paris I, 16-19 oct. 1991), Paris, 1996.

GENET (J.-Ph.), «La genèse de l'État moderne. Les enjeux d'un programme de recherche», *Actes de la Recherche en Sciences Sociales*, 118 (1997), pp. 3-18.

GILLI (P.), «Inceste et drame amoureuse: les origines légendaires de la guerre de Cent Ans d'après Bartolomeo Facio (c. 1436)», dans D. Couty, J. Maurice, M. Guéret-Laferté [s. dir.], *Images de guerre de Cent Ans*, Paris, 2002, pp. 187-198.

GOURON (A.) et RIGAUDIÈRE (A.) [s. dir.], *Renaissance du pouvoir législatif et genèse de l'État*, Montpllier, 1988.

GOURON (A.), «Royal *ordonnances* in Medieval France», in A. Padoa-Schioppa [ed.], *Legislation and Justice* (General Editors: W. Blockmans and J.-P. Genet, *The origins of the modern state in Europe. 13th to 18th Centuries)*, Clarendon, 1997, Chap. 4, pp. 57-71.

GUENÉE (B.), *Tribunaux et gens de justice dans le baillage de Senlis à la fin du Moyen Âge (vers 1380-vers 1550)*, Paris, 1963.

GUENÉE (B.), «L'histoire de l'État en France à la fin du Moyen Âge, une vue par

les historiens français depuis cent ans», *Revue historique*, t. CCXXXII-2, 1964, pp. 331–360.

GUENÉE (B.), «État et Nation en France au Moyen Âge», *Revue historique*, t. CCXXXVI, 1967, pp. 17–30.

GUENÉE (B.), «Espace et État dans la France du Bas Moyen Âge», *Annales: Économie, Société, Civilisation*, 1968, No. 4, pp. 744–758.

GUENÉE (B.), *L'Occident aux XIVe et XVe siècles: Les États*, Paris, 1971 (1er éd.), 1993 (5er éd.).

GUENÉE (B.), «Y a-t-il un État des XIVe et XVe siècles?», *Annales: Économie, Société, Civilisation*, 1971, No. 2, pp. 399–406.

GUENÉE (B.), «Les tendances actuelles de l'histoire politique du Moyen Âge français», *Actes du 100e Congrès National des Sociétés Savantes, Paris, 1975*, t. 1, Paris, 1977, pp. 45–70.

GUENÉE (B.), «Les Grandes Chroniques de France, le Roman aux roys (1274–1518)», dans P. Nora [s. dir.], *Les lieux de mémoire*, t. II: La nation, vol. 1, Paris, 1986, pp. 189–214.

GUENÉE (B.), «Histoire d'un succès», dans F. Avril, M.-Th. Gousset, B. Guenée, *Les Grandes Chroniques de France. Reproduction intégrale en fac-similé des miniatures de Fouquet. Manuscrit français 6465 de la Bibliothèque nationale de Paris*, Paris, 1987, p. 87 sq.

GUENÉE (B.), «Le roi, ses parents et son royaume en France au XIVe siècle», *Bulletino dell'Instituto Storico Italiano per il Medio Evo e Archivio Muratoriano*, 94 (1988), pp. 439–470, reproduit dans id., *Un roi et son historien*, pp. 301–324.

GUENÉE (B.), *Un meurtre, une société. L'assassinat du duc d'Orléans, 23 novembre 1407*, Paris, 1992.（ベルナール・グネ／佐藤彰一・畑奈保美訳『オルレアン大公暗殺——中世フランスの政治文化』岩波書店，2010 年）

GUENÉE (B.), «Michel Pintoin. Sa vie, son œuvre», dans *Chronique du religieux de Saint-Denys*, L'Introduction, reproduit dans id., *Un roi et son historien*, pp. 33–78.

GUENÉE (B.), «Des limites féodales aux frontières», dans P. Nora [s. la dir.], *Les Lieux de mémoire,* 3 vols., Paris, 1997, t. 2: La nation-1: Territoire, pp. 11–28.

GUENÉE (B.), *Un roi et son historien: Vingt études sur le règne de Charles VI et la Chronique du Religieux de Saint-Denis*, Paris, 1999.

GUENÉE (B.), *L'opinion publique à la fin du Moyen Âge d'âprès la «Chronique de Charles VI» du religieux de Saint-Denis*, Paris, 2002.

GUILLOT (O.), RIGAUDIÈRE (A.), SASSIER (Y.) [éds.], *Des temps féodaux aux temps de l'État. =Pouvoirs et institutions dans la France médiévale*, 2 vols.,

Paris, 1994, t. 2: Des temps féodaux aux temps de l'État.

HAROUEL (J.-L.), BARBEY (J.), BOURNAZEL (É.), THIBAUT-PAYEN (J.) [éds.], *Histoire des institutions de l'époque franque à la Révolution*, 8 éd., Paris, 1998.

HILAIRE (J.), «La grâce et l'État de droit dans la procédure civile (1250-1350)», dans H. Millet [s. dir.], *Suppliques et requêtes. Le gouvernement par la grâce en Occident (XIIe-XVe siècle)*, Rome, 2003, pp. 357-369.

JONES (M.), *La Bretagne ducale: Jean IV de Montfort (1364-1399) entre la France et l'Angleterre*, Rennes, 1998 (*Ducal Brittany 1364-1399. Relations with England and France during the Reign of Duke John IV*, Oxford, 1970, traduction française de N. Genet et J.-Ph. Genet).

JONES (M.), «Le cas des États princiers: la Bretagne au Moyen Âge», dans J.-Ph. Genet et N. Coulet, *L'État moderne: le droit, l'espace et les formes de l'moderne: le droit, l'espace et les formes de l'État*, Paris, 1990, pp. 129-142.

KAMINSKY (H.), «The Great Schism », in M. Jones [ed.], *The New Cambridge Medieval History*, t. VI: c. 1300-c. 1415, Cambridge, 2000, Chap. 20, pp. 674-696.

KERHERVÉ (J.), *L'État breton aux XIVe et XVe siècles. Les ducs, l'argent et les hommes*, 2 vols., Paris, 1987.

KERHERVÉ (J.), *Histoire de la France: la naissance de l'État moderne 1180-1492*, Paris, 1998.

LACOUR (R.), *Le gouvernement de l'apanage de Jean, duc de Berry (1360-1416)*, Paris, 1934.

LEGUAI (A.), *Les ducs de Bourbon pendant la crise monarchique du XVe siècle. Contribution à l'étude des apanages*, Paris, 1962.

LEGUAI (A.), «Baillis et sénéchaux du Bourbonnais la fin du Moyen Âge», *Bulletin de la Société d'Émulation du Bourbonnais*, 1951, pp. 70-72.

LEGUAI (A.), «Un aspect de la formation des États princiers en France à la fin du Moyen Âge: Les réformes administratives de Louis II, Duc de Bourbon», *Le Moyen Âge*, 5 série, 70 (1964), pp. 50-72.

LEGUAI (A.), «Les 〈États〉 princiers en France à la fin du Moyen Âge», *Annali della Fondazione italiana per la storia amministrativa*, 4 (1967), pp. 133-157.

LEGUAI (A.), *La Guerre de Cens Ans*, Paris, 1974.

LEGUAI (A.), «Fondement et problème du pouvoir royal en France (autour de 1400)», in *Das spätmittelalterliche Königtum im europäischen Vergleich*, Sigmaringen, 1987, pp. 41-58.

LEGUAI (A.), «Les ducs de Bourbon (de Louis II au connétable de Bourbon): Leurs pouvoirs et leur pouvoir», dans Société des Historiens Médiévistes de l'Enseignement Supérieur Public, *Les princes et le pouvoir au Moyen Âge*, Paris,

1993, pp. 211-228.

LEGUAI (A.), «Royauté et principauté en France aux XIVe et XVe siècles: l'évolution de leurs rapports au cours de la guerre de Cent Ans», *Le Moyen Âge*, 5 série, 102 (1995), pp. 121-135.

LEHOUX (F.), *Jean de France, duc de Berri. Sa vie, son action politique (1340-1416)*, 4 vols., Paris, 1966-68.

LEMARIGNIER (J.-F.), *La France médiévale: institutions et société*, Paris, 1970.

LEYTE (G.), *Domaine et domanialité dans la France médiévale (XIIe aux XVe siècles)*, Strasbourg, 1996.

LOT (F.) et FAWTIER (R.) [s. dir.], *Histoire des institutions françaises au Moyen Âge*, 4 vols., Paris, 1957-62, t. I: Institutions seigneuriales, 1957.

LOT (F.) et FAWTIER (R.) [s. dir.], *Histoire des institutions françaises au Moyen Âge*, 4 vols., Paris, 1957-62, t. II: Institutions royales, 1958.

LEWIS (Peter S.), «The failure of the French medieval estates», *Past and Present*, 23 (1962), pp. 3-24.

MARIE-VIGUEUR (J.-Cl.) et PIETRI (Ch.) [éds.], *Culture et Idéologie dans la Genèse de L'État moderne*, Rome, 1985.

MATTÉONI (O.), *Servir le prince: Les officiers des ducs de Bourbon à la fin du Moyen Âge (1356-1523)*, Paris, 1999.

MATTÉONI (O.), «L'image du duc de Bourbon dans la littérature temps de Charles VI», dans F. Autrand, Cl. Gauvard, J.-M. Moeglin [réunis par], *Saint-Denis et la royauté*, Paris, 1999, pp. 145-156.

MAURICE (J.) et COUTY (D.) [s. dir.], *Images de Jeanne d'Arc*, Paris, 2000.

METIN KUNT, (I.), «The rise of the Ottomans», in M. Jones [ed.], *The New Cambridge Medieval History*, t. VI: c. 1300-c. 1415, Cambridge, 2000, Chap. 26, pp. 839-863.

MINOIS (G.), *La guerre de Cent Ans: Naissance de deux nations*, Paris, 2008.

OLIVIER-MARTIN (F.), *Histoire du droit français des origines à la Révolution*, 2 tirage, Paris, 1951.（塙浩訳『フランス法制史概説』創文社，1986年）

OFFENSTADT (N.), «L'〈histoire politique〉 de la fin du Moyen Âge», dans Société des Historiens Médiévales de l'Enseignement Supérieur Public, *Être historien du Moyen Âge au XXIe siècle*, Paris, 2008, pp. 179-198.

PARAVICINI (W.) et Werner (K. F.) [publiés par], *Histoire comparée de l'administration (IVe-XVIIIe siècles), Actes du XIVe colloque historique franco-allemand de l'Institut Historique Allemand de Paris (Tours 27 mars-1er avril 1977)*, München, 1980.

PARAVICINI (W.) et SCHNERB (B.) [dirs.], *Paris, capital des ducs de Bourgogne*, Ostfildern, 2007.

LE PATOUREL (J.), «The Kings and the Princes in the XIVth Century France», in J. Hale, J. R. Highfield, and B. Smalley [eds.], *Europe in the Late Middle Age*, London, 1965, pp. 158-183, reprint in id., *Feudal Empires, Normand and Plantagenet*, London, 1984 [ed., M. Jones], Chap. XV.

LE PATOUREL (J.), «Angevin Successions and the Angevin Empire», in id., *Feudal Empires, Normand and Plantagenet*, London, 1984 [ed., M. Jones], Chap. IX.

PERROT (E.), *Les cas royaux. Origine et développement de la théorie aux XIIIe et XIVe siècles*, Paris, 1910.

PERROY (E.), «Feudalism or Principlities in Fifteenth Century France», in *Bullutin of the Institute of Historical Reseach*, t. 20 (1943-45), pp. 181-185, reproduit dans id., *Études d'histoire médiévale*, Paris, 1979, pp. 177-181.

PERROY (E.), *La Guerre de Cens Ans*, 1e éd., Paris, 1945 (2e éd., 1976).

PERROY (E.), «L'État bourbonnais», dans F. Lot et R. Fawtier [s. dir.], *Histoire des institutions françaises au Moyen Âge*, 4 vols., Paris, 1958-62, t. I: Institutions seigneuriales, pp. 289-318.

PETOT (P.), *Registre des Parlements de Beaune et de Saint-Laurent-lès-Chalon 1357-1380*, Paris, 1927.

PETOT (P.), «L'accession de Philipe le Hardi au duché de Bourgogne et les actes de 1363», dans *Mémoires de la Société pour l'histoire du droit et des institutions des anciens pays bourguignons, comtois et romands*, 2 fasc., 1935, pp. 5-13.

PETOT (P.), «L'avènement de Philipe le hardi en Bourgogne et les lettres du 2 juin 1364», dans *ibid.*, 3 fasc., 1936, pp. 125-137.

PLANIOL (M.), *Histoire des institutions de la Bretagne*, nouvelle édition par A. Brejon de Lavergnée, 5 vols., Mayenne, 1981-84, t. IV: La Bretagne ducale.

POQUET DU HAUT-JUSSÉ (B.), «Le grand fief breton», dans F. Lot et R. Fawtier [s. dir.], *Histoire des institutions françaises au Moyen Âge*, 4 vols., Paris, 1958-62, t. I: Institutions seigneuriales, pp. 267-288.

POQUET DU HAUT-JUSSÉ (B.), «La genèse du législatif dans le duché de Bretagne», *Revue historique de droit français et étranger*, 4 série, 1962, pp. 351-372.

RICHARD (J.), «Les institutions ducales dans le duché de Bourgogne», dans F. Lot et R. Fawtier [s. dir.], *Histoire des institutions françaises au Moyen Âge*, 4 vols., Paris, 1958-62, t. I: Institutions seigneuriales, pp. 185-208.

SCHMITT (J.-Cl.) et Oexle (O. G.) [s. dir.], *Les tendances actuelles de l'histoire du Moyen Âge en France et en Allemagne*, Paris, 2003.

SCHNERB (B.), *Les Armagnacs et les Bourguignons. La maudite guerre*, Paris, 1988.

SCHNERB (B.), *L'État bourguignon: 1363-1477*, Paris, 1999.

SCHNERB (B.), *Jean sans peur. Le prince meurtrier*, Paris, 2002.

SOHN (A.), «Paris capitale: quand, comment, pourquoi?», dans W. Paravicini et B. Schnerb [dirs.], *Paris, capital des ducs de Bourgogne*, Ostfildern, 2007, pp. 9-35.

TEYSSOT (J.), «Pouvoir et contre-pouvoir en Auvergne durant l'apanage de Jean de Berry», dans Société des Historiens Médiévistes de l'Enseignement Supérieur Public, *Les princes et le pouvoir au Moyen Âge*, Paris, 1993, pp. 247-260.

TÉXIER (E.), *Étude sur la cour ducale et les origines du Parlement du Bretagne*, Rennes, 1905.

TIN (L.-G.), «Jeanne d'Arc, identité et tragédie au XVIe siècle», dans D. Couty, J. Maurice, M. Guéret-Laferté [s. dirs.], *Images de guerre de Cent Ans*, Paris, 2002, pp. 199-205.

TUCOO-CHALA (P.), *La vicomté de Béarn et le problème de sa souveraineté: des origines à 1620*, Bordeaux, 1961.

VAUGHAN (R.), *Philip the Bold. The Formation of the Burgundian State*, London, 1962.

VAUGHAN (R.), *John the Fearless. The Growth of Burgundian Power*, London, 1966.

VAUGHAN (R.), *Philip the Good. The Apogee of the Burgundian State*, London, 1970.

VAUGHAN (R.), *Charles the Bold, the last Valois Duke of Burgundy*, London, 1973.

VIOLLET (P.), *Histoire des institutions politiques et administratives de la France*, 3 vols., Paris, 1890-1903.

WOOD (Ch.-T.), *The French Apanages and the Capetian Monarchy: 1224-1328*, Cambridge, 1966.

(2) 邦文文献

井上幸治編『世界各国史 2　フランス史』山川出版社，1969 年

井上泰男「初期ヴァロワ朝の「政治危機」について――「国王顧問会」と「身分制議会」」北海道大学文学部『人文科学論集』第 3 号，1964 年，1～38 頁

入江和夫「フランス・アンシァン・レジームの地方総督(gouverneurs de province)制(1)」『法政論集』第 94 号，1983 年，1～34 頁，(2)同第 95 号，1983 年，490～528 頁，(3)同第 100 号，1984 年，183～229 頁

樺山紘一『パリとアヴィニョン――西洋中世の知と政治』人文書院，1990 年

城戸毅「公開講演　百年戦争とは何だったのか」東洋大学白山史学会『白山史学』第 44 号，2008 年，1～29 頁

城戸毅『百年戦争――中世末期の英仏関係』刀水書房，2010 年

木村尚三郎「フランス封建王政，その確立過程，帰結」『史学雑誌』第 64 編第 10 号，1955 年，72～87 頁

木村尚三郎「古典的封建制から絶対制へ」『歴史学研究』第 240 号，1960 年，63～71(-43)頁

グネ，ベルナール／佐藤彰一・畑奈保美訳『オルレアン大公暗殺——中世フランスの政治文化』岩波書店，2010 年
グラソン，エルンスト／塙浩訳「フランス民事訴訟法の法源と史的発展」塙浩著作集〔西洋法史研究〕6『フランス民事訴訟法史』信山社出版，1992 年，235〜363 頁
ゴヴァール，クロード／轟木広太郎訳「恩赦と死刑——中世末期におけるフランス国王裁判の二つの相貌」服部良久編訳『紛争のなかのヨーロッパ中世』京都大学学術出版会，2006 年，第 9 章，258〜277 頁
ゴヴァール，クロード／渡辺節夫・青山由美子訳「中世後期のフランス王のイメージ…至高の裁判官——理論と実践」渡辺節夫編『王の表象——文学と歴史・日本と西洋』(青山学院大学総合研究所叢書)，山川出版社，2008 年，第 6 章，191〜226 頁
ゴヴァール，クロード／渡辺節夫・青山由美子訳「中世後期(14・15 世紀)フランスにおける国王，裁判そして貴族」『青山史学』第 26 号(史学科開設 40 周年記念号)，2008 年，1〜24 頁
佐藤賢一「Ph. Contamine, *Guerre, État et Société à la fin du Moyen Âge. Études sur les armées des rois de France. 1337–1494*, Paris-La Haye, Mouton, 1972」『西洋史研究』第 19 輯，1992 年，128〜136 頁
佐藤賢一『英仏百年戦争』集英社新書，2003 年
佐藤猛「Marie-Thérèse Caron, *Noblesse et pouvoir royal en France, XIIIe–XVIe siècle*, Paris, Armand Colins, 1994, 349 p.」『西洋史論集』第 2 号，1999 年，61〜69 頁
佐藤猛「中世後期におけるフランス同輩と紛争解決」『西洋史研究』新輯第 37 号，2008 年，199〜209 頁
佐藤猛「15・16 世紀フランスにおけるいくつもの高等法院——「地方高等法院体制」をめぐる予備的考察」『秋大史学』第 56 号，2010 年，1〜29 頁
佐藤猛「1477 年ブルゴーニュ高等法院の設立」『秋田大学教育文化学部研究紀要(人文科学・社会科学)』第 67 集，2012 年，45〜55 頁
志垣嘉夫『フランス絶対王政と領主裁判権』九州大学出版会，2000 年
下野義朗「中世フランスにおける国家と「国民」について——西欧中世国家史の研究序説」世良晃志郎編『ヨーロッパ身分制社会の歴史と構造』創文社，1987 年，587〜670 頁
シュヴァールバッハ，テオドール／塙浩訳「14 世紀パリ最高法院の民事訴訟手続」塙浩著作集〔西洋法史研究〕6『フランス民事訴訟法史』信山社出版，1992 年，365〜522 頁
鈴木教司「ヴァロワ期パリ高等法院の社会経済面と司法運用(1)」『愛媛大学法文学論集』第 3 号，1997 年，1〜23 頁
鈴木道也「中世フランス王権と歴史叙述」『九州国際大学社会文化研究所紀要』2002 年，135〜154 頁
鈴木道也「『フランス大年代記』とナショナル・アイデンティティ——歴史叙述研究を

巡る最近の動向から」『西洋史研究』新輯第36号，2007年，21〜41頁
世良晃志郎『封建社会の法的構造』創文社，1977年
高橋清徳『国家と身分制議会――フランス国制史研究』東洋書林，2003年
高山博「フィリップ4世(1285〜1314)治世下におけるフランスの統治機構――バイイとセネシャル」『史学雑誌』第101編第11号，1992年，1〜38頁
高山博「フランス中世における地域と国家」辛島昇・高山博編『地域の世界史2　地域のイメージ』山川出版社，1997年，293〜325頁
タノン，ルイ／塙浩訳「14世紀パリ・シャトレ裁判所の民事訴訟手続」塙浩著作集〔西洋法史研究〕6『フランス民事訴訟法史』信山社出版，1992年，523〜616頁
中堀博司「中世後期ブルゴーニュ公国南部における諸侯直轄領の管理」『法制史研究』第53号，2004年，1〜46頁
二宮宏之「フランス絶対王政の統治構造」同『全体を見る眼と歴史家たち』木鐸社，1986年，112〜171頁(吉岡昭彦・成瀬治編『近代国家形成の諸問題』木鐸社，1979年，183〜233頁初出，のち二宮宏之『フランス　アンシアン・レジーム論――社会的結合・権力秩序・叛乱』岩波書店，2007年，219〜262頁)
二宮宏之・阿河雄二郎編『アンシャン・レジームの国家と社会』山川出版社，2003年
花田洋一郎「国際研究プロジェクト「近代国家の生成」関連文献目録」『西南学院大学経済学論集』第44巻第2・3号，2010年，269〜285頁
塙浩「フランス法史上の権力と刑事法」法制史学会編『刑罰と国家権力』創文社，1960年，431〜547頁(塙浩著作集〔西洋法史研究〕4『フランス・ドイツ刑事法史』信山社出版，1992年，1〜119頁)
堀越宏一「14・15世紀フランスにおける諸侯領，または地域郷土伝統の誕生(“HORIKOSHI, Koïchi, Les principautés en France aux XIVe et XVe siècles ou la naissance du régionalisme”)」東洋大学白山史学会『白山史学』第34号，1998年，73〜88頁
堀越宏一「中世後期フランスの三部会における課税合意の形成と課税放棄」渡辺節夫編『ヨーロッパ中世社会における統合と調整』創文社，2011年，130〜158頁
堀米庸三『中世国家の構造』日本評論社，1950年(のち，同『ヨーロッパ中世世界の構造』岩波書店，1976年，3〜101頁)
堀米庸三「封建制の最盛期とは何か」『法制史研究』第2号，1953年(のち，同『ヨーロッパ中世世界の構造』190〜209頁)
堀米庸三「中世後期における国家権力の形成」『史学雑誌』第62編第2号，1953年(のち，同『ヨーロッパ中世世界の構造』210〜260頁)
堀米庸三『西洋中世世界の崩壊』岩波書店，1985年
ブロック，マルク／高橋清徳訳『比較史の方法』創文社，1987年
ブロック，マルク／堀米庸三監訳『封建社会』岩波書店，1995年
ヴィノック，ミシェル／渡辺和行訳「ジャンヌ・ダルク」ピエール・ノラ編／谷川稔監訳『記憶の場　フランス国民意識の文化=社会史第3巻《模索》』岩波書店，2003

年，3〜66頁
モラ，ミシェル／ヴォルフ，フィリップ著，瀬原義生訳『中世末期の民衆運動——青い爪，ジャック，そしてチオンピ』ミネルヴァ書房，1996年
山瀬善一『百年戦争　国家財政と軍隊』教育社，1981年
渡辺節夫『フランス中世政治権力構造の研究』東京大学出版会，1992年
渡辺節夫「ヨーロッパ中世国家史研究の現状」『歴史評論』第559号，1996年，62〜72頁